Martin-Matthias Köcher

Fulfillment im Electronic Commerce

GABLER EDITION WISSENSCHAFT
Interaktives Marketing
Herausgegeben von Professor Dr. Günter Silberer

Die Schriftenreihe präsentiert wissenschaftliche Beiträge zum Einsatz interaktiver, vor allem multimedialer Systeme im Marketing. Stationäre und portable Applikationen rücken dabei ebenso ins Blickfeld wie Offline- und Online-Anwendungen, insbesondere Internet und interaktives Fernsehen. Als Felder der rechnergestützten Interaktion interessieren vor allem Marktforschung, Produktentwicklung, Electronic Publishing, dialogische Präsentation und Kommunikation von Unternehmen, Programmen und Produkten, Vor- und Nachkauf-Service sowie Verkauf und Vertrieb (Electronic Commerce).

Martin-Matthias Köcher

Fulfillment im Electronic Commerce

Gestaltungsansätze, Determinanten, Wirkungen

Mit einem Geleitwort von Prof. Dr. Günter Silberer

Deutscher Universitäts-Verlag

Bibliografische Information Der Deutschen Nationalbibliothek
Die Deutsche Nationalbibliothek verzeichnet diese Publikation in der
Deutschen Nationalbibliografie; detaillierte bibliografische Daten sind im Internet über
<http://dnb.d-nb.de> abrufbar.

Dissertation Universität Göttingen, 2005

1. Auflage September 2006

Alle Rechte vorbehalten
© Deutscher Universitäts-Verlag | GWV Fachverlage GmbH, Wiesbaden 2006

Lektorat: Brigitte Siegel / Nicole Schweitzer

Der Deutsche Universitäts-Verlag ist ein Unternehmen von Springer Science+Business Media.
www.duv.de

Das Werk einschließlich aller seiner Teile ist urheberrechtlich geschützt. Jede Verwertung außerhalb der engen Grenzen des Urheberrechtsgesetzes ist ohne Zustimmung des Verlags unzulässig und strafbar. Das gilt insbesondere für Vervielfältigungen, Übersetzungen, Mikroverfilmungen und die Einspeicherung und Verarbeitung in elektronischen Systemen.

Die Wiedergabe von Gebrauchsnamen, Handelsnamen, Warenbezeichnungen usw. in diesem Werk berechtigt auch ohne besondere Kennzeichnung nicht zu der Annahme, dass solche Namen im Sinne der Warenzeichen- und Markenschutz-Gesetzgebung als frei zu betrachten wären und daher von jedermann benutzt werden dürften.

Umschlaggestaltung: Regine Zimmer, Dipl.-Designerin, Frankfurt/Main
Druck und Buchbinder: Rosch-Buch, Scheßlitz

Printed in Germany

ISBN-10 3-8350-0484-0
ISBN-13 978-3-8350-0484-9

Geleitwort

Zu den vielfältigen Erfahrungen mit dem Online-Vertrieb bzw. mit dem electronic Commerce zählt die Erkenntnis, daß die Abwicklung der Geschäfte das Erfüllen sämtlicher Vertragspflichten und somit auch das Fulfillment umfaßt. Ohne volle Vertragserfüllung keine Kundenzufriedenheit und ohne Kalkulation der Fulfillment-Kosten keine guten Gewinnchancen. Das Abwickeln der Online-Transaktionen ist ein Erfolgsfaktor im eCommerce, dessen Bedeutung nicht unterschätzt werden sollte.

Die nähere Analyse des Fulfillment im electronic Commerce stand bislang noch aus. Deshalb befaßt sich die vorgelegte Arbeit mit diesem Thema: (1) mit den Besonderheiten des Fulfillment im Online-Vertrieb, (2) mit den Einflußgrößen dieser Vorgänge und (3) mit den Folgewirkungen des Fulfillment auf der Anbieter- und Nachfragerseite. Eine Beobachtung und Zusammenführung relevanter Theorien und die Analyse ausgewählter Hypothesen in zwei Studien – eine im Anbieterbereich und eine im Nachfragersektor – erweist sich dabei als sehr fruchtbar. Die wissenschaftliche Durchdringung des Fulfillment im eCommerce liefert jedenfalls nicht nur Ansatzpunkte für weitere Forschungsarbeiten, sondern auch die Grundlagen für erste Gestaltungsempfehlungen an die Praxis – nicht nur für Empfehlungen an reine Online-Anbieter, sondern auch für alle, die im Multi-Channel-Vertrieb auch auf das Internet als Vertriebskanal setzen.

Ich wünsche der vorgelegten sorgfältigen Studie eine breite Leserschaft und jedem Leser wertvolle Anregungen für eine gedankliche Durchdringung und erfolgreiche Gestaltung des eCommerce.

Prof. Dr. Günter Silberer

Vorwort

Beim Verkauf von Produkten über das Internet entscheiden nicht allein die Gestaltung des Online-Shops und die erfolgreiche Kundenakquise über den langfristigen Geschäftserfolg. Vielmehr stehen Anbieter vor der Herausforderung, das beim Abschluss der Online-Bestellung gegebene Leistungsversprechen auch umzusetzen und damit den Grundstein für Kundenloyalität zu legen. Vor diesem Hintergrund gilt es Strukturen und Prozesse zu implementieren, die eine reibungslose und die Kunden zufriedenstellende Abwicklung der Transaktion sicherstellen.

Mit dem Fulfillment von Online-Bestellungen fokussiert die vorliegende Arbeit einen bislang wenig wissenschaftlich fundierten Untersuchungsgegenstand des Electronic Commerce. Die Notwendigkeit einer tiefer gehenden Auseinandersetzung mit dem Fulfillment ergibt sich auch daraus, dass hier oftmals der zentrale Engpass bei der praktischen Umsetzung des Electronic Commerce liegt.

Auf dem langen Weg von den ersten Gedanken bis zur Fertigstellung der vorliegenden Arbeit habe ich viel Unterstützung aus meinem beruflichen wie privaten Umfeld erfahren, wofür ich mich an dieser Stelle herzlich bedanken möchte.

Besonderer Dank gebührt *Herrn Prof. Dr. Günter Silberer*, der die Idee zu diesem Thema hatte und sie mit inspirierenden wie kritischen Worten stets vorangetrieben hat. *Herrn Prof. Dr. Waldemar Toporowski* danke ich für seine sofortige Bereitschaft, den Part des zweiten Gutachters zu übernehmen, und seine wertvollen inhaltlichen Anregungen. Ebenso möchte ich *Herrn Prof. Dr. Kilian Bizer* für seine freundliche Unterstützung als Drittprüfer danken.

Darüber hinaus danke ich meinen Kollegen am Lehrstuhl für Ihre inhaltliche und methodische Unterstützung. Hervorzuheben sind hier *Herr Dr. Jens Marquardt, Herr Dr. Jan-Frederik Engelhardt, Herr Dr. Alexander Magerhans* und *Herr Gunnar Mau*, die durch unzählige fruchtbare Gespräche und Diskussionen zum Gelingen der Arbeit beigetragen haben. Herrn Dr. Engelhardt danke ich zudem für seine geduldige Hilfestellung bei der Auswertung der empirischen Daten. Auch meinen weiteren, hier nicht namentlich angeführten Kolleginnen und Kollegen, die mich während meiner

Zeit am Lehrstuhl begleitet haben und mir ans Herz gewachsen sind, danke ich für unser stets gutes Zusammenspiel. Nicht vergessen werden soll an dieser Stelle *Frau Karin Hahne*, die als „gute Seele" des Lehrstuhls immer ein offenes Ohr für berufliche wie private Anliegen hatte. Ein besonderer Dank für die gemeinsamen Jahre am Lehrstuhl, unsere vielen erfrischenden außeruniversitären Aktivitäten und die dabei entstandene Freundschaft gilt Jan-Frederik Engelhardt und Alexander Magerhans.

In erster Linie richtet sich mein Dank aber an meine Eltern *Gerlind-Ursula* und *Wolfgang Köcher*, deren Unterstützung mir in jeder Hinsicht Rückhalt gegeben und deren liebevolle Aufmunterung mich jedes Mal aufs Neue motiviert hat. Auch Eure tatkräftige Unterstützung bei der formalen Überarbeitung des Manuskripts weiß ich mehr als zu schätzen. Nicht zuletzt sind meine Gedanken auch bei *Frau Lieselotte Quentel*, die mich auf diesem Stück des Weges noch begleiten konnte.

Martin-Matthias Köcher

Inhaltsverzeichnis

Inhaltsverzeichnis IX
Abbildungsverzeichnis XIII
Tabellenverzeichnis XV
Abkürzungsverzeichnis XVII

1. Einleitung 1
   1.1 Hinführung zum Thema und zentrale Fragestellungen 1
   1.2 Abgrenzung des Themas und Begriffsbestimmung 5
   1.3 Aufbau der Arbeit 8

2. Konzeptionelle Grundlagen des Fulfillment im Electronic Commerce 11
   2.1 Fulfillment-Funktionen 11
   2.2 Fulfillment-Varianten 19
      2.2.1 Varianten der strategischen Orientierung 19
      2.2.2 Organisatorische Varianten 22
   2.3 Charakteristische Merkmale des Fulfillment im eCommerce im Vergleich zum traditionellen Fulfillment 29
   2.4 Ergebnisse im Überblick 33

3. Fulfillment als Marketing-Instrument im Electronic Commerce 35
   3.1 Einordnung des Fulfillment in den Austauschprozess im eCommerce 35
   3.2 Einordnung des Fulfillment in das Marketing-Instrumentarium im eCommerce 39
   3.3 Fulfillment als Bindungsinstrument im eCommerce 44
   3.4 Ergebnisse im Überblick 49

4. Ein Bezugsrahmen für die Analyse der Determinanten und Wirkungen des Fulfillment im Electronic Commerce 51

4.1 Anlage und zentrale Ergebnisse empirischer Studien zum Fulfillment 51

4.2 Theoretischer Bezugsrahmen der Arbeit 63

    4.2.1 Begründung des theoretischen Bezugsrahmens 63

    4.2.2 Leitprinzipien als Basis des theoretischen Bezugsrahmens 65

    4.2.3 Die Austauschtheorie 66

    4.2.4 Die Transaktionskostentheorie 72

    4.2.5 Zusammenführung der Kernelemente des theoretischen Bezugsrahmens 75

4.3 Zur Analyse des Austauschs im eCommerce auf Basis des theoretischen Bezugsrahmens 80

    4.3.1 Nutzen und Kosten des Austauschs auf Anbieterseite 80

    4.3.2 Austauschnutzen und -kosten auf Nachfragerseite 83

4.4 Herleitung und Formulierung der Hypothesen zum Austausch im eCommerce unter besonderer Berücksichtigung des Fulfillment 87

    4.4.1 Hypothese zum Zusammenhang zwischen den Fulfillment-Variablen ... 88

    4.4.2 Hypothesen zu den Determinanten des Fulfillment 89

        4.4.2.1 Zu den unternehmensinternen Determinanten 89

        4.4.2.2 Zu den unternehmensexternen Determinanten 95

    4.4.3 Hypothesen zu den Wirkungen des Fulfillment 98

        4.4.3.1 Zu den (sonstigen) unternehmensinternen Wirkungen 98

        4.4.3.2 Zu den Wirkungen der Fulfillment-Leistung bei den Nachfragern 100

    4.4.4 Hypothesen zu den Wirkungsdeterminanten 106

        4.4.4.1 Zu den Determinanten der Wirkungen bei den Nachfragern ... 106

        4.4.4.2 Zu den Determinanten der unternehmensinternen Wirkungen 109

    4.4.5 Hypothesen und konzeptionelles Modell im Überblick 111

5. Anlage und Ergebnisse einer Anbieterbefragung zum Fulfillment im Electronic Commerce 117

5.1 Zielsetzungen der Anbieterbefragung 117

5.2 Untersuchungsanlage der Anbieterbefragung 117

5.2.1 Zur Erhebungsmethode..117
5.2.2 Zur Auswahl der Branche und der Befragungsteilnehmer..................118
5.2.3 Zum Aufbau des Fragebogens...121
5.2.4 Zur Operationalisierung der Modellkomponenten..............................121
5.2.5 Zur Datenauswertung...130

5.3 Ergebnisse der Anbieterbefragung..134
5.3.1 Zu den Interviewpartnern und den befragten Unternehmen................134
5.3.2 Zum Geschäftsbereich Electronic Commerce...................................136
5.3.3 Zielgruppen und Ziele im Geschäftsbereich Electronic Commerce.....141
5.3.4 Zu den Einflussfaktoren und den Wirkungen des Fulfillment..............144
   5.3.4.1 Zu den Fulfillment-Variablen..144
   5.3.4.2 Zu den Einflussfaktoren des Fulfillment................................148
   5.3.4.3 Zu den Wirkungen des Fulfillment..160
   5.3.4.4 Zu den Wirkungsdeterminanten...166
5.3.5 Zur Kontrolle der eCommerce-Aktivitäten...170

5.4 Zusammenfassung der Untersuchungsergebnisse der Anbieterbefragung......174

6. Anlage und Ergebnisse einer Käuferbefragung zum Fulfillment im Electronic Commerce...179

6.1 Zielsetzungen der Käuferbefragung..179
6.2 Untersuchungsanlage der Käuferbefragung...179
   6.2.1 Zur Erhebungsmethode..179
   6.2.2 Zur Auswahl der Auskunftspersonen und deren Akquise...................181
   6.2.3 Zum Aufbau des Online-Fragebogens..183
   6.2.4 Zur Operationalisierung der Modellkomponenten..............................184
   6.2.5 Zur Datenauswertung...189
6.3 Ergebnisse der Käuferbefragung...191
   6.3.1 Zu den Befragungsteilnehmern..192
      6.3.1.1 Zur sozio-demographischen Struktur der Befragungsteilnehmer..192
      6.3.1.2 Zur Nutzung des eCommerce durch die Befragungsteilnehmer..193

6.3.2 Anforderungen der Befragungsteilnehmer an den eCommerce 194

6.3.3 Problembereiche des Fulfillment 198

6.3.4 Verbesserungsvorschläge für das Fulfillment 200

6.3.5 Zahlungs- und Auslieferungsvarianten im eCommerce 203

6.3.6 Vergleich der betrachteten Branchen 205

6.3.7 Hypothesenprüfung auf Basis der Kausalanalyse 217

    6.3.7.1 Beurteilung und Modifikation der Messmodelle 217

    6.3.7.2 Auswahl des Schätzverfahrens und Modellidentifikation 220

    6.3.7.3 Gütekriterien zur Beurteilung von Kausalmodellen 222

    6.3.7.4 Parameterschätzung und Beurteilung der Kausalmodelle 225

6.4 Zusammenfassung der Untersuchungsergebnisse der Käuferbefragung 234

7. Implikationen für die Marketingforschung und die Unternehmenspraxis 239

7.1 Implikationen für die Marketingforschung 239

    7.1.1 Implikationen für die Marketingforschung in der Wissenschaft 239

    7.1.2 Implikationen für die Marketingforschung in der Praxis 244

7.2 Implikationen für die Unternehmenspraxis 248

    7.2.1 Empfehlungen für die Planung der Fulfillment-Aktivitäten 248

    7.2.2 Empfehlungen für eine serviceorientierte Umsetzung des Fulfillment 252

    7.2.3 Empfehlungen für die Kontrolle der Fulfillment-Aktivitäten 260

8. Zusammenfassung und Ausblick 263

Literaturverzeichnis 271

Abbildungsverzeichnis

Abb. 1-1: Aufbau der Arbeit ... 9
Abb. 2-1: Das Fulfillment als System ... 17
Abb. 3-1: Die Phasen einer marktlichen Transaktion ... 35
Abb. 3-2: (Potenzielle) Kundenkontaktpunkte entlang des Transaktionsprozesses im eCommerce ... 48
Abb. 4-1: Unzulänglichkeiten bei der Auslieferung von Online-Bestellungen ... 57
Abb. 4-2: Zufriedenheit und Abhängigkeit in Austauschbeziehungen ... 70
Abb. 4-3: Konzeptionelles Modell zum Fulfillment ... 115
Abb. 5-1: Beispiel für eine Ratingskala im Fragebogen ... 122
Abb. 5-2: Charakteristische Merkmale der befragten Unternehmen ... 134
Abb. 5-3: Distributionskanäle der befragten Unternehmen ... 135
Abb. 5-4: Bestehen der Online-Shops ... 136
Abb. 5-5: Anzahl und Rechnungsbeträge der Online-Bestellungen ... 137
Abb. 5-6: Umsätze der befragten Unternehmen im eCommerce im Geschäftsjahr 2002/2003 (in €) ... 137
Abb. 5-7: Einsatz von Versanddienstleistern ... 139
Abb. 5-8: Angebot an Zahlungsvarianten ... 140
Abb. 5-9: Angebot an Serviceoptionen ... 141
Abb. 5-10: Aktuelle Bedeutung und bisherige Erreichung der Fulfillment-Ziele ... 144
Abb. 5-11: Einflussfaktoren der Fulfillment-Variablen im Überblick ... 159
Abb. 5-12: Direkte und indirekte Wirkungen der Fulfillment-Variablen im Überblick ... 165
Abb. 5-13: Wirkungen der Fulfillment-Variablen und Wirkungsdeterminanten im Überblick ... 170
Abb. 5-14: Anteil der Erstkäufer, die auch erneut im Online-Shop einkaufen ... 171
Abb. 5-15: Einsatz von Planungs- und Kontrollverfahren im eCommerce ... 172
Abb. 5-16: Einsatz von Kennzahlen im Rahmen des Fulfillment ... 173
Abb. 5-17: Retourengründe bei den Befragungsteilnehmern ... 174
Abb. 6-1: Beispiel für eine Ratingskala im Fragebogen ... 189
Abb. 6-2: Status und Alter der Online-Käufer ... 193

Abb. 6-3:	Kaufhäufigkeit und Anzahl der genutzten Online-Shops	194
Abb. 6-4:	Problembereiche beim Online-Shopping	198
Abb. 6-5:	Anforderungen an die Lieferzeit: maximal tolerierte Dauer	199
Abb. 6-6:	Aussagen zum Lieferservice	200
Abb. 6-7:	Beurteilung der Beschwerde- und Retourenabwicklung im eCommerce	202
Abb. 6-8:	Zahlungsmethoden im eCommerce	203
Abb. 6-9:	Aussagen zu alternativen Auslieferungsoptionen	205
Abb. 6-10:	Zeitpunkt des letzten Online-Kaufs bei einem Anbieter aus Segment 1 oder Segment 2	206
Abb. 6-11	Die Regressionsmodelle der beiden Segmente im Überblick	216
Abb. 6-12:	Modifiziertes Gesamtmodell der Käuferbefragung und Ergebnisse der Kausalanalyse	226
Abb. 6-13:	Partialmodell zu den Erfahrungen mit alternativen Anbietern und Ergebnisse der Kausalanalyse	233

Tabellenverzeichnis

Tab. 2-1:	Beurteilung von alternativen Zustellkonzepten im Überblick	28
Tab. 4-1:	Fulfillment-Indikatoren und deren Ausprägungen	59
Tab. 4-2:	Studien zum Thema Fulfillment im eCommerce	61
Tab. 5-1:	Variablen und Indikatoren der Anbieterbefragung im Überblick	127
Tab. 5-2:	Ranking der Fulfillment-Ziele	142
Tab. 5-3:	Reliabilitätsanalyse der Fulfillment-Variablen	145
Tab. 5-4:	Faktorenanalyse der Variablen „Fulfillment-Leistung"	146
Tab. 5-5:	Faktorenanalyse der Variablen „Fulfillment-Kosten"	147
Tab. 5-6:	Überprüfung des Zusammenhangs zwischen den Fulfillment-Kosten und der Fulfillment-Leistung	147
Tab. 5-7:	Reliabilitätsanalyse der latenten internen Einflussfaktoren	149
Tab. 5-8:	Reliabilitätsanalyse der latenten externen Einflussfaktoren	150
Tab. 5-9:	Deskriptive Statistik zu den manifesten Einflussfaktoren	151
Tab. 5-10:	Überprüfung der Zusammenhänge zwischen den vermuteten Einflussfaktoren und den Fulfillment-Kosten	152
Tab. 5-11:	Regressionsanalyse zu den Einflussfaktoren der Fulfillment-Kosten	155
Tab. 5-12:	Überprüfung der Zusammenhänge zwischen den vermuteten Einflussfaktoren und der Fulfillment-Leistung	157
Tab. 5-13:	Regressionsanalyse zu den Einflussfaktoren der Fulfillment-Leistung	158
Tab. 5-14:	Reliabilitätsanalyse der latenten Wirkungsvariablen	160
Tab. 5-15:	Deskriptive Statistik zu den manifesten Wirkungsvariablen	161
Tab. 5-16:	Überprüfung der Zusammenhänge zwischen den Fulfillment-Kosten und den vermuteten Wirkungen	162
Tab. 5-17:	Korrelationen der unternehmensinternen Wirkungen untereinander	163
Tab. 5-18:	Überprüfung der Zusammenhänge zwischen der Fulfillment-Leistung und den vermuteten Wirkungen	164
Tab. 5-19:	Korrelationen der nachfragerseitigen Wirkungen untereinander, ergänzt um die unternehmensinterne Wirkung Umsatz	164
Tab. 5-20:	Reliabilitätsanalyse der latenten Wirkungsdeterminanten	166
Tab. 5-21:	Deskriptive Statistik zu den manifesten Wirkungsdeterminanten	167
Tab. 5-22:	Einfluss der produktbezogenen Kosten auf die unternehmensinternen Wirkungen	168

Tab. 5-23:	Einfluss der Produktleistung auf ausgewählte Wirkungen	168
Tab. 5-24:	Einfluss der Shop-Gestaltung auf ausgewählte Wirkungen	169
Tab. 5-25:	Einfluss der Preispolitik auf die Transaktionszufriedenheit	169
Tab. 5-26:	Hypothesen der Anbieterbefragung und deren empirischer Befund im Überblick	177
Tab. 6-1:	Variablen und Indikatoren der Käuferbefragung im Überblick	188
Tab. 6-2:	Anforderungen der Nachfrager an den Einkauf in Online-Shops	196
Tab. 6-3:	Legende zu Abbildung 6-6	200
Tab. 6-4:	Legende zu Abbildung 6-9	205
Tab. 6-5:	Signifikante Ergebnisse des Mann-Whitney-Tests	207
Tab. 6-6:	Einfluss der Beschwerdezufriedenheit auf ausgewählte Wirkungen	209
Tab. 6-7:	Faktorenanalyse der Variablen „Lieferservice" und „Produktleistung"	211
Tab. 6-8:	Reliabilitätsanalyse der Variablen „Fulfillment-Leistung" in Segment 1	211
Tab. 6-9:	Reliabilitätsanalyse der Variablen „Fulfillment-Leistung" in Segment 2	212
Tab. 6-10:	Reliabilitätsanalyse der sonstigen latenten Variablen in Segment 1	213
Tab. 6-11:	Reliabilitätsanalyse der sonstigen latenten Variablen in Segment 2	213
Tab. 6-12:	Ergebnisse der Regressionsanalyse im Segment 1 („Online-Käufer von Automobilteilen")	214
Tab. 6-13:	Ergebnisse der Regressionsanalyse Segment 2 („Online-Buchkäufer")	214
Tab. 6-14:	Reliabilitätsanalyse der sonstigen Variablen der Kausalmodelle (Segment 2)	219
Tab. 6-15:	Gütekriterien von Kausalmodellen im Überblick	225
Tab. 6-16:	Beurteilung der Diskriminanzvalidität anhand des Fornell/Larcker-Kriteriums	227
Tab. 6-17:	Kovarianzmatrix der exogenen Variablen aus Abbildung 6-12	232
Tab. 6-18:	Hypothesen der Käuferbefragung und deren empirischer Befund im Überblick	237

Abkürzungsverzeichnis

Abb.	Abbildung
AGB	Allgemeine Geschäftsbedingung
AGFI	adjusted goodness of fit index
AMOS	Analysis of Moment Structures
BCG	Boston Consulting Group
BGB	Bürgerliches Gesetzbuch
B2B	Business-to-Business
B2C	Business-to-Consumer
bzw.	beziehungsweise
CD-ROM	Compact Disc – Read Only Memory
CFI	comparative fit index
CL	Comparison Level
CL_{alt}	Comparison Level for Alternatives
CRM	Customer Relationship Management
df	degrees of freedom
d.h.	das heißt
DEV	Durchschnittlich erfasste Varianz
DHL	Dalsey, Hillblom und Lynn
DPD	Deutscher Paket Dienst
DVD	Digital Versatile Disc
D&W	Derendinger AG
ECC	E-Commerce Center Handel
ECIN	Electronic Commerce Internet
eCommerce	Electronic Commerce
EDI	Electronic Data Interchange
EDV	Elektronische Datenverarbeitung
ERP	Enterprise Ressource Planning
et al.	et alii (und andere)
e.V.	eingetragener Verein
FAQ	Frequently Asked Questions
GFI	goodness of fit index
GLS	(a) General Logistics Services
	(b) General Least Squares (nur in Kapitel 6)

i, j	Indices
i.d.R.	in der Regel
InfPflVO	Informationspflichten-Verordnung
IP	Internet Protocol
KEP	Kurier, Express, Paket
KNO/K&V	Koch, Neff & Oetinger/Köhler & Volckmar
ML	Maximum Likelihood
n	Anzahl
NFI	normed fit index
o.J.	ohne Jahreszahl
o.V.	ohne Verfasser
p	Signifikanzniveau
php	PHP Hypertext Preprocessor
RFID	Radio Frequency Identification
r	Korrelationskoeffizient nach Pearson
RMSEA	root mean squared error of approximation
SCM	Supply Chain Management
SigG	Signaturgesetz
SMS	Short Message Service
sog.	sogenannt, -e, -er, -es
SQL	Structured Query Language
SPSS	Superior Performing Software Systems
Tab.	Tabelle
u.a.	unter anderem
ULS	Unweighted Least Squares
UPS	United Parcel Service
URL	Uniform Resource Locator
USA	United States of America
VDAT	Verband Deutscher Automobiltuner e.V.
vgl.	vergleiche
z.B.	zum Beispiel
ZFP	Zeitschrift für Forschung und Praxis

1. Einleitung

1.1 Hinführung zum Thema und zentrale Fragestellungen

Nach der anfänglichen Euphorie und der darauf folgenden Ernüchterung um die sogenannte New Economy hat sich der Electronic Commerce (kurz eCommerce) mittlerweile als fester Bestandteil im Absatzkanalmix von Unternehmen etabliert. Einhergehend mit verbesserten Zugangs- und Nutzungsbedingungen des World Wide Web wächst die Zahl der Internetanschlüsse in den Privathaushalten – und damit das Kundenpotenzial für den eCommerce zwischen Unternehmen und Endverbrauchern – weiterhin kontinuierlich an (Eimeren et al. 2003 S. 339). Neben der zweifelsohne herausragenden Stellung, die das Internet bereits als Informations- und Kommunikationsmedium besitzt, gewinnt es mit einer steigenden Anzahl an elektronisch abgeschlossenen Geschäften auch als Transaktionsmedium an Bedeutung (vgl. Stein & Klees 2000 S. 279).

Ebenso wie Transaktionen in traditionellen Absatzkanälen lassen sich auch Transaktionen über das Internet in einzelne Phasen unterscheiden. In der Anbahnungs- und Vereinbarungsphase ist zunächst der Online-Shop des Anbieters von zentraler Bedeutung. Neben dem Produktangebot, den Produktpreisen und den sonstigen Konditionen entscheidet nicht zuletzt die Gestaltung der virtuellen Schnittstelle darüber, ob aus Besuchern des Shops auch Käufer werden (Silberer & Köcher 2002 S. 135, Dach 2001 S. 58-60). Der Kauf im Online-Shop und gleichzeitig die Vereinbarungsphase enden mit der elektronischen Übergabe der Bestelldaten an den Anbieter. Jedoch ist die Transaktion mit Abschluss der Online-Bestellung noch längst nicht abgeschlossen. Vielmehr löst der Eingang der Bestellung beim Anbieter die Abwicklungsphase aus, innerhalb der der räumliche und zeitliche Transfer der Ware vom Anbieter zum Nachfrager erfolgt (Schubert 2001 S. 8-9). In der Abwicklungsphase bestehen die vertraglichen Pflichten des Anbieters im Kern darin, dem Nachfrager das richtige Produkt (gemäß Art und Menge) in einwandfreiem Zustand, zur vereinbarten Zeit und am vereinbarten Ort bereitzustellen (Bruhn 2004 S. 269, Specht 1998 S. 84-85). Die vertragsgerechte Abwicklung der Kundenbestellungen wird auch als Fulfillment (Englisch für „Erfüllung, Ausführung") bezeichnet (Ulrich 1998 S. 90). Sofern die vertraglichen Pflichten nicht erfüllt werden, ergibt sich ein Anpassungsbedarf, der sich in Beschwerden oder Retouren niederschlägt (Pyke et al. 2001 S. 27). Ebenso wie die Abwicklungsphase lässt sich auch eine mögliche Anpassungsphase dem Fulfillment zurechnen.

Die bisherigen Forschungsarbeiten im Bereich eCommerce fokussieren mit der Website des Anbieters meist die Anbahnungs- und Vereinbarungsphase von Online-Transaktionen (Wolfinbarger & Gilly 2003 S. 185). Diese Schwerpunktsetzung ist zwar gerechtfertigt, da sich der eCommerce durch die virtuelle Schnittstelle zwischen Anbieter und Nachfrager von bestehenden Absatzkanälen unterscheidet und der Online-Shop das zentrale Element der Kundenakquise im eCommerce darstellt (vgl. Silberer 2002 S. 717). Doch das Gesamturteil, das sich die Nachfrager von der Online-Transaktion bilden, setzt sich üblicherweise aus einer Evaluation sämtlicher Transaktionsphasen zusammen (Wolfinbarger & Gilly 2003 S. 185). So entscheidet letztlich erst die vertragsgerechte Erfüllung der beim Kauf im Online-Shop geweckten Erwartungen darüber, ob ein Käufer die Ware überhaupt behält, mit der Online-Transaktion zufrieden ist und auch erneut den Shop aufsucht. Daher gilt es, die Nachfrager in der Abwicklungs- und Nachkaufphase in ihrer Entscheidung für den entsprechenden Online-Anbieter zu bestärken (Silberer S. 456). Gerade die Abwicklung von Online-Bestellungen ist in der Unternehmenspraxis aber noch häufig mit Problemen behaftet.

Im Vergleich zum Einkauf im stationären Einzelhandel stellt das Fulfillment im eCommerce – ebenso wie im traditionellen Distanzhandel – neben der erworbenen Ware (Primärleistung) eine zusätzliche Serviceleistung (Sekundärleistung) bzw. ein Bündel von Serviceleistungen seitens des Anbieters dar (vgl. Pfohl 1977 S. 239). Bisher hat man sich vergleichsweise wenig mit dem Einsatz der Sekundärleistungspolitik als absatzpolitisches Instrument bei traditionellen Distanzgeschäften oder im eCommerce befasst (ebda S. 239, Rabinovich & Bailey 2004 S. 652). Berücksichtigt man, dass die Produkte hinsichtlich ihrer physikalisch-technischen Eigenschaften einer zunehmenden Austauschbarkeit im Wettbewerb unterliegen (Meffert 2000 S. 654) und dass Elemente des Webauftritts relativ einfach und schnell von der Konkurrenz imitiert werden können (vgl. Cohan 2000 S. 87), gewinnt der produktbegleitende Service als Instrument zur Differenzierung im eCommerce zunehmend an Bedeutung (Jensen 2002 S. 74, Wahby 2001 S. 8). Das Fulfillment kann somit gezielt eingesetzt werden, um Präferenzen bei den Nachfragern zu schaffen und das Unternehmen gegenüber seinen Wettbewerbern zu profilieren (vgl. Meffert 2000 S. 656). Neben der Kunden- und Wettbewerbsorientierung müssen sich Online-Anbieter aber zugleich an den Kosten des Fulfillment orientieren. Dies erfordert, dass die Fulfillment-Aktivitäten in einen geeigneten organisatorischen Rahmen, der eine wirtschaftlich effiziente Abwicklung der Bestellungen sicherstellt (Pyke et al. 2001 S. 26), integriert werden.

Dazu stehen einem Unternehmen unterschiedliche Gestaltungsmöglichkeiten und unterschiedliche Fulfillment-Varianten zur Verfügung.

Trotz der Bedeutung, die der Abwicklungs- und Anpassungsphase sowohl im traditionellen Distanzhandel als auch im eCommerce zukommt, stellt das Fulfillment ein bisher vernachlässigtes Forschungsgebiet dar (Chow 2004 S. 319). Ebenso existiert bisher keine einheitliche Abgrenzung des Begriffes Fulfillment. Daher sollen zunächst die grundlegenden Funktionen und Varianten des Fulfillment betrachtet und ein einheitliches Begriffsverständnis erarbeitet werden. Darauf aufbauend kann eine Einordnung des Fulfillment in das Marketing-Instrumentarium eines Online-Anbieters erfolgen. Auf Grundlage der bisherigen Überlegungen lassen sich die beiden ersten zentralen Forschungsfragen der Arbeit formulieren:

> (1) Welche Funktionen lassen sich dem Fulfillment zuordnen, und welche Varianten sind im Rahmen der Gestaltung des Fulfillment denkbar?

> (2) Welche Bedeutung weist das Fulfillment als Instrument der Marketingpolitik im Business-to-Consumer-eCommerce auf?

Da das Fulfillment eine Schnittstelle zwischen Marketing-, Logistik- und Organisationsforschung bildet, sollten theoretische Elemente und Erkenntnisse aller genannten Forschungsrichtungen herangezogen und in einem theoretischen Bezugsrahmen vereint werden. Auf Grundlage dieses Bezugsrahmens kann eine theoriegeleitete Beschreibung und Erklärung der zentralen Kriterien des Fulfillment erfolgen. Ebenso sind aus dem Bezugsrahmen Hypothesen zu den Faktoren, die das Fulfillment in positiver oder negativer Weise beeinflussen, und den Wirkungen, die vom Fulfillment ausgehen, abzuleiten und in einem Hypothesengefüge aufeinander abzustimmen.

Neben den unternehmensinternen Einflussfaktoren sollen hierbei auch Faktoren der Unternehmensumwelt einbezogen werden. Des Weiteren sind die Wirkungen zu untersuchen, die dem Anbieter durch dessen Fulfillment-Aktivitäten und die damit verbundenen Kosten entstehen. Von nicht minder hoher Bedeutung sind die Wirkungen der Sekundärleistung Fulfillment auf die Nachfrager. Zu den zentralen Wirkungen sind dabei die Zufriedenheit mit der Transaktion und darauf aufbauend die Kundenbindung zu zählen, die den Ausgangspunkt für die Erreichung ökonomischer

Ziele des Anbieters bilden (Silberer & Wohlfahrt 2001 S. 87) und daher in der Unternehmenspraxis zu den wichtigsten Gründen eines eCommerce-Engagements gehören (Betz & Krafft 2003 S. 170-171). Bei der Betrachtung der Wirkungen darf der Partialcharakter des Fulfillment nicht aus den Augen verloren werden, da die Lieferservicepolitik nur in Kombination mit den anderen absatzpolitischen Instrumenten auf die Nachfrage einwirkt (vgl. Pfohl 1977 S. 246-247). Die Überlegungen sind daher um die weiteren, für den eCommerce typischen Marketing-Aktivitäten entlang des Transaktionsprozesses zu ergänzen.

Auf Grundlage der vorangegangenen Überlegungen lassen sich die zentralen Fragestellungen drei, vier und fünf formulieren:

(3) Welche Theorien eignen sich als Elemente eines theoretischen Bezugsrahmens für das Fulfillment?

(4) Welche Hypothesen lassen sich auf Grundlage des theoretischen Bezugsrahmens zu den unternehmensinternen und unternehmensexternen Einflussfaktoren des Fulfillment formulieren?

(5) Welche Hypothesen lassen sich auf Grundlage des theoretischen Bezugsrahmens zu den marketingrelevanten Wirkungen des Fulfillment bei Anbietern und Nachfragern formulieren?

Die relevanten Einflussfaktoren und Wirkungen werden auf Grundlage ausgewählter Theorien hergeleitet und in einem Basismodell zusammengefasst. Im Rahmen einer Anbieter- und Käuferbefragung gilt es, die Wirkungszusammenhänge des Modells empirisch zu überprüfen und die theoretischen Implikationen der gewonnenen Erkenntnisse aufzuzeigen. Nicht zuletzt sollen aus den im Verlauf der Arbeit gewonnenen Erkenntnissen praxisbezogene Empfehlungen für die Gestaltung des Fulfillment als Marketing-Instrument abgeleitet werden. Als sechste und siebte Forschungsfrage der Arbeit ergeben sich daher:

(6) Welche Folgerungen lassen sich aus der empirischen Prüfung der Hypothesen für die angewandten Theorien ziehen?

(7) Welche Empfehlungen lassen sich für die Gestaltung des Fulfillment aus dem State-of-the-art und den empirisch gewonnenen Erkenntnissen ableiten?

1.2 Abgrenzung des Themas und Begriffsbestimmung

Die Ausführungen in der vorliegenden Arbeit fokussieren den Absatzkanal eCommerce. Gleichwohl lassen sich viele der angestellten Überlegungen auch auf den traditionellen Distanzhandel und Direktvertrieb übertragen, sofern die Kundenbestellungen auf medialem Wege, d.h. über einen Printkatalog (bzw. CD-ROM- oder DVD-Katalog), den Telefonverkauf oder das Teleselling (Barth et al. 2002 S. 103), generiert werden. Auch bei diesen Absatzkanälen handelt es sich um Distanzgeschäfte, die eine räumliche Trennung zwischen Anbieter und Nachfrager kennzeichnet (sog. Distanzprinzip) (ebda S. 101, Breitschuh 2001 S. 18). Die Unterscheidung zwischen dem Distanzhandel und dem Direktvertrieb macht deutlich, dass auch bei Distanzgeschäften sowohl Händler als auch Hersteller als Anbieter auftreten können. Wird in den folgenden Ausführungen ein Vergleich zu traditionellen Distanzgeschäften gezogen, soll nicht immer explizit zwischen dem Distanzhandel und dem Direktvertrieb unterschieden, sondern vereinfachend nur vom Distanz- bzw. Versandhandel gesprochen werden. Auch im Business-to-Consumer-eCommerce können sowohl Hersteller- als auch Handelsunternehmen als Anbieter auftreten. Beide Unternehmenstypen werden im Folgenden berücksichtigt und zusammengefasst als Online-Anbieter bezeichnet.

Gerade bei denjenigen Online-Anbietern, die ihr etabliertes Versandgeschäft um den eCommerce erweitern und die Online-Bestellungen über bestehende Distributionsstrukturen abwickeln, weist das Fulfillment der beiden Kanäle deutliche Überschneidungen auf oder ist nahezu identisch (vgl. Thieme 2003 S. 88). In diesem Sinne ist zu überlegen, ob der eCommerce bei traditionellen Distanzhändlern nicht eher als neuartiger Kommunikations- bzw. Akquisekanal denn als eigenständiger Absatzkanal zu bezeichnen ist (vgl. Palombo & Theobald 1999 S. 181-182). Aber auch in diesem Fall gilt es, das Fulfillment bzw. einzelne Bestandteile des Fulfillment auf die Besonderheiten des Mediums Internet abzustimmen (Weber et al. 2001 S. 55). Da auch nicht jeder Online-Anbieter bereits im traditionellen Versandhandel tätig war, soll in dieser Arbeit weiterhin das allgemein übliche Verständnis vom eCommerce als eigenständigem Absatzkanal (Weiber & Weber 2002 S. 611, Becker 2001 S. 641) beibehalten werden. Wegen der inhaltlichen Nähe zwischen dem traditionellen

Versandhandel und dem eCommerce sind die relevanten Unterschiede im Fulfillment Gegenstand eines eigenen Abschnittes (siehe *Abschnitt 2.2.3*).

Wie bereits die bisherigen Ausführungen nahe legen, wird in dieser Arbeit das Fulfillment im Rahmen endverbraucherorientierter eCommerce-Angebote (Business-to-Consumer, kurz: B2C) behandelt (siehe zu den einzelnen Teilmärkten des eCommerce die Übersicht bei Hermanns & Sauter 1999 S. 23). In Abgrenzung zu Online-Börsen, in denen sowohl Unternehmen als auch Privatpersonen als Anbieter auftreten, finden hier nur Anbieter Berücksichtigung, die mit einem eigenen Online-Shop im Internet vertreten sind. Nicht einbezogen werden soll auch der eCommerce-basierte Geschäftsverkehr zwischen Unternehmen (Business-to-Business, kurz: B2B). Auch wenn sich im Business-to-Business-Bereich Unterschiede zwischen dem traditionellen und dem eCommerce-basierten Fulfillment erkennen lassen, bestand bereits vor dem internetbasierten Geschäftsverkehr die Möglichkeit, Transaktionen auf elektronischem Wege abzuwickeln (z.b. mittels Datenaustausch über EDI, siehe dazu Dehler 2001 S.152-153). Zudem wird die Ware i.d.R. weiterhin in großen Transporteinheiten (z.B. Paletten) ausgeliefert. Das Fulfillment steht in diesem Fall nicht vor den Herausforderungen, die eine komplexe Endkunden-Logistik im Business-to-Consumer-Bereich mit sich bringt (Klaus 2000 S. 138). Dagegen lassen sich innovative Serviceelemente, die die Internet-Technologie bei der Abwicklung von Online-Bestellungen bietet, auch bzw. gerade im Geschäftsverkehr zwischen Unternehmen einsetzen. An den entsprechenden Stellen wird daher auf den Business-to-Business-Bereich verwiesen. Sofern aber im Folgenden von eCommerce gesprochen wird, ist der Verkauf von Waren an Endverbraucher über einen unternehmenseigenen Online-Shop gemeint.

Keine Probleme physisch-logistischer Art weist dagegen eine weitere, eCommerce-spezifische Variante des Fulfillment auf: das sogenannte eFulfillment. Kennzeichnend für das eFulfillment ist, dass digitale Produkte auf elektronischem Wege an die Nachfrager ausgeliefert werden (Silberer 2000b S. 85-86), sei es per Download durch die Nachfrager selbst oder per eMail-Attachment. Auch auf das eFulfillment wird im Zuge einer ganzheitlichen Betrachtung kurz eingegangen (siehe dazu *Abschnitt 2.3*). Im Mittelpunkt der Arbeit steht aber das Fulfillment von Online-Anbietern, die physische Waren über das Internet verkaufen. Wie bereits angesprochen, stellt die physische Distribution insbesondere Anforderungen an das Fulfillment.

Einleitung

In diesem Zusammenhang gilt es, die Begriffe Logistik und Fulfillment voneinander abzugrenzen. Das einzelwirtschaftliche Logistik-Verständnis umfasst die Beschaffungs-, Produktions-, Lager- sowie Distributions- und Redistributionslogistik von Unternehmen (Pfohl 2004 S. 17-19). Innerhalb von Distributionssystemen sind die Logistikprozesse einzelner Unternehmen aufeinander abzustimmen. Dabei übernimmt die Logistik die Funktion eines Bindeglieds zwischen den Unternehmen und trägt zu einer Wirtschaftsstufen übergreifenden Optimierung des Distributionskanals bei. Die vorliegende Arbeit zielt auf die letzte Stufe im Distributionskanal ab, die üblicherweise die Beziehung zwischen einem Anbieter und dessen Endabnehmern kennzeichnet. Von den gesamten Logistik-Funktionen, die ein solcher Anbieter erfüllt, interessiert hier insbesondere die auf den Absatzmarkt gerichtete Distributions- und Redistributionslogistik. Da diese Funktionen auch Gegenstand des Fulfillment sind (siehe dazu näher Kapitel 3.1), liegt hier eine Überschneidung zwischen dem Logistik-Verständnis und dem Fulfillment vor. Neben den Warenverteilungs- und Warenrückführungsprozessen sowie den begleitenden Informationsströmen sollen dem Fulfillment auch sämtliche Kommunikationsprozesse, die der Kundenakquise wie -bindung dienen, und die Finanzströme zugeordnet werden. Ebenso wie das hier verfolgte Fulfillment-Verständnis umfasst das weite, über eine reine Warenfluss-Orientierung hinausgehende Logistik-Verständnis sämtliche Güter-, Informations- und Finanzströme, die mit der Abwicklung eines aktuellen und der Anbahnung eines zukünftigen Kundenauftrags in Verbindung stehen.

Abschließend sei noch kurz auf die für den eCommerce typischen Begriffe Frontend und Backend verwiesen. Unter dem Frontend wird üblicherweise die virtuelle Schnittstelle zwischen Anbietern und Nachfragern verstanden (ECC Handel 2001 S. 66). Dazu gehört in erster Linie der Online-Shop eines Anbieters. Ferner lassen sich auch Maßnahmen der Shop-Promotion (z.B. Banner) oder der telefonische Kontakt mit den Nachfragern zum Frontend zählen (vgl. Bachem et al. 1999 S. 62). Der Begriff Backend umfasst dagegen alle Unternehmensbereiche, die keinen unmittelbaren Kontakt zu den Nachfragern haben. Hierzu zählen auch die technischen und logistischen Funktionen und Prozesse, die mit der Abwicklung einer Transaktion in Zusammenhang stehen, für die Nachfrager aber nicht einsehbar sind (ECC Handel 2001 S. 67). Das Fulfillment lässt sich demzufolge in den Backend-Bereich eines Unternehmens einordnen.

1.3 Aufbau der Arbeit

Im Anschluss an den einleitenden Teil der Arbeit werden in Kapitel 2 zunächst die einzelnen Teilprozesse erläutert, die der Eingang einer Online-Bestellung beim Anbieter auslöst und die zusammen den Fulfillment-Prozess bilden. Daran schließt sich eine Darstellung der grundlegenden Fulfillment-Varianten sowie eine Abgrenzung zwischen dem Fulfillment im traditionellen Distanzhandel und im eCommerce an. In Kapitel 3 wird ausgehend von den klassischen Instrumenten im Marketingmix die Rolle des Fulfillment als Marketing-Instrument von Online-Anbietern beleuchtet.

Kapitel 4 gibt einleitend einen Überblick über den Forschungstand zum Themenbereich Fulfillment im eCommerce. Im weiteren Verlauf von Kapitel 4 wird ein theoretischer Bezugsrahmen für das Fulfillment und dessen Einflussfaktoren und Wirkungen entwickelt. Der Bezugsrahmen dient als Grundlage für die Ableitung von Hypothesen zu den Einflussfaktoren und Wirkungen des Fulfillment sowie den Wirkungsdeterminanten. Ausgehend von dem Hypothesengefüge wird ein Modell zum Fulfillment aufgestellt.

Kapitel 5 und Kapitel 6 beinhalten die Anlage und die Ergebnisse zweier Teilstudien, die die in Kapitel 4 formulierten theoretischen Zusammenhänge einer empirischen Überprüfung unterziehen. Während in Kapitel 5 die Anbieterperspektive im Mittelpunkt steht, zeigt Kapitel 6 die Käuferperspektive auf. Neben der Hypothesenprüfung werden die relevanten Teilaspekte des Fulfillment, die im Verlauf von Kapitel 2 und Kapitel 3 thematisiert werden, auf ihre Umsetzung in der Unternehmenspraxis und auf die Wahrnehmung durch die Online-Käufer untersucht. Die Anbieterbefragung richtet sich an Online-Anbieter von Automobilteilen, wohingegen die Käuferbefragung neben der zuvor genannten Branche auch den Online-Buchhandel einbezieht.

Kapitel 7 greift zunächst die zentralen empirischen Erkenntnisse der Arbeit auf und zeigt deren theoretische Implikationen auf. Anschließend werden aus den im Grundlagen-, Theorie- und Empirieteil gewonnenen Erkenntnissen praxisrelevante Gestaltungs- und Handlungsempfehlungen für das Fulfillment abgeleitet.

Die Arbeit beschließt mit einer Zusammenfassung und einem Ausblick auf zukünftige Entwicklungen im Bereich Fulfillment.

Abbildung 1-1 auf der Folgeseite fasst den in diesem Abschnitt geschilderten Gang der Untersuchung zusammen.

Einleitung

Abb. 1-1: Aufbau der Arbeit

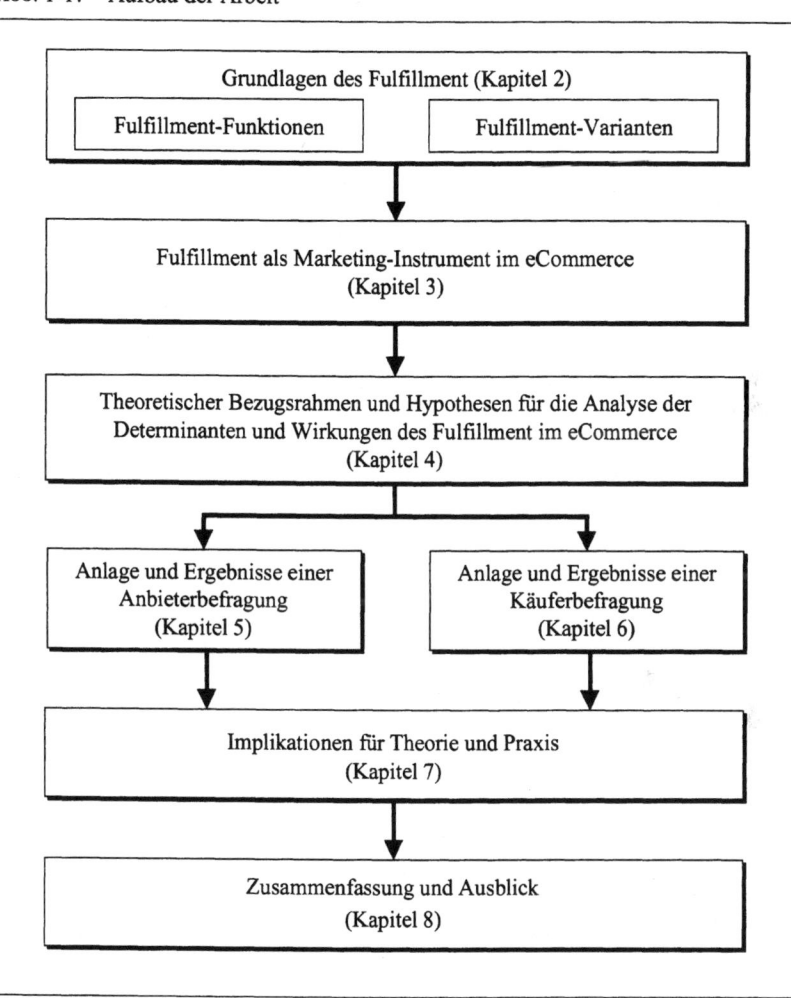

```
┌─────────────────────────────────────────────────────────────┐
│              Grundlagen des Fulfillment (Kapitel 2)         │
│   ┌──────────────────────────┐  ┌────────────────────────┐  │
│   │  Fulfillment-Funktionen  │  │ Fulfillment-Varianten  │  │
│   └──────────────────────────┘  └────────────────────────┘  │
└─────────────────────────────────────────────────────────────┘
                              │
                              ▼
┌─────────────────────────────────────────────────────────────┐
│         Fulfillment als Marketing-Instrument im eCommerce   │
│                           (Kapitel 3)                        │
└─────────────────────────────────────────────────────────────┘
                              │
                              ▼
┌─────────────────────────────────────────────────────────────┐
│  Theoretischer Bezugsrahmen und Hypothesen für die Analyse der │
│   Determinanten und Wirkungen des Fulfillment im eCommerce  │
│                           (Kapitel 4)                        │
└─────────────────────────────────────────────────────────────┘
              │                              │
              ▼                              ▼
┌──────────────────────────┐      ┌──────────────────────────┐
│ Anlage und Ergebnisse    │      │ Anlage und Ergebnisse    │
│ einer Anbieterbefragung  │      │ einer Käuferbefragung    │
│      (Kapitel 5)         │      │      (Kapitel 6)         │
└──────────────────────────┘      └──────────────────────────┘
              │                              │
              ▼                              ▼
┌─────────────────────────────────────────────────────────────┐
│           Implikationen für Theorie und Praxis              │
│                        (Kapitel 7)                           │
└─────────────────────────────────────────────────────────────┘
                              │
                              ▼
┌─────────────────────────────────────────────────────────────┐
│                 Zusammenfassung und Ausblick                │
│                        (Kapitel 8)                           │
└─────────────────────────────────────────────────────────────┘
```

2. Konzeptionelle Grundlagen des Fulfillment im Electronic Commerce

Im vorliegenden Kapitel werden ausgehend von bestehenden Fulfillment-Definitionen zunächst die Kernfunktionen des Fulfillment benannt und erläutert (Abschnitt 2.1). Auf Basis dieser inhaltlichen Facetten wird am Ende von Abschnitt 2.1 eine Fulfillment-Definition herausgearbeitet, die ein einheitliches Begriffsverständnis für die nachfolgenden Ausführungen schafft. Abschnitt 2.2 zeigt die verschiedenen Varianten auf, die einem Anbieter bei der Gestaltung des Fulfillment zur Verfügung stehen. Hier wird zwischen der strategischen Ausrichtung der Fulfillment-Aktivitäten einerseits (Abschnitt 2.2.1) und den Basis-Varianten einer Fulfillment-Organisation andererseits (Abschnitt 2.2.2) unterschieden. Im Mittelpunkt der Ausführungen zu den organisatorischen Varianten steht die grundsätzliche Entscheidung zwischen der Eigen- und der Fremdabwicklung (Outsourcing) der Fulfillment-Funktionen. Abschnitt 2.3 widmet sich einem Vergleich zwischen dem internetbasierten und dem traditionellen Fulfillment. In diesem Abschnitt werden zentrale Differenzierungsmerkmale zwischen dem eCommerce und dem traditionellen Versandhandel herausgearbeitet, die unmittelbar für das Fulfillment relevant sind.

2.1 Fulfillment-Funktionen

Eine Analyse bestehender Definitionen zum Fulfillment zeigt, dass insbesondere hinsichtlich der funktionalen Abgrenzung Unklarheit besteht. Zu den (Kern-) Funktionen des Fulfillment werden das Auftragsmanagement, die Kommissionierung, die Verpackung, der Versand, die Zahlungsabwicklung, die Beschwerde- und Retourenabwicklung sowie der Nachkauf-Service gezählt (Gerth 2001 S. 508). Eine weiter gefasste Begriffsauslegung bezieht mit dem Lager- und dem Beschaffungswesen zudem vorgelagerte Funktionen ein (Jünger 2001 S. 17, Puscher 2000 S. 46). Für diese weite Begriffsauslegung spricht, dass – sofern die gewünschte Ware nicht vorrätig ist – einzelne Aufträge zunächst Beschaffungsvorgänge und Lagerbewegungen auslösen, ehe die Auftragsabwicklung im engeren Sinn erfolgen kann. Da aber in dieser Arbeit der Absatzmarkt und die Austauschbeziehung zwischen Online-Anbietern und Endverbrauchern betrachtet wird, soll in den weiteren Ausführungen nicht näher auf das Beschaffungswesen eingegangen werden. Ebenso wie die Beschaffung bildet das Lagerwesen einen eigenen betrieblichen Teilbereich, dem die zeitliche und quantitative Koordination zwischen der Beschaffung und dem Absatz obliegt (Barth et al. 2002 S. 388). Daher soll auch das Lagerwesen nicht als

Funktion des Fulfillment eingeordnet werden. Es findet aber dennoch weitere Berücksichtigung, da es für zentrale Zielgrößen des Fulfillment (Lieferverfügbarkeit, Lieferzeit) unmittelbar relevant ist. Im Folgenden werden aber nur die einzelnen Kernfunktionen des Fulfillment näher erläutert.

Auftragsmanagement

Der Fulfillment-Prozess beginnt mit der Annahme der eingehenden Online-Bestellungen durch das Auftragsmanagement, welches für die Planung, Steuerung und Kontrolle des Informationsflusses entlang des Fulfillment-Prozesses sowie die Koordination mit dem Waren- und Finanzfluss verantwortlich zeichnet (vgl. Specht 1998 S. 114, vgl. Pfohl 2004 S. 81-82). Der eingehende Auftrag ist zunächst einer Reihe von Prüfungen zu unterziehen (u.a. auf Vollständigkeit und Richtigkeit der Auftragsdaten, Verfügbarkeit der bestellten Ware sowie der internen und externen Fulfillment-Kapazitäten, Bonität des Nachfragers) (Otto 1998 S. 14). An eine positive Auftragsprüfung schließen sich als weitere Aufgaben des Auftragsmanagements eine Auftragsbestätigung für den Nachfrager, die Freigabe der physischen Abwicklung, die Fortschrittskontrolle über den gesamten Abwicklungsprozess hinweg sowie die Rechnungsstellung an. Darüber hinaus sind die Auftragsdaten zu erfassen und in die entsprechenden Datenbanken (z.B. Kunden- oder Produktdatenbanken) einzupflegen (Specht 1998 S. 115). Sofern die bestellte Ware nicht im Lager vorhanden ist, muss zunächst eine Bestellung beim Hersteller oder einem Lieferanten ausgelöst werden. In diesem Fall sollte der Nachfrager im Rahmen der Auftragsbestätigung auch über mögliche längere Lieferzeiten informiert werden.

Kommissionierung

Nach einer positiven Prüfung der Auftragsdaten wird die physische Abwicklung eingeleitet. Diese beginnt mit der Kommissionierung, in deren Rahmen die einzelnen Positionen des Auftrags zusammengestellt werden. Während die Kommissionierung in den Zentrallägern einiger großer Universalversender wie Otto oder Quelle einen hohen Automatisierungsgrad aufweist (vgl. Witten & Karies 2003 S. 188-190), läuft sie bei kleinen und mittelgroßen Unternehmen üblicherweise noch manuell ab (Pfohl 2004 S. 131). Aber auch bei diesen Unternehmen kann sie durch den Einsatz moderner Technik unterstützt werden (Reynolds 2001 S. 353-360). Beim sogenannten Pick-by-Voice-Verfahren werden die einzelnen Produkte zwar weiterhin manuell kommissioniert, das Personal wird aber mittels Sprachsteuerung über einen Kopfhörer durch das Lager geführt und überprüft per Handscanner, ob die entnommenen

Produkte den Auftragsdaten entsprechen (Hillemayer 2002 S. 48, Reynolds 2001 S. 359-360). Die beleglose Kommissionierung kann zum einen zu einer schnelleren Abwicklung beitragen. Zum anderen sinkt die Fehleranfälligkeit, da die Kommissionierung nicht länger über manuelle Picking-Listen erfolgt, sondern die Auftragsdaten digital verarbeitet werden. Die Scannerdaten können weiterhin in ein Trackingsystem einfließen, das den Nachfragern die Verfolgung ihrer Bestellung über den Online-Shop des Anbieters ermöglicht (sog. Tracking & Tracing, Silberer 2000b S. 86).

Verpackung und Etikettierung

Die im Lager oder einem zentralen Kommissionierzentrum zusammengestellten Waren werden im nächsten Schritt verpackt und mit den sendungsbegleitenden Dokumenten (z.B. Versandpapiere, Rechnung) sowie Paketaufklebern (allen voran die Lieferadresse) versehen (Thieme 2003 S. 206). Eine Etikettierung der Versandverpackung mit einem Barcode eröffnet wiederum die Möglichkeit, den Weg der Ware auch während des Versands zu verfolgen. Im Gegensatz zur Produktverpackung erfüllt die Versandverpackung keine verkaufsfördernde Funktion, sondern dient primär dem Schutz der Ware vor physischer Beschädigung während des Versandprozesses (Meffert 2000 S. 456). Zudem sollte sie so konzipiert sein, dass sie im Retourenfall wiederverwendet werden kann, so dass dem Nachfrager kein zusätzlicher Aufwand bei der Rückgabe der Ware entsteht (Mitschke 2000 S. 53). Darüber hinaus kann die Versandverpackung als Kommunikationsinstrument zu einem einheitlichen Markenauftritt beitragen, indem sie gemäß des Corporate Designs eines Anbieters gestaltet wird (z.B. mittels Aufdruck des Logos und der Internet-Adresse) (Wahby 2001 S. 4, Hölzel 2001 S. 33). Gerade im eCommerce kann die Versandverpackung Einfluss auf das Kauferlebnis der Nachfrager nehmen, da sie oftmals den einzigen realen Kontaktpunkt zwischen Anbieter und Nachfrager im Kaufprozess darstellt.

Versand

Im Anschluss an die Kommissionierung und Verpackung erfolgt der Versand der Ware. Im Regelfall wird die Ware mit Hilfe von externen Kurier-, Express- und Paket-(KEP-)Dienstleistern sowie Speditionen ausgeliefert (Lasch & Lemke 2002 S. 19). Nur wenige national bis international tätige Distanzhändler verfügen über einen eigenen Versandservice, wie ihn Otto mit dem Hermes-Versand aufweist. Die Auslieferung durch einen eigenen Fuhrpark bietet sich in der Regel nur bei regional tätigen Online-Anbietern an, deren Sortiment sich nicht oder nur bedingt zum Versand über Paketdienste eignet (vgl. Petermann 2001 S. 34). Dies trifft insbesondere auf Online-Lebensmittelhändler zu, deren Sortiment bestimmte Anforderungen an den Transport der Ware stellt (etwa verschiedene Kühlbereiche im Lieferwagen) (Gersch 2000 S. 15). Um aber die Vorteile des eCommerce ausschöpfen zu können, sprich ein nationales bis hin zu einem internationalen Marktgebiet zu bedienen, lässt sich der Einsatz externer Dienstleister kaum vermeiden.

Zahlungsabwicklung

Neben den Funktionen, die im Zusammenhang mit dem physischen Warenstrom stehen, lässt sich auch die Zahlungsabwicklung zum Fulfillment zählen (Schömer & Hebsaker 2001 S. 38, Weber et al. 2001 S. 55). Die Zahlungsabwicklung beinhaltet wiederum einzelne Bestandteile, zu denen die Bonitätsprüfung, das Clearing der Zahlungsart, die Rechnungsstellung und im Einzelfall das Mahnwesen zählen (Brandt 2003 S. 35-37). Im eCommerce erfährt die Zahlungsabwicklung eine besondere Bedeutung, da neben die traditionellen Zahlungsverfahren auch innovative, dem Medium Internet angepasste Verfahren treten (z.b. Guthabenkarten, dialerbasierte oder handybasierte Verfahren, siehe dazu die Übersicht bei Bockholt 2002 S. 72-73). Dem Online-Anbieter bietet sich eine Vielfalt an Zahlungsverfahren, aus der er diejenigen Verfahren auswählen kann, die im Sinne der Kunden- und Kostenorientierung für ihn optimal sind. Dabei bevorzugen Anbieter und Nachfrager meist unterschiedliche Verfahren. Während die Anbieter an einer für sie sicheren Zahlung interessiert sind (z.B. per Vorkasse oder Nachnahme), präferieren Nachfrager im Allgemeinen den Kauf auf Rechnung (Walther 2001 S. 18, Krah 2001 S. 44). Diese Zahlungsart lässt das wahrgenommene Kaufrisiko sinken, da die Ware zunächst begutachtet werden kann, bevor die Zahlung erfolgt (vgl. Kolberg & Scharmacher 2001 S. 1, 41). Eine weitere Besonderheit bei der Zahlungsabwicklung im eCommerce liegt in der Online-Rechnungsstellung (Karies & Witten 2003 S. 189), bei der den Nachfragern die Rechnung, losgelöst vom Warenstrom, per eMail zugesendet wird.

Die bisher beschriebenen Funktionen – Auftragsmanagement, Kommissionierung, Verpackung, Versand und Zahlungsabwicklung – stellen die Basiselemente des Fulfillment-Konzeptes dar (vgl. Pyke et al. 2001 S. 27), da sie für jeden Auftrag physischer Art zu erfüllen sind. Mit dem Nachkauf-Service und dem Beschwerdemanagement (welches auch die Abwicklung von Retouren umfasst) beinhaltet das Fulfillment weitere Funktionen, die nicht bei jeder Bestellung anfallen.

Nachkauf-Service

Die Gestaltung des Nachkauf-Service richtet sich nach dem Sortiment des Anbieters. In Abgrenzung zum allgemeinen Begriff des Nachkauf-Marketings, das die Betreuung des Kunden während der Produktverwendung und die Anbahnung der folgenden Transaktion beinhaltet (Hansen & Jeschke 1992 S. 89), sollen dem Fulfillment diejenigen Service- und Supportleistungen zugerechnet werden, die in direktem Zusammenhang mit einem Kundenauftrag stehen (vgl. Bogaschewsky 2002 S. 753). Dazu zählen Reparatur-, Wartungs-, Entsorgungs- oder auch Beratungsleistungen, die sich in Abhängigkeit vom jeweiligen Produkt wiederum multimedial unterstützen lassen (z.b. in Form einer Ferndiagnose) (Silberer 1997 S. 393). Diese Leistungen können expliziter Bestandteil der Vertragsbedingungen sein oder im Bedarfsfall freiwillig vom Anbieter erbracht werden. Darüber hinaus bietet das Internet die Möglichkeit, den Nachfragern bestimmte produktrelevante Informationen auf der Website zur Verfügung zu stellen (sog. Passivinformationen, bei denen der Anbieter nicht selbst in Aktion treten muss, vgl. Silberer 1997b S. 9-10). Dies kann von Frequently-Asked-Questions-(FAQ-)Listen über ein Online-Forum zum Austausch von Anwendungserfahrungen bis hin zu einem Zugriff auf Produktdatenbanken reichen (Bayles 2001 S. 137-138, Wamser 2000 S. 19-20).

Beschwerde- und Retourenmanagement

Das Beschwerde- und Retourenmanagement soll im Rahmen dieser Arbeit als eine Funktion des Fulfillment behandelt werden, auch wenn Beschwerden nicht gleichzeitig Retouren nach sich ziehen müssen und umgekehrt. Während die Beschwerdeabwicklung üblicherweise auf medialem Wege (z.B. per eMail oder Telefon) erfolgt, erfordern Retouren eine physische Rückführung der Ware. Distanzgeschäfte sind allgemein besonders anfällig für Retouren, da die gebrauchs- oder verbrauchstechnischen Wareneigenschaften vor der Kaufentscheidung nur eingeschränkt beurteilt werden können (Schröder 2002 S. 280). Die Retourenbearbeitung umfasst verschiedene Teilaufgaben, die in Abhängigkeit vom Retourengrund variieren. Neben der Rückführung der Ware und dem Versand von Austauschartikeln (oder der Erteilung einer Gutschrift) sind wiederverwendbare Produkte aufzubereiten, neu zu verpacken und wieder einzulagern, während mangelhafte Produkte zu reparieren oder zu entsorgen sind (Thieme 2003 S. 210). Aus der Retourenbearbeitung resultiert ein finanzieller Mehraufwand, dem kein Ertrag gegenübersteht. Die Retourenquote variiert dabei mit dem Sortiment des Anbieters (vgl. dazu die Übersicht bei Thieme 2003 S. 306).

Ein nicht unerheblicher Einfluss auf die Retourenquote ist dem Fernabsatzgesetz (FernAbsG), das verbraucherschützende Vorschriften bei Distanzgeschäften beinhaltet, zu unterstellen. Die Neuformulierung des Fernabsatzgesetzes und dessen Aufnahme in das Bürgerliche Gesetzbuch (BGB) zum 01.01.2002 waren nicht zuletzt durch die Besonderheiten beim Abschluss elektronischer Verträge motiviert (vgl. Kilian 2002 S. 997). Das Fernabsatzgesetz regelt zunächst gemäß § 312c BGB bzw. § 1 InfPflVO (Informationspflichten-Verordnung) die Informationspflichten des Anbieters während der Anbahnung und beim Abschluss eines Kaufvertrags (Münster 2003 S. 48). Für den Fall, dass der Nachfrager von einem Fernabsatzvertrag zurücktreten möchte, hat der Anbieter entweder das Widerrufsrecht (§ 355 BGB) oder das Rückgaberecht (§ 356 BGB) einzuräumen. Sowohl das Widerrufs- als auch das Rückgaberecht erlauben dem Nachfrager, die erhaltene Ware – mit Ausnahme individuell angefertigter Produkte – bis vierzehn Tage nach Erhalt ohne Begründung zurücksenden zu können. Gemäß dem Widerrufsrecht kann der Nachfrager zunächst mittels schriftlicher Erklärung (z.B. per eMail) seine Bestellung widerrufen, ohne sofort die Ware zurücksenden zu müssen. Dagegen erlaubt das Rückgaberecht einen Rücktritt vom Kaufvertrag grundsätzlich nur durch Rücksendung der Ware (Thieme 2003 S. 261-262). Weiterhin unterscheiden die beiden Regelungen danach, ob der Anbieter oder der Nachfrager die Rücksendekosten bei einem Warenwert bis zu 40 € zu tragen hat. Bei höheren Beträgen sind die Rücksendekosten dagegen grundsätzlich vom Anbieter zu tragen (Schröder 2002 S. 280). Gerade im eCommerce ist von diesen nachfragerfreundlichen Regelungen eine Reduzierung des wahrgenommenen Kaufrisikos zu vermuten (vgl. o.V. 2003a S. 60, vgl. Barth et al. 2002 S. 104). Gleichzeitig besteht für den Online-Anbieter die Gefahr, dass die vereinfachten Rückgabemöglichkeiten zu einem erhöhten Retourenaufkommen führen.

Abbildung 2-1 fasst die in diesem Abschnitt beschriebenen Funktionen zusammen. Aus der Abbildung wird deutlich, dass die einzelnen Funktionen Systemelemente des Fulfillment-Systems bilden. Das Fulfillment bildet wiederum ein Teilsystem innerhalb des Gesamtsystems des Unternehmens (vgl. Mitschke 2000 S. 51). Demzufolge lässt sich dem Fulfillment das Systemdenken zu Grunde legen. Im Mittelpunkt dieses Systemdenkens steht die Beschreibung, Erklärung und Strukturierung komplexer Systeme. Dabei werden ausgehend von einem abstrakten Gesamtsystem die einzelnen

Systemelemente identifiziert und deren Beziehungen untereinander sowie zur Systemumwelt analysiert (Meffert 2000 S. 23). Zunächst sind somit die Beziehungen zwischen den einzelnen Funktionen zu untersuchen und innerhalb des Fulfillment-Systems zu koordinieren. Eine einfachere, kostengünstigere Versandverpackung kann beispielsweise eine Erhöhung der Transportschäden bewirken. Das Systemdenken zwingt folglich dazu, Entscheidungen nicht isoliert für ein Systemelement zu treffen, sondern die Auswirkungen auf andere Systemelemente bzw. das gesamte System zu berücksichtigen (Pfohl 2004 S. 28).

Abb. 2-1: Das Fulfillment als System

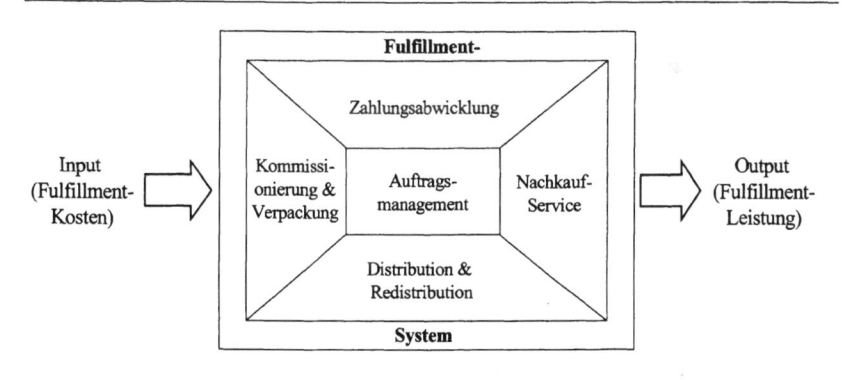

```
                            Fulfillment-

                         Zahlungsabwicklung

   Input          Kommissi-                   Nachkauf-        Output
(Fulfillment-    onierung &    Auftrags-       Service      (Fulfillment-
   Kosten)       Verpackung   management                       Leistung)

                        Distribution &
                        Redistribution

                             System
```

Quelle: eigene Darstellung in Anlehnung an Pfohl 2004 S. 20

Bestehen neben den systeminternen Beziehungen auch Schnittstellen zur Systemumwelt, spricht man von offenen Systemen (Luhmann 1999 S. 15). An den Schnittstellen zwischen den Systemen findet ein Austausch statt, der im Fall des Fulfillment physische Waren, Dienstleistungen, Informationen sowie monetäre Mittel zum Gegenstand haben kann. Auf Grundlage des Systemdenkens lassen sich folglich die Austauschbeziehungen (Input-Output-Beziehungen) zwischen Systemen beschreiben und erklären (Meffert 2000 S. 23). Des Weiteren lassen sich Determinanten, die ein System beeinflussen (und einen Systeminput leisten), und Wirkungen, die von dem System ausgehen (Systemoutput), identifizieren. Die relevante Systemumwelt des Fulfillment kann sowohl einen unternehmensinternen als auch unternehmensübergreifenden Charakter haben. Interne Schnittstellen bestehen z.B. zum Verkauf sowie zur Beschaffung und Lagerhaltung (vgl. dazu das Modell der Wertschöpfungskette nach Porter 1989 S. 63). Über die Unternehmensgrenzen hinweg ist insbesondere an Schnittstellen zu den Nachfragern und zu möglichen

Versanddienstleistern zu denken. Auf der System-Umwelt-Differenzierung bauen auch die Austauschtheorie und die Transaktionskostentheorie auf (siehe dazu Kapitel 4), da ein Austausch bzw. eine Transaktion stets an einer genau identifizierbaren Schnittstelle stattfindet.

Abschließend lässt sich zu den Funktionen festhalten, dass das Fulfillment sämtliche Waren-, Informations- und Finanzströme umfasst, die der Abwicklung eines Kundenauftrags zugerechnet werden können. Der Warenstrom beschreibt den Weg der (physischen) Ware durch das Unternehmen über mögliche Versanddienstleister bis hin zum Nachfrager. In Abhängigkeit von der jeweiligen Information kann der auftragsbezogene Informationsstrom den Warenstrom begleiten, diesem voraus- oder auch nacheilen (Pfohl 2004 S. 81-82, Kummer & Fuster 1999 S. 267). Eine Trennung zwischen Waren- und Informationsstrom ermöglicht eine effiziente Kapazitätsplanung und –auslastung entlang des Fulfillment-Prozesses. Dies kann zu verringerten Warte- und Liegezeiten zwischen zwei Teilprozessen (z.b. Kommissionierung und Verpackung) führen, so dass sich die Durchlaufzeiten der Aufträge insgesamt reduzieren. Ebenso wie die internen Schnittstellen im Fulfillment-Prozess lassen sich auch die Schnittstellen zu externen Dienstleistern im Zuge eines vorauseilenden Informationsstroms effizienter gestalten (vgl. Drosten & Hessler 1999 S. 48). Der auftragsbezogene Informationsstrom beinhaltet zudem die auf die Nachfrager gerichteten Informations- und Kommunikationsprozesse (z.B. die Auftragsbestätigung oder die Benachrichtigung bei Verzögerungen). Ein vorauseilender Informationsstrom kann den Nachfrager auch über den konkreten Liefertermin informieren und so einen erfolgreichen erstmaligen Zustellversuch gewährleisten. Dadurch lassen sich kostenintensive Mehrfachzustellungen oder die Zwischenlagerung in einer Postfiliale vermeiden (vgl. Witten & Karies 2003 S. 193-194).

Auf Basis der vorangegangenen grundlegenden Ausführungen zum Fulfillment und dessen einzelnen Bestandteilen lässt sich die folgende Definition ableiten, die die Grundlage für das Fulfillment-Verständnis dieser Arbeit bildet:

> Das Fulfillment umfasst alle waren-, informations- und kommunikationsbezogenen sowie finanziellen Aktivitäten eines Online-Anbieters, die der Umsetzung des im Online-Shop gegebenen Leistungsversprechens dienen und mit der vollständigen, die Nachfrager zufrieden stellenden Abwicklung ihrer Online-Bestellungen enden.

Die Definition bezieht sich zwar explizit auf den eCommerce, kann aber auch auf das Fulfillment im traditionellen Distanzhandel und Direktvertrieb übertragen werden.

2.2 Fulfillment-Varianten

2.2.1 Varianten der strategischen Orientierung

Im Rahmen der strategischen Orientierung legt die Unternehmensführung im Allgemeinen einen Handlungsrahmen fest, innerhalb dessen die operativen Marketing-Instrumente zielführend einzusetzen sind (Becker 2001 S. 140). Dabei können einzelne oder auch mehrere kombinierte Strategiedimensionen verfolgt werden, mit denen auch die Ausrichtung des Fulfillment variiert. An dieser Stelle sollen die grundlegenden Dimensionen Kunden-, Wettbewerbs-, Kosten-, und Technologieorientierung nähere Beachtung finden, da sie unter Marketing-Gesichtspunkten als fulfillmentrelevante, strategische Varianten anzusehen sind.

Im Rahmen der Kostenorientierung wird der Input in das Fulfillment-System, mithin die Fulfillment-Kosten, betont. Die gesamten Fulfillment-Kosten lassen sich wiederum auf die einzelnen Funktionen, die entlang des Fulfillment-Prozesses anfallen, aufteilen. Dies ermöglicht eine verursachungsgerechte Kostenerfassung und -kalkulation, auf deren Grundlage die Planung, Steuerung und Kontrolle des Fulfillment erfolgen kann. Als konkretes Instrument bietet sich z.B. die Prozesskostenrechnung an (Lasch & Lemke 2002 S. 33), mit deren Hilfe der Prozesscharakter im Fulfillment auch kostenrechnerisch abgebildet werden kann. Ferner können die Fulfillment-Kosten auch in kundenindividuelle (bzw. segmentspezifische) Auswertungen einfließen, da sich bei Distanzgeschäften einzelne Transaktionen direkt einzelnen Kunden zuordnen lassen. Dabei lassen sich den einzelnen Kunden (bzw. Kundengruppen) im Rahmen einer Kundendeckungsbeitragsanalyse nicht nur die erzielten Umsätze, sondern auch die den einzelnen Aufträgen direkt zurechenbaren Kosten, also auch direkt zurechenbare Fulfillment-Kosten, zuordnen (Weiber & Weber 2002 S. 621-622).

Im Sinne der reinen Kostenorientierung sollte das Fulfillment möglichst einfach gestaltet sein und seine Basisfunktionen erfüllen. Auf mögliche Kostentreiber wie einen Express-Lieferservice oder die Auswahl eines konkreten Liefertermins sollte daher verzichtet werden, soweit die Kosten nicht über zusätzliche Gebühren an die Nachfrager weitergegeben werden. Eng mit der Kostenorientierung ist auch die Strategie der Kostenführerschaft verbunden. Ziel dieser Strategie ist es, einen Kostenvorsprung gegenüber der Konkurrenz zu realisieren und darauf aufbauend die eigenen Unternehmensleistungen günstiger am Markt anzubieten (Becker 2001

S. 373). Übertragen auf das Fulfillment kann sich diese Strategie z.b. durch eine im Vergleich zu den direkten Konkurrenten niedrigere Liefergebühr bemerkbar machen.

Unter der Kundenorientierung ist allgemein das Bestreben eines Unternehmens zu verstehen, die Kaufmotive der Nachfrager zu identifizieren und das eigene Leistungsprogramm an deren Bedürfnissen und Wünschen auszurichten (vgl. Kotler & Bliemel 2001 S. 36, vgl. Houston 1986 S. 85-86). Das Leistungsprogramm beinhaltet neben der Kernleistung Produkt auch Sekundärleistungen, die zur Erbringung der Produktleistung notwendig sind oder zusätzliche Serviceleistungen darstellen (Silberer et al. 2002 S. 315, Pfohl 1977 S. 241). Der Lieferservice, der eine notwendige Voraussetzung für die Durchführung von Distanzgeschäften ist, bietet über die Kernleistung der Auslieferung hinaus vielfältige Ansatzpunkte, um mögliche Bedürfnisse und Wünsche der Nachfrager anzusprechen und zu befriedigen. So können den Nachfragern eine Auswahl an unterschiedlichen Auslieferungsoptionen (z.B. Hauszustellung, Pickpoints, Paketstationen) oder zusätzliche Serviceleistungen wie eine Terminzustellung oder ein Geschenkservice angeboten werden. Ebenso besteht die Möglichkeit, den Nachfragern unterschiedliche Zahlungsverfahren zur Wahl zu stellen (zu den Service- und Zahlungsoptionen siehe *Abschnitt 3.3*). Im Fokus von kundenorientierten Unternehmen stehen im Allgemeinen die Kundenzufriedenheit und darauf aufbauend die Kundenloyalität (Böing 2001 S. 147, Zadek 1999 S. 31). Die Kundenorientierung impliziert aber auch, dass die Bedürfnisse und Wünsche zunächst identifiziert werden, da ein undifferenziertes Angebot an Optionen und Serviceleistungen die Nachfrager verwirren und somit kontraproduktiv wirken kann (vgl. Stolpmann 2000 S. 210).

Eng mit der Kundenorientierung verbunden ist die Wettbewerbsorientierung. Meffert unterscheidet die beiden Strategiedimensionen dahingehend, dass eine hohe Kundenorientierung nicht zwangsläufig den Unternehmenserfolg sicherstellt, wenn Wettbewerber ähnliche Leistungen erbringen (2000 S. 267). Die Wettbewerbsorientierung impliziert zunächst, dass Kenntnis bezüglich der (Haupt-)Wettbewerber und deren Leistungsprogramm besteht. Darauf aufbauend können die Ideen innovativer Wettbewerber auch für das eigene Unternehmen in Betracht gezogen und das eigene Leistungsprogramm fortwährend angepasst werden (sog. Anpassungs- bzw. Imitationsstrategie) (vgl. Cohan 2000 S. 139-140). Entscheidend ist aber nicht, dass möglichst viele (Service-)Leistungen angeboten werden, sondern dass die angebotenen Leistungen die Bedürfnisse und Wünsche der Nachfrager treffen. Ein Wettbewerbsvorteil im Sinne einer Differenzierung von der Konkurrenz lässt sich dabei nur erzielen, wenn er von den Nachfragern wahrgenommen wird, für diese relevant ist und langfristig gegenüber den Wettbewerbern aufrechterhalten werden kann (Böing 2001 S. 150). Letzteres ist aufgrund der hohen Imitationsgeschwindigkeit im eCommerce gerade bei Innovationen im Online-Shop fraglich (Cohan 2000 S. 87). Dagegen kann eine kompetente und zuverlässige Leistungserfüllung nicht so einfach von den Wettbewerbern imitiert werden.

Mit der Technologieorientierung ist eine weitere strategische Dimension anzusprechen, die dem eCommerce immanent ist. Das Internet bietet technologieorientierten Unternehmen vielfältige Möglichkeiten, ihren Online-Shop mit innovativen Elementen aufzuwerten (z.b. in Form einer Guided Tour durch den Shop oder eines virtuellen Verkaufsberaters) (Stolpmann 2000 S. 138-140). Zudem kann eine persönliche Beratung über innovative Kommunikationswege wie die Internet-Telefonie oder ein Videoconferencing mittels Webcam erfolgen (Meissner 2002 S. 23-27). Im Backend bietet die Internet-Technologie Möglichkeiten wie die bereits angesprochene Online-Sendungsverfolgung oder ein virtuelles Beschwerdemanagement. Neben der Gestaltung der virtuellen Schnittstelle zu den Nachfragern ist in diesem Bereich insbesondere an den Einsatz von Informations- und Kommunikationstechnologien zu denken, die eine reibungslose und schnelle Verarbeitung von Auftragsdaten entlang des gesamten Fulfillment-Prozesses gewährleisten. Des Weiteren können warenbezogene Prozesse durch technische Hilfsmittel unterstützt oder gar automatisiert werden (z.B. durch eine beleglose Kommissionierung auf Basis von Scannerdaten oder den Einsatz von Verpackungsautomaten). Eine daraus resultierende Effizienzsteigerung kann im Gegensatz zu Innovationen im Frontend-Bereich langfristig als Wettbewerbsvorteil gereichen.

Die Darstellung der unterschiedlichen Strategiedimensionen macht deutlich, dass diese Dimensionen zueinander in Beziehung stehen. So können zum Beispiel die Kunden- und Kostenorientierung miteinander konkurrieren, während die Kunden- und Wettbewerbsorientierung stark gleichläufig sind. Die Unternehmensführung kann zwar vorwiegend eine bestimmte Strategiedimension verfolgen. Im Allgemeinen ist aber zu erwarten, dass alle Dimensionen, wenn auch in unterschiedlichem Maße, in die Strategieorientierung einfließen und folglich auch für das Fulfillment relevant sind.

2.2.2 Organisatorische Varianten

Wie in *Abschnitt 2-1* deutlich wurde, umfasst das Fulfillment verschiedene Funktionen. Der modulare Aufbau kann eine Entbündelung des Fulfillment-Prozesses zur Folge haben, da einzelne Funktionen bis hin zum gesamten Prozess an externe Dienstleister ausgelagert werden können (vgl. Albers & Peters 1997 S. 69-70, vgl. Toporowski 1996 S. 23). Eine grundlegende Unterscheidung der organisatorischen Varianten lässt sich somit danach treffen, ob das Fulfillment eigenständig oder unter Einbezug externer Dienstleister abgewickelt wird. Im Folgenden werden die grundsätzlichen organisatorischen Varianten jeweils kurz vorgestellt und auf ihre Chancen und Risiken untersucht.

Eigenabwicklung des Fulfillment-Prozesses

Eine komplett eigenständige Abwicklung des Fulfillment bietet sich in erster Linie für Unternehmen an, die bereits über etablierte Absatzkanäle verfügen und den eCommerce als zusätzlichen Kanal erschließen wollen. In diesem Zusammenhang spricht man von einer Multi-Channel-Strategie (Swoboda & Morschett 2002 S. 781-784). Die vorhandene Infrastruktur (u.a. Personal-, Lager-, Transportkapazitäten) kann für den eCommerce genutzt und gegebenenfalls erweitert werden (ebda S. 783, Mann & Lomas 2000 S. 1). Diese Variante eignet sich insbesondere für traditionelle Versandhändler und Hersteller, die über einen Direktvertrieb an den Endkonsumenten verfügen. Aber auch stationäre Händler und Handelsketten können ihre vorhandene Infrastruktur für das Fulfillment im eCommerce nutzen (z.B. dezentrale Lagerhaltung und Kommissionierung im Ladengeschäft sowie dessen Nutzung als Rückgabestelle) (Reynolds 2001 S. 262-265). Diese Variante steht auch Distanzhändlern offen, die über keinen eigenen stationären Handel verfügen, aber im Rahmen der Auslieferung und der Rückgabe ihrer Waren mit einem stationären Partner kooperieren (Lee & Whang 2001 S. 59).

Ein eigenständiges, in die bestehende Unternehmensstruktur integriertes Fulfillment bietet Chancen wie Synergieeffekte, gute Kontrollmöglichkeiten, geringe Anfangsinvestitionen oder eine kurze Anlaufzeit (Time-to-Market) der eCommerce-Aktivitäten (Ricker & Kalakota 1999 S. 65). Als nachteilig können sich der kosten- und zeitintensive Aufbau zusätzlich benötigter Kapazitäten sowie mögliche Störungen des bisherigen Abwicklungsprozesses erweisen. So stößt das stationäre Ladengeschäft als Lager- und Kommissionierstätte schnell an seine Grenzen, wenn die Nachfrage im eCommerce steigt (Froitzheim 2000 S. 51, Petermann 2001 S. 33). Probleme können sich auch ergeben, wenn die Fulfillment-Aktivitäten in das bestehende Distributionssystem integriert werden, ohne das System auf die Besonderheiten des eCommerce abzustimmen (vgl. Fuchs 2002 S. 30).

Um mögliche Integrationsprobleme zu vermeiden, stellt auch der Aufbau eigener Fulfillment-Kapazitäten prinzipiell eine Alternative im eCommerce dar (Ricker & Kalakota 1999 S. 65). Diese Variante kommt sowohl für reine Internet-Unternehmen als auch Multi-Channel-Anbieter in Frage. Dem Vorteil eines maßgeschneiderten, auf die Bedürfnisse des eCommerce abgestimmten Fulfillment stehen in der Regel hohe Investitionskosten und eine längere Anlaufzeit gegenüber (Mann & Lomas 2000 S. 1). Zudem bestehen hohe Anforderungen an die Skalierbarkeit der eigenen Kapazitäten, da diese auch steigende Auftragszahlen bewältigen müssen. Beim Aufbau eigener Kapazitäten ist grundsätzlich zu beachten, dass sich die Investitionen erst ab einer bestimmten Mindestmenge (sog. kritische Masse) an Aufträgen rentieren (Meiß & Eckert 2003 S. 54-55). Das Marktforschungsunternehmen Forrester Research spricht in diesem Zusammenhang von einer Mindestmenge von 15.000 Bestellungen am Tag (Brandstetter & Fries 2002 S. 317), während Bhise et al. (2000 S. 39) ein eigenständiges Fulfillment bereits bei acht- bis zehntausend Bestellungen täglich für gerechtfertigt halten. Derartige Größenordnungen stellen aber, gerade bei reinen Online-Anbietern, sowohl heute als auch zukünftig die Ausnahme dar.

Hier könnte ein gemeinsames Fulfillment-Center, das mit einem oder mehreren Partnerunternehmen gemeinsam betrieben wird, Abhilfe schaffen (vgl. Beckmann et al. 1999 S. 169). So könnten Unternehmen, die im Frontend-Bereich miteinander konkurrieren, im Backend-Bereich kooperieren (sog. Coopetition-Strategie, siehe dazu Friedrichs Grängsjö 2003 S. 432-433) und Skaleneffekte im Fulfillment realisieren. Diese Alternative ist aber als eher unüblich anzusehen, da gerade das Fulfillment zur Differenzierung im Wettbewerb genutzt werden kann. Schon eher kommt eine Kooperation zwischen Anbietern, die nicht in Konkurrenz zueinander stehen, in Frage. Im Fall einer virtuellen Shopping-Mall können neben der Kooperation im Frontend-Bereich auch gemeinsame, zentrale Fulfillment-Kapazitäten aufgebaut werden. Zumindest ist eine Bündelung der Sendungen durch einen gemeinsamen Versanddienstleister denkbar, wie bei den Shopping-Malls Evita (Deutsche Post) oder Shopping24 (Hermes Versand) praktiziert (Jensen 2002 S. 48). Diese Variante ist aber nicht mehr als eigenständige Abwicklung zu bezeichnen, sondern fällt in den Bereich des Outsourcing, das im Folgenden näher betrachtet wird.

Fremdabwicklung von Fulfillment-Funktionen

Der modulare Aufbau des Fulfillment-Prozesses erlaubt ein Outsourcing einzelner Funktionen bis hin zum gesamten Prozess. Insbesondere die räumliche Überbrückung des Distanzgeschäftes, also der physische Warenversand, ist Gegenstand der Auslagerungsentscheidung. Branchenübergreifende Studien kommen zu dem Ergebnis, dass ein Großteil der Online-Anbieter (zwischen 70 und 80%) den Versand an externe Spezialisten auslagert (Lasch & Lemke 2002 S. 18-19, Jensen 2002 S. 95).

Die Mehrheit der deutschen Online-Anbieter vertraut dabei auf die Deutsche Post (Pfeiffer 2001 S. 31), deren weltweite Paket-, Fracht- und sonstigen Logistikdienstleistungen seit dem Jahr 2003 unter der Marke DHL zusammengefasst sind (o.V. 2003b S. 20). Für den B2C-Paketversand zeichnet sich das Tochterunternehmen Deutsche Post Fulfilment verantwortlich (Thieme 2003 S. 250-253). Zunehmend gewinnen aber rein private Versender wie UPS, DPD oder GLS (ehemals German Parcel) an Beliebtheit, da sie aufgrund einer fehlenden Filialstruktur gegenüber der Deutschen Post beispielsweise auch eine Mehrfachzustellung sowie eine Abholung von Retouren beim Nachfrager anbieten (Otto 2001 S. 593). So entsteht dem Nachfrager kein Mehraufwand, wenn er beim erstmaligen Zustellversuch nicht anzutreffen war oder die Ware retournieren möchte. Bei Auslieferung über die Deutsche Post muss der Nachfrager dagegen in beiden Fällen den zusätzlichen Weg zum Postamt antreten.

Neben der Warenauslieferung und der Redistribution können auch weitere Funktionen an externe Spezialisten ausgelagert werden. Hieraus resultiert eine veränderte Rolle der Logistik-Dienstleister, die nicht länger nur den physischen Warenstrom, sondern zunehmend das gesamte Auftragsmanagement abwickeln (Baumgarten & Walter 2000 S. 90, Silverstein 1999 S. 2). Dabei müssen nicht alle Funktionen zwangsläufig von einem Dienstleister erfüllt werden. Die Lagerhaltung, Kommissionierung, Verpackung und gegebenenfalls auch die Beschaffung und Zahlungsabwicklung können von einem auf die Logistik im Distanzhandel spezialisierten Dienstleister übernommen werden, während die Auslieferung über einen der genannten KEP-Dienstleister erfolgt, deren Kernkompetenz im Transport liegt. Diese Variante wird beispielsweise von dem reinen Online-Händler Zooplus praktiziert, der seine physischen Warenprozesse vollständig von der Firma Rudolph Logistik abwickeln lässt. Rudolph Logistik übernimmt in diesem Fall die Warenbeschaffung und -lagerung und koordiniert die Auslieferung, die in diesem Fall über die Deutsche Post oder GLS erfolgt.

Neben den Warenprozessen können auch die Zahlungsabwicklung bzw. einzelne Prozessbestandteile der Zahlungsabwicklung an externe Spezialisten, die sogenannten Payment-Dienstleister, ausgelagert werden (Albers & Peters 2000 S. 192). Dabei gehören das Clearing der Zahlungsart und die Bonitätsprüfung zu den am häufigsten extern abgewickelten Bestandteilen (Brandt 2003 S. 51). Beim Clearing werden die vom Käufer angegebenen Zahlungsdaten verifiziert. Im eCommerce bieten sich Prüfverfahren an, bei denen das Clearing in Echtzeit, also im Rahmen des Online-Bestellvorgangs, erfolgt (Bräuner & Stolpmann 1999 S. 94). Bei der Bonitätsprüfung bietet der Dienstleister den Vorteil, dass er, neben den öffentlich zugänglichen Auskunfteien (z.B. Schufa), die Kundendaten von mehreren Unternehmen und somit eine qualitativ bessere Datenbasis als ein einzelnes Unternehmen zur Verfügung hat. Andere Prozessbestandteile wie die Rechnungsstellung oder das Mahnwesen, bei denen es zu einem Kontakt bzw. einer Interaktion mit dem Nachfrager kommt, werden dagegen vorzugsweise eigenständig abgewickelt, da sie zur Pflege der Geschäftsbeziehung eingesetzt werden können (Brandt 2003 S. 51).

Eine Betrachtung des Outsourcing von Fulfillment-Funktionen kommt nicht umhin, die mit dem Einbezug externer Dienstleister verbundenen Chancen und Risiken anzusprechen (siehe hierzu auch Brandstetter & Fries 2002 S. 317-319, Jensen 2002 S. 55-59, Bayles 2001 S. 301-325). Gerade Anbieter, die über keine Logistikkompetenz im B2C-Bereich oder die notwendigen Ressourcen zum Aufbau eines komplett eigenständigen Fulfillment verfügen, können auf das Know-how externer Spezialisten zurückgreifen und sich auf ihre Kernkompetenzen wie Sortimentsgestaltung oder Kundenakquise konzentrieren (Thieme 2003 S. 334). Ein Logistik-Dienstleister verfügt in der Regel über ein Portfolio von unterschiedlichen Auftraggebern, auf die sich seine Infrastruktur verteilt (Fleischmann 2003 S. 10). Dadurch können Schwankungen bei den Bestellmengen der einzelnen Auftraggeber aufgefangen werden, so dass die Flexibilität des Fulfillment höher einzuschätzen ist als bei Eigenabwicklung. Gleichzeitig lassen sich im Zuge der Fremdabwicklung fixe in variable Kosten umwandeln, so dass im Fall eines ausbleibenden Wachstums oder gar zurückgehender Bestellmengen keine Fixkosten für eigene, unausgelastete Kapazitäten anfallen (Brandstetter & Fries 2002 S. 314). Zudem ist auch bei einem stetigen Anstieg der Bestellmengen von einem Dienstleister zu erwarten, dass er über entsprechende Kapazitäten verfügt oder diese erweitern kann (Skalierbarkeit), da es sich hierbei um sein Kerngeschäft handelt (Fleischmann 2003 S. 10, Bayles 2001 S. 302). Zu den weiteren Chancen einer Fremdabwicklung zählen eine kürzere

Anlaufzeit des Distanzhandels oder Direktvertriebs sowie niedrigere anfängliche Investitionskosten (Ricker & Kalakota 1999 S. 65-66).

Als potentielle Risiken einer Outsourcing-Lösung sind insbesondere die eingeschränkten Kontrollmöglichkeiten und ein verminderter Einfluss auf die Qualität der Leistungen zu nennen. Gerade kleinere Anbieter, die verhältnismäßig geringe Bestellmengen aufweisen, müssen sich zumeist mit wenig flexiblen Standardleistungen zufrieden geben. Zudem können Probleme beim Austausch der Auftragsdaten auftreten, wenn die IT-Systeme nicht kompatibel sind (Reynolds 2001 S. 28, Pfeiffer 2001 S. 32). Für die Systemintegration sind gegebenenfalls zusätzliche Investitionskosten einzuplanen. Aber auch eine Systemintegration gewährleistet nicht zwangsläufig einen reibungslosen Informationsaustausch, wenn die Bereitschaft zur Weitergabe aller entscheidungsrelevanten Informationen nicht vorhanden ist (sog. Agency-Problematik) (vgl. Petermann 2001 S. 17). Im Hinblick auf die Schnittstelle zu den Nachfragern ist zu beachten, dass der Dienstleister als verlängerter Arm des Online-Anbieters auch dessen Image beeinflussen kann – im positiven wie im negativen Sinne (Puscher 2000 S. 45). Zudem wird mit der Auslieferung, gerade bei reinen Online-Anbietern, oft der einzige reale Kontakt zwischen Anbieter und Nachfrager aus der Hand gegeben (Kummer & Fuster 1999 S. 268).

Die Darstellung unterschiedlicher Varianten macht deutlich, dass es keine Patentlösung für die organisatorische Gestaltung des Fulfillment gibt. Vielmehr ist es unternehmensindividuell und in Abhängigkeit von der Branche zu gestalten (Mann & Lomas 2000 S. 1). Dazu sollte diejenige Variante gewählt werden, welche am besten mit den eigenen und den Ressourcen der Partner in der Wertschöpfungskette korreliert.

Innovative Konzepte für die „letzte Meile"

Mit dem Aufkommen des eCommerce sind in den letzten Jahren verschiedene Konzepte entstanden, die zur Reduzierung der Komplexität und der Kosten bei der Endkundenbelieferung beitragen sollen (Petermann 2001 S. 34-35). Die Komplexität beruht zum einen darauf, dass viele unterschiedliche Empfangspunkte angefahren werden müssen. Zum anderen zeichnet sich der Trend einer immer geringeren Erreichbarkeit der Empfänger ab (Witten & Karies 2003 S. 193), woraus kostenintensive Mehrfachzustellungen resultieren. Die Deutsche Post bietet neben der herkömmlichen Hauszustellung (Wohnort oder auch Arbeitsplatz des Empfängers) neuerdings auch die Auslieferung über Paketautomaten (sog. Packstation, siehe www.packstation.de) an. Die Sendung wird in einem der Schließfächer zwischengelagert und kann jederzeit vom Empfänger mittels Eingabe eines per eMail oder SMS übermittelten Zahlencodes abgeholt werden (Dietz 2002 S. 21). Auch mögliche Rücksendungen können über die Paketstation abgewickelt werden. Neben der Deutschen Post bieten auch rein private Betreiber wie die Shopping Box GmbH derartige Systeme an stark frequentierten Orten (z.B. Bürogebäuden oder Bahnhöfen) an (Mucha et al. 2002 S. 10-11). Auf einer ähnlichen Funktionsweise basiert auch der vom Fraunhofer-Institut für Materialfluss und Logistik entwickelte Tower24. Dieses Konzept unterscheidet sich von den Paketstationen durch einen höheren Automatisierungsgrad und ein größeres Fassungsvolumen (ebda S. 7-8). Die Pick Point AG wiederum nutzt mit ihrem Netz von personalbetriebenen Übergabestellen eine vorhandene Infrastruktur, indem sogenannte Pickpoints (z.B. Tankstellen, Videotheken, Fitness- oder Sonnenstudios), die zentral gelegen und abends geöffnet sind, als Zwischenlagerstätten genutzt werden (Schubert 2001 S. 13).

Den bisher angeführten Alternativen zur klassischen Hauszustellung ist gemein, dass die Nachfrager bei Eintreffen der Warensendung per eMail oder SMS benachrichtigt werden und die Sendung innerhalb eines bestimmten Zeitraums zu einem beliebigen Zeitpunkt abholen können. Die Nachfrager wirken zwar bei der Auslieferung mit („let the customer do the walking", Reynolds 2001 S. 109), doch ihnen entsteht kein oder lediglich ein geringfügiger zusätzlicher Aufwand, da sie die zentral gelegenen Übergabestellen selbst auswählen und bequem erreichen können oder, im Fall der Pickpoints, diese regelmäßig aufsuchen. Hierin liegt aber auch eine Einschränkung dieser Alternativen, da sich nicht alle Produkte zur Zwischenlagerung in den Übergabestellen und zum Transport durch den Nachfrager eignen (z.B. großvolumige Produkte wie Möbel). Da auch für die Nutzung der Pickpoints Kosten anfallen, ist zudem fraglich, ob mit dieser Alternative überhaupt niedrigere Auslieferungskosten realisiert werden können. Bei Multi-Channel-Anbietern, die über eigene stationäre Filialen verfügen, lassen sich dagegen zusätzliche Kosten vermeiden, indem auch diese Filialen als Übergabe- und Rückgabepunkte für die Online-Bestellungen genutzt werden.

Eine weitere Alternative stellen hauseigene Empfangsboxen dar, auf die der Empfänger und der Lieferant Zugriff haben. In diesem Fall erfolgt die Lieferung zwar weiterhin an die Privatadresse. Der Empfänger muss dabei aber nicht mehr anzutreffen sein, so dass kostenintensive Mehrfachzustellungen entfallen. Dem gegenüber stehen eine zusätzliche Investition in die Anlagen sowie deren Installation, die zunächst gar zu höheren Auslieferungskosten führen können (Punakivi et al. 2001 S. 428). Diese Investitionen rentieren sich erst, wenn regelmäßige Bestellungen beim entsprechenden Anbieter erfolgen und dieser über einen eigenen Lieferservice verfügt. Da derartige Voraussetzungen lediglich auf den Online-Lebensmittelhandel zutreffen, handelt es sich hierbei um ein branchenspezifisches Konzept. Festzuhalten bleibt, dass diese Alternative, für die der amerikanische Online-Händler Streamline verantwortlich zeichnete (Punakivi & Tanskanen 2002 S. 502, Reynolds 2001 S. 218), in der Praxis aber ebenso wenig wie der Online-Lebensmittelhandel selbst eine hohe Bedeutung erlangt hat.

Tabelle 2-1 stellt die angeführten Zustellkonzepte ihren relevanten Beurteilungskriterien gegenüber.

Tab. 2-1: Beurteilung von alternativen Zustellkonzepten im Überblick

Zustellkonzepte	Beurteilungskriterien				
	Einsparpotenzial (Anbieter)	zeitliche Flexibilität (Empfänger)	keine zusätzlichen Wege (Empfänger)	Retourenfähigkeit	keine Größenrestriktionen
Hauszustellung			✓ (1)	✓ (3)	✓
Paketstationen (automatisiert)	✓	✓		✓	
Pickpoints (personalbetrieben)	✓	✓	✓ (2)	nur bei den Paketshops von Hermes möglich	
Nutzung eigener Filialen	✓			✓	✓
hauseigene Empfangsboxen		✓	✓	✓	

(1) mit Ausnahme der Abholung in einer Postfiliale oder einem Hermes-Paketshop
(2) sofern der Pickpoint aus anderen Gründen (regelmäßig) aufgesucht wird
(3) nur bei privaten Paketdiensten möglich

Noch befinden sich die alternativen Konzepte für die „letzte Meile" in der Anfangs- bzw. Experimentierphase (Mucha et al. 2002 S. 21). Sie stoßen bisher allesamt auf wenig Akzeptanz bei den Nachfragern, da diese nach wie vor die Zustellung nach Hause präferieren (Moder 2003 S. 51-52). Um die Akzeptanz zu erhöhen, können den Nachfragern zusätzliche Anreize wie etwa eine geringere Liefergebühr bei Wahl eines Pickpoints geboten werden. Dies setzt aber voraus, dass die alternativen Auslieferungsformate die Fulfillment-Kosten des Anbieters senken. Da die

Zwischenlagerung in automatisierten Paketstationen oder personalbetriebenen Pickpoints aber ebenfalls Kosten verursacht (Fichtner & Engelsleben 2003 S. 10), scheint es fraglich, ob mit diesen Alternativen überhaupt niedrigere Kosten verbunden sind. Gleichwohl sollten diese Ansätze im Fall einer steigenden Anzahl an Online-Bestellungen und einer steigenden Verbreitung dieser Übergabestellen nicht als Alternativen vernachlässigt werden.

2.3 Charakteristische Merkmale des Fulfillment im eCommerce im Vergleich zum traditionellen Fulfillment

Wie bereits angeklungen, erfüllt das Fulfillment in Form der physischen und informationsbezogenen Auftragsabwicklung im eCommerce dieselbe Funktion wie im traditionellen Distanzhandel und Direktvertrieb. Insofern gilt es im eCommerce, bestehende Kenntnisse zum Fulfillment zu nutzen und den Besonderheiten des neuen Absatzkanals anzupassen (Lee & Whang 2001 S. 54). Im Folgenden sollen deshalb zentrale Unterscheidungsmerkmale zwischen dem eCommerce und dem traditionellen Distanzhandel, die sich unmittelbar auf das Fulfillment auswirken, näher betrachtet werden.

Anforderungen der Nachfrager

Ein zentraler Unterschied zwischen dem eCommerce und dem traditionellen Distanzhandel liegt darin begründet, dass das Medium Internet auch bzw. insbesondere Zielgruppen anspricht, die dem traditionellen Distanzhandel bisher ablehnend gegenüber standen (vgl. Meffert 2000 S. 928). Palombo und Theobald (1999 S. 180) sprechen im Zusammenhang mit Online-Shoppern von einem neuen Typ Verbraucher, der in der Regel sehr anspruchsvoll ist. Aus diesen neuen Ansprüchen können auch veränderte Anforderungen an das Fulfillment resultieren (Weber et al. 2001). Im Internet lassen sich während der Vorkaufphase alternative Produkte und Anbieter in der Regel einfach und schnell vergleichen. Ebenso einfach und schnell läßt sich der Kauf im Online-Shop tätigen. Dies kann bei den Nachfragern aber auch zu der Erwartung führen, dass die Auslieferung der bestellten Ware ähnlich schnell erfolgt (Hermanns 2001 S. 114). Eine Nicht-Bestätigung der Erwartungen an die Lieferzeit kann zu Unzufriedenheit bei den Kunden oder auch zu einer hohen Retourenquote führen (Lingenfelder 2001 S. 391). Eng verbunden mit der Lieferzeit ist auch die Problematik der Warenübergabe. So bietet nicht jeder Logistik-Dienstleister eine Mehrfachzustellung an, wenn der Empfänger der Ware beim erstmaligen Zustellversuch nicht anzutreffen ist. Die Deutsche Post, die in Deutschland der meistgenutzte Dienstleister im Business-to-Consumer-Bereich ist (Pfeiffer 2001 S. 31), deponiert in diesem Fall die Warensendung im nächstgelegenen Postamt. Die Abholung der Ware im Postamt ist für den Empfänger mit einem zeitlichen Aufwand verbunden und widerspricht dem Convenience-Gedanken, den viele Nachfrager mit einer Online-Bestellung verbinden (Bayles 2001 S. 187). Der zusätzliche Weg kann daher zu der Überlegung führen, beim nächsten Einkauf gleich den stationären Handel aufzusuchen.

Sortimentspolitik

Der traditionelle Versandhandel legt sein Kernsortiment in der Regel ein- bis zweimal jährlich in einem Katalog fest (Thieme 2003 S. 57). Dagegen kann die Sortimentsgestaltung in einem Online-Shop grundsätzlich dynamischer ablaufen, da innerhalb kurzer Zeit bestehende Produkte herausgenommen sowie neue Produkte eingestellt werden können (Tomczak et al. 1999 S. 140). Ferner bietet das Medium Internet die Möglichkeit, die Nachfrager mittels eines virtuellen Produktkonfigurators in die Sortimentsgestaltung einzubeziehen (Piller et al. 2001 S. 138-139, Sailer 2001 S. 6-8). Eine höhere Dynamik im Sortiment stellt aber auch höhere Anforderungen an die Flexibilität im Fulfillment. Zunächst müssen die neuen Produkte, gegebenenfalls in unterschiedlichen Varianten, im eigenen Lager oder bei einem Lieferanten verfügbar sein. Zusätzlich können sich auch die Anforderungen an Verpackung und Versand ändern. So müssen z.B. neue Produkte, deren Maße nicht den Vorgaben eines Paketdienstleisters entsprechen, über Speditionen versendet werden.

Marktarealstrategie

Die Webseiten eines Online-Shops lassen sich grundsätzlich weltweit von jedem Internet-Account aus aufrufen. In Abhängigkeit von der verfolgten Marktarealstrategie ist, ein entsprechend mehrsprachig gestalteter Online-Shop vorausgesetzt, eine internationale Ausrichtung der Geschäftstätigkeit möglich. So kann ausgehend vom deutschsprachigen Kernmarkt auch der europäische Markt bis hin zum Weltmarkt bedient werden. Wird die Geschäftstätigkeit nicht auf ein bestimmtes Marktgebiet begrenzt, müssen somit auch Bestellungen aus der ganzen Welt einkalkuliert werden. Entsprechend wachsen die Anforderungen an das Fulfillment. Zum einen ist der Versand der Ware aufgrund der längeren Wegstrecke anspruchsvoller, da die Auslieferung in der Regel über verschiedene Umschlagpunkte und gegebenenfalls verschiedene Dienstleister erfolgt. Dadurch steigt das Risiko, dass die Ware beschädigt wird oder gar verloren geht. Zum anderen ergeben sich insbesondere aus den grenzüberschreitenden Frachtbedingungen sowie differierenden nationalen Regelungen erhöhte informationsbezogene Anforderungen an das Fulfillment. Neben den Zollformalitäten ist z.b. auch an die sogenannten Intrastat-Meldungen zu denken, die beim grenzüberschreitenden Warenaustausch zwischen Staaten, die das Schengen-Abkommen unterzeichnet haben, anfallen (Jensen 2002 S. 71). Der Anbieter hat bei der Formulierung seiner Marktarealstrategie unter Kosten-Nutzen-Überlegungen abzuwägen, ob das zusätzliche Absatzpotenzial über den Kernmarkt hinaus die damit verbundenen Aufwendungen rechtfertigt.

Digitales Informationsmanagement

Die Internet-Technologie bietet die Möglichkeit, bestimmte Informations- und Kommunikationsprozesse, die die physische Abwicklung der Online-Bestellungen begleiten, zu digitalisieren. Bereits vor der eigentlichen Bestellung kann ein Nachfrager die Verfügbarkeit der gewünschten Ware überprüfen, wenn im Online-Shop aktuelle Bestandsinformationen aus dem Warenwirtschaftssystem ausgewiesen werden (Singh 2002 S. 435, Bhise et al. 2000 S. 39). Ein zentraler Vorteil ist darin zu sehen, dass die Auftragsdaten mit Eingang der Bestellung in digitaler Form vorliegen (Lasch & Lemke 2002 S. 5). Idealerweise werden die Auftragsdaten auch über den gesamten Fulfillment-Prozess in digitaler Form weiterverarbeitet, ohne dass es zu Medien- oder Informationsbrüchen kommt (Brem & Baal 2004 S. 34). Voraussetzung hierfür ist, dass die Schnittstellen der unterschiedlichen Informationssysteme entlang des Fulfillment-Prozesses reibungslos funktionieren und alle Systeme die gleichen Datenformate verstehen (Pfeiffer 2001 S. 32).

Im Gegensatz zum traditionellen Distanzhandel werden die Auftragsdaten nicht manuell in das Bestellsystem eingegeben, sondern automatisch von der Bestellmaske des Online-Shops übernommen (Thieme 2003 S. 198). Dies ermöglicht eine weniger personalintensive und fehleranfällige Erfassung der Auftragsdaten (Witten & Karies 2003 S. 187). Bereits bei Eingang der Online-Bestellung können automatische Prüfroutinen wie Plausibilitäts- oder Adresschecks einsetzen. Sollten diese Prüfroutinen Unklarheiten aufdecken, kann der Besteller darauf hingewiesen und um Korrektur gebeten werden, bevor die weitere Abwicklung des Auftrags angestoßen wird. So können mögliche Fehler, die in jedem Schritt der Auftragsbearbeitung weitere Kosten verursachen, bereits am Anfang des Fulfillment-Prozesses behoben werden. Zudem lassen sich auch die Bonitätsprüfung und die mikrogeographische

Segmentierung, die Anhaltspunkte bezüglich des Risikos eines Auftrags liefern können (vgl. Thieme 2003 S. 137-139), automatisieren.

Im Anschluss an die Überprüfung kann eine Bestellbestätigung per eMail ebenfalls automatisch erfolgen. Neben den Auftragsdaten des Bestellers sowie Informationen zum weiteren Verlauf der Abwicklung (z.b. den Auslieferungstermin) kann diese Mail auch eine Tracking-Nummer enthalten, die den Nachfragern eine Sendungsverfolgung über den Online-Shop des Anbieters oder direkt über die Website des Versanddienstleisters ermöglicht. Des Weiteren besteht die Möglichkeit, den Kunden kurz vor (z.b. am Vortag) der Auslieferung per eMail oder SMS über den genauen Termin zu informieren (Singh 2002 S. 437). So steigt die Wahrscheinlichkeit einer erfolgreichen Warenübergabe, was eine Senkung der Transaktionskosten auf beiden Seiten zur Folge haben kann. Insgesamt lässt sich festhalten, dass die Internet-Technologie auch im Bereich Fulfillment zu einer Effizienzsteigerung führen kann, indem einzelne Informationsprozesse verbessert oder gar automatisiert werden (Rudolph & Löffler 2001 S. 25-26).

Rechtliche Rahmenbedingungen

Den zuvor angesprochenen grenzüberschreitenden Geschäftsverkehr innerhalb der Europäischen Union regelt die E-Commerce-Richtlinie (Richtlinie 2000/31/EG), nach der die Gesetze desjenigen Landes, in dem der Online-Anbieter seine wirtschaftliche Tätigkeit ausübt, Anwendung finden (Brandstetter & Fries 2002 S. 143-144). Neben dem Fernabsatzgesetz, das die Rechte des Kunden fokussiert (vgl. *Abschnitt 2.1*), sieht das Signaturgesetz (SigG) zukünftig einen Schutz des Anbieters vor, indem mittels einer elektronischen Unterschrift die Urheberschaft einer Online-Bestellung eindeutig einem Absender zugeordnet werden kann (sog. Authentifizierbarkeit) (Haiges 2002 S. 42). Dem Anbieter entfallen dadurch vermeidbare Fulfillment-Kosten, da der Besteller nicht den Empfang der Ware verweigern kann. Das Signaturgesetz wird aber erst zukünftig an Bedeutung gewinnen, da die elektronische Signatur von Online-Kaufverträgen mangels ausgereifter (Standard-)Technik noch in ihren Kinderschuhen steckt (Müller 2002 S. 114).

eFulfillment

Im Mittelpunkt dieser Arbeit stehen zwar physische Produkte, doch soll auf die Besonderheiten im Fall von digitalen und digitalisierbaren Produkten zumindest hingewiesen werden. Für diese Art von Produkten, zu denen in erster Linie Software, Informationsdienste, elektronische Publikationen, Musik und Filme zählen, stellt das

Internet einen geradezu revolutionären Absatzkanal dar. Die Warenauslieferung erfolgt nicht mehr über den Postweg, sondern über das Medium Internet (Silberer 2000b S. 85). Man spricht in diesem Zusammenhang vom elektronischen Fulfillment (eFulfillment) (Bayles 2001 S. 184-186). Gegenüber traditionellen Absatzwegen entstehen dem Anbieter weitaus niedrigere Transaktionskosten, da die Kosten für die physische Lagerung, Verpackung, Auslieferung und Retourenabwicklung entfallen. Neben dem elektronischen Versand kann auch die Diagnose von Fehlern während der Produktverwendung über das Internet erfolgen (sog. Ferndiagnose) (Silberer 2000b S. 86). Das eFulfillment beschränkt sich aber nicht nur auf digitale Produkte, sondern kann auch die informationsbezogenen Komponenten von physischen Produkten einbeziehen (Bliemel & Fassott 2002 S. 676-677). So ist es zum Beispiel möglich, die Bedienungsanleitung von technischen Produkten wie Mobiltelefonen als Download zur Verfügung zu stellen. Demzufolge kann die Internet-Technologie auch im Rahmen des Fulfillment eine umso höhere Bedeutung erlangen, je mehr informationsbezogene, digitalisierbare Komponenten ein Produkt aufweist. Zudem schließt das eFulfillment auch innovative Zahlungsformate ein, die auf den eCommerce zugeschnitten sind. Hierzu zählen zum Beispiel digitales (Bar-)Geld, die Paysafecard oder die Zahlungsabwicklung über die Telefonrechnung (siehe dazu die Übersicht bei Bockholt 2002 S. 72-73).

Die bisherigen Ausführungen legen nahe, dass sich die physischen Prozesse der Logistik im eCommerce gegenüber dem traditionellen Distanzhandel wenig unterscheiden (Lasch & Lemke 2002 S. 2). Dagegen können die fulfillmentrelevanten Informations- und Kommunikationsprozesse auf Grundlage der Internet-Technologie eine bedeutsame Veränderung bzw. Erweiterung erfahren. Die Integration von Internet-Technologie und unternehmensinterner EDV-Landschaft bietet dabei die Möglichkeit, das Fulfillment flexibler und effizienter zu gestalten sowie einen höheren Interaktionsgrad mit den Nachfragern zu erreichen (vgl. Meissner 2002 S. 268-269).

2.4 Ergebnisse im Überblick

Im Mittelpunkt dieser Arbeit steht mit dem Fulfillment ein Untersuchungsgegenstand, der vergleichsweise oft in Literatur und Praxis zur Sprache kommt, selten aber klar umrissen wird. Bestehende Definitionen machen deutlich, dass gerade hinsichtlich der funktionalen Abgrenzung, d.h. der Zuordnung betrieblicher Teilaufgaben zum Fulfillment, oft unterschiedliche Auffassungen bestehen. Eine Analyse des Fulfillment setzt daher zunächst ein einheitliches Begriffsverständnis voraus. Dieses wird in

Abschnitt 2.1 auf Basis der Kernfunktionen des Fulfillment (Auftragsmanagement, Kommissionierung und Verpackung, Distribution und Redistribution, Zahlungsabwicklung, Nachkauf-Service) erarbeitet und in einer eigenen Definition des Untersuchungsgegenstandes zusammengefasst. Dabei wird deutlich, dass die einzelnen Funktionen aufeinander aufbauen bzw. eng verzahnt sind und ein Teilsystem innerhalb des Gesamtsystems eines Unternehmens bilden.

Die Ausführungen in Abschnitt 2.2 lassen erkennen, dass es kein idealtypisches Muster für die Aufbau- und Ablauforganisation des Fulfillment gibt, sondern dass die konkrete Ausgestaltung unternehmensindividuell ist und von den im Unternehmen verfolgten Zielsetzungen und Stoßrichtungen abhängt. Im Rahmen der Fulfillment-Organisation bieten sich mit der Eigen- und der Fremdabwicklung zwei grundsätzliche Varianten. Mit dem Warenversand wird regelmäßig zumindest eine Kernfunktion des Fulfillment durch externe Dienstleister abgewickelt, da der Aufbau einer eigenen Transportlogistik nur für wenige Unternehmen in Frage kommt. Oft werden zudem auch weitere Fulfillment-Funktionen ausgelagert. Somit lässt sich festhalten, dass gerade die physischen Warenprozesse Gegenstand von Outsourcing-Entscheidungen sind. Daraus resultiert ein Koordinationsbedarf zwischen eigen- und fremdabgewickelten Funktionen, der wiederum spezifische Anforderungen an die Gestaltung des Fulfillment stellt. Neben den beiden grundsätzlichen Varianten Eigen- und Fremdabwicklung lassen sich verschiedene Fulfillment-Varianten auch anhand der Gestaltung der „letzten Meile" unterscheiden. Diese Optionen werden am Ende von Abschnitt 2.2 zusammengefasst und mittels geeigneter Kriterien beurteilt.

In Abschnitt 2.3 wird ein Merkmalskatalog erarbeitet, der der Differenzierung zwischen internetbasiertem und traditionellem Fulfillment dient. Der Vergleich zwischen dem eCommerce und dem traditionellen Versandhandel zeigt, dass die Gestaltung des Fulfillment in beiden Absatzkanälen durchaus variieren kann. Dabei sind insbesondere die Informations- und Kommunikationsprozesse auf die Internet-Technologie und die Anforderungen des eCommerce abzustimmen. Nicht zuletzt die Unterschiede zwischen dem internetbasierten und dem traditionellen Fulfillment rechtfertigen eine gesonderte Analyse des Fulfillment im eCommerce, wie sie im Rahmen dieser Arbeit vorgenommen wird.

3. Fulfillment als Marketing-Instrument im Electronic Commerce

Aufbauend auf dem im vorangegangenen Kapitel erarbeiteten Fulfillment-Verständnis wird der Untersuchungsgegenstand Fulfillment in diesem Kapitel eingehender aus der Marketing-Perspektive beleuchtet. Da es sich beim Marketing um die Lehre vom Austausch handelt und das Fulfillment einen Teilaspekt des Austauschs darstellt, wird in Abschnitt 3.1 der idealtypische Austauschprozess betrachtet und auf den eCommerce bezogen. Darauf aufbauend erfolgt eine Einordnung des Fulfillment in den Austauschprozess. Abschnitt 3.2 greift den Gedanken auf, dass das Fulfillment zur Gestaltung von Austauschbeziehungen beiträgt. Hier wird der Frage nachgegangen, inwieweit man im Zusammenhang mit dem Fulfillment von einem Marketing-Instrument sprechen kann. Abschnitt 3.3 zeigt schließlich auf, inwieweit das Fulfillment zu einer Erreichung der zentralen kundengerichteten Marketing-Ziele Kundenzufriedenheit und Kundenbindung beitragen kann. In diesem Zusammenhang gilt es, mögliche Serviceelemente und Kundenkontaktpunkte entlang des Fulfillment-Prozesses zu identifizieren.

3.1 Einordnung des Fulfillment in den Austauschprozess im eCommerce

Das Fulfillment beinhaltet die Erfüllung der vertraglichen Pflichten eines Anbieters und fällt somit in die Abwicklungsphase einer marktlichen Transaktion (Schubert 2001 S. 10). Bevor eine Transaktion aber überhaupt zur Abwicklung kommt, sind vorangehende Transaktionsphasen zu durchlaufen. Der Transaktionsprozess lässt sich allgemein in die Informations- und Anbahnungsphase, die Vereinbarungsphase, Abwicklungs- und Anpassungsphase sowie die Nachkaufphase unterscheiden (siehe *Abbildung 3-1*) (Bogaschewsky 2002 S. 752-753, Korb 2000 S. 37-39, Picot 1991 S. 344).

Abb. 3-1: Die Phasen einer marktlichen Transaktion

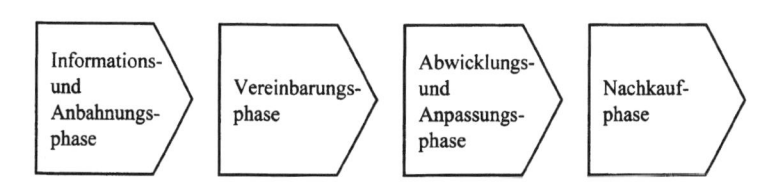

Informations- und Anbahnungsphase → Vereinbarungsphase → Abwicklungs- und Anpassungsphase → Nachkaufphase

Quelle: Bogaschewsky 2002 S. 752-753

An dieser Stelle soll zunächst eine nähere Betrachtung der einzelnen Phasen einer Transaktion im eCommerce erfolgen, bevor die Rolle des Fulfillment im Transaktionsprozess näher beleuchtet wird.

Der Anbieter kann in der Informations- und Anbahnungsphase gezielt versuchen, den Nachfrager mittels kommunikationspolitischer Maßnahmen auf seinen Online-Shop aufmerksam zu machen (sog. Shop- bzw. Site-Promotion, Silberer 2000a S. 281). Neben klassischen Kommunikationsmedien wie Direct Mailings, Zeitschriften oder Rundfunk und Fernsehen ist im eCommerce insbesondere an die Shop-Promotion im Internet (z.B. mittels Banner oder Top-Listings in Suchmaschinen) zu denken (ebda S. 281, Bachem et al. 1999 S. 61-62, Hoffmann 1998 S. 84-87). Gerade im eCommerce kann der Nachfrager in der Anbahnungsphase unterschiedliche Anbieter und deren Konditionen einfach evaluieren und vergleichen (sog. Screening, vgl. Korb 2000 S. 157), da der nächste Anbieter „nur einen Mausklick" entfernt ist (Singh 2002 S. 434-435).

Da die im Online-Shop angebotenen Produkte nicht anhand ihrer haptischen und technisch-funktionalen Eigenschaften überprüft werden können, versuchen sich die Nachfrager im Vorfeld der Kaufentscheidung an anderen Kriterien zu orientieren (vgl. Engelke 1997 S. 34). Im Vergleich zu anderen Medien, insbesondere dem Versandhandelskatalog, bietet das Internet grundsätzlich bessere Möglichkeiten der Produktdarstellung und –beschreibung (Silberer 2002 S. 718-719). Zu diesen Möglichkeiten zählen z.B. Produktansichten aus verschiedenen Blickwinkeln und in verschiedenen Größen sowie Audio- oder Videosequenzen im Fall von Medienprodukten. Zudem bestehen keine Restriktionen hinsichtlich des Umfangs an weitergehenden Informationen (z.B. Text- und Bildinformationen zu Autoren oder dem Anbaugebiet eines Weines). Neben den virtuellen Produktinformationen sowie dem Produktpreis können auch die weiteren Konditionen wie die Lieferzeit, die Liefergebühr oder die Vorrätigkeit der Produkte in die Kaufentscheidung einfließen (Lasch & Lemke 2002 S. 22-23). Eine entsprechende Gestaltung der Auftrags- und Liefermodalitäten kann den Nachfragern Leistungsbereitschaft und Leistungsfähigkeit des Anbieters signalisieren (vgl. Korb 2000 S. 157) und das wahrgenommene Kaufrisiko, welches im Distanzhandel allgemein höher einzustufen ist als im Residenzhandel, reduzieren helfen (Lingenfelder 2001 S. 378-379). Somit werden logistische Aspekte des Fulfillment, die in der Abwicklungsphase anfallen und beim

Nachfrager Transaktionskosten verursachen, bereits in der Vereinbarungsphase relevant (Korb 2000 S. 108).

In der Vereinbarungsphase verhandeln Anbieter und Nachfrager Preise und sonstige Konditionen, soweit diese, wie es insbesondere bei Business-to-Business-Transaktionen der Fall sein kann, nicht genau festgelegt sind. In Online-Shops, die den Business-to-Consumer-Bereich bedienen, ist der Produktpreis dagegen in der Regel ein festgesetztes, nicht verhandelbares Datum. Im eCommerce ist die Vereinbarungsphase als kritisch anzusehen, da gerade Erstkäufer ihren gefüllten Warenkorb oft zurücklassen oder den Online-Bestellprozess abbrechen (Schulte 2001 S. 92). Dies kann zum einen an einer langwierigen, umständlichen Bestellprozedur liegen (ebda S. 92). Zum anderen sind bestimmte Liefermodalitäten wie Liefergebühren und -zeiten oft erst während des Bestellprozesses ersichtlich und können dann zu einer Revision der Kaufentscheidung führen. Demzufolge sollten Nachfrager bereits in der Anbahnungsphase, also während der Produktsuche und -information, offen über die Liefermodalitäten informiert werden. Hat sich ein Nachfrager zum Kauf bei einem bestimmten Anbieter entschieden, werden im Rahmen der Online-Bestellprozedur die Vertragsbedingungen festgelegt, die insbesondere Art und Menge der nachgefragten Produkte, den Produktpreis zuzüglich einer etwaigen Liefergebühr, die gewünschte Zahlungsart sowie die Lieferadresse beinhalten. Eine konkrete Aussage zum Liefertermin erfolgt dagegen selten (Wahby 2001 S. 2). Ergebnis der Vereinbarungsphase ist ein rechtsverbindlicher Kaufvertrag zwischen den beteiligten Parteien.

An den Eingang der Bestellung beim Anbieter, sei es postalisch, telefonisch, per Fax oder eben über das Internet, schließt sich die Abwicklungsphase an. In dieser Phase erfolgt die Erfüllung der vertraglich vereinbarten Leistung durch den Anbieter sowie der monetären Gegenleistung des Nachfragers (Korb 2000 S. 109). In der Literatur wird die Abwicklungsphase zwar als bedeutende Komponente des Austauschprozesses angesehen, eine Diskussion über die Optimierung der Beziehung zwischen Anbieter und Nachfrager innerhalb dieser Phase erfolgt jedoch kaum (ebda S. 109). Dabei wird die Fulfillment-Leistung im eCommerce weitaus stärker wahrgenommen als in anderen B2C-Absatzkanälen und kann ein Differenzierungsmerkmal gegenüber alternativen Anbietern darstellen (Weber et al. 2001 S. 57). Von einem kunden- und konkurrenzorientierten Fulfillment ist somit zu erwarten, dass es zu einem positiven Kauferlebnis beiträgt und die Kundenloyalität fördert (Ulrich 1998 S. 88). Dagegen kann eine Fulfillment-Leistung, die nicht den Erwartungen und Wünschen der

Nachfrager entspricht, positive Erfahrungen aus den vorangegangenen Phasen überlagern und in einem Anbieterwechsel resultieren (vgl. Meffert 2000 S. 663). Sofern dem Anbieter aber die Kritikpunkte in Form von Beschwerden vorgetragen werden oder die beanstandete Ware retourniert wird, kann er im Rahmen der Anpassungsphase reagieren und den Nachfrager nachträglich zufrieden stellen. Die Anpassungsphase beinhaltet allgemein das Beschwerde- und Retourenmanagement sowie Nachverhandlungen und Maßnahmen der Vertragsdurchsetzung (vgl. Woratschek et al. 2002 S. 63). Das Spektrum an Reaktionsmöglichkeiten des Anbieters reicht dabei von einer Ersatzlieferung oder Rückerstattung des Kaufpreises bis hin zu einer gerichtlichen Vertragsdurchsetzung.

Der Kaufprozess ist abgeschlossen, wenn die am Austausch beteiligten Parteien jeweils ihre vertraglichen Leistungen erbracht haben. Diese Leistungen können bei bestimmten Produkten über die Auslieferung und Zahlungsabwicklung hinausgehen, wenn z.B. Garantien und Wartungen Gegenstand der Vertragsbedingungen sind. In diesem Fall erbringt der Anbieter in der Nachkaufphase weitere (Verbund-) Dienstleistungen (Fritz 1999 S. 120, Albers & Peters 1997 S. 70, 78), die dem Fulfillment zugeordnet werden können.

Im Mittelpunkt der bisherigen Ausführungen zum Kaufprozess im Distanzhandel stand der einzelne Kaufakt eines Nachfragers bei einem Anbieter. Übergeordnetes Marketingziel eines Anbieters sollte es aber im Allgemeinen sein, eine langfristige Geschäftsbeziehung mit dem Kunden (Kunde eines Anbieters ist, wer bereits bei diesem gekauft hat) aufzubauen (Silberer 2004a S. 455, Silberer & Wohlfahrt 2001 S. 86). Im Rahmen einer langfristigen Geschäftsbeziehung werden bei jeder Transaktion die Phasen des geschilderten Kaufprozesses durchlaufen. Für den Anbieter gilt es zu beachten, dass die einzelnen Transaktionen nicht unabhängig voneinander sind, sondern Interdependenzen aufweisen. So kann bereits in der Abwicklungs- und Nachkaufphase eines Kaufprozesses der Grundstein für einen nachfolgenden Kaufakt beim entsprechenden Anbieter gelegt werden („vor dem Kauf ist nach dem Kauf") (Merx & Wierl 2001 S. 97).

3.2 Einordnung des Fulfillment in das Marketing-Instrumentarium im Electronic Commerce

Spricht man vom Fulfillment als einem Marketing-Instrument, ist zunächst der Begriff Marketing-Instrument näher zu betrachten. Nach Steffenhagen (1999 S. 7) repräsentiert ein Marketing-Instrument ein auf Marktbeteiligte ausgerichtetes

Beeinflussungshandeln zur Förderung und Gestaltung von Austauschprozessen. Mit dem Fulfillment wird zum einen die notwendige Voraussetzung für die Durchführbarkeit des Austausches im Rahmen von Distanzgeschäften geschaffen. Zum anderen kann eine vom Nachfrager positiv wahrgenommene Fulfillment-Leistung der Förderung nachfolgender Kaufakte dienen und zur Gestaltung einer Austauschbeziehung beitragen. Darüber hinaus können einzelne Fulfillment-Elemente in die erstmalige Kaufentscheidung einfließen und eine akquisitorische Wirkung entfalten. Diesen Gedanken folgend trifft die Definition von Steffenhagen auch auf das Fulfillment zu.

Des Weiteren kennzeichnet ein Marketing-Instrument, dass die ihm eigenen Instrumentalziele zur Erreichung der übergeordneten Marketing- und Unternehmensziele beitragen (Becker 2001 S. 57-60, Meffert 2000 S. 75). Als Instrumentalziele des Fulfillment lassen sich das Niveau der Fulfillment-Kosten und der Fulfillment-Leistung formulieren. Die Operationalisierung des Kostenziels kann über eine absolute (z.b. maximale Fulfillment-Kosten in Höhe von X € pro Auftrag) oder eine relative Zielvorgabe (z.B. maximale Fulfillment-Kosten in Höhe von X % des Auftragswertes) erfolgen[1]. Darauf aufbauend lässt sich für die gesamten Fulfillment-Kosten eine Zielvorgabe formulieren (z.B. maximaler Anteil der Fulfillment-Kosten an den Gesamtkosten in Höhe von X %). Bei der Operationalisierung des Ziels Fulfillment-Leistung ist insbesondere an relative Zielvorgaben für die einzelnen Leistungsbereiche zu denken, z.B. eine Warenauslieferung innerhalb von vier Tagen bei 90 % der Aufträge, eine fehlerlose Zahlungsabwicklung bei 99 % der Aufträge oder eine Retourenabwicklung innerhalb von vier Tagen bei 95 % der betroffenen Aufträge (vgl. Specht 1998 S. 82). Von einer qualitativ hochwertigen Fulfillment-Leistung ist im Allgemeinen ein positiver Einfluss auf die Marketingziele Kundenzufriedenheit und Kundenbindung und somit langfristig auf das Unternehmensziel Umsatz zu erwarten. Ebenso beeinflussen die Fulfillment-Kosten die Höhe der gesamten Marketing-Kosten und darüber auch die Unternehmensziele Gewinn und Rentabilität.

Eine Einordnung des Fulfillment in das Marketing-Instrumentarium sollte ausgehend von den vier klassischen Marketing-Instrumenten Produkt-, Preis-, Distributions- und Kommunikationspolitik erfolgen. Die Einteilung der Marketing-Instrumente folgt der

---

[1] Bei der Operationalisierung von Zielen ist neben dem Zielinhalt und -ausmaß auch der Zeit- und gegebenenfalls der Segmentbezug des Ziels zu berücksichtigen (Becker 2001 S. 23-27, Meffert 2000 S. 680). Da an dieser Stelle aber die inhaltliche Ausprägung der Fulfillment-Ziele im Vordergrund steht, sollen die beiden letztgenannten Aspekte nicht näher betrachtet werden.

in der Literatur gängigen Einteilung in die „vier P's" (Product, Price, Promotion, Place) (Kotler 2003 S. 16, 393-401, Silberer 1993 S. 28-31, McCarthy 1960 S. 45-52). Dabei weist das Fulfillment einen starken inhaltlichen Bezug zum Instrumentalbereich Distributionspolitik auf. Sowohl die physische als auch die akquisitorische Distribution (Wahl der Absatzhelfer) lassen sich dem Fulfillment zurechnen. Daher fällt gerade im reinen Distanzhandel und Direktvertrieb eine Differenzierung zwischen dem Fulfillment und der Distributionspolitik schwer. Dagegen wird das weiter gehende Verständnis der Distributionspolitik bei Multi-Channel-Anbietern deutlich. In diesem Fall obliegt der Distributionspolitik nicht nur der Warentransfer und die Wahl der Absatzhelfer in den verschiedenen Absatzkanälen, sondern auch die Koordination der Kanäle (z.B. hinsichtlich Synergie- und Kannibalisierungseffekten). Neben der primären Einordnung in die Distributionspolitik finden sich im Fulfillment auch Schnittstellen zu den weiteren klassischen Marketing-Instrumenten, die im Folgenden aufgezeigt werden.

Die *Preispolitik* beschäftigt sich allgemein mit der Bepreisung der am Markt angebotenen Unternehmensleistungen. Dazu zählt neben dem Produktpreis als zentrale preispolitische Größe auch eine mögliche Liefergebühr. Unter der Annahme identischer Produktpreise im Residenz- und Distanzhandel ist die Liefergebühr von kritischer Bedeutung, da sie die monetären Transaktionskosten der Nachfrager erhöht (vgl. Schröder & Zimmermann 2002 S. 338-339). Die Liefergebühr lässt sich der Konditionenpolitik zurechnen, die im Versandhandel ein typisches Element der Preispolitik bildet (Thieme 2003 S. 295). Die Konditionenpolitik bezieht u.a. auch Zuschläge für eine Express-Zustellung oder eine grenzüberschreitende Auslieferung ein. Im letztgenannten Fall sollten auch mögliche Zollzahlungen ausgewiesen werden, soweit diese dem Online-Anbieter bekannt sind. Zollzahlungen unterliegen zwar nicht der Konditionenpolitik des Anbieters, doch erhöhen sie den vom Nachfrager wahrgenommenen Gesamtpreis einer Online-Bestellung.

Gerade in den Anfangszeiten des eCommerce diente eine kostenlose Auslieferung als Akquiseinstrument. Einhergehend mit der Krise in der New Economy hat eine verstärkte Kostenorientierung dazu beigetragen, dass eine gesondert ausgewiesene Liefergebühr mittlerweile den Regelfall darstellt (Silberer & Köcher 2002 S. 5, Broecheler 2002 S. 19). Somit findet auch in dieser Hinsicht eine Angleichung des eCommerce an den traditionellen Versandhandel, bei dem Liefergebühren in der Regel fester Bestandteil der Transaktion sind (Thieme 2003 S. 295), statt. Dabei sind grundsätzlich verschiedene Gebührenmodelle denkbar, wobei eine pauschale, vom Einkaufsbetrag unabhängige Liefergebühr oder eine versandkostenfreie Lieferung ab einem Mindestbestellwert zu den gebräuchlichsten Varianten zählen (Schröder & Zimmermann 2002 S. 339-344). Unabhängig vom jeweiligen Modell sollten die Gebühren für den Nachfrager jederzeit transparent sein und spätestens im Rahmen des Bestellprozesses ausgewiesen werden. Gleiches gilt auch für die (Porto-)Kosten im Fall von Rücksendungen oder Ersatzlieferungen. Hierin ist ein sensibler Bereich der Preispolitik bzw. des Fulfillment zu sehen, da Nachfrager neben einer möglichen Enttäuschung über das Produkt nicht auch noch mit zusätzlichen Kosten belastet werden sollten. Gemäß dem Fernabsatzgesetz (§ 3 Abs. 3 FernAbsG) kann der Anbieter wählen, ob er den Nachfragern das Widerrufsrecht gemäß § 355 BGB oder das Rückgaberecht gemäß § 356 BGB einräumt. Bei Vereinbarung des Rückgaberechts sind die Kosten für die Rücksendung generell vom Anbieter zu tragen. Im Fall des Widerrufsrechts können diese Kosten aber dem Nachfrager auferlegt werden, sofern der Warenwert der zurückgeschickten Ware 40 € nicht überschreitet (Schröder 2002 S. 280).

Im Mittelpunkt der *Kommunikationspolitik* steht die Shop-Promotion über klassische Kommunikationsmedien und das Internet. Verfügt der Online-Anbieter über einen eigenen Lieferdienst, können auch die Lieferfahrzeuge und die Kleidung des Lieferpersonals zur Shop-Promotion beitragen, indem sie mit dem Firmenlogo, der Internet-Adresse und weiteren Formen der werblichen Ansprache versehen werden und so für eine Street Visibility des Online-Shops sorgen (Silberer & Köcher 2002 S. 142). Mit der Verpackung, dem Lieferschein und der Rechnung existieren weitere Fulfillment-Elemente, die reale Kontaktpunkte zum Kunden darstellen. Auch diese Elemente sind gemäß des Corporate Design des Anbieters zu gestalten. Dies trägt zu einem einheitlichen Marktauftritt in allen Phasen des Transaktionsprozesses bei und steigert den Wiedererkennungswert (Wahby 2001 S. 4). Zudem kann auf dem Lieferschein oder der Rechnung ein konkreter Ansprechpartner für Fragen im Falle von Rücksendungen kommuniziert werden. Durch diese realen Anknüpfungspunkte verliert das Unternehmen an Virtualität, da es nicht länger nur mit dem Webauftritt in der digitalen Welt gleichgesetzt wird (Silberer & Köcher 2002 S. 142).

Im Mittelpunkt der *Produktpolitik* stehen die vom Unternehmen angebotenen Marktleistungen (Silberer 1993 S. 28). Neben physischen oder digitalen Produkten fallen gemäß dem generischen Produktbegriff auch Dienstleistungen in den Bereich der Produktpolitik (Meffert 2000 S. 335). Dienstleistungen lassen sich allgemein in primäre und sekundäre Dienstleistungen unterscheiden (ebda S. 336). Da im Mittelpunkt dieser Arbeit die Fulfillment-Prozesse bei materiellen Produkten stehen, sollen Anbieter primärer Dienstleistungen, also in der Regel reine Dienstleistungsunternehmen, nicht in die Betrachtung einfließen. Vielmehr werden die produktbegleitenden Dienstleistungen, auch Sekundärdienstleistungen genannt (Silberer et al. 2002 S. 315, Kotler & Bliemel 2001 S. 797), betrachtet. Eine Sekundärleistung kennzeichnet allgemein, dass sie nicht eigenständig, sondern stets in Kombination mit einer Primärleistung angeboten wird (Meffert 2000 S. 335).

Sekundärdienstleistungen dienen dazu, dem Nachfrager ein über die Primärleistung hinausgehendes, attraktives Gesamtangebot zu unterbreiten (Meiß & Eckert 2003 S. 3, Kotler & Bliemel 2001 S. 797-799). Pfohl (1977 S. 241) ordnet der Sekundärleistungspolitik die folgenden Funktionen zu:
- Verminderung der Arbeitsbelastung des Käufers beim Einkauf,
- Verminderung der beim Käufer mit dem Kauf verbundenen Unsicherheit und
- Ermöglichung, Erhaltung oder Steigerung der Nutzenstiftung eines Produktes.

Sekundärleistungen können dem Nachfrager kostenlos oder gegen ein zusätzliches Entgelt zur Verfügung gestellt werden. Im Distanzhandel stellt insbesondere der Lieferservice eine Sekundärleistung dar (Kummer et al. 2003 S. 55, Hammann 1974 S. 138-139). In Abhängigkeit vom jeweiligen Produkt und den vertraglichen Vereinbarungen sind zudem weitere Sekundärleistungen wie ein Geschenkservice, die Installation, Reparatur und Wartung, die Entsorgung von Altprodukten oder kostenlose Updates von digitalen Produkten denkbar (vgl. Albers & Peters 1997 S. 70, vgl. Steffenhagen 1999 S. 20-21).

Die verschiedenen Sekundärleistungsarten bilden ein umfassendes Leistungsbündel, das als Sekundärleistungspolitik oder Servicepolitik des Anbieters bezeichnet werden kann (vgl. Hammann 1974 S. 135-141). Aufgrund ihres sekundären Charakters wird die Servicepolitik häufig der Produktpolitik untergeordnet (vgl. Becker 2001 S. 510-511, vgl. Silberer 1993 S. 29). Die zunehmende Austauschbarkeit der Kernleistung Produkt rechtfertigt aber auch eine prinzipielle Behandelbarkeit der Servicepolitik als gesondertes Marketing-Instrument (Koppelmann 1997 S. 93, Peters 1995 S. 60-61). Eine entsprechende Gestaltung der Serviceleistungen trägt dazu bei, den vom Nachfrager wahrgenommenen Nettonutzen über die Kernleistung hinaus zu erhöhen (Kotler & Bliemel 2001 S. 57-58, Davidow & Uttal 1990 S. 22). Der Anbieter kann die Servicepolitik, insbesondere im After-Sales-Bereich, gezielt einsetzen, um sich im Wettbewerb zu differenzieren (Rupietta 2001 S. 272).

Im Rahmen der Produktpolitik wurden zuvor mit der Dienstleistungs-, der Sekundärleistungs- und der Servicepolitik unterschiedliche Begrifflichkeiten verwendet, die inhaltlich in einem engen Zusammenhang zueinander stehen. Die Begriffe werden in dieser Arbeit synonym verwendet, wobei aber auf zwei Einschränkungen verwiesen sein soll. Sofern ein Anbieter ein reiner Dienstleister ist, handelt es sich bei dessen Dienstleistungen nicht um Sekundär-, sondern um Primärleistungen. Zudem können Sekundär- bzw. Serviceleistungen im Gegensatz zu reinen Dienstleistungen auch Sachgüter umfassen (z.b. Produktproben als Beigabe zum Kernprodukt) (Meffert 2000 S. 336). Diese beiden Fälle sollen aber unberücksichtigt bleiben. Vereinfachend soll in den folgenden Ausführungen von Serviceleistungen gesprochen werden.

Die angeführten Beispiele für derartige Leistungen, allen voran der Lieferservice, verdeutlichen, dass Transaktionen im Distanzhandel einen höheren Dienstleistungs- bzw. Serviceanteil als im Residenzhandel aufweisen können. Deshalb scheint es gerade im Distanzhandel gerechtfertigt, die klassische Vierteilung des Marketing-Instrumentariums um die Servicepolitik als fünftes eigenständiges Instrument zu erweitern. Der Servicepolitik sind grundsätzlich alle Serviceleistungen entlang des Transaktionsprozesses zuzurechnen (Meffert 2000 S. 1197). So kann Interessenten unabhängig von einem bestimmten Kaufakt ein Newsletter angeboten werden, der z.B. über aktuelle Angebote informiert. In der Anbahnungs- und Vereinbarungsphase können Nachfrager ihren Bedarf an einer telefonischer Beratung über eine Call-Back-Funktion signalisieren (Stolpmann 2000 S. 138-140). Besonders geeignet für den Einsatz von Serviceleistungen ist die Abwicklungs- und Anpassungsphase im eCommerce. Auf die einzelnen Serviceelemente in diesen Phasen wird im folgenden Abschnitt näher eingegangen.

Abschließend lässt sich für diesen Abschnitt festhalten, dass das Fulfillment zwar kein Marketing-Instrument im engeren Sinne darstellt, das neben die klassischen vier bzw. fünf Marketing-Instrumente tritt. Dennoch scheint es gerechtfertigt, auch im Zusammenhang mit dem Fulfillment von einem Marketing-Instrument zu sprechen, da es wesentliche Elemente der Distributions- und Servicepolitik vereint.

3.3 Fulfillment als Bindungsinstrument im eCommerce

In diesem Abschnitt wird der Frage nachgegangen, inwieweit das Fulfillment zu einer Kundenbindung beitragen kann. Somit steht die strategische Dimension der Kundenorientierung im Vordergrund der folgenden Ausführungen. In Abgrenzung zu einer Bindung an eine (Produkt-)Marke (Markenbindung) basiert das Bindungsverständnis hier und im weiteren Verlauf der Arbeit auf der Bindung an einen Anbieter (Anbieterbindung) (vgl. Betz & Krafft 2003 S. 179), da die Beziehung zwischen einem Online-Anbieter und seinen Nachfragern betrachtet wird.

Von der Fulfillment-Leistung ist zunächst ein nicht unbedeutender Einfluss auf die Transaktionszufriedenheit zu erwarten, da der Nachfrager in dieser Phase des Austauschprozesses einen (vorläufig) abschließenden Eindruck vom Anbieter erhält (Braun 1987 S. 77). Die Beurteilung der Fulfillment-Leistung fließt ebenso wie die wahrgenommene Präsentations-, Produkt- und Preispolitik als Input in nachfolgende Kaufentscheidungsprozesse ein und bildet somit ein Bindeglied zum nächsten Kaufakt beim entsprechenden Anbieter (vgl. ebda S. 77). Gerade im eCommerce wird der Kundenbindung eine hohe Bedeutung zugesprochen, da ein Nachfrager alternative Anbieter relativ einfach über das Internet vergleichen kann und das Angebot damit einer hohen Transparenz unterliegt (Singh 2002 S. 435, Schulte 2001 S. 92).

Das Marketingziel Kundenbindung bildet für den Anbieter keinen Selbstzweck, sondern ein Mittel zur Erreichung ökonomischer Unternehmensziele (Silberer & Wohlfahrt 2001 S. 87, Meffert 2000 S. 947-948). Die Kundenbindung schlägt sich allgemein im Wieder- bzw. Zusatzkaufverhalten, dem Weiterempfehlungsverhalten sowie einer geringen Wechselbereitschaft zu alternativen Anbietern nieder (Diller 1996 S. 84). In der Betriebswirtschaftslehre üblicherweise aus der Anbieterperspektive betrachtet, stellt die Kundenbindung auch für Nachfrager eine relevante Zielgröße dar. Im eCommerce wie auch bei Distanzgeschäften allgemein besteht auf Seiten des Nachfragers vor und während des Kaufs Unsicherheit bezüglich der Leistungserfüllung (Lingenfelder 2001 S. 378-380, Reichheld & Schefter 2001 S. 73). Gute Erfahrungen mit einem Anbieter können dagegen Vertrauen beim Nachfrager aufbauen und das wahrgenommene Risiko bei Folgekäufen senken, so dass ein Nachfrager nur ungern den Anbieter wechselt (Scholz 2001 S. 27). Diese Erfahrungen basieren nicht nur auf der erworbenen Ware, dem nachfragerseitigen Output bzw. Ergebnis eines Austauschs (Ergebnisqualität), sondern auch auf der Interaktion mit dem Anbieter über den gesamten Austauschprozess hinweg (Prozessqualität).

Serviceelemente im Fulfillment-Prozess

Im Rahmen des Fulfillment bietet sich neben der Kernleistung, eine termingerechte Zustellung der gewünschten Ware in einwandfreiem Zustand (Grundnutzen des Austauschs), der Einsatz von Serviceleistungen an, um die vom Nachfrager wahrgenommene Austauschleistung zu erhöhen (Zusatznutzen des Austauschs) (vgl. Meffert 2000 S. 333, 335). Berry (1986) und Brandt (1987) nehmen im Zusammenhang mit der Dienstleistungsqualität, ähnlich der Unterscheidung zwischen Grund- und Zusatznutzen, eine Zweiteilung in eine Minimum- und eine Werterhöhungskomponente vor (Benkenstein 1993 S. 1105, Hentschel 1992 S. 92-93). Minimumkomponenten sind dabei alle „elements and processes that address the minimal expectations and demands of customers", wohingegen die Werterhöhungskomponente alle „elements and processes that facilitate positive disconfirmation of customer expectation" umfasst (Brandt 1987 S. 61)[2]. Diese Zweiteilung lässt sich auch auf die Sekundärleistung Fulfillment übertragen, die im Kern eine Dienstleistung bzw. ein Bündel verschiedener Dienstleistungen darstellt. Als Minimumkomponente kommt zum Beispiel eine schadensfreie und termingerechte Auslieferung in Betracht. Die Minimumkomponente der Austauschleistung wird vom Nachfrager explizit erwartet und kann bei Nicht-Erfüllung, trotz guter Erfahrungen aus den vorangegangenen Transaktionsphasen, zu Unzufriedenheit, Abwanderung und negativer Mund-zu-Mund-Propaganda führen. Werterhöhungskomponenten können dagegen den wahrgenommenen Nettonutzen des Austauschs steigern und die zuvor genannten Größen positiv beeinflussen. Im Rahmen des Fulfillment ist eine Vielzahl von Werterhöhungskomponenten, auch als Value-Added-Services bezeichnet (Silberer & Wohlfahrt 2001 S. 95, Laakmann 1995 S. 22), denkbar. Diese Value-Added-Services lassen sich wie folgt gliedern:

(1) Als generelle Serviceleistungen kommen Liefertermizusagen, eine Express- und Wunschterminzustellung, ein Tracking-System sowie eine Auswahl an klassischen und internetspezifischen Zahlungsvarianten infrage.

---

[2] Eine vergleichbare Einteilung nimmt das Kano-Modell der Kundenzufriedenheit vor. Die Minimumkomponente ist der im Kano-Modell formulierten Komponente „Basisanforderungen" vergleichbar, während die Werterhöhungskomponente differenzierter in Form der beiden Komponenten „Leistungsanforderungen" und „Begeisterungsanforderungen" betrachtet wird (Bailom et al. 1996 S. 117-118).

(2) In Abhängigkeit vom Produkt können Vor-Ort-Services wie Aufbau oder Installation sowie Wartung und Reparatur die Austauschleistung des Anbieters aufwerten. Ebenso können Beratungsleistungen zu den erworbenen Produkten angeboten werden.

(3) Ebenfalls in Abhängigkeit vom Sortiment bietet sich ein Geschenkservice an (Meffert 2000 S. 457), der neben der Geschenkverpackung auch eine Grußkarte samt individuell verfasstem Grußtext beinhalten kann. Ein Geschenkservice kann sich nicht nur positiv auf die Loyalität des Käufers, sondern auch ein akquisitorisches Potenzial beim Empfänger des Geschenks entfalten.

(4) Gesetzt den Fall, dass die Austauschleistung des Anbieters – zumindest vorläufig – nicht die Erwartungen des Nachfragers erfüllt, können im Rahmen des Reklamations- und Retourenmanagements Zusatzleistungen wie eine kostenlose Service- bzw. Beschwerdehotline, eine retourenfähige Versandverpackung oder die Abholung von Retouren beim Nachfrager zum Einsatz kommen.

Nicht alle der angeführten Serviceelemente kommen auch bei jedem Auftrag zum Einsatz. So sind einzelne Serviceelemente im Zweifel nur für bestimmte Nachfragersegmente und in bestimmten Branchen von Bedeutung. Daher ist ein undifferenziertes Angebot von Serviceleistungen zu vermeiden. Vielmehr ist die Servicepolitik systematisch zu planen und auf die Anforderungen der jeweiligen Zielgruppe(n) abzustimmen (Stolpmann 2000 S. 202). Gleichzeitig lässt sich unter Einbezug der Kosten, die durch das Angebot an Serviceleistungen entstehen, die richtige Balance zwischen Kunden- und Kostenorientierung finden.

Die Unterscheidung in Minimum- und Werterhöhungskomponente lässt ferner eine Anpassung der Kundenerwartungen im Zeitablauf zu. So kann eine Servicekomponente, die der Nachfrager bei erstmaliger Inanspruchnahme als Werterhöhungskomponente beurteilt, bei regelmäßiger Nutzung zu einer Minimumkomponente werden (Engelke 1997 S. 100). Ebenso besteht die Möglichkeit, dass innovative Value-Added-Services von alternativen Anbietern imitiert werden und so ihren Mehrwert-Charakter im Wettbewerb verlieren (Kotler 2003 S. 453). Diese dynamische Komponente macht eine systematische Einführung und eine fortlaufende Anpassung und Ergänzung der Added Values erforderlich (vgl. Beutin 2003 S. 300), um die Kundenbindung nachhaltig zu stärken und langfristig eine Differenzierung im Wettbewerb zu erreichen.

Kontaktpunkte im Fulfillment-Prozess

Nicht allein das Angebot an Serviceleistungen, sondern deren Umsetzung und deren Wahrnehmung durch den Nachfrager gehen letztendlich in das Gesamturteil einer Transaktion ein. Dabei setzt sich das Gesamturteil aus einer Beurteilung der einzelnen Kontaktpunkte zwischen Anbieter und Nachfrager entlang des Transaktionsprozesses zusammen (Stauss & Weinlich 1997 S. 37-39). Bei den Kontaktpunkten handelt es sich sowohl um persönliche Kontakte des Nachfragers mit dem Anbieter und dessen Kooperationspartnern als auch um Kontakte mit virtuellen und tangiblen Elementen (Meyer & Specht 1999 S. 480). Im Fall eines Online-Shops kann der Erstkontakt über Maßnahmen der Shop-Promotion erfolgen und zum Besuch der Website führen, die den zentralen virtuellen Kontaktpunkt im eCommerce darstellt. Im Online-Shop entscheidet sich schließlich, ob aus Surfern bzw. potentiellen Interessenten auch Käufer werden. Der virtuelle Kontakt kann um einen persönlichen Kontakt ergänzt werden, indem auf der Website auf eine Service-Hotline verwiesen wird, die das persönliche Gespräch mit einem Verkaufsberater ermöglicht.

Den ersten Kontaktpunkt im Rahmen des Fulfillment bildet in der Regel die Bestellbestätigung per eMail. Zwar kann dem Nachfrager bei Nicht-Durchführbarkeit des Auftrags auch eine Absage erteilt werden, doch sollte diese Reaktion die Ausnahme bleiben bzw. bereits während des Online-Bestellprozesses ausgeschlossen werden. Weitere denkbare Kontaktpunkte vor der Warenübergabe sind die Abfrage des Auftragsstatus über die Website des Anbieters (oder des jeweiligen Versanddienstleisters), eine Versandbestätigung per eMail oder, ebenfalls per eMail oder telefonisch, die Information im Fall von Verzögerungen (Stolpmann 2000 S. 141-142). Die Warenauslieferung bildet oftmals den einzigen realen Kundenkontakt im Kaufprozess (Kummer & Fuster 1999 S. 268), sofern sich Lieferpersonal und Empfänger überhaupt begegnen. Hierbei entsteht ein Kontakt mit realen und tangiblen Elementen wie dem Lieferpersonal und dem Lieferfahrzeug, der Verpackung, dem Lieferschein bzw. der Rechnung und natürlich dem Produkt selbst. Wenn auch bei Einsatz externer Versanddienstleister Lieferpersonal und -fahrzeuge nicht oder nur bedingt beeinflussbar sind, so können doch die weiteren Elemente unter der Maxime der Kundenorientierung gestaltet werden (z.B. einfach zu öffnende und gegebenenfalls wiederverwendbare Verpackung, übersichtliche und verständliche Rechnung).

Im Fall von Beanstandungen und im Zuge von After-Sales-Leistungen sind eine Reihe weiterer Kontaktpunkte denkbar, die, ebenso wie die zuvor angeführten Kontaktpunkte, in *Abbildung 3-2* zusammengefasst werden.

Die einzelnen, für den Nachfrager sicht- und erlebbaren Kontaktpunkte bilden in ihrer Gesamtheit eine Kundenkontaktlinie (sog. line of visibility), anhand derer ein Transaktionsprozess beurteilt wird (Stauss 1995 S. 387-388, Shostack 1984 S. 134). Gerade bei Transaktionen, die neben materiellen Austauschobjekten auch eine Dienstleistungskomponente beinhalten, entscheidet neben einer Beurteilung der virtuellen Einkaufsstätte (Potenzialdimension im eCommerce) und der Produktleistung (Ergebnisdimension) auch die Beurteilung des Transaktionsprozesses (Prozessdimension) über Kundenzufriedenheit und Kundenbindung (siehe zu den drei Dimensionen Engelke 1997 S. 23-26, Hentschel 1992 S. 19-20). Entlang der Kundenkontaktlinie kann sowohl eine Information der Nachfrager als auch eine Kommunikation mit diesen stattfinden. Die Kommunikation ermöglicht es, einen anonymen, „virtuellen" Kontakt in einen persönlichen Dialog zu transformieren und auf diesem Wege mehr über die Nachfrager zu erfahren (Klötsch 2001 S. 21).

Abb. 3-2: (Potenzielle) Kundenkontaktpunkte entlang des Transaktionsprozesses im eCommerce

Informations- und Anbahnungsphase	Vereinbarungsphase	Abwicklungs- und Anpassungsphase	Nachkaufphase
• Shop-Promotion (online & traditionell) • Online-Shop (insbesondere die Produktpräsentation) • persönliche Kommunikation (eMail, Telefon etc.) • Newsletter	• Online-Shop (insbesondere der Bestellprozess) • persönliche Kommunikation (eMail, Telefon etc.)	• Auftragsbestätigung • Tracking-System • Benachrichtigung bei Lieferverzögerungen • Versandbestätigung • Lieferfahrzeug • Lieferpersonal • Verpackung • Rechnung • Retourenschein • Installation • Beschwerdekontakt	• produktbezogene Beratung • Updates bei digitalen Produkten • Garantieleistungen (Umtausch & Reparatur) • Rücknahmeleistungen (Entsorgung) • Newsletter • Grußmails an Geburts- und Feiertagen

Quelle: in Anlehnung an Bogaschewsky 2002 S. 752-753

An den einzelnen Kontaktpunkten lassen sich im Idealfall unterschiedliche Informationen über die Nachfrager und deren Probleme und Wünsche erheben (vgl. Silberer 2004b S. 7-8). Diese Informationen können zu einem Nachfragerprofil, dessen Detaillierungsgrad mit jeder weiteren Transaktion steigt, zusammengefügt werden (Link 1999 S. 195-198). Aus dem Nachfragerprofil lassen sich wiederum Bedürfnisse identifizieren, denen mit maßgeschneiderten Produkt- und Serviceleistungen begegnet werden kann (Kotler 2003 S. 52)[3]. Ziel ist es, den Nachfrager zum Wiederkauf zu bewegen und mit diesem eine langfristige, für beide Seiten vorteilhafte Geschäftsbeziehung aufzubauen. Hierin spiegelt sich der Grundgedanke des Customer Relationship Managements (CRM) wider (Silberer 2004a S. 455-456). Im Rahmen des Customer Relationship Managements sind die einzelnen Kontaktpunkte entlang des gesamten Transaktionsprozesses systematisch aufeinander abzustimmen, so dass an jeder Stelle des Prozesses auf zuvor ermittelte Daten Zugriff genommen werden kann (Rudolph & Löffler 2001 S. 25, Baumgarten & Walter 2000 S. 40). Das Customer Relationship Management sollte somit sowohl die Kontaktpunkte im Frontend-Bereich (beim Anbahnungsgeschäft) als auch im Backend-Bereich (beim Abwicklungsgeschäft) einbeziehen und diese integrieren.

3.4 Ergebnisse im Überblick

Das vorliegende Kapitel liefert eine Reihe von Erkenntnissen bezüglich der Marketing-Relevanz des Untersuchungsgegenstandes Fulfillment. Eine Analyse des idealtypischen Austauschprozesses im eCommerce (Business-to-Consumer-Bereich) führt zu dem ersten zentralen Ergebnis, dass das Fulfillment mit der Abwicklungs- und Anpassungsphase dieses Prozesses gleichzusetzen ist. Ferner lassen sich auf Basis dieser systematischen Einordnung des Fulfillment die Schnittstellen zu den weiteren Phasen im Austauschprozess identifizieren.

An die Prozessanalyse schließt sich eine Instrumentalanalyse an. Dabei wird deutlich, dass das Fulfillment primär Elemente mit einem distributions- und servicepolitischen Charakter beinhaltet Gleichzeitig lassen sich aber auch Bezugspunkte zu weiteren Marketing-Instrumenten erkennen. Als zweite zentrale Erkenntnis lässt sich festhalten, dass das Fulfillment, unter Berücksichtigung von Überschneidungen innerhalb des Marketing-Mix, durchaus den Charakter eines Marketing-Instrumentes aufweist. Im

---

[3] Ein Nachfrager- bzw. Kundenprofil muss sich dabei nicht zwangsläufig nur auf einzelne Kunden beziehen, sondern kann auch eine Gruppe von Kunden, die ein ähnliches Kaufverhalten aufweisen, umfassen (sog. Cluster).

Folgenden soll im Zusammenhang mit dem Fulfillment daher auch von einem Marketing-Instrument gesprochen werden.

Drittes Ergebnis dieses Kapitels ist ein Katalog aus unterschiedlichen Service-Elementen, die im Rahmen des Fulfillment angeboten werden können. Diese Service-Elemente dienen der operativen Ausgestaltung des Marketing-Instruments Fulfillment und können gezielt zur Beeinflussung der Kundenzufriedenheit und Kundenbindung eingesetzt werden. Schließlich bildet ein Überblick über die Kundenkontaktpunkte entlang des Fulfillment-Prozesses das vierte zentrale Ergebnis dieses Kapitels. Neben den Kontaktpunkten in der Abwicklungs- und Anpassungsphase werden auch die weiteren Kontaktpunkte entlang des eingangs vorgestellten Austauschprozesses identifiziert und den einzelnen Phasen des Prozesses zugeordnet. Als fünftes Ergebnis erhält man somit eine Reihe von Kundenkontaktpunkten (line of visibility) anhand derer die Nachfrager den Austauschprozess und den Anbieter üblicherweise beurteilen. Die angeführten Kontaktpunkte und Service-Elemente können einem Online-Anbieter als Ausgangspunkt für eine kundenorientierte Gestaltung des Fulfillment dienen.

4. Ein Bezugsrahmen für die Analyse der Determinanten und Wirkungen des Fulfillment im Electronic Commerce

In den vorangegangenen beiden Kapiteln wurde das Fulfillment in seinen Grundzügen und in seiner Funktion als Marketing-Instrument vorgestellt. Anliegen dieses Kapitels ist es nun, dem Untersuchungsgegenstand einen theoretischen Bezugsrahmen zuzuordnen und ihn auf Basis der theoretischen Überlegungen einer empirischen Analyse zugänglich zu machen. In einem ersten Schritt gilt es zunächst, den aktuellen Stand der Forschung in diesem Themengebiet aufzuzeigen. Diesem Anliegen folgend werden in Abschnitt 4.1 verschiedene themenbezogene, empirische Studien angeführt und auf ihre Relevanz für die zentralen Fragestellungen der vorliegenden Arbeit untersucht. Anschließend wird in Abschnitt 4.2 ein auf den Forschungsgegenstand „Fulfillment im eCommerce" zugeschnittener Bezugsrahmen erarbeitet. Abschnitt 4.3 zeigt auf, inwieweit dieser theoretische Bezugsrahmen Austauschsituationen und -beziehungen im Business-to-Consumer-eCommerce zu erklären vermag. Der theoretische Bezugsrahmen sowie die Ausführungen zum Stand der empirischen Forschung dienen als Grundlage für die Forschungshypothesen, die in Abschnitt 4.4 hergeleitet und in Hypothesen zu den Determinanten und den Wirkungen des Fulfillment kategorisiert werden.

4.1 Anlage und zentrale Ergebnisse empirischer Studien zum Fulfillment

Die bisherigen Studien, die den Schwerpunkt auf das Fulfillment oder bestimmte Teilaspekte des Fulfillment legen, lassen sich gemäß ihrer Forschungsmethodik in drei Gruppen einteilen:

- Befragung von Online-Anbietern
- Befragung von Online-Käufern
- Testkäufe bei Online-Shops mit anschließender Beurteilung der Transaktionen

Zu den beiden letztgenannten Kategorien zählen auch Studien, die sich allgemein mit den Anforderungen von Online-Käufern beschäftigen, ohne dabei den Schwerpunkt auf die Abwicklungsphase zu legen. Ausgewählte, auf das Fulfillment bezogene Ergebnisse dieser Studien werden ebenfalls im Rahmen der Käuferbefragungen und Testkaufstudien vorgestellt. Zunächst sollen aber die Anbieterbefragungen jeweils kurz vorgestellt werden. Diesen Studien ist ebenso wie den Studien der beiden anderen Kategorien ein branchenübergreifender Charakter gemein.

Anbieterbefragungen

Lasch und Lemke (2002) untersuchen in ihrer Studie die Logistik im B2C-Bereich und damit wesentliche Elemente des Fulfillment. Die Studie liefert einen detaillierten Überblick zum Leistungsumfang, zu den Problembereichen und zu den Besonderheiten der B2C-Logistik im eCommerce. Die Ergebnisse der Studie, die auf einem Rücklauf von 240 vollständig ausgefüllten Fragebögen basieren, sind rein deskriptiver Natur. Im Folgenden werden einige zentrale Ergebnisse der Studie angeführt. So bieten 60 % der befragten Unternehmen nicht ihr gesamtes Produktspektrum im Internet an, sondern reduzieren ihr Online-Sortiment auf „unkritische" Produkte, deren Handling dem typischer Versandartikel entspricht. Nur 20 % der Online-Anbieter sind international tätig, erst knapp 45 % bundesweit. Die physische Auslieferung der Waren an den Endkunden wird überwiegend von Dienstleistern übernommen, nur 24 % der Anbieter führen die Auslieferung eigenständig durch. Ferner kommen die Autoren zu dem Ergebnis, dass bisher erst wenige Online-Anbieter über klare Strategien und Konzepte bezüglich ihrer Abwicklungsprozesse verfügen. Dabei sind sich erst wenige Anbieter bewusst, welche genauen Kosten diese Prozesse verursachen. Vielmehr lassen sich die Kosten für den Aufbau und den Betrieb neuer Distributionsstrukturen als ein zentraler Problembereich identifizieren. Die Autoren der Studie empfehlen daher, als Grundlage für weitergehende Gestaltungs- und Verbesserungsmaßnahmen zunächst die Kosten und Leistungen der logistischen Prozesse transparent zu machen und den Controlling-Gedanken in der Auftragsabwicklung zu etablieren (Lasch & Lemke 2002 S. 33, 36).

Eine weitere, mit einem Rücklauf von 120 Fragebögen ebenfalls umfangreiche Anbieterbefragung beschäftigt sich mit den Themenschwerpunkten Endkunden-Logistik und Zahlungssysteme im B2C-eCommerce (Kolberg & Scharmacher 2001). Zu den zentralen Erkenntnissen aus logistischer Sicht zählt, dass erst wenige Unternehmen tatsächlich auf internationaler Ebene tätig sind. Ein Online-Shop hat bei einer mehrsprachigen Gestaltung zwar das Potenzial, ausländische Nachfrager anzusprechen. Doch müssen diese zunächst auf den Shop aufmerksam werden. Neben den dafür benötigten Kommunikationsaufwendungen stehen dem Verkauf von physischen Produkten jenseits nationaler Grenzen auch höhere Logistikkosten entgegen, die einen Nachteil gegenüber den in diesen Märkten heimischen Wettbewerbern darstellen können (ebda S. 129-130). Als weiteres bedeutsames Ergebnis aus logistischer Perspektive wird die Dominanz von Online-Bestellungen mit wenigen Positionen ermittelt. Demnach weisen 50 % der Online-Bestellungen im

B2C-Bereich nicht mehr als ein bis zwei Positionen auf. Daraus ergibt sich für die Online-Anbieter die Aufgabe, ihre Logistik-Strukturen diesen Gegebenheiten anzupassen oder aber die Zahl der Positionen durch geeignete Marketing-Maßnahmen zu erhöhen. Die Anpassung kann z.B. mit Hilfe von Logistik-Dienstleistern erfolgen, die neue, auf den eCommerce zugeschnittene Logistikkonzepte bieten (ebda S. 132-133). Die oftmals angeführte Problematik einer hohen Retourenquote im Online-Handel konnte anhand der Ergebnisse der Studie nicht bestätigt werden, da die Anzahl retournierter Sendungen beim überwiegenden Teil der Anbieter unter 10 % lag (ebda S. 123). Des Weiteren spielen mögliche innovative Zustellkonzepte bisher noch keine Rolle für die Anbieter. So stellt die klassische Auslieferung an die Privatadresse der Nachfrager den Regelfall dar. Seltener ist dagegen die Auslieferung an den Arbeitsplatz oder, falls vorhanden, über ein stationäres Filialsystem. Ebenso werden bislang selten eCommerce-spezifische Zahlungsmöglichkeiten angeboten, da sie im Gegensatz zu den klassischen Zahlungssystemen auf noch wenig Akzeptanz von Seiten der Nachfrager stoßen (ebda S. 131).

Jensen (2002) verfolgt mit seiner Anbieterbefragung eine Bestandsaufnahme der Fulfillment-Strukturen bei Online-Anbietern in Deutschland. Im Gegensatz zu den zuvor angeführten Befragungen dieser Kategorie bildet das Outsourcing von Fulfillment-Funktionen hier einen Schwerpunkt. Dabei ermittelt und erläutert Jensen die häufigsten Gründe, die für bzw. gegen das Outsourcing sprechen. Diese Gründe stimmen im Wesentlichen mit den allgemeinen Chancen und Risiken, die in der Literatur regelmäßig im Zusammenhang mit dem Outsourcing genannt werden (vgl. hierzu Lang 1992 S. 74-80), überein. Jensen kommt zu dem Schluss, dass Online-Anbieter ihre Wertschöpfungstiefe zukünftig weiter abbauen und sich in stärkerem Umfang auf ihre Kernkompetenzen beschränken werden (2002 S. 80). Ferner leitet der Autor aus den empirischen Erkenntnissen Erfolgsfaktoren für das Fulfillment ab (ebda S. 74-79). Bei einigen der ausgewiesenen Erfolgsfaktoren scheint es aber fraglich, ob diese auch tatsächlich als Erfolgsfaktoren zu bezeichnen sind (so z.B. die Punkte „Verkauf von Gütern des täglichen Bedarfs" und „Internationalisierung"). Zudem wirft die Ableitung von Erfolgsfaktoren die in dieser Studie unbeantwortete Frage nach deren Einfluss(stärke) auf. Insgesamt geht die Studie somit nicht über eine explorative Bestandsaufnahme zum untersuchten Themengebiet hinaus.

Zu den Anbieterbefragungen lässt sich festhalten, dass bei allen Studien dieser Kategorie eine Bestandsaufnahme der Ist-Situation, verbunden mit einer Prognose der zukünftigen Entwicklung und Gestaltung von fulfillmentrelevanten Aspekten (Soll-Situation), erfolgt. Theoriegeleitete Ursache-Wirkungs-Zusammenhänge werden dagegen nicht überprüft. Den Studien ist somit ein explorativer Charakter gemein. Im Vergleich zu den Auskünften der Online-Anbieter sind von Käuferbefragungen und Testkäufen tendenziell objektivere Erkenntnisse bezüglich der tatsächlich erfahrenen Leistung der Online-Anbieter zu erwarten, da hierbei die Kundenperspektive untersucht wird.

Käuferbefragungen
Im Rahmen der Käuferbefragungen werden entweder die Kunden eines bestimmten Unternehmens oder die Allgemeinheit der Online-Käufer befragt. Dabei überwiegen letztere Ansätze eindeutig. Ein möglicher Grund hierfür kann darin liegen, dass Unternehmen zwar Befragungen ihrer Kunden durchführen, deren Ergebnisse aber aufgrund wettbewerbsbezogener Überlegungen nicht veröffentlichen. Eine Ausnahme stellt die jährlich durchgeführte Kundenbefragung der Neckermann Versand GmbH dar. Kernthema der Befragung ist die Bedeutung von Service-Leistungen für die Nachfrager sowie die Zufriedenheit der Nachfrager mit diesen Leistungen. Als Kernleistungen aus Sicht der Nachfrager ergeben sich kurze Lieferzeiten, eine schnelle und unbürokratische Reklamationsbearbeitung, wenige Teillieferungen bei Mehrprodukt-Bestellungen und eine Wunschtermin-Zustellung (Rupietta 2001 S. 276-277). Diese Ergebnisse basieren auf einer telefonischen Befragung von Käufern im traditionellen Versandhandel im Jahr 1996. Aktuelle Ergebnisse werden dagegen nicht veröffentlicht und auch nicht auf Nachfrage zur Verfügung gestellt, was wiederum den unternehmensinternen Charakter dieser Studien bestätigt. Die Ergebnisse können aber dennoch als Anhaltspunkte für die Gestaltung des Fulfillment im Distanzhandel dienen. Die weiteren, hier angeführten Käuferbefragungen haben einen unternehmens- bzw. branchenübergreifenden Charakter. Ein Großteil dieser Studien bezieht nicht nur Fulfillment-Aspekte, sondern auch weitere, mit dem Online-Kauf verbundene Themenbereiche (insbesondere die Gestaltung des Online-Shops) ein.

Wolfinbarger und Gilly (2003) untersuchen in ihrer Studie die wahrgenommene Qualität der Leistungen von Online-Anbietern über den gesamten Transaktionsprozess hinweg. Die Autorinnen entwickeln auf Basis zweier Vorstudien zunächst ein Messinstrument, das aus insgesamt 40 Items besteht, die typische Attribute des Transaktionsprozesses im B2C-eCommerce darstellen. Des Weiteren enthält dieser Fragebogen die Items der vier Konstrukte wahrgenommene Qualität, Zufriedenheit,

Loyalität und Einstellung gegenüber der Website, die in dieser Studie die zentralen Wirkungen bei den Nachfragern repräsentieren. In der anschließenden Online-Erhebung, die auf einem Online-Panel basiert, werden die Probanden gebeten, die Ausprägung der Attribute bzw. Items anhand ihrer Erfahrungen mit dem Online-Shopping zu beurteilen (jeweils auf Basis von siebenstufigen Ratingskalen). Aus der Befragung resultieren insgesamt 1013 vollständig ausgefüllte Fragebögen. In einem ersten Auswertungsschritt lassen sich die Attribute auf die vier Faktoren „Website Design", „Customer Service", „Fulfillment/Reliability" und „Security/Privacy" verdichten, wobei in diese Faktoren letztlich nur vierzehn Attribute eingehen. In einem zweiten Auswertungsschritt wird der Einfluss dieser vier Faktoren (= unabhängige Variablen) auf die Wirkungsvariablen (= abhängige Variablen) jeweils in einem eigenständigen Modell untersucht. Dabei zeigt sich, dass das Fulfillment den höchsten Einfluss auf die Qualität und die Zufriedenheit ausübt, gefolgt von dem Website Design. Ebenso lässt sich ein signifikanter, wenn auch schwacher Einfluss des Fulfillment auf die Loyalität und die Einstellung gegenüber der Website erkennen. Im Gegensatz zu den beiden erstgenannten Faktoren ergibt sich zwischen den Faktoren „Security/Privacy" und „Customer Service" und den vier Wirkungsvariablen kein bzw. lediglich ein geringfügiger Zusammenhang (Wolfinbarger & Gilly 2003 S. 195). Die Studie identifiziert mit dem Fulfillment und der Gestaltung des Online-Shops somit zwei wesentliche Bestimmungsfaktoren der kundenbezogenen Wirkungen. Neben diesem zentralen Ergebnis, das die Bedeutung des Fulfillment im Transaktionsprozess im eCommerce unterstreicht, liefert die Studie auch Anhaltspunkte für die Skalenbildung und die Datenauswertung der empirischen Analyse in der vorliegenden Arbeit. Dagegen ergeben sich keine Anhaltspunkte für einen theoretischen Bezugsrahmen.

Kummer et al. (2003) untersuchen in ihrer Studie, welche Zustellkonzepte Nachfrager im Distanzhandel präferieren. Dabei bedienen sich die Autoren der Conjoint-Measurement-Methode. Die Autoren betonen zwar den deskriptiven Charakter ihrer Studie. Dennoch ist in den vorangestellten Kosten-Nutzen-Überlegungen der theoretische Bezug zum Kosten-Nutzen-Ansatz (Silberer 1981 S. 35-37) bzw. den Input- und Output-Größen, wie sie im Rahmen der Austauschtheorie formuliert werden (vgl. dazu Homans 1968 S. 48-54), zu erkennen. Die alternativen Zustellkonzepte setzen sich aus den drei Merkmalen Lieferzeit, Lieferort (bzw. Zeitfenster der Auslieferung) und Liefergebühr zusammen, die jeweils drei Merkmalsausprägungen aufweisen. Aus den 27 möglichen Zustellkonzepten werden neun Konzepte ausgewählt und im Rahmen einer schriftlichen Befragung Probanden, denen eine hohe Internetaffinität unterstellt werden konnte, zur Beurteilung vorgelegt. Neben einer Rangfolge der alternativen Konzepte lässt sich auch die relative Wichtigkeit der drei Merkmale ermitteln. Während der Lieferort und die Liefergebühr eine nahezu identische Ausprägung der relativen Wichtigkeit aufweisen, wird der Lieferzeit eine deutlich geringere Bedeutung zugewiesen. Ein weiteres Ergebnis zeigt, dass das Angebot von Abholstationen (Pickpoints) bei den Befragten durchaus auf Akzeptanz stößt. Insgesamt ist die Untersuchung der Zustellleistung mit Hilfe des Conjoint Measurement als durchaus interessanter Ansatz zu werten. Eine Anwendung dieser Methode soll aber in der vorliegenden Arbeit nicht als Alternative in Betracht kommen, da der hier verfolgte Fulfillment-Gedanke über die Zustellleistung bzw. den Lieferservice hinausgeht. Daher sind mehr als die drei verwendeten Merkmale einzubeziehen, was zu einer sehr hohen Zahl an alternativen Konzepten führen würde. Daraus resultiert wiederum die Frage nach der Auswahl geeigneter Konzepte, die schon bei nur drei Merkmalen in der Studie von Kummer et al. unbeantwortet geblieben ist.

Einen rein deskriptiven Charakter weist die Studie von Moder (2003) auf, die das Kaufverhalten im Distanzhandel sowie die Anforderungen der Nachfrager an den Lieferservice zum Thema hat. Diese Anforderungen beziehen mit der Liefergebühr, der Lieferzeit, der bevorzugten Zustellform, dem bevorzugten Zahlungsverfahren, den Qualitätsmerkmalen der Warensendung sowie den Serviceleistungen in der Abwicklungsphase zentrale Merkmale des Fulfillment ein. Diese Merkmale fließen in einen Fragebogen ein, den die Probanden wahlweise auf schriftlich-postalischem Weg oder als Online-Fragebogen ausfüllen konnten. Die Datenauswertung erfolgt primär über eine Mittelwertbildung (der Großteil der Fragen basiert auf vierstufigen Ratingskalen) und eine anschließende Rangreihung der einzelnen Ausprägungen eines Merkmales. Darüber hinaus werden die Daten differenziert nach sozio-ökonomischen Merkmalen der Befragungsteilnehmer (Alters- und Einkommensklasse, Stadt- versus Landbevölkerung) ausgewertet. Die Studie liefert grundlegende, wenn auch nicht immer neue Erkenntnisse zu den Anforderungen der Nachfrager. Insgesamt setzt sich der Autor sehr differenziert mit den wesentlichen Aspekten des Lieferservice auseinander, vernachlässigt aber die weiteren Phasen des Transaktionsprozesses im eCommerce. Ebenso wenig wird der Einfluss des Lieferservice auf das Gesamturteil zu einer Online-Transaktion untersucht. Es werden aber wesentliche Kundenanforderungen identifiziert, die in die Operationalisierung einzelner Modellkomponenten im empirischen Teil dieser Arbeit einfließen können.

In die Kategorie der Käuferbefragungen fallen auch die Studie eCommerce Facts 3.0 der Deutschen Post und der Internetshopping-Report 2001. Beide Studien fokussieren die Kundenanforderungen und das Kaufverhalten beim Online-Shopping. Unter den Basisanforderungen an Online-Shops finden sich gemäß der eCommerce-Facts-Studie insbesondere Aspekte aus dem Bereich Fulfillment. Zu den meistgenannten Antworten zählen die Zuverlässigkeit der Lieferung, eine kostengünstige Lieferung, die Haftung für verlorene/beschädigte Sendungen und die Auswahl verschiedener Zahlungsmöglichkeiten (Comcult 2002 S. 1). Dass die Anforderungen der Online-Käufer nicht immer erfüllt werden, zeigt eine Übersicht im Internetshopping-Report, die bei der Auslieferung von Online-Bestellungen aufgetretene Unzulänglichkeiten veranschaulicht (siehe *Abbildung 4-1*).

Abb. 4-1: Unzulänglichkeiten bei der Auslieferung von Online-Bestellungen

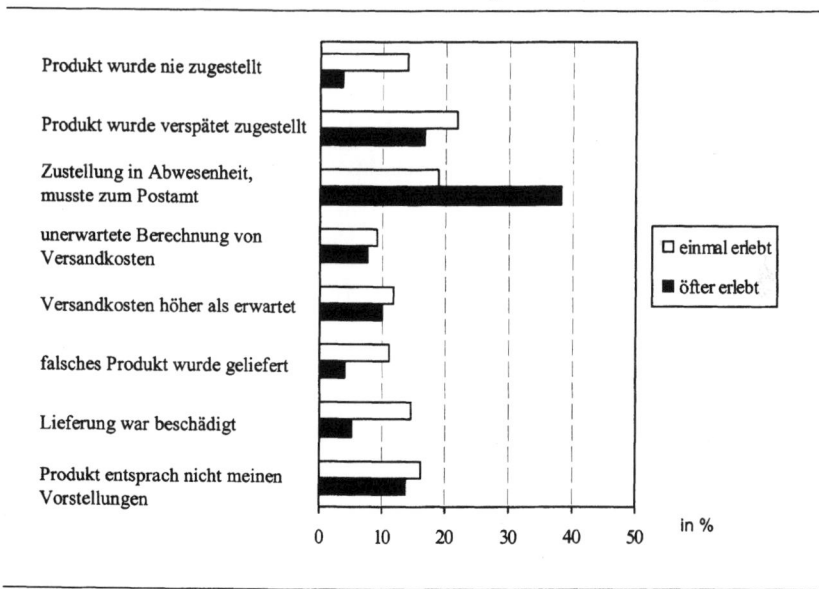

n = 10.809

Quelle: Symposion Publishing 2001, zitiert nach ECIN 2001 S. 5

Beide Studien kommen zu dem Ergebnis, dass die Auftragsabwicklung, insbesondere die Auslieferung der Produkte, eine wesentliche Erfolgsvoraussetzung im eCommerce darstellt, bei vielen Online-Anbietern aber noch verbesserungswürdig ist. Zudem besteht hinsichtlich einer serviceorientierten Gestaltung des Fulfillment noch

Verbesserungspotenzial (z.B. in Form von frei wählbaren Lieferterminen oder einer für die Nachfrager bequemen Retourenbearbeitung (Comcult 2002 S. 2)). Auch wenn die in der Studie der Deutschen Post ermittelten Basisanforderungen vorrangig der Auftragsabwicklung zuzuordnen sind (was den Interessen eines Logistik-Dienstleisters nicht entgegensteht), besteht kein Anlass, die Objektivität dieser Studie zu bezweifeln. Die Ergebnisse stehen ebenso wie die Ergebnisse des Internetshopping-Reports im Einklang mit den Erkenntnissen vergleichbarer Studien.

Testkaufstudien

Ausgehend von der gemeinsamen Forschungsmethodik sind auch beim Design der Testkaufstudien sowie der Datenauswertung (rein deskriptive Statistik) keine gravierenden Unterschiede erkennbar. Allen Studien ist ein branchenübergreifender Charakter gemein. Aufgrund der (vermutlich) höheren zur Verfügung stehenden finanziellen Mittel scheint es wenig verwunderlich, dass die Studien der Unternehmensberatungen eine weitaus höhere Fallzahl aufweisen als die im Rahmen universitärer Forschungsprojekte durchgeführten Studien. Darüber hinaus basieren die erstgenannten Studien auf mehrmaligen Testkäufen bei den einzelnen Online-Anbietern. Demzufolge ist bei den Untersuchungen der Unternehmensberatungen auf eine höhere Reliabilität der Ergebnisse zu schließen. Im Rahmen der Datenauswertung werden mehr oder weniger explizit die einzelnen Elemente des Fulfillment (Pre-Sales-Kommunikation, Lieferzeit, Lieferflexibilität etc.) beurteilt.

Eine breite Beachtung in der Literatur hat die Fulfillment-Studie der Unternehmensberatung OC&C gefunden (Wahby 2001), deren Erkenntnisse aus 102 Testkäufen bei siebzehn führenden Online-Anbietern in Deutschland resultieren. Die Studie fokussiert die drei Branchen Spielwaren, Tonträger und Drogerieartikel und weist demnach einen branchenspezifischen Charakter auf. Die Testkäufe decken Schwächen in allen Phasen des Fulfillment-Prozesses (Auslieferung, Zahlungsabwicklung, Beschwerdemanagement und Nachkaufservice) auf (ebda S. 2-4). So wiesen immerhin gut ein Viertel der Sendungen Beschädigungen an der Ware oder der Verpackung auf. Insbesondere die Serviceorientierung der Anbieter ist bisher noch wenig ausgeprägt, wie der Mangel an Zustelloptionen (Mehrfach-, Terminzustellung), an Liefer- und Retourenscheinen (bei der Hälfte der Anbieter), an einem Abholservice im Retourenfall oder auch an einem Trackingsystem (bei einem Viertel der Anbieter) belegt. Aufbauend auf den identifizierten Schwachstellen werden Vorschläge für eine ganzheitliche, kundenorientierte Gestaltung des Fulfillment erarbeitet, die auch bei den praktischen Gestaltungsvorschlägen der vorliegenden Arbeit Berücksichtigung finden sollen. Ansatzpunkte für eine theoriegeleitete Analyse des Fulfillment lassen sich aber ebenso wenig wie bei den weiteren Testkaufstudien ableiten, da allen hier vorgestellten Testkaufstudien ein rein explorativer Charakter gemein ist.

Die eFulfillment-Studie der Unternehmensberatung Accenture liefert sowohl Einblicke in den amerikanischen als auch in den europäischen, insbesondere deutschsprachigen, Markt. Die Studie basiert auf zwei Teilstudien im US-amerikanischen Markt und den bedeutendsten europäischen Teilmärkten (Deutschland, Frankreich, Spanien und Großbritannien). Mit Blick auf die Fallzahlen (532 Bestellungen bei 85 Online-Anbietern in den USA sowie 424 Bestellungen bei 81 europäischen Online-Anbietern (Accenture 2002 S. 5, 7)) stellt sie die umfangreichste Studie dar. Die Testkäufe werden anhand von zuvor aufgestellten Kriterien beurteilt und auf aggregiertem Niveau zwischen den USA und Europa verglichen. *Tabelle 4-1* gibt einen Überblick zu den zentralen untersuchten Kriterien und deren Ausprägungen.

Tab. 4-1: Fulfillment-Indikatoren und deren Ausprägungen

Key Performance Indicators	Europe	USA
unsuccessful order attempts	13 %	7 %
average time to complete order	11 min.	12,5 min.
stock status provided online	38 %	72 %
eMail order confirmations	69 %	98 %
eMail shipment confirmations	18 %	79 %
shipping charges as a % of cost	12 %	15 %
average days to receive order	7,5	7,5
correct product delivered	90 %	95 %
provide return instructions	72 %	91 %

Quelle: Accenture 2002 S. 41

Hierbei fällt auf, dass die amerikanischen Online-Anbieter bei nahezu allen Kriterien besser abschneiden sowie eine um durchschnittlich 25 % höhere Liefergebühr erheben. Daraus lässt sich schließen, dass über die Liefergebühr auch bestimmte Serviceleistungen finanziert werden (können). Gerade die Möglichkeiten, die die Internet-Technologie im Rahmen des Fulfillment bietet, werden von den europäischen Anbietern noch vergleichsweise wenig genutzt. Die Ausprägung der Indikatoren deutet ferner darauf hin, dass auch im Rahmen des Fulfillment der Servicegedanke in den USA ausgeprägter als in Europa ist.

Die „Fulfillment-Studie 2001" von Rudolph und Löffler (2001) basiert auf Testkäufen bei Schweizer Online-Anbietern. Auch dieser Studie liegt kein theoretischer Bezugsrahmen zu Grunde, doch erfolgt zumindest eine Einordnung der Fulfillment-Qualität gemäß der unterschiedlichen Definitionsansätze des Qualitätsbegriffes (vgl. dazu Garvin 1984 S. 25-28). Dabei findet der kundenorientierte Qualitätsbegriff Anwendung, der auf der subjektiven Wahrnehmung der Käufer basiert und in einer Übereinstimmung der käuferseitigen Anforderungen mit der Leistung des Anbieters zum Ausdruck kommt (Stauss & Hentschel 1991 S. 238). Gegenüber den zuvor angeführten Testkaufstudien weist diese Studie mit 42 Testkäufen eine relativ geringe Fallzahl auf. Zudem erfolgt in jedem untersuchten Online-Shop nur ein Kauf. Die Ergebnisse sind daher nur begrenzt aussagekräftig für den eCommerce im Business-to-Consumer-Bereich. Die Testkäufe wurden jeweils anhand einzelner Kriterien beurteilt, die den vier Kategorien Pre-Sales-Kommunikation, Kundenservice, Lieferung/ Fulfillment und Retourenmanagement zugeordnet sind (Rudolph & Löffler 2001 S. 5). Als zentrale Erkenntnisse in Bezug auf das Fulfillment lässt sich zum einen festhalten, dass ausführliche Online-Informationen zum Fulfillment bisher nicht oder nur eingeschränkt auf der Website vorhanden sind (z.B. zu Rückgabe- oder Zahlungsmodalitäten) (ebda S. 5-6). Zum anderen werden die technischen Möglichkeiten, die das Internet gegenüber anderen Absatzkanälen auszeichnet, im Rahmen des Fulfillment noch zu wenig genutzt (z.B. Automatisierung von Prozessen wie Bestelleingangs- oder Warenausgangsbestätigung) (ebda S. 25-26). Aus den Ergebnissen leiten die Autoren Empfehlungen ab, in deren Mittelpunkt das Customer Relationship Management steht. Diese Empfehlungen wurden bereits im Grundlagenteil der vorliegenden Arbeit berücksichtigt (siehe *Abschnitt 3.3*). Dagegen lassen sich aus dieser Studie, ebenso wie aus den zuvor angeführten Testkaufstudien, keine Anhaltspunkte für die Anlage einer empirischen Untersuchung zu den Einflussfaktoren und Wirkungen des Fulfillment gewinnen. Insgesamt legen die Ergebnisse der Testkaufstudien und der Käuferbefragungen nahe, dass die Anforderungen und Wünsche der Nachfrager noch zu wenig bei der Gestaltung des Fulfillment berücksichtigt werden.

Tabelle 4-2 fasst die vorgestellten Studien auf den folgenden beiden Seiten zusammen.

Tab. 4-2: Studien zum Thema Fulfillment im eCommerce

Verfasser	Branchen-spezifität	Forschungs-methodik	Empirische Basis	Analyse-verfahren	Untersuchungs-schwerpunkt(e)
Lasch & Lemke (2002)	branchen-übergreifend	schriftliche Anbieter-befragung	N = 2.400 (Rücklauf: N = 548, Auswertung: N = 240)	uni- und bivariate Verfahren	Bestandsaufnahme des aktuellen logistischen Leistungsumfangs und der Logistikkompetenz von Online-Anbietern sowie der Kunden-anforderungen an die Abwicklung der Online-Bestellungen
Kolberg & Scharmacher (2001)	branchen-übergreifend	schriftliche Anbieter-befragung	N = 120	uni- und bivariate Verfahren	Relevante Kriterien der Logistik und der Zahlungsabwicklung aus Sicht von Online-Anbietern
Jensen (2002)	branchen-übergreifend	schriftlich-postalische sowie eMail-Anbieter-befragung	N = 450 Rücklauf: N = 48	uni- und bivariate Verfahren	Ermittlung von Chancen und Risiken beim Outsourcing von Fulfillment-Funktionen sowie Ermittlung von Erfolgsfaktoren des Fulfillment
Rupietta (2001)	Unter-nehmens-spezifisch (Neckermann Versand AG)	telefonische Kunden-befragung	N = (ca.) 2.500	uni- und bivariate Verfahren	Ermittlung der Bedeutung von bzw. der Zufriedenheit mit Serviceleistungen im traditionellen Versandhandel (u.a. auch Fulfillment-Serviceleistungen)
Wolfinbarger & Gilly (2003)	branchen-übergreifend	Online-Befragung von Online-Käufern	N = 1.013	multivariat (explorat. & konfirmat. Faktoren-analyse)	Extraktion von Faktoren, die die Nachfrager-perspektive bezüglich einer Online-Transaktion beschreiben (u.a. der Faktor Fulfillment) sowie Ermittlung des Zusammenhangs zwischen den Faktoren und ausgewählten Wirkungsvariablen
Kummer et al. (2003)	branchen-übergreifend (Spezifik. des Kaufobjektes)	schriftlich-postalische Befragung von Online-Käufern	N = 80 (Rücklauf: N = 67, Auswertung: N = 47)	multivariat (Conjoint-Measure-ment-Methode)	Ermittlung der Rang-folge alternativer Zustellkonzepte sowie der relativen Wichtigkeit der untersuchten Merkmale
Moder (2003)	branchen-übergreifend	schriftliche Befragung von Online-Käufern (postalisch & online)	N = 751 (Rücklauf)	uni- und bivariate Verfahren	Ermittlung der nachfragerseitigen Anforderungen an den Lieferservice und der bevorzugten Zahlungsformen

Tab. 4-2: Studien zum Thema Fulfillment im eCommerce (*Fortsetzung*)

Verfasser	Branchen-spezifität	Forschungs-methodik	Empirische Basis	Analyse-verfahren	Untersuchungs-schwerpunkt(e)
Deutsche Post & Comcult Research (2002)	branchen-übergreifend (19 Produktgruppen)	Online-Befragung von Internet-Nutzern	N = 1.250	uni- und bivariate Verfahren	Ermittlung von Kundenanforderungen im B2C-eCommerce sowie Generierung von Handlungsempfehlungen
Symposion Publishing (2001)	branchen-übergreifend (16 Online-Anbieter)	Online-Befragung von Besuchern der Online-Shops	N = 10.809	uni- und bivariate Verfahren	(u.a.) Ermittlung von Fulfillment-Problemen sowie der präferierten Zahlungssysteme im eCommerce
Wahby (2001)	drei Branchen	mehrmalige Testkäufe	N = 102 Testkäufe bei 17 Online-Anbietern	univariate Verfahren	Ermittlung von Schwachstellen im Fulfillment sowie Vorschläge zur Behebung der Schwächen
Accenture (2002)	branchen-übergreifend	mehrmalige Testkäufe	N = 532 (424) Testkäufe bei 85 (81) Online-Anbietern in den USA (in Europa)	uni- und bivariate Verfahren	Ermittlung von Schwachstellen im Fulfillmentprozess sowie Vorschläge zur Behebung der Schwächen
Rudolph & Löffler (2001)	sechs Branchen	einmalige Testkäufe	N = 42 Testkäufe bei 42 Online-Anbietern	Mittelwert-analyse	Ermittlung von Stärken und Schwächen im Fulfillment sowie Generierung von Handlungs-empfehlungen

Fazit der Bestandsaufnahme von Fulfillment-Studien

Der Überblick über die bisherigen empirischen Studien im Themengebiet zeigt, dass das Fulfillment vor Aufkommen des eCommerce wenig als eigenes Forschungsgebiet in Erscheinung getreten ist. Den vorgestellten Studien ist gemein, dass sie einen explorativen Charakter aufweisen. Das Fulfillment wird anhand seiner einzelnen Elemente – abhängig von der Erhebungsmethode aus Sicht der Anbieter oder Nachfrager – beleuchtet und überwiegend mit Verfahren der deskriptiven Statistik ausgewertet. Als übergeordnete Zielsetzung der Studien lässt sich identifizieren, dass Schwachstellen im Fulfillment-Prozess aufgedeckt werden sollen, um darauf aufbauend Handlungsempfehlungen ableiten zu können. Die Ergebnisse der Studien weisen auf einen Zusammenhang zwischen den Kosten des Fulfillment und dem

Unternehmenserfolg zum einen sowie einer Berücksichtigung von Kundenanforderungen (Serviceorientierung) und der Kundenzufriedenheit zum anderen hin. Über die Stärke derartiger Zusammenhänge liefern die bisherigen Studien mit Ausnahme der Untersuchung von Wolfinbarger und Gilly aber noch unzureichende Erkenntnisse. Ebenso wenig werden Determinanten herausgearbeitet, die die Fulfillment-Kosten und die Fulfillment-Leistung beeinflussen. Dennoch sind den Studien inhaltliche Anhaltspunkte für die Strukturierung und Konzeptualisierung des Forschungsgegenstandes Fulfillment sowie die Formulierung von Forschungshypothesen zu entnehmen. Ebenso sollen die Fragebögen der Anbieter- und Käuferbefragungen bei der Konzeption der Fragebögen, die im Rahmen der empirischen Untersuchung dieser Arbeit zur Anwendung kommen, Berücksichtigung finden. Dabei sollte eine weitergehende empirische Untersuchung in diesem Themenbereich auf den gewonnenen Erkenntnissen aufbauen und theoretisch begründete, kausale Zusammenhänge ableiten. Dementsprechend wird im folgenden Abschnitt ein theoretischer Bezugsrahmen aufgestellt, der als Ausgangspunkt für die Modellierung der Ursache-Wirkungs-Beziehungen des Fulfillment dient.

4.2 Theoretischer Bezugsrahmen der Arbeit
4.2.1 Begründung des theoretischen Bezugsrahmens

Aus den zuvor angeführten Studien lässt sich als zentrale Erkenntnis festhalten, dass der Forschungsbereich Fulfillment bisher wenig theoriegeleitet untersucht wurde. Auch wenn einzelnen Studien durchaus ein theoretischer Hintergrund zugewiesen werden kann, kommt dieser doch nicht explizit zur Geltung. Als eine Begründung für diese mangelnde theoretische Fundierung lässt sich anführen, dass es keine Theorie gibt, die das Fulfillment in ihren Mittelpunkt stellt. Um das komplexe Phänomen Fulfillment unter theoretischen Gesichtspunkten zu untersuchen, sind vielmehr unterschiedliche Theorien heranzuziehen und in einem Bezugsrahmen zu vereinen. Der theoretische Bezugsrahmen dient allgemein der Strukturierung und Beschreibung des Untersuchungsgegenstandes (deskriptiver Bezugsrahmen). Darüber hinaus können auf seiner Grundlage explikative Aussagen sowie Prognosen zum Untersuchungsgegenstand hergeleitet werden (explikativer Bezugsrahmen) (Silberer 1979 S. 39, 47, Kirsch 1971 S. 241-242).

Als Ausgangspunkt für die Theoriewahl ist zunächst zu berücksichtigen, dass es sich beim Fulfillment um eine Sekundärleistung handelt, die ein Bestandteil des zwischen Anbieter und Nachfrager ausgetauschten Leistungsbündels ist (Kummer et al. 2003

S. 55). Neben dem Produkt als Primärleistung des Austauschs fließen in das Leistungsbündel auch Dienstleistungen, Informationen sowie Rechte und Pflichten ein (Steffenhagen 1999 S. 15). Da es an einer Theorie mangelt, die die Sekundärleistungspolitik in den Mittelpunkt stellt, sollte die Analyse des gesamten Leistungsbündels im Fokus einer geeigneten Theorie stehen (vgl. Pfohl 1977 S. 246-247). Demzufolge gilt es, das Fulfillment im Gesamtkontext einer Austauschsituation bzw. Austauschbeziehung im eCommerce zu analysieren.

Als zentrales Element des theoretischen Bezugsrahmens bietet sich die Austauschtheorie an, die das Zustandekommen und die Dauerhaftigkeit von Austauschbeziehungen sowie die Evaluation des ausgetauschten Leistungsbündels untersucht. Aufgrund ihres sozialwissenschaftlichen Ursprungs bildet die Austauschtheorie ein primär verhaltenswissenschaftliches Erklärungsmuster für den Austausch. Sie erlaubt eine ganzheitliche Analyse von Geschäftsbeziehungen, da sie die Sichtweisen beider (oder bei komplexeren Austauschbeziehungen auch mehrerer) am Austausch beteiligter Parteien einbezieht (Matzler 1997 S. 48). Unter Einbezug des Kapazitätsprinzips und des Gratifikationsprinzips, zweier Leitprinzipien menschlichen Verhaltens, lassen sich grundlegende Annahmen über das Verhalten sowie verhaltensrelevante Merkmale von Individuen und Organisationen in Austauschbeziehungen treffen.

Mit der Transaktionskostentheorie wird die ökonomische Dimension, genauer gesagt die Kostenseite, des Austauschs vertieft. Im Mittelpunkt dieser Theorie steht die Transaktion, deren Koordination und die damit verbundenen Kosten (Ebers & Gotsch 1993 S. 216-217). Damit bezieht sich die Transaktionskostentheorie ebenso wie die Austauschtheorie auf Austauschsituationen, da auch der Austausch von Gütern und Dienstleistungen unter den Begriff der Transaktion fällt. Die Theorie fokussiert mit den Kosten eine Größe, welche neben dem Nutzen auch im Mittelpunkt der Austauschtheorie steht. Dabei bezieht die Transaktionskostentheorie alle Kosten entlang des Austauschprozesses ein (ebda S. 218). Besondere Bedeutung erfahren aber die ex post-Kosten, die für die vertragliche Erfüllung und Anpassung anfallen (Williamson 1985 S. 20-22). Der Erklärungsbeitrag der Theorie für das Fulfillment liegt primär in der Analyse der anbieterseitigen Fulfillment-Kosten sowie der Faktoren, die die Höhe dieser Kosten beeinflussen. Eine theoretische Vertiefung der Anbieterseite liegt darin begründet, dass dem Anbieter im Zuge der Leistungserfüllung Transaktionskosten für die physische und zeitliche Überbrückung des Austauschs entstehen. Gleichzeitig können auf Grundlage der Transaktionskostentheorie aber auch Kosten identifiziert werden, die dem Nachfrager entlang des Austauschprozesses entstehen (Albers & Peters 1997 S. 70). Schließlich darf eine Betrachtung des Fulfillment aus der Marketingperspektive nicht darauf verzichten, Vorschläge zur Senkung der nachfragerseitigen Transaktionskosten zu generieren.

4.2.2 Leitprinzipien als Basis des theoretischen Bezugsrahmens

In theoretischen Leitprinzipien kommen Grundannahmen bezüglich menschlichen Verhaltens und menschlicher Merkmale zum Ausdruck (vgl. Schanz 1977 S. 99-100). Mit dem Kapazitätsprinzip und dem Gratifikationsprinzip werden im Folgenden zwei Leitprinzipien vorgestellt, die für das Verhalten in Austauschbeziehungen von grundlegender Bedeutung sind.

Grundgedanke des Kapazitätsprinzips ist, dass menschliche Aktions- und Reaktionsspielräume bezüglich ihrer psychologischen Fähigkeiten sowie ihrer tangiblen und intangiblen Ressourcen begrenzt sind (Silberer 1979 S. 51-52). Aufgrund der Kapazitätsbeschränkungen ist es Individuen und Organisationen nicht möglich, alle möglichen Handlungsalternativen zu erkennen, zu bewerten und die optimale Alternative zu realisieren (ebda S. 51). In einer Austauschbeziehung können begrenzte Kapazitäten bei beiden Tauschpartnern verhaltensrelevant werden. Auf Seiten der Nachfrager ist an Grenzen bei der Wahrnehmung und Bewertung von Angebotsalternativen zu denken, da sie nicht alle Anbieter kennen bzw. nicht über Erfahrungen mit allen Anbietern verfügen. Beim Anbieter können Grenzen bezüglich der Kenntnis seiner Kunden und deren Wünsche auftreten. Aber auch bei Kenntnis dieser Wünsche stehen deren Erfüllbarkeit oftmals beschränkte Ressourcen an Geld- und Sachmitteln gegenüber (vgl. Silberer 1981 S. 51). Im Rahmen des Fulfillment ist an begrenzte finanzielle, materielle und personelle Kapazitäten sowie begrenzte Erfahrungen und Kenntnisse bezüglich der Abwicklung von Distanzgeschäften zu denken. Daher weisen Unternehmen mit umfangreichen Vorkenntnissen aus dem traditionellen Versandhandel aufgrund ihrer bestehenden Kapazitäten Wettbewerbsvorteile gegenüber reinen Online-Anbietern auf. Des Weiteren können Kapazitätsbeschränkungen auch bei der Beschaffung, Verarbeitung und Anwendung von Informationen über Motive und Verhaltensweisen von Fulfillment-Dienstleistern eine Rolle spielen.

Das Kapazitätsprinzip definiert somit auf beiden Seiten des Austauschs den verfügbaren Handlungsspielraum. Neben den Kapazitätsgrenzen wird das Verhalten aber auch durch ein motivationales Prinzip bestimmt (ebda S. 52-53), das sich in einem Gratifikationsdenken niederschlägt. Dabei erfolgt das Gratifikationsdenken innerhalb des durch die Kapazitätsgrenzen gesteckten Rahmens (Silberer 1979 S. 55).

Die Kernidee des Gratifikationsprinzips besteht darin, dass Wirtschaftssubjekte nach Belohnungen streben und gleichzeitig versuchen, Bestrafungen zu vermeiden (vgl. Schanz 1977 S. 99-100). Sie beurteilen die in Betracht gezogenen Handlungsalternativen anhand der jeweiligen Belohnungs- und Bestrafungserwartungen, die auf bestehende Erfahrungen zurückzuführen sind (Silberer 1979 S. 55). Schanz (1977 S. 190) bezeichnet als Gratifikationen „...alle jene Faktoren [...], die das Verhalten der Organisationsteilnehmer in irgendeiner Weise beeinflussen". In Geschäftsbeziehungen bestimmt das Gratifikationsdenken das Verhalten aller am Austausch Beteiligten. Als Belohnungen kommen in Geschäftsbeziehungen beispielsweise niedrige Produktpreise oder ein hoher Produktnutzen in Frage, während Bestrafungen in Form von Informationsbeschaffungskosten oder kognitiven Dissonanzen auftreten können (vgl. Silberer 1981 S. 52-53). Eine Belohnung aus Sicht von Online-Nachfragern besteht auch darin, dass gegenüber anderen Absatzkanälen (z.B. dem stationären Einzelhandel) der Aufwand an Zeit, Geld und Energie reduziert werden kann (vgl. ebda S. 51-52). Durch die Auslieferung der bestellten Ware werden z.B. die Fahrtkosten für den Weg zum stationären Laden oder die Wartezeit an der Kasse im Laden eingespart (Schröder 2002 S. 284), so dass Ressourcen für andere Aktivitäten frei werden. Übergreifende Gratifikationsüberlegungen lassen auch einzelne Aktivitäten zu, die zu negativen Gratifikationen führen, wenn auf diese Weise der angestrebte Gesamterfolg erreicht werden kann (vgl. Parsons et al. 1962 S. 14, zitiert nach Silberer 1981 S. 53). Versprechen sich Kunden aus einer langfristigen Austauschbeziehung mit einem Anbieter Vorteile, nehmen sie z.B. auch einmal eine verspätete oder gar beschädigte Sendung in Kauf (sofern sie nachträglich zufrieden gestellt werden), ohne gleich den Anbieter zu wechseln.

4.2.3 Die Austauschtheorie

Im Mittelpunkt der Austauschtheorie stehen das Zustandekommen und die Dauerhaftigkeit von sozialen Austauschprozessen (Homans 1968 S. 59-61), zu denen auch Geschäftsbeziehungen zählen. Damit lässt die Austauschtheorie sowohl eine Betrachtung von einzelnen Austauschakten als auch von langfristigen Austauschbeziehungen zu. Unter einem ökonomischen Austausch soll, der Definition von Plinke (2002 S. 9) folgend, „die Menge der Aktivitäten, die auf die Anbahnung,

Durchführung und Kontrolle eines wechselseitig bedingten Transfers von Verfügungsrechten zwischen zwei oder mehr Parteien gerichtet sind", verstanden werden.

Zentrale Annahmen der Austauschtheorie

Im Folgenden werden die zentralen Annahmen der Theorie dargestellt. Diese Annahmen gehen auf die Arbeiten verschiedener Autoren zurück, von denen insbesondere Thibaut und Kelley (1959), Homans (1961), Blau (1964) und Adams (1963, 1965) die Theorie entscheidend geprägt haben.

(1) Zunächst gilt als zentrale Bedingung für das Zustandekommen eines Austauschs, dass der erwartete Nettonutzen in Form des Saldos aus Austauschkosten und –nutzen positiv ist (Homans 1968 S. 48-54). Für die Weiterführung der Tauschbeziehung ist indes entscheidend, dass der tatsächlich realisierte Nettonutzen positiv ausfällt. Das Handeln der Tauschpartner orientiert sich somit an Kosten-Nutzen-Überlegungen. Zudem geht es um „ein möglichst günstiges Verhältnis von erreichter Leistung zu eigener Leistung" (Plinke 1995 S. 125). Hier fließt der Grundgedanke des Gratifikationsprinzips ein, nach dem sich das Verhalten der Tauschpartner an Belohnungen und Bestrafungen orientiert (Söllner 1993 S. 94). Die Belohnungen resultieren aus den Austauschobjekten, bei denen es sich sowohl um ökonomische Objekte wie Waren, Dienstleistungen oder Geld als auch, wie ursprünglich von Homans (1968 S. 28-30) formuliert, um soziale Nutzenelemente (z.B. Anerkennung, Zuneigung) handeln kann. Der Nettonutzen setzt sich somit aus materiellen wie immateriellen Komponenten zusammen (vgl. Kroeber-Riel & Weinberg 1999 S. 376).

(2) Neben einem positiven Nettonutzen, dem Tauschgewinn, streben die Tauschpartner nach einer gerechten Verteilung der Resultate für beide Seiten (Herkner 1981 S. 456). Der Gedanke der Beziehungsgerechtigkeit kommt in dem von Homans formulierten Gesetz der distributiven Gerechtigkeit zum Ausdruck. Das Gesetz besagt, dass „... a man's rewards in exchange with others should be proportional to his investments" (Homans 1961 S. 235). Die Tauschpartner erwarten demnach neben einem positiven Output, dass der wahrgenommene Beziehungserfolg proportional zu ihrem Input verteilt wird. Die Beurteilung der Austauschbeziehung erfolgt dabei nicht einseitig aus der Perspektive einer Partei, sondern basiert auf einer Interpretation der Ergebnisse beider Tauschpartner (Matzler 1997 S. 48). Aufgrund des Gerechtigkeitsgedankens wird die Austauschtheorie auch als Equity Theorie bezeichnet. Nach Adams läßt sich das Gesetz der distributiven Gerechtigkeit für einen Austausch

zwischen zwei Tauschpartnern A und B formal wie folgt darstellen (Adams 1965 S. 278-281, zitiert nach Herkner 1981 S. 456):

$$\frac{\text{Output A}}{\text{Input A}} = \frac{\text{Output B}}{\text{Input B}}$$

Als Folge des Vergleichs stellt sich bei einem als fair wahrgenommenen Output-Input-Verhältnis Zufriedenheit ein, wohingegen eine empfundene Ungerechtigkeit zu Unzufriedenheit führt (Jung 1999 S. 20). Die Bewertung des Austauschs basiert nicht auf den objektiven Verhältnissen (sofern diese überhaupt feststellbar sind), sondern auf der Wahrnehmung der Verhältnisse (Herkner 1981 S. 456). Dabei besteht die Möglichkeit, dass die Beteiligten die Beziehungsgerechtigkeit unterschiedlich wahrnehmen (ebda S. 456). Bei einer langfristigen Beziehung erfolgt die Beurteilung nicht für jede Interaktion separat, sondern sie schließt auch die bisherigen Erfahrungen aus früheren Interaktionen mit dem Tauschpartner und die Erwartungen an zukünftige Interaktionen ein. Ein aktuell wahrgenommenes Ungleichgewicht kann somit im weiteren Verlauf der Beziehung ausgeglichen werden (Klee 2000 S. 37, Homans 1968 S. 60-61).

Insgesamt ist die Fähigkeit der Tauschpartner, das Input-Output-Verhältnis der anderen Partei beurteilen zu können, als kritisch zu betrachten. Gerade in Geschäftsbeziehungen liegen den Nachfragern in der Regel keine Informationen über den Input (Kosten) oder den Output (Deckungsbeitrag, Gewinn) des Anbieters vor (Müller 1998 S. 260). Den Nachfragern bietet sich aber die Möglichkeit, von den Produktpreisen und der Liefergebühr alternativer Anbieter auf das Input-Output-Verhältnis ihres Tauschpartners zu schließen, so dass etwaige Wahrnehmungsverzerrungen bezüglich des Gerechtigkeitsurteils abgeschwächt werden.

(3) Walster et al. (1978 S. 6-7) erweitern die Gerechtigkeitsüberlegungen von Homans und Adams um die Annahme, dass Menschen von Natur aus danach streben, ihren eigenen Nutzen zu maximieren, mithin im Sinne eines „homo oeconomicus" handeln (siehe dazu Kirchgässner 1991 S. 14-15). Dieses Verhalten, das bei einmaligen Tauschakten bzw. am Anfang von Tauschbeziehungen verstärkt zu Tage tritt, führt in andauernden Beziehungen zu Konflikten und daraus resultierenden Sanktionen. Aus diesem Grund werden implizit Normen und explizit Regeln für die gerechte Verteilung von Belohnungen und Kosten entwickelt. Ein abweichendes Verhalten von der Norm wird durch Bestrafungen seitens des Tauschpartners oder Dritter vergolten (Matzler

1997 S. 46-47). Damit liefern Walster et al. eine Begründung für das Gesetz der distributiven Gerechtigkeit, das als eine solche Norm angesehen werden kann.

(4) Weichen die Output-Input-Verhältnisse zweier Tauschpartner voneinander ab, liegt in der Austauschbeziehung Ungerechtigkeit vor. Dies gilt sowohl für den Fall einer eigenen Benachteiligung als auch einer eigenen Begünstigung (Adams 1965 S. 281). Eine als ungerecht bewertete Austauschbeziehung verursacht bei den Betroffenen negative Dissonanzen, welche wiederum Aktivitäten zur Wiederherstellung der Gerechtigkeit auslösen. Als Verhaltensreaktionen stehen dem Betroffenen kognitive Maßnahmen (Veränderung eigener kognitiver Elemente) und verhaltensaktive Maßnahmen (Veränderung des eigenen Inputs, Beeinflussung des Tauschpartners zur Veränderung des Outputs oder Abbruch der Beziehung) zur Verfügung (Austin & Walster 1975 S. 475, zitiert nach: Homburg & Stock 2001 S. 37), die häufig auch kombiniert eingesetzt werden (Herkner 1981 S. 458). Muss Ungerechtigkeit mangels Alternativen in Kauf genommen werden, führt dies zu Unzufriedenheit und zu einem Wechsel des Tauschpartners, sobald sich eine bessere Alternative bietet. Anzumerken ist in diesem Zusammenhang, dass Ungerechtigkeit auch im Falle einer Begünstigung empfunden wird. In dieser Situation erfolgt die Wiederherstellung der Gerechtigkeit vorrangig durch kognitive Maßnahmen, wohingegen eine empfundene Ungerechtigkeit primär reale, verhaltensaktive Maßnahmen nach sich zieht (Müller 1998 S. 251).

(5) Nach Thibaut und Kelley (1959 S. 81) erfolgt die Beurteilung des Austauschs anhand eines Comparison Levels (CL), der einen intrapsychischen Bewertungsmaßstab für die mit dem Austausch verbundenen Kosten- und Nutzenelemente darstellt. In diesen individuellen Vergleichsstandard fließen persönliche Bedürfnisse und Ansprüche, frühere Erfahrungen mit dem Tauschpartner oder aus vergleichbaren Tauschbeziehungen sowie die Ergebnisse relevanter Bezugspersonen ein (Thibaut & Kelley 1959 S. 21). Thibaut und Kelley definieren den Comparison Level als „...modal or average value of all outcomes known by a person" (ebda S. 81). Demnach ergibt sich die konkrete Ausprägung des Vergleichstandards als ein subjektiv gewichteter Durchschnittswert der angeführten Einflussfaktoren, wobei sich jüngere Erfahrungen stärker auf den Vergleichsstandard auswirken als ältere (Müller 1998 S. 262).

Der Comparison Level fungiert als Maßstab für die Erwartungen an den Beziehungserfolg und wird der in der aktuellen Beziehung erhaltenen Austauschleistung gegenübergestellt (Plinke & Söllner 2000 S. 59-60, Wolf 1997 S. 41). Demzufolge entscheidet nicht allein der absolute Betrag der erhaltenen

Leistung über die Beurteilung einer Beziehung, sondern dessen relative Stellung zu dem Vergleichsniveau. Dabei kann die Zufriedenheit bzw. Unzufriedenheit der Tauschpartner als Beurteilungsmaßstab für den Austausch dienen (Homburg & Bruhn 2000 S. 12, Müller 1998 S. 262). Zusätzlich formulieren Thibaut und Kelley mit dem Comparison Level für Alternativen (CL_{alt}) einen Bewertungsmaßstab für alternative Tauschpartner. Diese Größe verkörpert das Leistungsniveau, das mit der Wahl der ergebnismäßig besten Alternative hätte erreicht werden können (Thibaut & Kelley 1959 S. 21-22).

Abb. 4-2: Zufriedenheit und Abhängigkeit in Austauschbeziehungen

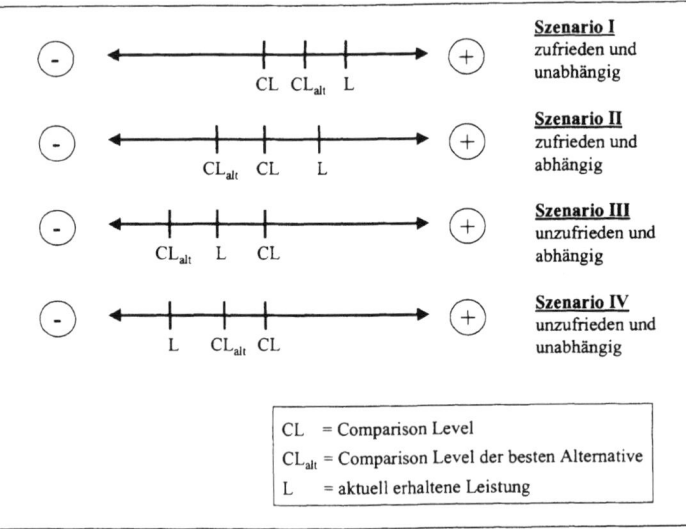

(−) ←——CL CL_{alt} L——→ (+)	**Szenario I**	zufrieden und unabhängig
(−) ←—CL_{alt} CL L—→ (+)	**Szenario II**	zufrieden und abhängig
(−) ←—CL_{alt} L CL—→ (+)	**Szenario III**	unzufrieden und abhängig
(−) ←—L CL_{alt} CL—→ (+)	**Szenario IV**	unzufrieden und unabhängig

CL = Comparison Level
CL_{alt} = Comparison Level der besten Alternative
L = aktuell erhaltene Leistung

Quelle: Wolf 1997 S. 42

Die Lage von CL_{alt} im Vergleich zu CL und der tatsächlich erhaltenen Leistung L bestimmt, ob eine abhängige oder eine unabhängige Beziehung vorliegt (siehe *Abbildung 4-2*). Demzufolge kann echte Bindung in Form einer Verbundenheit nur entstehen, wenn L über dem CL liegt und ein Tauschpartner über Alternativen verfügt, so dass er oder sie freiwillig in der Beziehung bleibt (Szenario I). Dagegen kann ein Zustand der Gebundenheit vorliegen, wenn ein Tauschpartner auf die Beziehung angewiesen ist und keine adäquaten Alternativen bestehen (Szenario II und III). Sofern alternative Tauschpartner ein besseres Resultat als das aktuell erreichte versprechen (CL_{alt} > L) und dieses über dem Vergleichsstandard liegt, können auch die Alternativen die Zufriedenheit beeinflussen (Szenario IV). In diesem Fall ist zu erwarten, dass bei folgenden Tauschakten die ergebnismäßig bessere Alternative vorgezogen wird, sofern langfristige Überlegungen nicht für den aktuellen Tauschpartner sprechen. Der Vergleichsstandard für Alternativen liefert somit eine Erklärungsgrundlage für die Stabilität von Austauschbeziehungen (Müller 1998 S. 262).

Die Comparison Level-Theorie formuliert somit wesentliche Determinanten, von denen die Fortsetzung einer Austauschbeziehung abhängt (Homburg & Bruhn 2000 S. 12). Zudem erweitert sie die auf bilaterale Austauschbeziehungen ausgerichtete Equity Theorie um alternative Tauschpartner und läßt somit auch multipersonale Tauschbeziehungen zu. Damit weist sie deutliche Parallelen zum Erwartungs-Diskonfirmations-Paradigma auf, dem ebenfalls ein mentaler Vergleich zwischen dem wahrgenommenen Leistungsniveau und einem Vergleichsstandard (in Form der Erwartungs-Komponente) zu Grunde liegt (Anderson 1973 S. 30-44, zitiert nach Meffert 1992 S. 117-118). Im Erwartungs-Diskonfirmations-Paradigma finden sich auch implizit Gerechtigkeitsaspekte wieder, die bei der Equity Theorie im Mittelpunkt stehen. So können unzufriedene Kunden durch bestimmte Maßnahmen seitens des Anbieters (z.B. im Rahmen des Beschwerdemanagements) nachträglich zufrieden gestellt werden (Stauss 2002 S. 174).

Beurteilung der Austauschtheorie

Die Austauschtheorie eignet sich besonders zur Anwendung auf Geschäftsbeziehungen, in denen mit den Tauschpartnern sowie deren relevanten Erträgen (Output des Austauschs) und Aufwendungen (Input des Austauschs) die zentralen Elemente der Theorie im Allgemeinen klar definiert sind (Walster et al. 1978 S. 114). Die Theorie lässt sich demnach auch auf den eCommerce anwenden, der allgemein den Austausch zwischen einem Online-Anbieter und einem Nachfrager beinhaltet. Diese Betrachtung schließt das Fulfillment als einen charakteristischen Bestandteil des Austauschprozesses im eCommerce explizit mit ein, berücksichtigt aber gleichzeitig, dass es nicht losgelöst vom gesamten Austauschprozess analysiert werden kann. Vielmehr wird das gesamte ausgetauschte Leistungsbündel, bestehend aus Sachgütern, Dienstleistungen, Informationen sowie Rechten und Pflichten (Steffenhagen 1999 S. 15), einbezogen. Dieses ganzheitliche Verständnis folgt dem Grundgedanken des Marketings, nach dem die Gestaltung des Austauschs von Seiten des Anbieters unter Einsatz des gesamten Marketing-Instrumentariums erfolgt (Meffert 2000 S. 969). Hierin spiegelt sich auch das umfassendere generische Verständnis des Marketings als

Lehre vom Austausch wider (ebda S. 9, Kotler 2003 S. 12). Das Fulfillment bzw. die Lieferservicepolitik eines Online-Anbieters kann demnach nur in Kombination mit den anderen absatzpolitischen Instrumenten zur Gestaltung der Austauschbeziehung dienen (vgl. Pfohl 1977 S. 247).

Ebenso wie Homans betonen Thibaut und Kelley (1959 S. 21-24) mit ihrem Comparison Level, in den die Bewertung der Beziehungshistorie einfließt, die Langfristperspektive von Austauschbeziehungen. Im Rahmen eines Beziehungsmanagements geht es darum, nicht den einzelnen Austauschakt isoliert zu betrachten, sondern Investitionsaspekte und langfristige Austauschüberlegungen einzubeziehen. Neben rein ökonomischen Aspekten gewinnen in einer Geschäftsbeziehung auch soziale Elemente wie Vertrauen, Sicherheit oder Loyalität an Bedeutung (Reichheld & Schefter 2001 S. 73). Dem Anbieter stehen somit sowohl ökonomische als auch außerökonomische Optionen zur Verfügung, um den Nettonutzen seiner Nachfrager und damit deren Zufriedenheit positiv zu beeinflussen. Dies trägt dazu bei, das Langfristziel Kundenbindung sowie die davon ausgehenden ökonomischen Wirkungen im Unternehmen zu erreichen (vgl. Klee 2000 S. 38-39). Die Kundenbindung kann dabei nicht nur einseitig dem Anbieter, sondern auch den Kunden zum Vorteil gereichen. Hierbei ist neben den ökonomischen Vorteilen auch an den Aufbau von Sicherheit und Vertrauen zu denken (vgl. Plinke 2000 S. 22-29). Gleichzeitig sind die Kunden im Sinne eines gerechten Austauschverhältnisses bereit, gute (Primär- und Sekundär-)Leistungen des Anbieters auch entsprechend zu entgelten (Homburg & Stock 2001 S. 38).

4.2.4 Die Transaktionskostentheorie

Gegenstand der Transaktionskostentheorie ist die Analyse der Transaktion im Sinne eines unternehmensinternen oder –externen Austauschs und die damit verbundenen Kosten[4]. Die Theorie eignet sich somit zur Strukturierung und Analyse von Transaktionen unter kostentheoretischen Gesichtspunkten (vgl. Pieper 2000 S. 132). Im Rahmen einer Transaktion erfolgt eine Übertragung von Verfügungsrechten (property rights) an einem Austauschobjekt (Williamson 1975 S. 3, Commons 1931 S. 652). Eine Transaktion umfasst allgemein die vertragliche Anbahnung und Vereinbarung eines Leistungsaustauschs sowie dessen Abwicklung (Sauter 1985 S. 23). Zwar findet

---

[4] Als eigentliche Begründer der Theorie gelten Commons (1931, 1934) und Coase (1937), ihre Verbreitung und Vertiefung ist jedoch Williamson (1975, 1985) zuzuschreiben (vgl. Rindfleisch & Heide 1997 S. 30-31, vgl. Picot 1982 S. 269-270).

sich in der Literatur auch eine engere Begriffsauffassung, die eine Transaktion mit der vertraglichen Übereinkunft über einen Austausch gleichsetzt (Plinke 2000 S. 44). Da hier aber mit dem Fulfillment die Abwicklungsphase eines Austauschs im Fokus steht, soll dem weiter ausgelegten und in der Literatur gängigen Begriffsverständnis gefolgt werden. Offensichtlich weist dieses weite Begriffsverständnis einer Transaktion starke Gemeinsamkeiten mit dem Begriff des Austauschs, wie er im vorangegangenen Abschnitt definiert wurde, auf. Da die beiden zentralen Begriffe Austausch und Transaktion hier inhaltlich als nahezu identisch ausgelegt werden, sollen sie im Folgenden synonym verwendet werden.

Um der zuvor aufgezeigten Unterscheidung zwischen einer engeren und einer weiter gefassten Auslegung der Transaktionskostentheorie Rechnung zu tragen, sollen an dieser Stelle und im weiteren Verlauf von Kapitel 4 alle relevanten Transaktionskosten skizziert werden. Dabei gilt es auch, etwaige Überschneidungen zwischen Transaktionskosten und Produktionskosten offenzulegen. Die Gesamtkosten des Austauschs setzen sich dabei aus den Kosten für die ausgetauschten Güter und Dienstleistungen (Produktionskosten) und den Kosten für die Abwicklung und Organisation der Transaktion (Transaktionskosten) zusammen (Ebers & Gotsch 1993 S. 218). Unter den Transaktionskostenbegriff lassen sich sämtliche Kosten, die Tauschakte ermöglichen oder begleiten, subsumieren (Böhler 1992 S. 1152). Daher verwundert es nicht, dass Coase (1937 S. 394-396) ursprünglich von „marketing costs" anstelle von Transaktionskosten spricht. Die Theorie unterscheidet allgemein zwischen ex ante-Transaktionskosten, die mit der vertraglichen Vereinbarung verbunden sind, und ex post-Transaktionskosten, die im Zuge der vertraglichen Erfüllung sowie einer eventuellen Anpassung anfallen (Williamson 1985 S. 20-22). Die ex ante- und die ex post-Transaktionskosten lassen sich weiterhin in Anbahnungs- und Vereinbarungskosten sowie Abwicklungs-, Kontroll- und Anpassungskosten des Leistungsaustauschs unterscheiden (Picot 1991 S. 344). Die Theorie bezieht demnach die Kosten für die Durchführung der Transaktion ebenso ein wie die zeitlich vor- und nachgelagerten Kosten, die entlang des Transaktionsprozesses entstehen (vgl. Ebers & Gotsch 1993 S. 218, vgl. Korb 2000 S. 7). Hinsichtlich der Kosten für die physische Warenbewegung in der Abwicklungs- und Anpassungsphase existiert einerseits die Auffassung, diese Kosten den Produktionskosten zuzuordnen (Picot 1986 S. 9, Bössmann 1983 S. 108), da sie in unmittelbarem Zusammenhang mit der Leistungserstellung stehen. Andererseits werden diese Kosten – gerade im Zusammenhang mit dem eCommerce (Weber et al. 2001 S. 50, Albers & Peters 1997 S. 70) –

auch den Transaktionskosten zugeordnet (Williamson 1985 S. 223). Vor dem Hintergrund einer Analyse des Fulfillment soll der weitergehenden Begriffsauslegung gefolgt werden, die auch die Kosten der physischen Distribution einbezieht. Nach Weber et al. (2001 S. 50) sollen im Folgenden die Kosten für die Informationsbeschaffung, die Vertragsvereinbarung und -anpassung sowie die Transport- und Fakturierungskosten zu den Transaktionskosten gezählt werden.

Die Transaktionskostentheorie berücksichtigt zwar die gesamten Kosten entlang des Transaktionsprozesses, betont aber die ex post-Kosten des Austauschs (Williamson 1985 S. 28-29). Die Bedeutung der ex post-Kosten resultiert unmittelbar aus den Verhaltensannahmen, die der Theorie zu Grunde liegen. Als zentrale Verhaltensannahmen unterstellt die Theorie, dass die beteiligten Akteure opportunistisch und begrenzt rational handeln (ebda S. 47, Ebers & Gotsch 1993 S. 218-219). Während das opportunistische Verhalten auf dem Eigeninteresse der Akteure und dem Streben nach einer Optimierung ihrer individuellen Ergebnisse beruht, ist die begrenzte Rationalität auf Einschränkungen hinsichtlich der „Verfügbarkeit von Können, Wissen, Zeit sowie der Verarbeitungsfähigkeit von Informationen" zurückzuführen (Picot 1982 S. 269). In der Annahme der begrenzten Rationalität findet sich demnach der Kerngedanke des Kapazitätsprinzips wieder. Neben diesen beiden zentralen Verhaltensannahmen zeichnen weitere Faktoren für die Entstehung von Transaktionskosten verantwortlich, zu denen die Unsicherheit, die Spezifität und die Wiederholungshäufigkeit einer Transaktion zählen (Williamson 1975 S. 40). Unsicherheit besteht sowohl hinsichtlich zukünftiger Umweltzustände als auch hinsichtlich des möglichen opportunistischen Verhaltens der Transaktionspartner (ders. 1985 S. 57-60). Die Spezifität beschreibt, inwieweit eine Transaktion Investitionen erfordert, die allein dieser Transaktion zuzurechnen sind (ebda S. 54-55). Für die Höhe der Transaktionskosten ist insbesondere die Spezifität der ausgetauschten Leistung, die auch als deren Standardisierungsgrad bezeichnet werden kann, relevant (vgl. Picot 1991 S. 344). Dabei sind umso niedrigere Transaktionskosten zu erwarten, je höher der Standardisierungsgrad der Leistung ist, je geringer die mit einer Transaktion verbundene Unsicherheit ist und je öfter eine Transaktion wiederholt wird (ebda S. 347). Im Zusammenhang mit der Wiederholung von Transaktionen formuliert Williamson (1985 S. 393) den Gedanken einer dynamischen Transaktionskostentheorie und damit auch die Langfristperspektive der Theorie, indem er neben der Analyse von Einzeltransaktionen auch eine Berücksichtigung der Interdependenzen von zusammenhängenden Transaktionen fordert.

In Abhängigkeit von den Transaktionskosten kann die Wahl einer geeigneten, im Sinne der Transaktionskosten effizienten Koordinationsform erfolgen. Als Koordinationsformen kommen generell der Markt und die organisationsinterne Abwicklung sowie eine Vielzahl an hybriden Koordinationsformen (z.B. Joint Ventures) in Frage (Picot et al. 1996 S. 45-46). Demzufolge besteht auch ein zentraler Anwendungsbereich der Theorie in der Entscheidung zwischen der Eigen- und der Fremderstellung (Ebers & Gotsch 1993 S. 232)[5]. Gemäß dem Effizienzziel, das einen möglichst sparsamen Einsatz knapper Ressourcen fordert, ist diejenige Organisationsform des Austauschs zu wählen, die den geringsten Verzehr an eigenen Ressourcen nach sich zieht und somit die niedrigsten Transaktionskosten verursacht (Williamson 1985 S. 41).

In einer Austauschbeziehung zwischen einem Online-Anbieter und einem Endverbraucher ist die Koordinationsform mit dem Markt in der Regel gegeben (Toporowski 2000 S. 81). Im Rahmen dieses marktlichen Austauschs kann die Transaktionskostentheorie zur Strukturierung und Analyse der anbieter- und nachfragerseitigen Kosten, die den Austausch begleiten, herangezogen werden. Dabei kennzeichnet den Austausch über den Markt, dass Leistung und Gegenleistung eng aneinander gekoppelt und in hohem Maße monetär bewertbar sind (Ebers & Gotsch 1993 S. 224). Einen weiteren Koordinationsbereich im eCommerce bildet die Beziehung zwischen einem Anbieter und einem Fulfillment-Dienstleister. Auch hierbei dienen die Transaktionskosten als Effizienzkriterium und entscheiden über eine Eigen- oder Fremderstellung bestimmter Fulfillment-Funktionen, insbesondere der Versandfunktion. Anhand der Transaktionskosten läßt sich somit erklären, warum ein Großteil der Distanzhändler den Güterversand an externe Dienstleister auslagert. Des Weiteren kann untersucht werden, inwieweit Faktoren aus dem Bereich der Dienstleister Einfluss auf die Fulfillment-Kosten und die Fulfillment-Leistung des Anbieters nehmen.

Abschließend sollen mögliche Restriktionen der Transaktionskostentheorie in die Betrachtung aufgenommen werden. Zunächst kann sich die Annahme opportunistischen Verhaltens restriktiv bei der Anwendung der Theorie auf reale Geschäftsbeziehungen auswirken (Plinke & Söllner 2000 S. 65). Dieser Restriktion lässt sich begegnen, indem Opportunismus nicht als feste Verhaltensannahme, sondern

---

[5] Einen Überblick zu weiteren Anwendungsfeldern sowie empirischen Studien auf Basis der Transaktionskostentheorie geben Rindfleisch und Heide (1997 S. 32-40).

als Variable behandelt wird. Eine weitere Restriktion bei der Anwendung der Transaktionskostentheorie beruht darauf, dass sich die Informations- und Kommunikationskosten nur bedingt quantifizieren und einzelnen Transaktionen verursachungsgerecht zuordnen lassen (Ebers & Gotsch 1993 S. 219, Picot 1982 S. 271). Im traditionellen Rechnungswesen werden die Transaktionskosten daher nicht immer getrennt erfasst, sondern sind zu einem großen Teil im Verwaltungsgemeinkostenblock enthalten (Pieper 2000 S. 135, Bretzke 1999 S. 349). Die daraus resultierende Unschärfe des Begriffs erlaubt einen weiten Interpretationsspielraum (Bretzke 1999 S. 360). Gleichzeitig ergibt sich hieraus ein zentraler Vorteil der Theorie. Sie berücksichtigt neben monetär erfassbaren Kosten auch explizit Kosten, die einen nicht-pagatorischen Charakter aufweisen. Diese Kosten entziehen sich einer bilanziellen Bewertung, können aber dennoch von erheblicher ökonomischer Bedeutung sein (vgl. Picot 1982 S. 271). Der Transaktionskostenbegriff umfasst folglich sowohl pagatorische Kosten, Opportunitätskosten als auch Kosten für den zeitlichen, physischen oder psychischen Aufwand einer Transaktion (Korb 2000 S. 8). Die quantifizierbaren und nicht quantifizierbaren Transaktionskosten werden im folgenden Abschnitt bezogen auf den eCommerce näher betrachtet.

4.2.5 Zusammenführung der Kernelemente des theoretischen Bezugsrahmens

Mit der Austauschtheorie und der Transaktionskostentheorie wurden in den beiden vorangegangenen Abschnitten die Kernelemente des theoretischen Bezugsrahmens vorgestellt. An dieser Stelle soll nun der Frage nachgegangen werden, ob die beiden theoretischen Ansätze kompatibel sind oder auch gegenläufige Aussagen treffen. Ferner gilt es zu untersuchen, ob der theoretische Bezugsrahmen Leerfelder aufweist, die nicht durch die gewählten Theorien abgedeckt werden. Abschließend erfolgt in diesem Abschnitt eine Wertung der beiden theoretischen Ansätze vor dem Hintergrund der Forschungslogik.

Sowohl die Austausch- als auch die Transaktionskostentheorie stellen die Analyse von Austauschsituationen in ihren Mittelpunkt. Wie bereits im vorangegangenen Abschnitt angesprochen, sind die zentralen Begriffe beider Theorien – Austausch und Transaktion – nahezu identisch. Beiden Theorien ist eine Langfristperspektive gemein, da sie weniger auf einzelne Austauschakte abzielen, sondern vielmehr Aussagen über zusammenhängende Austauschakte und Austauschbeziehungen treffen. Während die Austauschtheorie eine ganzheitliche Analyse des Austauschs vornimmt und dabei die Kosten- und Nutzenelemente aller Tauschpartner in die Analyse einbezieht, fokussiert die Transaktionskostentheorie die mit dem Austausch verbundenen Kosten. Im Gegensatz zur Austauschtheorie, die die Kostenkomponenten recht allgemein umreißt und einen breiten Interpretationsspielraum bei Kosten- wie Nutzenelementen zulässt, strukturiert und skizziert die Transaktionskostentheorie die im Verlauf einer Transaktion anfallenden Kosten. Dabei nimmt die Theorie eine Einteilung der Kosten nach den Transaktionsphasen vor und erlaubt somit eine Abgrenzung der Fulfillment-Kosten von den übrigen Transaktionskosten.

Zum Zusammenspiel von Austausch- und Transaktionskostentheorie lässt sich zusammenfassend festhalten, dass die Austauschtheorie einen theoretischen Rahmen für die Analyse der gesamten Austauschsituation bietet, der sich punktuell, d.h. auf der Kostenseite, durch die Transaktionskostentheorie erweitern lässt. Trotz nicht stets exakt gleichläufiger Annahmen weisen beide Theorien in ihrem Kern doch sehr ähnliche und vereinbare Inhalte auf. Eine Kompatibilität der beiden Ansätze ist somit durchaus zu bejahen. Über die Kompatibilität bei den Kostenkomponenten hinaus lassen beide Theorien auch starke Überschneidungen in ihren langfristig orientierten Aussagen erkennen. So wird bei beiden Theorien die Entscheidung, ob eine bestehende Austauschbeziehung fortgesetzt oder ein alternativer Tauschpartner gewählt wird, u.a. durch das Vorhandensein von Alternativen beeinflusst. Im Rahmen der Austauschtheorie bildet der Comparison Level für Alternativen einen Bewertungsmaßstab für alternative Tauschpartner. Ebenso wie der aktuelle Tauschpartner werden auch die Alternativen auf ihr Kosten-Nutzen-Verhältnis „gescannt". Im Rahmen der Transaktionskostentheorie bilden wiederum die Kosten das zentrale Bewertungskriterium sowohl für aktuelle wie auch potenzielle Geschäftspartner. Zum einen werden bestehende wie auch alternative Partner dahin gehend beurteilt, ob sie langfristig eine transaktionskostenminimale Austauschbeziehung versprechen. Zum anderen bilden bei einem Wechsel des Tauschpartners die damit verbundenen Wechselkosten das entscheidende Kriterium, ob sich – trotz möglicher niedriger Transaktionskosten im Verlauf einer neuen Austauschbeziehung – ein Wechsel überhaupt lohnt. Hinsichtlich ihrer Aussagen zum langfristigen Charakter von Austauschbeziehungen und der Rolle von Alternativen sind beide Theorien gerade aus der Perspektive kompatibel, die die Investitionsaspekte des Austauschs betrachtet.

Eine weitere Überschneidung lässt sich bei den Aussagen zu den Wirkungen des Austauschs erkennen. Sowohl die Austausch- als auch die Transaktionskostentheorie formulieren mit der Zufriedenheit eine zentrale außerökonomische Wirkung von

Austauschakten und Tauschbeziehungen. Während die Zufriedenheit in der austauschtheoretischen Literatur regelmäßig als Wirkung angeführt wird, kommt sie in der Literatur zur Transaktionskostentheorie eher selten explizit zur Sprache. Meist wird sie als Wirkung oder auch als immaterielle Belohnung von Transaktionen angeführt, wenn das Entstehen und die Fortsetzung von Transaktionen über einen Markt – wie es gerade im Business-to-Consumer-Bereich der Fall ist – mittels der Transaktionskostentheorie untersucht werden. Mit ihren Aussagen zu transaktionskostenminimalen Austauschbeziehungen bzw. Organisationsformen unter Berücksichtigung von Wechselkosten schafft die Theorie implizit eine theoretische Grundlage für das Phänomen der Kundenbindung. Aufgrund ihres engen inhaltlichen Zusammenhangs zur Kundenbindung lässt sich auch die Kundenzufriedenheit durchaus als Wirkungsvariable auf Basis der Transaktionskostentheorie herleiten.

Die vorangegangenen Ausführungen machen deutlich, dass Austausch- und Transaktionskostentheorie durchaus ineinander greifen. Neben diesen kompatiblen Feldern treffen beide Theorien aber auch Annahmen, die nicht exakt gleichläufig sind. So geht die Transaktionskostentheorie davon aus, dass diejenige Partei (hier der Online-Anbieter), die im Auftrag einer anderen Partei (hier der Kunde) handelt, opportunistisches Verhalten an den Tag legen und nach einer einseitigen Nutzenmaximierung streben kann. Die Austauschtheorie nach Homans geht hingegen davon aus, dass beide Tauschpartner nach einer gemeinsamen Gewinnmaximierung und einer gerechten, d.h. zu ihrem Einsatz proportionalen Verteilung des Austauschgewinns streben. Den Tauschpartnern wird hier die Fähigkeit unterstellt, dass sie Input und Output ihres Gegenübers beurteilen und zu ihrem eigenen Input/Output in Relation setzen können. Auch hier geht die Transaktionskostentheorie von der realistischeren Annahme einer mit Unsicherheit behafteten Transaktion aus.

Die auf den ersten Blick gegenläufigen Aussagen beider Theorien – Opportunismus und Unsicherheit auf der einen, Gerechte Input-Output-Verhältnisse auf der anderen Seite – lassen sich allerdings bei einer weiter gehenden Betrachtung in Einklang zu bringen. So zielen die vertraglichen Vereinbarungen, die im Mittelpunkt der Transaktionskostentheorie stehen, letztendlich darauf ab, eine für beide Tauschpartner gerechte Austauschsituation zu schaffen. Auf der anderen Seite wird die Austauschtheorie u.a. von Walster et al. (1978 S. 6-7) dahingehend erweitert, dass die Tauschpartner an einer Maximierung ihres eigenen Nutzens interessiert sein und somit durchaus opportunistisch handeln können. Um derartiges Verhalten zu unterbinden, sieht die Austauschtheorie Normen und Regeln vor, die der Vertragsgestaltung im Rahmen der Transaktionskostentheorie vergleichbar sind.

Insgesamt ist beiden Theorien gemein, dass sie einen weiten Interpretationsspielraum bieten. Insbesondere die Austauschtheorie trifft Aussagen, die doch einen hohen Allgemeinheitsgrad beinhalten und auf eine Vielzahl von Austauschsituationen auch außerhalb wirtschaftlicher Beziehungen angewendet werden können. Der hohe Allgemeinheitsgrad austauschtheoretischer Kernaussagen führt wiederum dazu, dass sich diese Aussagen relativ einfach bestätigen lassen. Daher bietet es sich an, mit der Austauschtheorie einen Bezugsrahmen abzustecken und diesen durch geeignete Theorien, deren Aussagen einen höheren Präzisionsgrad aufweisen, zu fundieren. Diese Eigenschaft erfüllt die Transaktionskostentheorie. Sie trifft erstens präzise Aussagen zu der Struktur bzw. den Phasen des Transaktionsprozesses, zur Entstehung von Transaktionskosten und zu den Verhaltensweisen der Transaktionspartner. Zweitens handelt es sich um eine vielfach empirisch, auf unterschiedliche ökonomische Problemstellungen angewandte und in ihren Kernaussagen bestätigte Theorie. Schließlich trägt die Transaktionskostentheorie drittens zu einer Fundierung ökonomischer Fragestellungen bei, da sie den Schwerpunkt auf die vertragliche Gestaltung und die Abwicklung von Wirtschaftstransaktionen legt.

Die vorangegangenen Abschnitte (4.2.3 und 4.2.4) haben bereits gezeigt, dass beide Theorien eine geeignete theoretische Basis für die Analyse des Untersuchungsgegenstandes Fulfillment bieten. An dieser Stelle sei noch einmal darauf hingewiesen, dass beide Theorien den Austausch als Gesamtgebilde zum Thema haben. Mithin gelten die Aussagen der Theorien für den vollständigen Austauschprozess sowie für den gesamthaften Einsatz des Marketing-Instrumentariums. Dies hat zur Folge, dass die Theorien keine Aussagen treffen, die das Fulfillment separat betreffen. Derartige Aussagen sind – unter Beachtung und Beibehaltung ihres ganzheitlichen Ansatzes – aus den Annahmen beider Theorien herzuleiten. Dies wird Gegenstand von Abschnitt 4.4 sein. Zuvor gilt es aber den theoretischen Bezugsrahmen auf die konkrete Austauschsituation im Electronic Commerce zu beziehen und die mit dem Austausch verbundenen Kosten und Nutzen für die beteiligten Tauschpartner aufzuzeigen bzw. abzuleiten.

4.3 Zur Analyse des Austauschs im eCommerce auf Basis des theoretischen Bezugsrahmens

In diesem Abschnitt wird der Austausch zwischen einem Online-Anbieter und seinen Nachfragern anhand des Austauschnutzens und der Austauschkosten analysiert, da diese Größen den Nettonutzen bilden, den sich die Beteiligten vom Austausch versprechen. Gemäß dem Gratifikationsprinzip und der Austauschtheorie kommt ein Austausch nur zustande, wenn der erwartete Nettonutzen in Form des Saldos aus Austauschkosten und -nutzen positiv ist (vgl. Silberer 1981 S. 47-48). In diesem Zusammenhang ist zunächst an den Nutzen bzw. die Kosten zu denken, die unmittelbar mit der Ware und deren monetärer Gegenleistung zusammenhängen. Darüber hinaus fließen in die Gesamtbeurteilung eines Austauschs weitere, weniger offensichtliche Nutzen- und Kosten-Größen ein, die es zu identifizieren gilt. Um die dem Fulfillment zurechenbaren Kosten und Nutzen zu identifizieren, werden diese den einzelnen Phasen des Austauschprozesses zugeordnet. In Anlehnung an die Transaktionskostenarten wird der Austauschprozess in die Informations- bzw. Anbahnungsphase, die Vereinbarungsphase, die Abwicklungsphase und die Anpassungsphase unterteilt (vgl. Korb 2000 S. 37, siehe auch *Abschnitt 3-1*). Unabhängig von den Phasen einer einzelnen Transaktion werden zudem die charakteristischen Kosten- und Nutzenelemente in einer Austauschbeziehung näher betrachtet.

Vorab ist darauf hinzuweisen, dass die im Rahmen der Austausch- und Transaktionskostentheorie verwendeten Begriffe Austausch und Transaktion, wie deren Definitionen in den *Abschnitten 4.2.3* und *4.2.4* bereits nahe legen, synonym verwendet werden. Des Weiteren lassen sich die Überlegungen, die anhand des eCommerce angestellt werden, nur eingeschränkt auf traditionelle Kanäle des Distanzhandels übertragen, da gerade von der Internet-Technologie ein Einfluss auf die Austauschleistung und in besonderem Maße die Austauschkosten zu erwarten ist. Dagegen gelten die Nutzen- und Kostenelemente, die in direktem Zusammenhang mit dem physischen Warentransfer stehen, auch für den traditionellen Distanzhandel.

4.3.1 Nutzen und Kosten des Austauschs auf Anbieterseite

Der zentrale, unmittelbare Nutzen des Anbieters ergibt sich aus der monetären Gegenleistung, die sich aus dem Produktpreis und gegebenenfalls einer Liefergebühr zusammensetzt. Der Nutzen ist im Allgemeinen klar definiert, da Produktpreise samt Liefergebühren bereits vor Zustandekommen eines Austauschs festgelegt sind. Bei wiederholten bis regelmäßigen Käufen der Nachfrager gewinnen neben dem rein monetären Output auch qualitative Größen an Bedeutung. Als zentrale qualitative Größe aus Anbietersicht ist die Kundenbindung in Form des Wiederkauf- und Weiterempfehlungsverhaltens der Nachfrager anzusehen (Plinke 2000 S. 48). Eng verbunden mit der Kundenbindung ist die Sicherheit bezüglich der monetären Gegenleistung des Kunden. Dieser mittel- bis langfristige, qualitative Output kann zu einem Absinken der anbieterseitigen Transaktionskosten führen (Kotler & Bliemel 2001 S. 18-19).

Wesentlich differenzierter als der Nutzen sind die anbieterseitigen Kosten des Austauschs zu betrachten. Diese lassen sich gemäß der Transaktionskostentheorie in Produktions- und Transaktionskosten unterscheiden (Ebers & Gotsch 1993 S. 218). Während der Begriff der Produktionskosten aus Herstellersicht die Herstellungskosten der Ware beinhaltet, umfassen die Produktionskosten bezogen auf den Handel insbesondere die Wareneinstandspreise. Im Folgenden stehen aber die Transaktionskosten, die dem Anbieter entlang des Transaktionsprozesses entstehen, im Vordergrund.

In der Anbahnungsphase entstehen dem Anbieter Kosten für die Shop-Promotion (vgl. Werner & Stephan 1997 S. 113). Die Anbahnungskosten, die in hohem Maße bei der Akquise von Neukunden anfallen, rentieren sich im Allgemeinen nur, wenn es zu einer mittel- bis langfristigen Geschäftsbeziehung mit dem Nachfrager kommt (Reichheld & Schefter 2001 S. 71). Kennzeichnend für die Anbahnungskosten ist, dass sie einzelnen Aufträgen nur eingeschränkt zurechenbar sind. Bei Online-Maßnahmen wie der Bannerwerbung ist die Zurechenbarkeit aber generell höher einzustufen als bei traditionellen Maßnahmen (vgl. Bachem 2000 S. 61).

In der Vereinbarungs- und Abschlussphase kann es generell zu niedrigeren Transaktionskosten als in traditionellen Distributionskanälen kommen (Toporowski 2000 S. 95-104). Sofern im Online-Shop alle für die Kaufentscheidung der Nachfrager wesentlichen Informationen bereitgestellt werden, entstehen lediglich geringfügige Vereinbarungskosten für eine zusätzliche Kommunikation bei einzelnen Aufträgen. Auch im eCommerce ist zu beachten, dass die Kommunikationskosten in der Vereinbarungsphase mit der Erklärungsbedürftigkeit (bzw. dem Grad an Such-, Erfahrungs- und Vertrauenseigenschaften) der angebotenen Leistung variieren können. Grundsätzlich zeichnet den eCommerce aber ein Selbstbedienungscharakter bezüglich der Informationen auf der Website aus (vgl. Böing 2001 S. 78), da diese den

Nachfragern prinzipiell jederzeit und von jedem Ort aus zugänglich sind (anytime-anywhere-Prinzip) (Albers & Peters 1997 S. 79). Verständliche, bedarfsgerechte und leicht auffindbare Informationen können Kundenanfragen per eMail, auf telefonischem Wege oder bei Multi-Channel-Anbietern auch in einer Filiale eindämmen und damit verbundene Kosten reduzieren. Mit Hilfe der virtuellen Produktkonfiguration lässt sich auch bei komplexeren Produkten der nachfragerseitige Kommunikationsbedarf senken (vgl. Silberer 2000b S. 83). Im Rahmen des Bestellprozesses können automatische Prüfroutinen die Auftragsdaten bereits bei der Eingabe auf Unstimmigkeiten kontrollieren und so höhere Transaktionskosten in späteren Prozessschritten (z.b. eine Nicht-Zustellbarkeit aufgrund einer fehlerhaften Adresse) vermeiden helfen. Nach Übermittlung der digitalen Auftragsdaten kann eine automatische Bonitätsprüfung erfolgen (Eckert et al. 2000 S. 46) und zu einer Senkung der Kontrollkosten beitragen.

Die Transaktionskosten in der Abwicklungsphase lassen sich der physischen Distribution und den begleitenden Informations- und Kommunikationsströmen zuordnen (vgl. Alt 1997 S. 145). Dabei entstehen Informations- und Kommunikationskosten für den Informationsaustausch (1) innerhalb des anbietenden Unternehmens, (2) zwischen dem Unternehmen und möglichen Fulfillment-Dienstleistern sowie (3) zwischen dem Anbieter und seinen Nachfragern. Gerade im letztgenannten Fall kann die Internet-Technologie zu einer Automatisierung einzelner Informationsprozesse und zu einem Absenken der anbieterseitigen Abwicklungskosten beitragen. Neben den Kosten für die physische Distribution können in Abhängigkeit vom Produkt gegebenenfalls weitere Kosten für Installation, Wartung, Reparatur oder Entsorgung anfallen, die sich direkt einer Transaktion zurechnen lassen.

Anpassungskosten ergeben sich im Online-Handel wie auch im klassischen Distanzhandel als Folge von Beschwerden und Retouren. Die Bearbeitung von Beschwerden erfordert insbesondere personelle Kapazitäten für die Beschwerdeannahme, -reaktion und -auswertung (Stauss 1998 S. 1255-1257). Darüber hinaus kann die Beschwerdereaktion Kosten für finanzielle und materielle Kompensationsleistungen verursachen (Meyer & Specht 1999 S. 491). Retouren verursachen dagegen zusätzliche Kosten für die physische Redistribution und gegebenenfalls eine erneute Distribution. Diese Kosten sind als noch höher einzustufen als die Kosten, die für die Warenauslieferung in der Abwicklungsphase entstehen, da zusätzlich zum Warentransfer noch Warenaufbereitungs- oder

Entsorgungskosten entstehen (Thieme 2003 S. 210-211). Ebenso wie in der Anbahnungs- und Vereinbarungsphase können auch präzise, leicht auffindbare Informationen zur Beschwerde- und Retourenabwicklung im Online-Shop bereit gestellt werden und zu niedrigeren Kommunikationskosten in der Anpassungsphase führen.

4.3.2 Nutzen und Kosten des Austauschs auf Nachfragerseite

Der Nutzen, den sich die Nachfrager unmittelbar vom Austausch versprechen, resultiert in erster Linie aus der Produktleistung. Gleichzeitig ist mit dem Produktpreis auch der Großteil des monetären Aufwandes für den Nachfrager festgelegt. Neben diesem monetären Aufwand entstehen auch den Nachfragern Transaktionskosten in den einzelnen Phasen einer Transaktion. Dem eCommerce werden in der Anbahnungsphase allgemein niedrigere Kosten als dem traditionellen Distanz- und Residenzhandel unterstellt, da die Nachfrager Informationen über Produkte und alternative Anbieter einfacher und weniger zeitaufwändig einholen können (Toporowski 2000 S. 99). Im weiteren Verlauf der Anbahnungs- und Vereinbarungsphase ist ein Einfluss der Website-Gestaltung auf die nachfragerseitigen Kosten- und Nutzengrößen zu erwarten. Die unterschiedlichen Elemente der Website, zum Beispiel deren Aufbau, die Produktpräsentation und –information sowie der Bestellprozess, können gerade bei Neukunden den wahrgenommenen Nutzen beeinflussen. Hierbei ist an einen zeitlichen Aufwand der Online-Bestellung und einen psychischen Aufwand bezüglich des wahrgenommenen Kaufrisikos zu denken (Schröder 2002 S. 282). Die hohe Anzahl an abgebrochenen Bestellvorgängen (Nussbaum 2002 S. 130) lässt vermuten, dass gerade in dieser Phase ein Senkungspotenzial für nachfragerseitige Transaktionskosten besteht. Der Online-Bestellprozess, der nach der Produktauswahl durchlaufen wird und die Vereinbarungsphase im eCommerce kennzeichnet, kann bei Folgekäufen mit Hilfe von Personalisierungsfunktionen weniger zeitaufwändig gestaltet werden und zu einer Reduktion von Transaktionskosten führen (vgl. Böhler 1992 S. 1153).

Das wahrgenommene Kaufrisiko ist darauf zurückzuführen, dass Nachfrager aufgrund asymmetrisch verteilter Informationen unsicher bezüglich der Konsequenzen ihres Handelns sind (Bauer 1967 S. 24, 26, zitiert nach Silberer 1979 S. 164). Im Distanzhandel ist dieses Risiko allgemein höher einzustufen als im Residenzhandel (Reichheld & Schefter 2001 S. 73). Das Kaufrisiko kann sich u.a. auf die Leistungserfüllung, auf das Produkt und dessen funktionale Eigenschaften sowie die

Sicherheit der persönlichen Daten im Internet und deren Behandlung durch den Online-Anbieter beziehen (vgl. Lingenfelder 2001 S. 379-380). Um z.B. dem Risiko einer minderwertigen Produktqualität oder überhöhter Preise vorzubeugen, können Nachfrager zusätzliche Informationen einholen (Screening) (Toporowski 2004 S. 395-396). Im Zuge dieser Informationsbeschaffung fallen wiederum Transaktionskosten an. Auch der Anbieter kann das nachfragerseitige Risiko durch eine entsprechende Gestaltung seiner Allgemeinen Geschäftsbedingungen (Umtauschmöglichkeiten, Garantien, Zahlungsbedingungen) und deren klare Kommunikation auf der Website eindämmen (Signaling). Des Weiteren wird die Unsicherheit auch durch den Gesetzgeber reduziert, der mit Hilfe rechtlicher Regelungen (z.B. dem Fernabsatzgesetz) die Rahmenbedingungen für einen gerechten Austausch definiert (vgl. Kotler & Bliemel 2001 S. 17).

In der Vereinbarungsphase kann der Nachfrager im Allgemeinen aus unterschiedlichen Fulfillment-Optionen seine individuelle Fulfillment-Leistung bestimmen und dabei die Höhe seiner Transaktionskosten in der Abwicklungsphase selbst beeinflussen. Mit der Liefergebühr sind die finanziellen Transaktionskosten in der Abwicklungsphase im Wesentlichen festgelegt. Aufgrund ihres monetären Charakters wird die Liefergebühr als zusätzlicher finanzieller Aufwand gegenüber dem Einkauf im stationären Handel wahrgenommen (Schröder & Zimmermann 2002 S. 338). Dagegen kann eine Ersparnis finanzieller Art aus nicht benötigten Fahrt- oder Parkkosten resultieren (vgl. Kroeber-Riel & Weinberg 1999 S. 376). Auch im Hinblick auf den zeitlichen, physischen oder psychischen Aufwand können im Vergleich zum Residenzhandel niedrigere Transaktionskosten auftreten, da die Bestellungen in den Einzugsbereich der Nachfrager geliefert werden. Für die Nachfrager entfallen Aufwendungen wie die Suche nach einem Parkplatz oder Wartezeiten an der Kasse (vgl. Fisk & Young 1985 S. 342).

Die tatsächliche Beurteilung der Austauschleistung sowie des Nettonutzens erfolgt erst innerhalb bzw. am Ende der Abwicklungsphase, in der die vertraglich festgelegte Leistung vom Anbieter erbracht wird (Korb 2000 S. 39). In der Abwicklungsphase kann der Anbieter die notwendigen Voraussetzungen für ein positives Kosten-Nutzen-Empfinden der Nachfrager schaffen, indem er die gewünschten Produkte in einwandfreiem Zustand zu den vereinbarten Konditionen ausliefert. Zudem kann ein qualitativ hochwertiges Fulfillment Unzulänglichkeiten, die in vorangegangenen Phasen des Kaufprozesses aufgetreten sind (z.B. ein komplizierter, langwieriger

Bestellprozess), vergessen machen. Nicht zuletzt kann die Warenanlieferung zu einer Reduktion der Aufwandselemente beitragen und dadurch eine Entlastung gegenüber stationären Absatzkanälen bewirken.

Im Anschluss an den Empfang der Ware begutachten die Nachfrager deren Gebrauchs- bzw. Verbrauchsfähigkeit. Bei Unzufriedenheit mit der Leistung stehen ihnen gemäß der Austauschtheorie unterschiedliche Reaktionsmöglichkeiten zur Verfügung (siehe dazu *Abschnitt 4.2.3*). Im Falle einer Beanstandung (Beschwerde und/oder Rückgabe) wird im Allgemeinen eine Anpassung der Leistung an die vertraglichen Vereinbarungen eingeleitet. In der Anpassungsphase entstehen dem Nachfrager somit Transaktionskosten für Beschwerden oder Retouren. Die finanziellen Anpassungskosten, die für die physische Rücksendung anfallen, sind dabei vertraglich durch das Fernabsatzgesetz geregelt. Unabhängig von vertragsrechtlichen Regelungen kann der Anbieter aber aus Kulanzgründen auch generell diese Kosten übernehmen. Weitere Anpassungskosten ergeben sich aus dem zeitlichen und psychischen Aufwand, den Beschwerden oder Retouren verursachen, sowie dem Nutzenentgang bei nicht gebrauchs- bzw. verbrauchsfähigen Produkten (ebda S. 284). Der Anbieter kann die Anpassungskosten der Nachfrager unmittelbar beeinflussen, indem er ein transparentes Online-Beschwerdemanagement, idealerweise ergänzt um die Kommunikationskanäle Telefon und Fax, installiert. Eine Reduzierung der finanziellen und zeitlichen Anpassungskosten der Nachfrager lässt sich zudem durch eine Abholung der Retouren erzielen.

Die Höhe der Transaktionskosten in der Abwicklungs- und Anpassungsphase läßt sich unmittelbar durch den Anbieter beeinflussen (vgl. Weiber & Weber 2002 S. 635-636), indem er ein qualitativ hochwertiges, an den Anforderungen der Nachfrager orientiertes Fulfillment bietet. Eine hohe Fulfillment-Qualität kann somit kundenbezogene Transaktionskosten in Form von finanziellem, zeitlichem, physischem oder psychischem Aufwand reduzieren und sich positiv auf die Zufriedenheit mit der Transaktion auswirken. Mithin lässt sich im Rahmen des Fulfillment einem zunehmenden Bequemlichkeitsstreben der Nachfrager, auch als Convenience-Orientierung bezeichnet, begegnen (Silberer 1987b S. 341). Dies kann zu einer Senkung der Transaktionskosten in Form einer Entlastung der Nachfrager führen. Ein einwandfreies Fulfillment kann aus Nachfragerperspektive auch eine etwaige Liefergebühr als zweiten Bestandteil der finanziellen Gegenleistung rechtfertigen, wenn die Nachfrager die Auslieferung als zusätzliche Dienstleistung einstufen (vgl. Schröder & Zimmermann 2002 S. 357). Die hinreichende und vom Anbieter nicht direkt beeinflussbare Bedingung für die Gesamtzufriedenheit mit der Transaktion ist allerdings, dass die Nachfrager mit der Ware und deren funktionalen Eigenschaften zufrieden sind.

In einer dauerhaften Austauschbeziehung lässt sich davon ausgehen, dass aufgrund sich wiederholender Austauschprozesse und damit verbundener Routinen die Kosten der einzelnen Transaktionen sinken (Böhler 1992 S. 1153). Das von den Nachfragern wahrgenommene Risiko sinkt mit der Wiederholung einer ihnen vertrauten Kaufentscheidung bzw. Anbieterwahl (vgl. Hentschel 1991 S. 25-28). Dadurch ist ein Absenken der künftigen Informationsbeschaffungskosten bei vergleichbaren Käufen möglich, was aus Nachfragersicht eine Entlastung darstellen kann (Raffée 1969 S. 87-90). Auch können die Nachfrager in der Anbahnungs- und Vereinbarungsphase von bestimmten Such- und Informationsvorgängen entlastet werden, indem die (elektronischen) Daten aus vorangegangenen Transaktionen zu einer Personalisierung des Online-Shops genutzt werden (Schröder 2002 S. 282). In einer bestehenden Geschäftsbeziehung ist weiterhin daran zu denken, dass die Bedeutung des monetären Aufwands sinkt und soziale Nutzenelemente wie Sicherheit und Vertrauen als langfristiger Nutzen der Austauschbeziehung verstärkt wahrgenommen werden (vgl. Klee 2000 S. 36-37). Gleichzeitig steigen infolge des Absenkens der nachfragerseitigen Transaktionskosten die Kosten für einen Wechsel zu einem alternativen Anbieter relativ an. Hierin findet sich eine Erklärung für das Phänomen der Kundenbindung (vgl. Plinke 2000 S. 45-48).

Die vorangegangenen Ausführungen zeigen, dass sich auf Basis der Austausch- und der Transaktionskostentheorie nicht nur „traditionelle", sondern auch webbasierte Austauschbeziehungen erklären und prognostizieren lassen. Voraussetzung hierfür ist, dass die zentralen Nutzen- und Kostenelemente, die durch den theoretischen Bezugsrahmen vorgegeben werden, für beide bzw. alle Tauschpartner definiert und vor dem Hintergrund einer konkreten Austauschsituation ausformuliert werden. Einschränkend ist an dieser Stelle zu erwähnen, dass die Erklärungs- und Prognosefähigkeit der beiden Theorien nur dann gewährleistet ist, wenn das Zustandekommen und die Fortsetzung von Austauschbeziehungen Resultat von Kosten-Nutzen-Überlegungen sind. Individuelle Verhaltensweisen, die vom Verhalten des homo oeconomicus abweichen (z.B. Variety Seeking), lassen sich dagegen nur eingeschränkt durch den theoretischen Bezugsrahmen abbilden. Eine explizite

Berücksichtigung solcher Verhaltensweisen erfordert vielmehr deren Identifikation/ Definition sowie eine Erweiterung des Bezugsrahmens um Theorien, die diese Verhaltensweisen analysieren.

4.4 Herleitung und Formulierung der Hypothesen zum Austausch im eCommerce unter besonderer Berücksichtigung des Fulfillment

Mit dem Gratifikationsprinzip, dem Kapazitätsprinzip, der Austauschtheorie und der Transaktionskostentheorie wurde zuvor ein theoretischer Bezugsrahmen gebildet, der als Basis für die Hypothesen der Untersuchung dient. In Ergänzung zu den theoretisch begründeten Hypothesen werden bei der Herleitung der Hypothesen zu den Determinanten auch Plausibilitätsüberlegungen einbezogen, da nicht alle zu untersuchenden Beziehungen gleichermaßen theoretisch verankert sind oder bereits in vorangegangenen empirischen Untersuchungen formuliert wurden (vgl. Dehler 2001 S. 190, vgl. Pfohl 1977 S. 248-249). An dieser Stelle soll darauf hingewiesen sein, dass die Begriffe Determinante und Einflussfaktor im Folgenden synonym verwendet werden. Die Hypothesen lassen sich in drei übergeordnete Böcke einteilen: Hypothesen zu den Determinanten des Fulfillment (Abschnitt 4.4.2), Hypothesen zu den Wirkungen des Fulfillment (Abschnitt 4.4.3) und Hypothesen zu den weiteren Einflussfaktoren der Wirkungen des Fulfillment (Abschnitt 4.4.4). Diese – neben dem Fulfillment – als relevant erachteten Einflussfaktoren lassen sich auch als Wirkungsdeterminanten bezeichnen.

Die drei Hypothesenblöcke lassen sich wiederum weiter unterteilen. Der erste Block wird in Hypothesen zu den unternehmensinternen und Hypothesen zu den unternehmensexternen Determinanten unterteilt. Innerhalb des zweiten Blockes wird zwischen Hypothesen zu den unternehmensinternen Wirkungen des Fulfillment und in Hypothesen zu den Wirkungen der Fulfillment-Leistung bei den Nachfragern differenziert. Da nicht alle Wirkungen bei den Nachfragern unmittelbar von der Fulfillment-Leistung ausgehen, erfolgt in diesem Hypothesenblock eine weitergehende Unterscheidung in Hypothesen zu den direkten und Hypothesen zu den indirekten Wirkungen der Fulfillment-Leistung bei den Nachfragern. Der dritte Block „Wirkungsdeterminanten" lässt sich schließlich in Hypothesen zu den Determinanten der unternehmensinternen Wirkungen und Hypothesen zu den Determinanten der Wirkungen bei den Nachfragern unterscheiden. Das Hypothesengebilde setzt sich somit aus insgesamt sieben Hypothesenblöcken zusammen, die den drei übergeordneten Hypothesenblöcken zugeordnet werden können. Hinzu kommt eine

Einzelhypothese zum Zusammenhang zwischen den Fulfillment-Kosten und der Fulfillment-Leistung. Dieser Zusammenhang soll einleitend näher betrachtet werden.

4.4.1 Hypothese zum Zusammenhang zwischen den Fulfillment-Variablen

Als Dimensionen des Konstruktes Fulfillment sollen die Fulfillment-Kosten und die Fulfillment-Leistung in die Analyse eingehen (vgl. dazu Dehler 2001 S. 207-212, der eine Unterscheidung der beiden Variablen „Logistikkosten" und „Logistikleistung" vornimmt). In den Fulfillment-Kosten kommt die ökonomische Dimension des Fulfillment zum Ausdruck. Neben den Kosten kann dem Fulfillment auch eine Umsatzbedeutung in Form der Liefergebühr zugewiesen werden. Eine Liefergebühr wird allerdings nicht von jedem Anbieter erhoben oder kann in Abhängigkeit vom Bestellwert entfallen. Demnach lässt sich nicht generell davon ausgehen, dass den Kosten der Sekundärleistung auch ein direkt zurechenbarer Umsatz gegenübersteht. Aus diesem Grund soll die Umsatzbedeutung des Fulfillment an dieser Stelle vernachlässigt werden. Anhand der Fulfillment-Leistung werden die einzelnen Aktivitäten, die bei der Abwicklung von Kundenaufträgen anfallen, beurteilt. Demzufolge finden die Fulfillment-Aktivitäten in der Variablen „Fulfillment-Leistung" Berücksichtigung. Ebenso stellen die Fulfillment-Kosten eine Beurteilung dieser Aktivitäten unter Kostengesichtspunkten dar. Auf den Zusammenhang zwischen den Fulfillment-Kosten und der Fulfillment-Leistung wird im Folgenden näher eingegangen.

Im Rahmen der Kunden- und Wettbewerbsorientierung ist ein möglichst hohes Leistungsniveau anzustreben, das sich z.B. in kurzen Lieferzeiten, Lieferterminzusagen und einem breiten Angebot an Auslieferungs- und Zahlungsoptionen bemerkbar macht. Bei einer Erhöhung des Leistungsniveaus und einer umfassenden Berücksichtigung der Kundenwünsche ist aber auch ein Anstieg der Transaktionskosten und damit der gesamten Fulfillment-Kosten zu beachten (Pfohl 2004 S. 41-42). Die Verbesserung eines bereits hohen Lieferserviceniveaus führt in der Regel zu einem überproportionalen Kostenanstieg (ebda S. 41). Somit ist nicht das maximal mögliche, sondern das unter Berücksichtigung der Kosten wirtschaftlich effiziente Lieferserviceniveau anzustreben. Die Reduzierung einer bereits kurzen Lieferzeit kann zum Beispiel dazu führen, dass die Transportkapazitäten des Anbieters oder eines Dienstleisters nicht mehr ausgelastet werden, um eine schnellere Auslieferung zu gewährleisten. Sofern eine derartige Expresslieferung angeboten und auch gewünscht wird, werden die zusätzlichen Kosten aber im Regelfall in Form einer höheren Liefergebühr an den Nachfrager weitergegeben (Kolberg & Scharmacher 2001 S. 118). Den Zusammenhang zwischen der Fulfillment-Leistung und den Fulfillment-Kosten gibt Hypothese H_1 wieder:

> H_1: Je höher das Leistungsniveau des Fulfillment ist, desto höher sind die Fulfillment-Kosten.

4.4.2 Hypothesen zu den Determinanten des Fulfillment

4.4.2.1 Zu den unternehmensinternen Determinanten

Als unternehmensinterne Determinanten sollen im Folgenden diejenigen Faktoren bezeichnet werden, die auf unternehmensspezifischen Gegebenheiten beruhen und direkt durch das Unternehmen beeinflussbar sind. Zu den unternehmensinternen Determinanten lassen sich allgemein organisations-, technologie- und personenspezifische Einflussfaktoren zählen (Meissner 2002 S. 154). Neben den Einflussfaktoren dieser Kategorien sollen zudem produktbezogene Einflussfaktoren in die Betrachtung einfließen, da Distributionssysteme in hohem Maße durch ihre Distributionsobjekte determiniert werden (Specht 1998 S. 119-120).

Um die waren- und informationslogistischen Aufgaben, die im Rahmen der Auftragsbearbeitung anfallen, ausführen zu können, muss ein Unternehmen über gewisse personelle, materielle und finanzielle Kapazitäten verfügen. Zu diesen Kapazitäten zählen insbesondere Kenntnisse und Erfahrungen der Mitarbeiter, Lager-, Kommissionier- und gegebenenfalls eigene Transportkapazitäten sowie das für die Waren- und Informationslogistik zur Verfügung stehende Budget. In diesem Zusammenhang lässt sich auch von der Logistikkompetenz eines Unternehmens sprechen (Lasch & Lemke 2003 S. 51-52). Gemäß dem Kapazitätsprinzip verfügt ein Individuum bzw. in diesem Fall ein Unternehmen aber nur über begrenzte Kapazitäten. Daraus ergeben sich auch Grenzen für die Logistikkompetenz. Da von der Logistikkompetenz ein unmittelbarer Einfluss auf die Prozess- und Ergebnisqualität des Fulfillment zu erwarten ist, lässt sich unter Einbezug des Kapazitätsprinzips die folgende Hypothese formulieren:

> H_2: Je ausgeprägter die Logistikkompetenz im Unternehmen ist, desto besser ist die Fulfillment-Leistung.

Gleichermaßen ist bei Einsatz externer Logistik-Dienstleister auch von diesen ein Einfluss auf die Fulfillment-Leistung zu erwarten. Dieser Einfluss ist aber externer Natur und wird daher im Zuge der unternehmensexternen Determinanten behandelt.

Im Rahmen der Informationslogistik kommt dem Einsatz von Informations- und Kommunikationssystemen, insbesondere der digitalen Datenverarbeitung, eine besondere Bedeutung zu (Schömer & Hebsaker 2001 S. 37-38). Die über ein Online-Bestellsystem generierten Daten können bei entsprechender Vernetzung der EDV-Systeme durchgehend und medienbruchfrei entlang des gesamten Fulfillment-Prozesses verarbeitet werden (Calik 2002 S. 47). Dadurch lassen sich die Durchlaufzeiten der Aufträge sowie die Fehleranfälligkeit der Datenverarbeitung entlang des Fulfillment-Prozesses reduzieren. Um einen reibungslosen Datenaustausch sicherzustellen, ist eine Vernetzung der Systeme nicht nur innerhalb des Unternehmens anzustreben, sondern auch mit den Systemen von externen Dienstleistern (Böing 2001 S. 143-146, Dehler 2001 S. 154-156). Die Integration unterschiedlicher Informations- und Kommunikationssysteme kann somit zu einer Senkung der unternehmensinternen und -übergreifenden Koordinationskosten in der Abwicklungsphase führen. Gleichzeitig können bei einer Integration der Systeme entlang des Fulfillment-Prozesses jederzeit Statusinformationen zum Auftragsfortschritt abgerufen werden. Diese Informationen geben Aufschluss über mögliche Störungen, so dass gegebenenfalls gezielte Korrekturmaßnahmen ergriffen werden können (Specht 1998 S. 251).

Des Weiteren eröffnet die Informationstechnologie die Möglichkeit, bestimmte kundenbezogene Informationsprozesse vollständig oder zumindest teilweise zu automatisieren (Rudolph & Löffler 2001 S. 25-26). So werden bei der Verfügbarkeitsprüfung oder der Sendungsverfolgung Informationen im Online-Shop bereitgestellt (Passivinformationen), ohne dass eine persönliche Kommunikation mit den Nachfragern erfolgen muss. Ebenso können die Nachfrager mit Hilfe einer automatischen Bestell- oder Versandbestätigung gezielt mit relevanten Informationen zur Abwicklung versorgt werden (Aktivinformationen) (zu Passiv- und Aktivinformationen siehe Silberer 1997 S. 9-10). Informations- und Kommunikationstechnologien ermöglichen folglich auch an der Schnittstelle zu den Nachfragern eine Senkung des Bedarfs an persönlicher Kommunikation bei gleichzeitiger Erhöhung der Transparenz des Abwicklungsprozesses.

Zum Einsatz der Informations- und Kommunikationstechnologie in der Abwicklungsphase lassen sich somit die folgenden Hypothesen aufstellen:

> H_3: Je intensiver die Informations- und Kommunikationstechnologie im Unternehmen eingesetzt wird, desto weniger Fehler entstehen bei der Verarbeitung und Übertragung von Auftragsdaten und desto niedriger sind die Fulfillment-Kosten.
>
> H_4: Je intensiver die Informations- und Kommunikationstechnologie im Unternehmen eingesetzt wird, desto weniger Fehler entstehen bei der Verarbeitung und Übertragung von Auftragsdaten und desto besser ist die Fulfillment-Leistung.

Bereits in den vorangegangenen Ausführungen wurde deutlich, dass dem Fulfillment der Prozessgedanke immanent ist. Dieses Prozessdenken betont das Fulfillment als Gesamtprozess gegenüber seinen einzelnen, sukzessiv ablaufenden Funktionen (Baumgarten & Walter 2000 S. 89). Im Rahmen einer fuktionsübergreifenden Betrachtung gilt es, die Schnittstellen zwischen den einzelnen Funktionen und damit den Prozess als Ganzes zu optimieren. So kann eine funktionsübergreifende Zeit- und Kapazitätsplanung Liege- und Wartezeiten vermeiden bzw. reduzieren und die Durchlaufzeit eines Auftrags insgesamt verkürzen (vgl. Pfohl 2004 S. 29). Die Prozessorientierung sollte zudem nicht an den Unternehmensgrenzen Halt machen, sondern im Sinne des Supply Chain Managements auch Hersteller und Zulieferer sowie Fulfillment-Dienstleister einbeziehen (Cooper & Ellram 1993 S. 14-20). Durch die Vermeidung bzw. den Abbau von Reibungsverlusten an den unternehmensinternen und -übergreifenden Schnittstellen lässt sich der Prozessoutput (z.B. in Form der Durchlaufzeit) insgesamt verbessern (Dehler 2001 S. 141).

Neben der Prozessorientierung entlang der Wertschöpfungskette kommt das Prozessdenken auch beim Austausch zwischen Anbieter und Nachfrager zum Tragen. Der Austauschprozess besteht allgemein aus den Phasen der Information und Anbahnung, der Vereinbarung, der Abwicklung und gegebenenfalls der Anpassung. Diese Transaktionsphasen sind aufeinander abzustimmen, so dass der Prozessoutput das Leistungsversprechen erfüllt, das während der Anbahnungs- und Vereinbarungsphase im Online-Shop gegeben wurde. Der Prozessoutput beinhaltet die Leistung, die der Online-Anbieter in die Austauschbeziehung mit einem Nachfrager einbringt: die nachgefragte Ware sollte in der gewünschten Qualität und Menge, zum angegebenen

Preis, innerhalb einer bestimmten Lieferzeit und am vereinbarten Ort ausgeliefert werden (Bruhn 2004 S. 269, Specht 1998 S. 72). Von einer Orientierung des Prozessablaufs und -ergebnisses an den Anforderungen der Nachfrager ist somit ein positiver Einfluss auf die Fulfillment-Leistung zu erwarten:

> H_5: Je ausgeprägter die Prozessorientierung im Unternehmen ist, desto besser ist der Prozessoutput in Form der Fulfillment-Leistung.

Im Rahmen der angesprochenen Informations- und Kommunikationstechnologien kommt der Internet-Technologie im eCommerce naturgemäß eine zentrale Rolle zu. Das Internet bietet zunächst vielfältige Möglichkeiten, um Interessenten und Kunden in der Anbahnungsphase zu informieren und mit diesen in einen Dialog zu treten (vgl. Hünerberg & Mann 1999 S. 318-322). Dabei zeichnet den eCommerce ein Selbstbedienungscharakter bezüglich der Informationen auf der Website aus, da diese für die Nachfrager jederzeit zugänglich sind (Stolpmann 2000 S. 136). Doch besteht, trotz umfangreicher Informations- und Kommunikationsmöglichkeiten (z.B. in Form von Frequently Asked Questions oder einer virtuellen Verkaufsberaterin), auch im eCommerce durchaus ein Bedarf an Kommunikation in natürlicher Sprache (Drosten & Hessler 1999 S. 48-49). Der Kommunikationsbedarf hängt insbesondere von den Eigenschaften der nachgefragten Produkte ab, die unter Bezugnahme auf die informationsökonomische Systematisierung in Such-, Erfahrungs- und Vertrauensgüter unterschieden werden können (Weiber & Adler 1995 S. 59).

Suchgüter lassen sich dadurch charakterisieren, dass sich die Nachfrager vor dem Kauf über die relevanten Produkteigenschaften informieren können. Dagegen lassen sich die Produkteigenschaften von Erfahrungs- und Vertrauensgütern erst durch den Konsum selbst erfahren bzw. sogar danach nur unvollständig bestimmen. Auch wenn eine der drei genannten Kategorien bei einem Produkt überwiegt, besteht ein Produkt in der Regel immer aus Such-, Erfahrungs- und Vertrauenseigenschaften (ebda S. 61). Dies gilt gerade für online erworbene, physische Produkte, da das bereitgestellte Produktexemplar nicht vollständig vor dem Kauf beurteilt werden kann. Selbst bei Dominanz von Sucheigenschaften kann es im Anschluss an die Auslieferung somit zu einem Bedarf an persönlicher Beratung kommen. Bei Dominanz von Erfahrungs- und Vertrauenseigenschaften ist dagegen über den gesamten Kaufprozess ein weitergehender Bedarf an persönlicher Beratung zu erwarten als bei Produkten, deren Sucheigenschaften umfassend im Online-Shop dargestellt werden können.

Aus den Überlegungen auf Basis der Informationsökonomie lässt sich schließen, dass mit der Erklärungsbedürftigkeit der angebotenen Leistungen auch der Informations- und Kommunikationsbedarf der Nachfrager und damit die Transaktionskosten auf Anbieterseite steigen. Dies gilt nicht nur für die Primär-, sondern auch die Sekundärleistungen. So können zusätzliche Optionen, die im Rahmen der Bestellabwicklung angeboten werden (z.b. individuelle Liefertermine, neuartige Zahlungsverfahren oder verschiedene Rückgabe-Optionen), einen erhöhten Abstimmungsbedarf erfordern. Unter dem Aspekt der Kundenorientierung sollte auf diesen Bedarf eingegangen werden, um über die virtuelle Schnittstelle hinaus einen realen Kontakt mit den Nachfragern zu pflegen. Somit fallen nicht nur Transaktionskosten für eine persönliche Beratung in der Anbahnungs- und Vereinbarungsphase, sondern auch in der Abwicklungs-, Anpassungs- und Nachkaufphase an. Zusammenfassend lässt sich Hypothese H_6 formulieren:

> H_6: Je erklärungsbedürftiger das Leistungsprogramm eines Online-Anbieters ist, desto höher ist der Informations- und Kommunikationsbedarf der Nachfrager in der Abwicklungs- und Anpassungsphase und desto höher sind die Fulfillment-Kosten.

Während von der Erklärungsbedürftigkeit der Produkte ein Einfluss auf die Informations- und Kommunikationskosten zu erwarten ist, kommt im Rahmen der physischen Warenbewegung der Versandeignung eine zentrale Bedeutung zu. Die Versandeignung ist von Handlingeigenschaften wie Größe, Gewicht, Empfindlichkeit oder Temperaturerfordernissen der Produkte abhängig (Lasch & Lemke 2003 S. 51). Anhand dieser Eigenschaften lassen sich Produkte in Kategorien einteilen, die unterschiedliche logistische Grundanforderungen stellen. So empfiehlt z.B. Wehking (2002 S. 37) die Bildung der drei Kategorien „paketfähige Standardprodukte", „temperaturgeführte Produkte" und „sonstige Produkte". Zu den sonstigen Produkten lassen sich u.a. Produkte zählen, deren Handlingeigenschaften nicht den Vorgaben von KEP-Dienstleistern entsprechen (z.B. Möbel). In diesem Fall muss auf Speditionen oder einen eigenen Lieferdienst ausgewichen werden. Von derartigen Produkten sind tendenziell höhere Transportkosten zu erwarten (Schröder & Zimmermann 2002 S. 341), auch wenn diese im Regelfall über die Liefergebühr oder den Produktpreis an die Nachfrager weitergegeben werden. Generell ist ein Anstieg der Transportkosten von den Standardprodukten über die temperaturgeführten Produkte bis zu den sonstigen Produkten zu erwarten. Da die Transportkosten einen zentralen Bestandteil der Fulfillment-Kosten darstellen, lässt sich folgende Hypothese aufstellen:

H_7: Je höher die Versandeignung des Produktprogramms ist, desto niedriger sind die Fulfillment-Kosten.

Ein Online-Shop bietet gegenüber stationären Distributionskanälen den Vorteil, dass potenziell ein größeres räumliches Absatzgebiet erreicht werden kann (Sauter 1999 S. 105). Auch klein- und mittelständische Unternehmen können über den regionalen Markt hinaus national oder auch europa- bis weltweit tätig werden. Mit der Marktausdehnung steigen aber auch die Anforderungen an die Abwicklung der Bestellungen, insbesondere an den physischen Versand der Ware. So kann die längere Wegstrecke zum Nachfrager zu einer Steigerung der Transportkosten führen. Ebenso erhöht sich die Anfälligkeit für Transportschäden, da die Auslieferung in der Regel über mehrere Umverteilungsstellen und Lieferfahrzeuge erfolgt und dadurch das Risiko einer unsachgemäßen Behandlung steigt (Hölzel 2001 S. 32). Neben einer aufwändigeren physischen Warenbewegung ergeben sich bei einer internationalen Ausrichtung auch erhöhte informationsbezogene Anforderungen, die aus dem grenzüberschreitenden Geschäftsverkehr und den damit verbundenen zollrechtlichen Bestimmungen resultieren (Bayles 2001 S. 205-206). Insgesamt ist von einer Ausdehnung des Marktgebietes auch ein Anstieg der Kosten für den Waren- und Informationsfluss in der Abwicklungsphase zu erwarten, so dass sich die folgende Hypothese ergibt:

H_8: Je höher die geographische Ausdehnung der eCommerce-Aktivitäten ist, desto höher sind die Fulfillment-Kosten.

Im Bereich Fulfillment ist ebenso wie in anderen Teilbereichen eines Unternehmens regelmäßig zu überprüfen, ob die Bereichsziele unter Einhaltung der budgetierten Kosten erreicht werden. Dazu sind die Kosten- und Leistungsniveaus transparent und messbar zu machen, deren Entwicklungen zu identifizieren sowie Ansatzpunkte für eine Verbesserung der Leistungen und eine Optimierung des Fulfillment-Prozesses aufzuzeigen (Lasch & Lemke 2002 S. 36). In diesem Zusammenhang bietet sich der Einsatz von Controlling-Instrumenten an. So lässt sich das Lieferserviceniveau z.B. mit Hilfe von Kennzahlen wie dem Lieferbereitschaftsgrad, der Lieferzuverlässigkeit, der durchschnittlichen Lieferzeit oder der Retourenquote erfassen (vgl. Meffert 2000

S. 1140). Legen diese Kennzahlen eine negative Abweichung der tatsächlichen (Ist-) von den vorgegebenen (Soll-)Werten offen, sind Anpassungsmaßnahmen einzuleiten. Darüber hinaus sollte eine Kontrolle der Fulfillment-Leistung auch bei den Nachfragern ansetzen (vgl. Mitschke 2000 S. 52). Zum Beispiel erlauben die gewählten Liefer- und Zahlungsmodalitäten sowie die Beweggründe für Beschwerden und Retouren Rückschlüsse auf Kundenanforderungen und Schwachpunkte im Fulfillment-Prozess. Die quantitativen und qualitativen Befunde können wiederum zur Qualitätssicherung und –verbesserung der Fulfillment-Aktivitäten eingesetzt werden. Der vermutete Einfluss der Kontrollintensität auf die Fulfillment-Leistung kommt in der folgenden Hypothese zum Ausdruck:

H_9: Je höher die Kontrollintensität der Fulfillment-Aktivitäten ist, desto besser ist die Fulfillment-Leistung.

4.4.2.2 Zu den unternehmensexternen Determinanten

Um am Markt erfolgreich zu sein, gilt es für Unternehmen, ihr Leistungsprogramm konsequent an den Anforderungen und Wünschen ihrer Nachfrager auszurichten (Kotler 2003 S. 11). Neben den Produkten, den Primärleistungen eines Anbieters, sollte auch die Sekundärleistungspolitik die Anforderungen der Nachfrager treffen, da auch Sekundärleistungen in die Beurteilung der aktuellen Austauschsituation sowie in zukünftige Kaufentscheidungen einfließen können (Pfohl 2004 S. 4). Mit Hilfe der Sekundärleistungspolitik können Austauschbeziehungen individuell gestaltet und der Austauschnutzen eines Nachfragers gezielt erhöht werden (vgl. Steffenhagen 1999 S. 6). Dazu sind die Anforderungen der Nachfrager fortlaufend zu identifizieren und in ein entsprechendes Leistungsangebot zu transformieren (Lasch & Lemke 2003 S. 51, Delfmann 1999 S. 47). Im Rahmen des Fulfillment können sich zum Beispiel Gestaltungshinweise für die Lieferzeit oder die Versandverpackung ergeben. Auch wenn nicht alle wahrgenommenen Kundenanforderungen stets umgesetzt werden können (insbesondere aufgrund von Kostenüberlegungen), ist doch anzunehmen, dass sich auch das Angebot an Sekundärleistungen an diesen Anforderungen ausrichtet.

Ebenso ist ein Einfluss der Sortiments- und Servicepolitik der Wettbewerber auf die eigene Leistungspolitik zu erwarten. Gemäß der Comparison-Level-Theorie hängen das Zustandekommen und die Aufrechterhaltung einer Austauschbeziehung nicht nur von der Leistung des Austauschpartners, sondern auch von der erfahrenen oder vermuteten Leistung alternativer Austauschpartner ab (Thibaut & Kelley 1959 S. 81).

Unter diesem Gesichtspunkt gilt es für einen Anbieter, sein Leistungsniveau auch an den Leistungen der Wettbewerber auszurichten (Specht 1998 S. 79). Vor dem Hintergrund vergleichbarer Kernsortimente bzw. einer vergleichbaren Produktpolitik ist eine Differenzierung im Wettbewerb eher über andere Marketing-Instrumente wie die Servicepolitik denkbar (Meffert 2000 S. 654-655, Pfohl 1977 S. 239). Im Distanzhandel kommt dabei dem Fulfillment eine besondere Bedeutung zu, da der Austausch mit der Überbrückung der zeitlichen und räumlichen Distanz eine zusätzliche Serviceleistung seitens des Anbieters erfordert. Im Zuge einer Konkurrenzanalyse ist zu erwarten, dass neben dem Produktprogramm auch Kenntnis über die Konditionen- und Servicepolitik der (Haupt-)Wettbewerber besteht und diese Kenntnisse in die eigene Leistungspolitik einfließen.

Entsprechend der vorangegangenen Ausführungen zur Kunden- und Konkurrenzorientierung sollen die folgenden Hypothesen formuliert werden:

H_{10}: Die wahrgenommenen Anforderungen der Kunden an das Fulfillment beeinflussen die Fulfillment-Leistung positiv.

H_{11}: Die wahrgenommene Fulfillment-Leistung der Konkurrenz beeinflusst die eigene Fulfillment-Leistung positiv.

Ein Großteil der Online-Anbieter verfügt nicht über die notwendigen Ressourcen, den kompletten Fulfillment-Prozess eigenständig abzuwickeln (Jensen 2002 S. 56). Stattdessen werden einzelne Funktionen bis hin zur gesamten physischen Abwicklung an spezialisierte Dienstleister ausgelagert (Lasch & Lemke 2002 S. 18-19). Die Entscheidung zwischen Eigen- und Fremderstellung stellt allgemein einen zentralen Anwendungsbereich der Transaktionskostentheorie dar (Ebers & Gotsch 1993 S. 232). Kommt es im Rahmen einer Auslagerungsentscheidung zu einer vertraglichen Beziehung mit einem externen Dienstleister, fallen neben dem Preis der Dienstleistung auch nicht in Geldeinheiten bewertbare Kosten für die Anbahnung und den Abschluss von Verträgen (ex ante-Kosten) sowie für die Vertragsdurchsetzung und –anpassung (ex post-Kosten) an (vgl. Williamson 1985 S. 20-22). Gerade langfristige Verträge am Markt sind mit Unsicherheiten behaftet, die sich a priori nicht vollständig vertraglich spezifizieren lassen und somit einem Anpassungsbedarf im Zeitablauf unterliegen (Rindfleisch & Heide 1997 S. 44-45). Daher stellen die Transaktionskosten nicht zu vernachlässigende Kostenkomponenten dar. Hierzu zählen u.a. Kosten für die Kontrolle und Revision vertraglicher Vereinbarungen, die vom Verhalten der

Dienstleister (kooperatives versus opportunistisches Verhalten) abhängen. Die Kooperationsbereitschaft lässt sich zum Beispiel daran beurteilen, wie eng der persönliche Kontakt und die informationstechnische Anbindung zwischen Auftraggeber und Dienstleister ist oder wie schnell der Dienstleister entscheidungsrelevante Informationen (z.B. bei sich häufenden Verspätungen oder Beschwerden zum Lieferpersonal) bereitstellt (vgl. Dehler 2001 S. 156).

In die Beurteilung eines Dienstleisters sollten allgemein nicht nur die Kosten, sondern auch dessen Leistungsfähigkeit bzw. Qualifikation einfließen. Jensen (2002 S. 94) ermittelt in diesem Zusammenhang, dass drei Viertel der von ihm befragten Online-Anbieter Kosten und Leistungsfähigkeit als gleichberechtigte Entscheidungskriterien bei der Auswahl eines Dienstleisters ansehen. Gerade der Warenversand, der vornehmlich Gegenstand der Auslagerungsentscheidung ist, stellt in Bezug auf die Zielgrößen Lieferzuverlässigkeit, -schnelligkeit und -beschaffenheit eine kritische Funktion im Fulfillment-Prozess dar. Insgesamt ist der Qualifikation des Dienstleisters ein maßgeblicher Einfluss auf die gesamte Fulfillment-Leistung zu unterstellen. Zudem erfolgt bei der Übergabe der Ware oft der einzige reale Kontakt zwischen einem Online-Anbieter (bzw. dem Dienstleister als „verlängertem Arm" des Anbieters) und seinen Nachfragern (Kummer & Fuster 1999 S. 268). In diesem Fall fließt auch die Qualifikation des Lieferpersonals im Umgang mit den Empfängern in die Gesamtleistung Fulfillment ein.

Ein Einfluss auf die Fulfillment-Leistung ist weiterhin von der Flexibilität der Dienstleister zu erwarten. Als Flexibilität eines Dienstleisters soll dessen Fähigkeit, seine Leistungen an die Verhältnisse des Auftraggebers anzupassen, verstanden werden (vgl. Fuchs 2002 S. 31). Ein Versanddienstleister gilt beispielsweise als flexibel, wenn er auch schwankende oder wachsende Bestellaufkommen problemlos abwickeln kann (Jensen 2002 S. 55, Fleischmann 2003 S. 10). Die Flexibilität lässt sich weiterhin daran erkennen, ob bzw. wie schnell auf geänderte Anforderungen des Online-Anbieters oder dessen Kunden reagiert werden kann. Neben der Qualität ist daher auch von der Flexibilität eines Dienstleisters ein Einfluss auf die Fulfillment-Leistung zu vermuten.

Die Überlegungen zur Integration externer Dienstleister in den Fulfillment-Prozess führen zu den folgenden Hypothesen:

H_{12}: Je höher die Kooperationsbereitschaft der Absatzhelfer ist, desto niedrigere Abwicklungs-, Kontroll- und Anpassungskosten entstehen dem Online-Anbieter und desto niedriger sind die Fulfillment-Kosten insgesamt.

H_{13}: Je höher die Flexibilität der Absatzhelfer ist, desto besser ist die Fulfillment-Leistung insgesamt.

H_{14}: Je besser die Qualifikation der Absatzhelfer ist, desto besser ist die Fulfillment-Leistung insgesamt.

4.4.3 Hypothesen zu den Wirkungen des Fulfillment

4.4.3.1 Zu den (sonstigen) unternehmensinternen Wirkungen

Die Fulfillment-Kosten sind bereits als unternehmensinterne Wirkungen des Fulfillment anzusehen. Da sie aber bereits in das Konstrukt Fulfillment einfließen, werden sie nicht der Wirkungsanalyse zugeordnet. Daher ist an dieser Stelle von sonstigen unternehmensinternen Wirkungen die Rede.

Bei den unternehmensinternen Wirkungen ist zunächst an betriebswirtschaftliche Größen zu denken, die im Regelfall Gegenstand jedes betrieblichen Zielsystems sind (Barth et al. 2002 S. 404-408): Umsatz, Gewinn und Rentabilität. Im Mittelpunkt der Betrachtung stehen die Kosten des Fulfillment, die als Bestandteil der Gesamtkosten eines Unternehmens in die Kenngröße Gewinn (bzw. Verlust) einfließen. Die Umsatzrentabilität, die sich aus dem Verhältnis zwischen Gewinn und Umsatz ergibt (Heinen 1976 S. 128), wird an dieser Stelle der ihr übergeordneten Kennzahl Gesamtkapitalrentabilität vorgezogen, da die Kapitalseite in Form von Eigen- und Fremdkapital nicht in die Betrachtung einfließt. Die Gesamtkapitalrentabilität ergibt sich aus der Relation von Gewinn zu eingesetztem Kapital und drückt das Effizienzziel in einer ökonomischen Kennzahl aus (Pfohl 2004 S. 42). Im Folgenden soll aber nicht weiter zwischen Umsatz- und Gesamtkapitalrentabilität unterschieden werden, sondern vereinfachend von der Rentabilität die Rede sein. Eine Steigerung der Rentabilität lässt sich, bei sonst konstanten Kosten, durch eine Senkung der Logistik- bzw. Fulfillment-Kosten gemessen am Umsatz bewirken (vgl. Pfohl 2004 S. 41-42). Neben den Fulfillment-Kosten fließt der Umsatzanteil, den das Fulfillment bzw. der Lieferservice in Form der Liefergebühr beisteuert, in die Umsatzrentabilität ein. Ebenso beeinflusst die Höhe des im Fulfillment-System gebundenen Kapitals die Gesamtkapitalrentabilität. Um das Variablen- und Hypothesengefüge nicht zu komplex werden zu lassen, soll hier aber nur der direkte Einfluss der Fulfillment-Kosten auf den Gewinn und die Rentabilität untersucht werden.

Sofern eine Liefergebühr erhoben wird, kann dem Lieferservice auch direkt ein Umsatzanteil zugewiesen werden. Da aber nicht alle Online-Anbieter eine Liefergebühr erheben oder diese ab einem bestimmten Bestellwert entfällt, soll die Umsatzbedeutung der Liefergebühr nicht in die Betrachtung einfließen. Trotzdem ist vom Fulfillment, genauer gesagt der Fulfillment-Leistung, mittel- bis langfristig ein Einfluss auf den Umsatz zu erwarten. So kann ein kundenorientiertes Fulfillment einen positiven Beitrag zur Kundenbindung und somit indirekt auch zum Umsatz leisten (Keller 2001 S. 28). Auf diesen Zusammenhang wird im nächsten Abschnitt noch näher eingegangen. Da Umsatz, Gewinn und Rentabilität aber eng miteinander verbunden sind, wird der Umsatz bereits hier in die Hypothesenformulierung aufgenommen.

Zu den unternehmensinternen, ökonomischen Wirkungen lassen sich die folgenden Hypothesen formulieren:

H_{15}: Je niedriger die Fulfillment-Kosten sind, desto höher ist der Gewinn.

H_{16}: Je niedriger die Fulfillment-Kosten sind, desto höher ist die Rentabilität.

H_{17}: Je höher der Umsatz ist, desto höher ist der Gewinn.

H_{18}: Je höher der Gewinn ist, desto höher ist die Rentabilität.

Wie im Verlauf der Arbeit bereits deutlich wurde, dient das Fulfillment als Instrument zur Differenzierung im Wettbewerb (Weber et al. 2001 S. 57, Wahby 2001 S. 6). Der Differenzierungsgedanke ist der Comparison-Level-Theorie immanent, da die vom aktuellen Tauschpartner erhaltene Leistung in Relation zu der Leistung alternativer Tauschpartner gesetzt wird (Thibaut & Kelley 1959 S. 21-22). Dabei fließt die Fulfillment-Leistung wiederum jeweils in die Beurteilung des aktuellen und alternativen Austauschs ein. Eine zuverlässige, fehlerfreie Vertragserfüllung mag letztendlich den Ausschlag dafür geben, dass ein Nachfrager bei sonst vergleichbaren Bedingungen (Produktsortiment, Produktpreise) den aktuellen Austauschpartner besser einstuft als die vorhandenen Alternativen und erneut bei dem entsprechenden Anbieter kauft. Neben der Fulfillment-Leistung können zwar grundsätzlich auch die Fulfillment-Kosten einen Beitrag zur Differenzierung leisten, indem niedrige Kosten in Form von niedrigeren Liefergebühren oder niedrigeren Produktpreisen gegenüber den Wettbewerbern an die Nachfrager weitergegeben werden. Da aber davon auszugehen ist, dass die Kostenstruktur der Wettbewerber nicht bzw. nur unzureichend beurteilt werden kann, soll nur der vermutete Einfluss der Fulfillment-Leistung auf die Differenzierung im Wettbewerb in die Untersuchung eingehen:

> H_{19}: Je besser die Fulfillment-Leistung ist, desto stärker fällt die Differenzierung gegenüber der Konkurrenz aus.

4.4.3.2 Zu den Wirkungen der Fulfillment-Leistung bei den Nachfragern

Gemäß der Equity-Theorie bestimmen Gerechtigkeitsüberlegungen die Beurteilung von einzelnen Austauschakten und Austauschbeziehungen (Bagozzi 1986 S. 87). Das Gerechtigkeitsurteil ergibt sich aus dem eigenen Input-Output-Verhältnis im Vergleich zum Input-Output-Verhältnis des Tauschpartners. Diese Relation wird durch Homans' Gesetz der distributiven Gerechtigkeit begründet (Homans 1961 S. 235). Da in dieser Arbeit der ökonomische Austausch betrachtet wird, soll der finanzielle Aufwand in Form des Produktpreises und der Liefergebühr vereinfachend den Input auf Nachfragerseite bilden. Entsprechend setzt sich das Leistungsbündel, das den Nutzen des Nachfragers in der Austauschbeziehung bestimmt, aus der Produkt- und der Fulfillment-Leistung zusammen (Kummer et al. 2003 S. 55). Demzufolge fließt auch die Fulfillment-Leistung in das Gerechtigkeitsurteil ein. Sofern die Abwicklung der Online-Bestellungen den Vorstellungen der Nachfrager entspricht, lässt sich davon ausgehen, dass die Fulfillment-Leistung positiv zu einem als gerecht empfundenen Austausch beiträgt. Dagegen können zum Beispiel unverhältnismäßig lange Lieferzeiten, beschädigte Waren oder ein unfreundliches Personal dazu führen, dass der Austausch als ungerecht beurteilt wird. Ebenso verhält es sich mit der Liefergebühr. So wird die Liefergebühr dem Grunde nach als gerechtfertigt angesehen, wenn der Lieferservice als zusätzliche Dienstleistung wahrgenommen wird, die dem Anbieter im Zuge eines ausgeglichenen Austauschverhältnisses vom Nachfrager zu entgelten ist. Dagegen kann eine Liefergebühr, die ihrer Höhe nach als ungerechtfertigt empfunden wird, das eigene Input-Output-Verhältnis verschlechtern und ein Ungerechtigkeitsgefühl hervorrufen (Schröder & Zimmermann 2002 S. 356-359).

In einem engen inhaltlichen Zusammenhang mit der wahrgenommenen Gerechtigkeit steht die Zufriedenheit der Nachfrager mit dem Austausch. Sie bildet den zentralen psychischen Nutzen, den ein Nachfrager aus einem Austausch zieht (Oliver & Swan 1989 S. 21-24, Fisk & Coney 1982 S. 9-16). Unter der Zufriedenheit mit einem ökonomischen Austausch ist allgemein die Übereinstimmung zwischen den subjektiven Erwartungen an ein Produkt oder eine Dienstleistung und der tatsächlich erlebten Motivbefriedigung zu verstehen (Meffert & Bruhn 1981 S. 597). In diesem Zusammenhang soll die Zufriedenheit der Nachfrager mit einer Transaktion (= Transaktionszufriedenheit) das Gesamturteil abbilden, das aus einer Beurteilung des gesamten Transaktionsprozesses resultiert (Bauer et al. 2000 S. 17). Auch von der Fulfillment-Leistung ist ein Einfluss auf diese zentrale Wirkung bei den Nachfragern zu erwarten (Reynolds 2001 S. 106, Silberer 2001 S. 9, Weber et al. 2001 S. 57), da das Fulfillment in seiner Funktion als Marketing-Instrument dazu beiträgt, einzelne Austauschprozesse und Austauschbeziehungen mitzugestalten (vgl. Steffenhagen 1999 S. 6).

Im Rahmen von Distanzgeschäften kommt der Fulfillment-Leistung eine besondere Bedeutung zu, da sie gegenüber dem stationären Handel eine zusätzliche Dienstleistung des Anbieters darstellt (Tomczak et al. 1999 S. 134). Sie hat aber nicht den Charakter einer eigenständig vermarktbaren Leistung, sondern ist unmittelbar an die Primärleistung gebunden (Pfohl 1977 S. 241). Eine Partialbetrachtung würde demnach vernachlässigen, dass das Fulfillment nur in Kombination mit dem Produkt sowie weiteren absatzpolitischen Instrumenten auf die Nachfrager einwirkt (vgl. ders. 2004 S. 216, vgl. Mentzer & Kahn 1995 S. 236). Da diese weiteren Bestimmungsfaktoren der Transaktionszufriedenheit aber keine Wirkungen der Fulfillment-Leistung darstellen, werden sie im Rahmen der Wirkungsdeterminanten näher betrachtet. Eine Partialbetrachtung der Fulfillment-Leistung führt zunächst zu den folgenden Hypothesen:

H_{20}: Je besser die wahrgenommene Fulfillment-Leistung ist, desto eher wird eine Transaktion als gerecht beurteilt.

H_{21}: Je besser die wahrgenommene Fulfillment-Leistung ist, desto höher ist die Transaktionszufriedenheit.

Die ganzheitliche Beurteilung einer Transaktion schließt im Fall von Beschwerden oder Retouren auch die Anpassungsphase ein, innerhalb der eine Modifikation der ursprünglich vom Anbieter erbrachten Leistung erfolgt (vgl. Picot 1991 S. 344). Die dazu notwendige Reklamations- und Retourenbearbeitung lässt sich wiederum dem Fulfillment zuordnen (Pyke et al. 2001 S. 27). Wird die erhaltene Austauschleistung als ungerecht beurteilt, versucht der Betroffene die Gerechtigkeit wiederherzustellen

(Austin & Walster 1975 S. 475, zitiert nach Homburg & Stock 2001 S. 37). Auf Kundenseite sind hierbei Verhaltensformen wie Abwanderung, negative Mund-zu-Mund-Propaganda oder, im für den Anbieter günstigsten, da beeinflussbaren Fall, eine Beschwerde denkbar (Jeschke 1997 S. 67). Gemäß dem Erwartungs-Diskonfirmations-Paradigma ist eine Wiederherstellung der Transaktionszufriedenheit über die Beschwerdezufriedenheit, also die Zufriedenheit der Nachfrager mit der unternehmerischen Antwort auf ihre Beschwerden, möglich (Stauss 2002 S. 174). Dieser Zusammenhang konnte in einer Vielzahl an empirischen Studien nachgewiesen werden (siehe dazu ebda S. 177 und die dort angeführten Studien). Darüber hinaus besteht in der Literatur Einigkeit, dass mit der Beschwerdebearbeitung zufriedene Nachfrager eine zunehmende Loyalität aufweisen (siehe dazu Stauss 2000 S. 298-300, 311-314 und die dort angeführten Studien). Dieser Gedanke findet sich auch bei Thibaut und Kelley, nach denen bereits die Wiederherstellung einer vormals verletzten Gerechtigkeit für den Geschädigten Belohnungscharakter besitzen kann (Müller 1998 S. 249). Sofern eine Anpassung der Austauschleistung des Anbieters notwendig wird, ist folglich auch von der Beschwerdezufriedenheit ein Einfluss auf die wahrgenommene Gerechtigkeit, die Transaktionszufriedenheit und die Kundenloyalität zu erwarten:

H_{22}: Je zufriedener die Nachfrager mit der Reklamations- und Retourenabwicklung sind, desto eher wird eine Transaktion als gerecht beurteilt.

H_{23}: Je zufriedener die Nachfrager mit der Reklamations- und Retourenabwicklung sind, desto höher ist die Transaktionszufriedenheit.

H_{24}: Je zufriedener die Nachfrager mit der Reklamations- und Retourenabwicklung sind, desto höher ist die Kundenloyalität.

Eine weitere, direkt vom Fulfillment ausgehende Wirkung ergibt sich aus den Charakteristika von Distanzgeschäften. Der Distanzhandel und der Direktvertrieb bieten den Nachfragern allgemein die Möglichkeit, ihre Einkäufe bequem von zu Hause oder einem Ort ihrer Wahl zu tätigen. Ebenso kann die Ware an einen ausgewählten Ort gesendet werden. Soweit verschiedene Optionen angeboten werden, können Nachfrager diejenigen Optionen wählen, die ihnen gegenüber dem Einkauf im Residenzhandel einen verminderten Aufwand versprechen. Diese Reduktion der Aufwandselemente kann im Rahmen der Convenience-Orientierung eine zusätzliche Gratifikation für die Nachfrager darstellen (vgl. Silberer 1987b S. 341). Generell ist diese Entlastung der Nachfrager als Aufgabe der Sekundärleistungspolitik anzusehen (Pfohl 1977 S. 241). Der Zusammenhang zwischen der Fulfillment-Leistung und der wahrgenommenen Entlastung lässt sich in der folgenden Hypothese spezifizieren:

H_{25}: Je besser die wahrgenommene Fulfillment-Leistung ist, desto eher kommt es zu einer Entlastung der Nachfrager gegenüber dem Einkauf im stationären Handel.

Ferner ist zu erwarten, dass eine Entlastung gegenüber dem Einkauf im Residenzhandel den Nettonutzen, den ein Nachfrager aus einem Austausch im eCommerce zieht, erhöht. Dies kann sich wiederum positiv auf das Gesamturteil in Form der Transaktionszufriedenheit auswirken, was in der folgenden Hypothese zum Ausdruck kommt:

H_{26}: Je höher die wahrgenommene Entlastung beim Austausch im eCommerce gegenüber dem Einkauf im stationären Handel ist, desto höher ist die Transaktionszufriedenheit.

In diesem Fall stellt die wahrgenommene Entlastung eine intervenierende Variable dar, über die die Fulfillment-Leistung neben ihrem direkten auch einen indirekten Einfluss auf die Transaktionszufriedenheit ausübt. Im Folgenden sollen weiterhin die Wirkungen betrachtet werden, denen kein direkter Einfluss durch die Fulfillment-Leistung unterstellt wird, die aber im Rahmen einer Wirkungskette mit der Fulfillment-Leistung in einem indirekten Zusammenhang stehen.

Zu den indirekten Wirkungen der Fulfillment-Leistung

Der enge inhaltliche Zusammenhang zwischen der wahrgenommenen Gerechtigkeit und der Zufriedenheit wurde bereits im vorangegangenen Abschnitt deutlich (siehe dazu die Herleitung der Hypothesen H_{20} und H_{21}). In der Literatur herrscht weitgehend Einigkeit, dass die Gerechtigkeit ein der Zufriedenheit vorgelagertes Konstrukt bildet (siehe dazu Blodgett et al. 1997 S. 188 und die dort angeführte Literatur). Dementsprechend fungiert die Gerechtigkeit als intervenierende Variable bei der Entstehung von Zufriedenheit (Matzler 1997 S. 157). Dieser Zusammenhang kommt in der folgenden Hypothese zum Ausdruck:

H_{27}: Je gerechter eine Transaktion von den Nachfragern beurteilt wird, desto höher ist deren Zufriedenheit mit der Transaktion.

Die Austauschtheorie beinhaltet nicht nur, wie bisher im Fokus, das Zustandekommen und die Abwicklung einzelner Transaktionen (Transaktionsebene), sondern auch deren Fortführung (Klee 2000 S. 35, Homans 1968 S. 59-61). Die Langfristperspektive der Austauschtheorie fokussiert demnach Austauschbeziehungen (Beziehungsebene), die sich aus aufeinander folgenden Einzeltransaktionen zusammensetzen. Eine Geschäftsbeziehung erstreckt sich allgemein von dem ersten Kontakt bis hin zur letzten Transaktion zwischen einem Anbieter und einem Nachfrager (Weiber & Weber 2001 S. 696). In Abgrenzung zu der Transaktionszufriedenheit, die in unmittelbarem Zusammenhang mit einem spezifischen Transaktionserlebnis steht (Bruhn 1985 S. 301), kann auch von einer Beziehungszufriedenheit gesprochen werden (Bitner & Hubbert 1994 S. 91). Diese Beziehungszufriedenheit resultiert aus einer transaktionsübergreifenden Beurteilung der Geschäftsbeziehung (Bauer et al. 2000 S. 17). Da die Beurteilung der Einzeltransaktionen maßgeblich für die Beziehungszufriedenheit ist, lassen sich die folgenden Hypothesen aufstellen:

H_{28}: Je höher die Zufriedenheit der Nachfrager mit einer Transaktion ist, desto höher ist die Beziehungszufriedenheit.

H_{29}: Je gerechter eine Transaktion von den Nachfragern beurteilt wird, desto höher ist deren Zufriedenheit mit der Geschäftsbeziehung.

In einem engen inhaltlichen Zusammenhang mit der Kundenzufriedenheit stehen die Konstrukte Kundenloyalität und Kundenbindung (Betz & Krafft 2003 S. 170). Während die Kundenloyalität die Verhaltensabsicht ausdrückt, beschreibt die Kundenbindung das tatsächliche Folgekauf-, Weiterempfehlungs- sowie Wechselverhalten der Nachfrager (Homburg & Faßnacht 1998 S. 415). Die Ergebnisse einer Vielzahl an empirischen Untersuchungen belegen den positiven Einfluss der Kundenzufriedenheit auf die Kundenloyalität bzw. die Kundenbindung (vgl. hierzu die bei Giering 2000 S. 22-25 und Peter 1997 S. 107-114 angeführten Studien), wenngleich diesen Konstrukten auch andere Bestimmungsgründe (so z.B. die Existenz von Wechselbarrieren, die wahrgenommene Attraktivität von Alternativen oder das Streben nach Abwechslung) zu Grunde liegen können (Homburg & Bruhn 2000 S. 10). Zu der Loyalität von Online-Shoppern lassen sich keine generellen Aussagen machen (Singh 2002 S 435). Zwar spricht die Transparenz des Internet für eine tendenziell geringere Loyalität als in anderen Distributionskanälen (Fritz 1999 S. 113). Dagegen belegen empirische Studien, dass Kunden, die sich an das Bestell- und

Bezahlprozedere eines Online-Shops gewöhnt und dort auch gute Erfahrungen gemacht haben, eine eher geringe Wechselbereitschaft aufweisen (Hudetz 2004 S. 42, Scholz 2001 S. 27).

Vor dem Hintergrund einer empirischen Überprüfbarkeit sollen aus Anbietersicht das Konstrukt Kundenbindung und aus Nachfragersicht das Konstrukt Kundenloyalität in die Betrachtung einfließen. Diese Unterscheidung trägt der Tatsache Rechnung, dass Anbieter das tatsächliche Verhalten ihrer Nachfrager eher beurteilen können als deren Verhaltensabsicht. Dagegen können Nachfrager in Bezug auf ihre zukünftigen Käufe lediglich ihre Verhaltensabsicht äußern.

Auch an dieser Stelle soll parallel zu der Zufriedenheit der Einfluss des Gerechtigkeitsurteils auf die Loyalität in einer Hypothese spezifiziert werden. Somit lassen sich die folgenden Hypothesen formulieren:

> H_{30}: Je gerechter eine Transaktion von den Nachfragern beurteilt wird, desto höher ist deren Loyalität zu dem entsprechenden.
>
> H_{31}: Je höher die Transaktionszufriedenheit ist, desto höher ist die Kundenloyalität (die Kundenbindung).
>
> H_{32}: Je höher die Beziehungszufriedenheit ist, desto höher ist die Kundenloyalität (die Kundenbindung).

Die Kundenloyalität und die Kundenbindung bilden vorökonomische Zielgrößen, die einen unmittelbaren Einfluss auf die ökonomischen Ziele eines Unternehmens ausüben (Silberer & Wohlfahrt 2001 S. 87, Meffert 2000 S. 947-948). So wirken sich Folgekäufe direkt auf den Unternehmensumsatz aus. Ebenso können über eine positive Privatkommunikation der bestehenden Kunden neue Käufer gewonnen und wiederum ein zusätzlicher Umsatz generiert werden (Homburg & Bruhn 2000 S. 9-10). Da der Umsatz aus dem tatsächlichen Verhalten und nicht der Verhaltensabsicht der Nachfrager resultiert, soll in die folgende Hypothese nur die Kundenbindung einfließen:

> H_{33}: Je höher die Kundenbindung ist, desto höher ist der Umsatz.

4.4.4 Hypothesen zu den Wirkungsdeterminanten

Die Wirkungsdeterminanten dienen an dieser Stelle dem Zweck, die – neben der Fulfillment-Leistung und den Fulfillment-Kosten – weiteren zentralen Bestimmungsfaktoren der fulfillmentrelevanten Wirkungen aufzuzeigen. Gemäß der Unterscheidung bei den Wirkungen werden auch die Wirkungsdeterminanten in „Determinanten der Wirkungen bei den Nachfragern" und „Determinanten der (sonstigen) unternehmensinternen Wirkungen" differenziert. Begonnen werden soll mit der erstgenannten Kategorie, da diese den größeren „Block" der Wirkungsdeterminanten bildet.

4.4.4.1 Zu den Determinanten der Wirkungen bei den Nachfragern

Bisher wurde der Einfluss der Fulfillment-Leistung auf die wahrgenommene Gerechtigkeit und die Transaktionszufriedenheit (H_{20} und H_{21}) untersucht, ohne dabei weitere Einflussfaktoren dieser nachfragerseitigen Wirkungen zu berücksichtigen. Eine Partialbetrachtung vernachlässigt aber, dass das Fulfillment als Sekundärleistung an den Erwerb der (physischen) Ware gebunden ist. Daher soll auch der Einfluss der Produktleistung auf die beiden zuvor genannten Wirkungsvariablen untersucht werden. Neben der Primär- und der Sekundärleistungspolitik können zudem präsentations- und preispolitische Maßnahmen auf die Nachfrager einwirken. Gerade der Online-Shop bildet ein zentrales Element des Transaktionsprozesses im eCommerce. Die Gestaltung des Shops, die sowohl die Präsentation der Ware als auch die Bedienungsfreundlichkeit umfasst, entscheidet nicht nur darüber, ob aus Besuchern auch Käufer werden, sondern fließt auch in die Gesamtbeurteilung der Transaktion ein. Dies gilt auch für die Preispolitik, die die Bepreisung der Primär- und Sekundärleistungen beinhaltet. Neben der Preispolitik können auch die Produktleistung und die Shop-Gestaltung als Marketing-Instrumente bezeichnet werden, da diese Wirkungsdeterminanten zentrale Aspekte der Produkt- und der Präsentationspolitik im eCommerce beinhalten. Zusammen mit dem Fulfillment, das im Kern die Distributionspolitik abbildet (siehe Kapitel 3), lässt sich vereinfachend auch von dem Marketing-Instrumentarium eines Online-Anbieters sprechen[6].

---

[6] Anzumerken ist hierbei, dass auch die Kommunikationspolitik in Form der Shop-Promotion Bestandteil des Marketing-Instrumentariums ist. Im Vergleich zu den zuvor genannten Instrumenten ist ihr aber eine geringe Bedeutung für die Beurteilung einer konkreten Online-Transaktion und deren Abwicklung beizumessen (zumal nicht alle Käufer auch zuvor durch kommunikationspolitische Maßnahmen angesprochen wurden). Daher soll die Kommunikationspolitik nicht in die Betrachtung einfließen.

Im Zusammenhang mit den Determinanten der Gerechtigkeit und der Transaktionszufriedenheit kann daher stellvertretend auch von Marketing-Instrumenten gesprochen werden. Dabei variiert die Bedeutung der einzelnen Marketing-Instrumente in den aufeinander folgenden Phasen der Transaktion (Weiber & Weber 2001 S. 699). Während beispielsweise in der Anbahnungsphase insbesondere die Produkt- und die Präsentationspolitik im Online-Shop zur Geltung kommen, ist in der Vereinbarungsphase eine Dominanz der Preispolitik zu vermuten. In der Abwicklungs- und gegebenenfalls Anpassungsphase ist dagegen die Distributions- und Servicepolitik von zentraler Bedeutung.

Neben der Fulfillment-Leistung lässt sich somit auch der Produktleistung, der Shop-Gestaltung und der Preispolitik ein Einfluss auf die Gesamtbeurteilung der Transaktion unterstellen. Dabei wird wiederum zwischen den beiden Wirkungsvariablen „wahrgenommene Gerechtigkeit" und „Transaktionszufriedenheit" unterschieden.

H_{34}: Je besser die wahrgenommene Produktleistung ist, desto eher wird eine Transaktion als gerecht beurteilt.

H_{35}: Je besser die Gestaltung des Online-Shops ist, desto eher wird eine Transaktion als gerecht beurteilt.

H_{36}: Je eher die Preispolitik den Vorstellungen der Nachfrager entspricht, desto eher wird eine Transaktion als gerecht beurteilt.

H_{37}: Je besser die wahrgenommene Produktleistung ist, desto höher ist die Transaktionszufriedenheit.

H_{38}: Je besser die Gestaltung des Online-Shops ist, desto höher ist die Transaktionszufriedenheit.

H_{39}: Je eher die Preispolitik den Vorstellungen der Nachfrager entspricht, desto höher ist die Transaktionszufriedenheit.

Der Gestaltung des Online-Shops ist weiterhin ein Einfluss auf die wahrgenommene Entlastung gegenüber dem Einkauf im stationären Handel zu unterstellen. Der Besuch in einem Online-Shop ist, den Zugang zum Internet vorausgesetzt, im Allgemeinen mit einem geringeren zeitlichen und physischen Aufwand verbunden als der Besuch im stationären Ladengeschäft (Bliemel & Fassott 1999 S. 17-19). Ob der Besuch bzw. ein Kauf im Online-Shop auch tatsächlich als Entlastung wahrgenommen wird, entscheidet nicht zuletzt die Versorgung mit den relevanten (Produkt-)Informationen.

Der Anbieter kann umfassende Informationen in Wort, Bild und Ton im Shop bereitstellen, so dass die Nachfrager möglichst alle vor dem Kauf benötigten Informationen „aus einer Hand" erhalten und keine bzw. weniger alternative Informationsquellen erschließen müssen. Dies kann eine Reduktion der nachfragerseitigen Transaktionskosten in Form von Informationsbeschaffungskosten zur Folge haben (vgl. Raffée 1969 S. 87-90). Mit der Informationsversorgung eng verbunden ist auch eine Verminderung des Kaufrisikos (Silberer 1981 S. 36), die eine psychische Entlastung darstellt. Aber nicht allein das Vorhandensein der relevanten Informationen, sondern auch deren übersichtliche Gestaltung und Auffindbarkeit im Shop entscheiden letztendlich darüber, ob die Nachfrager auch eine Entlastung empfinden (Schröder 2002 S. 290). Da die genannten Aspekte in den Bereich der Präsentationspolitik fallen, lässt sich die folgende Hypothese formulieren:

H_{40}: Je besser die Gestaltung des Online-Shops ist, desto eher kommt es zu einer Entlastung der Nachfrager gegenüber dem Einkauf im stationären Handel.

Neben den bisher behandelten Bestimmungsfaktoren der Transaktionszufriedenheit ist daran zu denken, dass auch Erfahrungen mit alternativen Online-Anbietern in die Beurteilung der aktuellen Transaktion sowie künftige Kaufentscheidungen einfließen. In der Comparison-Level-Theorie werden diese Erfahrungen in Form des Vergleichsstandards für Alternativen, der die Attraktivität des Konkurrenzangebotes widerspiegelt, berücksichtigt (Thibaut & Kelley 1959 S. 81). Dieser Vergleichsstandard lässt somit eine Betrachtung der wahrgenommenen Alternativen zum aktuellen Tauschpartner zu. Dabei ist zwischen alternativen Online-Anbietern, bei denen bereits Einkäufe getätigt wurden, und dem Gros an alternativen Online-Anbietern, zu denen noch keine Kauferfahrungen vorliegen, zu unterscheiden. Zwar kann gerade im eCommerce auch von letztgenannten Alternativen ein Einfluss auf die Kundenzufriedenheit und die Kundenbindung ausgehen, da alternative Online-Anbieter und deren Konditionen aufgrund der Transparenz im Internet problemlos verglichen werden können (Singh 2002 S. 435). Doch insgesamt ist zu erwarten, dass bereits vorhandene Erfahrungen aus vergleichbaren Tauschakten diesen Vergleichsstandard bestimmen. Daher soll der Vergleichsstandard für Alternativen vereinfachend mit den aus früheren Online-Käufen vorhandenen Erfahrungen gleichgesetzt werden.

Ein Vergleich zwischen dem Comparison Level, der tatsächlich erhaltenen Austauschleistung und dem Comparison Level für Alternativen bestimmt letztendlich, ob der aktuelle Online-Anbieter auch beim nächsten vergleichbaren Kaufakt Berücksichtigung findet oder eben ein Wechsel zu einem alternativen Anbieter erfolgt (Matzler 1997 S. 66). Demnach wird die Zufriedenheit positiv beeinflusst, wenn die Nachfrager wahrnehmen, dass die Ergebnisse der aktuellen Transaktion über dem Vergleichsstandard für Alternativen liegen. Weisen die aktuellen Ergebnisse jedoch ein niedrigeres Niveau als der Vergleichsstandard auf, kann sich ein negativer Einfluss auf die Transaktionszufriedenheit ergeben (ebda S. 159, Herrmann et al. 1999 S. 681-682). In diesem Fall besteht zwischen dem Vergleichsstandard für Alternativen und der Transaktionszufriedenheit ein negativer Zusammenhang. Da bei einer höheren Attraktivität alternativer Anbieter auch von einer höheren Wechselbereitschaft auszugehen ist, lässt sich dieser Zusammenhang auch auf die Kundenloyalität übertragen.

H_{41}: Je besser die Erfahrungen mit alternativen Online-Anbietern sind, desto geringer ist die Zufriedenheit mit der Transaktion.

H_{42}: Je besser die Erfahrungen mit alternativen Online-Anbietern sind, desto geringer ist die Kundenloyalität.

4.4.4.2 Zu den Determinanten der unternehmensinternen Wirkungen

Auch die unternehmensinternen Wirkungen in Form der Betriebswirtschaftlichen Größen unterliegen neben den Fulfillment-Kosten dem Einfluss weiterer Faktoren. Dabei ist zunächst an die Ware zu denken, die das zentrale Austauschobjekt darstellt. Das Produkt und das Fulfillment als produktbegleitende Dienstleistung sollen wiederum vereinfachend den Input eines Online-Anbieters in den Austausch mit einem Nachfrager abbilden. Dieser Input verursacht dem Anbieter Kosten, die sich in die Kosten für den Produkteinsatz und die Fulfillment-Kosten unterteilen lassen. Neben dem Einfluss der Fulfillment-Kosten auf die zentralen betriebswirtschaftlichen Größen (siehe dazu die Hypothesen H_{15} und H_{16}) sollen daher auch die produktbezogenen Kosten als Wirkungsdeterminante berücksichtigt werden:

H_{43}: Je niedriger die produktbezogenen Kosten sind, desto höher ist der Gewinn.

H_{44}: Je niedriger die produktbezogenen Kosten sind, desto höher ist die Rentabilität.

In diesem Zusammenhang sei noch einmal darauf hingewiesen, dass dem Gewinn und der Rentabilität eine Vielzahl weiterer Bestimmungsfaktoren zu Grunde liegen, auf die an dieser Stelle aber nicht eingegangen werden kann. Vielmehr erfolgt eine Beschränkung auf diejenigen Einflussfaktoren, die einen unmittelbaren Bezug zu der Untersuchungsthematik aufweisen.

Neben der Transaktionszufriedenheit wurde die „Differenzierung gegenüber den Wettbewerbern" als Wirkung der Fulfillment-Leistung formuliert. Diese Wirkung wird den unternehmensinternen Wirkungen zugeordnet, da ein Anbieter mittels Einsatz seines Marketing-Instrumentariums selbst bestimmen kann, inwieweit er sich vom Wettbewerb abhebt. Auch dieser Wirkung liegen im Allgemeinen weitere Bestimmungsfaktoren zu Grunde. So ist prinzipiell auch eine Differenzierung über die Produktpolitik, die Präsentationspolitik oder die Preispolitik eines Online-Anbieters denkbar. Diese Instrumentalvariablen, die bereits als Wirkungsdeterminanten der Transaktionszufriedenheit formuliert wurden, fungieren somit gleichzeitig als Wirkungsdeterminanten einer Differenzierung im Wettbewerb. Auf eine Hypothese zum Einfluss der Preispolitik auf die Differenzierung im Wettbewerb wird allerdings an dieser Stelle verzichtet, da sich dieser Zusammenhang nur vor dem Hintergrund der verfolgten Preisstrategie (Preisfestsetzung unterhalb bzw. oberhalb des Niveaus oder auf dem Niveau der Konkurrenzpreise) sinnvoll untersuchen lässt. Auf die Preisstrategie soll aber im Rahmen der Untersuchungsthematik nicht näher eingegangen werden. Daher lassen sich nur die beiden folgenden Hypothesen aufstellen:

H_{45}: Je besser die Gestaltung des Online-Shops ist, desto stärker fällt die Differenzierung gegenüber der Konkurrenz aus.

H_{46}: Je besser die Produktleistung ist, desto stärker fällt die Differenzierung gegenüber der Konkurrenz aus.

In diesem Zusammenhang ist darauf hinzuweisen, dass die beiden Wirkungsdeterminanten „Gestaltung des Online-Shops" und „Produktleistung" sowohl auf die Wirkungen bei den Nachfragern als auch die unternehmensinternen Wirkungen Einfluss nehmen. Die beiden Kathegorien der Wirkungsdeterminanten sind somit nicht gänzlich überschneidungsfrei.

4.4.5 Hypothesen und konzeptionelles Modell im Überblick

Die Hypothesen, die in den *Abschnitten 4.4.1* bis *4.4.4* hergeleitet wurden, sollen nun abschließend in acht Blöcke zusammengefasst werden.

I. Hypothese zum Zusammenhang zwischen den Fulfillment-Variablen:

H_1: Je höher das Leistungsniveau des Fulfillment ist, desto höher sind die Fulfillment-Kosten.

II. Hypothesen zu den unternehmensinternen Determinanten:

H_2: Je ausgeprägter die Logistikkompetenz im Unternehmen ist, desto besser ist die Fulfillment-Leistung.
H_3: Je intensiver die Informations- und Kommunikationstechnologie im Unternehmen eingesetzt wird, desto weniger Fehler entstehen bei der Verarbeitung und Übertragung von Auftragsdaten und desto niedriger sind die Fulfillment-Kosten.
H_4: Je intensiver die Informations- und Kommunikationstechnologie im Unternehmen eingesetzt wird, desto weniger Fehler entstehen bei der Verarbeitung und Übertragung von Auftragsdaten und desto besser ist die Fulfillment-Leistung.
H_5: Je ausgeprägter die Prozessorientierung im Unternehmen ist, desto besser ist der Prozessoutput in Form der Fulfillment-Leistung.
H_6: Je erklärungsbedürftiger das Leistungsprogramm eines Online-Anbieters ist, desto höher ist der Informations- und Kommunikationsbedarf der Nachfrager in der Abwicklungs- und Anpassungsphase und desto höher sind die Fulfillment-Kosten.
H_7: Je höher die Versandeignung des Produktprogramms ist, desto niedriger sind die Fulfillment-Kosten.
H_8: Je höher die geographische Ausdehnung der eCommerce-Aktivitäten ist, desto höher sind die Fulfillment-Kosten.
H_9: Je höher die Kontrollintensität der Fulfillment-Aktivitäten ist, desto besser ist die Fulfillment-Leistung.

III. Hypothesen zu den unternehmensexternen Determinanten:

H_{10}: Die wahrgenommenen Anforderungen der Kunden an das Fulfillment beeinflussen die Fulfillment-Leistung positiv.

H_{11}: Die wahrgenommene Fulfillment-Leistung der Konkurrenz beeinflusst die eigene Fulfillment-Leistung positiv.

H_{12}: Je höher die Kooperationsbereitschaft der Absatzhelfer ist, desto niedrigere Abwicklungs-, Kontroll- und Anpassungskosten entstehen dem Online-Anbieter und desto niedriger sind die Fulfillment-Kosten insgesamt.

H_{13}: Je höher die Flexibilität der Absatzhelfer ist, desto besser ist die Fulfillment-Leistung insgesamt.

H_{14}: Je besser die Qualifikation der Absatzhelfer ist, desto besser ist die Fulfillment-Leistung insgesamt.

IV. Hypothesen zu den (sonstigen) unternehmensinternen Wirkungen:

H_{15}: Je niedriger die Fulfillment-Kosten sind, desto höher ist der Gewinn.

H_{16}: Je niedriger die Fulfillment-Kosten sind, desto höher ist die Rentabilität.

H_{17}: Je höher der Umsatz ist, desto höher ist der Gewinn.

H_{18}: Je höher der Gewinn ist, desto höher ist die Rentabilität.

H_{19}: Je besser die Fulfillment-Leistung ist, desto stärker fällt die Differenzierung gegenüber der Konkurrenz aus.

V. Hypothesen zu den Wirkungen der Fulfillment-Leistung bei den Nachfragern:

H_{20}: Je besser die wahrgenommene Fulfillment-Leistung ist, desto eher wird eine Transaktion als gerecht beurteilt.

H_{21}: Je besser die wahrgenommene Fulfillment-Leistung ist, desto höher ist die Transaktionszufriedenheit.

H_{22}: Je zufriedener die Nachfrager mit der Reklamations- und Retourenabwicklung sind, desto eher wird eine Transaktion als gerecht beurteilt.

H_{23}: Je zufriedener die Nachfrager mit der Reklamations- und Retourenabwicklung sind, desto höher ist die Transaktionszufriedenheit.

V. Hypothesen zu den Wirkungen der Fulfillment-Leistung bei den Nachfragern (Fortsetzung):

H_{25}: Je besser die wahrgenommene Fulfillment-Leistung ist, desto eher kommt es zu einer Entlastung der Nachfrager gegenüber dem Einkauf im stationären Handel.

H_{26}: Je höher die wahrgenommene Entlastung beim Austausch im eCommerce gegenüber dem Einkauf im stationären Handel ist, desto höher ist die Transaktionszufriedenheit.

VI. Hypothesen zu den indirekten Wirkungen der Fulfillment-Leistung:

H_{27}: Je gerechter eine Transaktion von den Nachfragern beurteilt wird, desto höher ist deren Zufriedenheit mit der Transaktion.

H_{28}: Je höher die Zufriedenheit der Nachfrager mit einer Transaktion ist, desto höher ist die Beziehungszufriedenheit.

H_{29}: Je gerechter eine Transaktion von den Nachfragern beurteilt wird, desto höher ist deren Zufriedenheit mit der Geschäftsbeziehung.

H_{30}: Je gerechter eine Transaktion von den Nachfragern beurteilt wird, desto höher ist deren Loyalität zu dem entsprechenden Anbieter.

H_{31}: Je höher die Transaktionszufriedenheit ist, desto höher ist die Kundenloyalität (die Kundenbindung).

H_{32}: Je höher die Beziehungszufriedenheit ist, desto höher ist die Kundenloyalität (die Kundenbindung).

H_{33}: Je höher die Kundenbindung ist, desto höher ist der Umsatz.

VII. Hypothesen zu den Determinanten der Wirkungen bei den Nachfragern:

H_{34}: Je besser die wahrgenommene Produktleistung ist, desto eher wird eine Transaktion als gerecht beurteilt.

H_{35}: Je besser die Gestaltung des Online-Shops ist, desto eher wird eine Transaktion als gerecht beurteilt.

H_{36}: Je eher die Preispolitik den Vorstellungen der Nachfrager entspricht, desto eher wird eine Transaktion als gerecht beurteilt.

H_{37}: Je besser die wahrgenommene Produktleistung ist, desto höher ist die Transaktionszufriedenheit.

VII. Hypothesen zu den Determinanten der Wirkungen bei den Nachfragern (Fortsetzung):

H_{38}: Je besser die Gestaltung des Online-Shops ist, desto höher ist die Transaktionszufriedenheit.

H_{39}: Je eher die Preispolitik den Vorstellungen der Nachfrager entspricht, desto höher ist die Transaktionszufriedenheit.

H_{40}: Je besser die Gestaltung des Online-Shops ist, desto eher kommt es zu einer Entlastung der Nachfrager gegenüber dem Einkauf im stationären Handel.

H_{41}: Je besser die Erfahrungen mit alternativen Online-Anbietern sind, desto geringer ist die Zufriedenheit mit der Transaktion.

H_{42}: Je besser die Erfahrungen mit alternativen Online-Anbietern sind, desto geringer ist die Kundenloyalität.

VIII. Hypothesen zu den Determinanten der unternehmensinternen Wirkungen:

H_{43}: Je niedriger die produktbezogenen Kosten sind, desto höher ist der Gewinn.

H_{44}: Je niedriger die produktbezogenen Kosten sind, desto höher ist die Rentabilität.

H_{45}: Je besser die Gestaltung des Online-Shops ist, desto stärker fällt die Differenzierung gegenüber der Konkurrenz aus.

H_{46}: Je besser die Produktleistung ist, desto stärker fällt die Differenzierung gegenüber der Konkurrenz aus.

Auf Grundlage der Hypothesen lässt sich das folgende Modell zum Fulfillment aufstellen, das die strukturellen Beziehungen, die durch die Hypothesen bzw. Hypothesenblöcke wiedergegeben werden, zusammenfasst (siehe *Abbildung 4.3*). In Abgrenzung zu einem Kausalmodell, das die Beziehungen zwischen einzelnen Variablen aufzeigt, soll hier von einem konzeptionellen Modell gesprochen werden (vgl. Dehler 2001 S. 64-65). Um die Komplexität des Modells niedrig zu halten, gehen mögliche Rückkoppelungen nicht in das Modell ein. Es ist aber davon auszugehen, dass von den Wirkungen auch Einflüsse auf die Determinanten ausgehen. Beispielsweise kann die Zufriedenheit der Nachfrager dazu führen, dass bestimmte Eigenschaften der Fulfillment-Leistung nicht mehr als Werterhöhungskomponenten wahrgenommen, sondern als Minimumkomponenten vorausgesetzt werden. Daraus kann sich wiederum ein Einfluss auf die Determinante „Kundenanforderungen" ergeben. Ferner ist darauf zu verweisen, dass einzelne Determinanten sowohl die

Fulfillment-Kosten als auch die Fulfillment-Leistung beeinflussen können. Diese Überschneidung auf der Determinantenseite wird in dem Modell nicht berücksichtigt, da dies lediglich auf eine Determinante (die Technologieorientierung) zutrifft.

Abb. 4-3: Konzeptionelles Modell zum Fulfillment

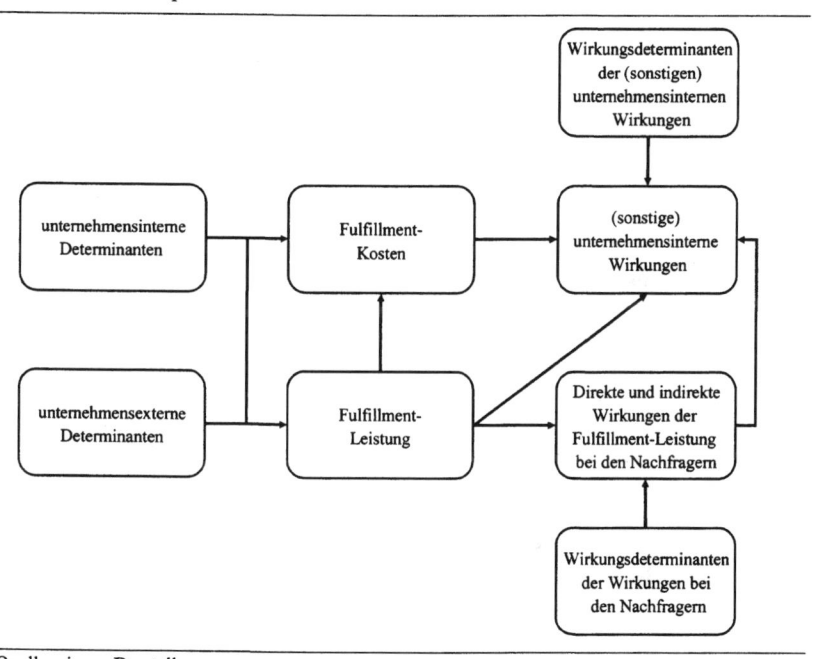

Quelle: eigene Darstellung

5. Anlage und Ergebnisse einer Anbieterbefragung zum Fulfillment im Electronic Commerce

5.1 Zielsetzungen der Anbieterbefragung

Im Mittelpunkt der Anbieterbefragung steht die Erfassung und Analyse des Untersuchungsgegenstandes Fulfillment aus Anbietersicht. Da das Fulfillment als Abwicklungsgeschäft einer Online-Bestellung nur einen Teil der eCommerce-Aktivitäten abdeckt, soll zunächst eine Bestandsaufnahme der wesentlichen Aspekte des Geschäftsbereiches eCommerce erfolgen. Darauf aufbauend sollen die Fulfillment-Aktivitäten sowie deren organisatorische Implementierung in die Unternehmensstrukturen beleuchtet werden. Das zentrale Anliegen der Studie besteht darin, die relevanten Determinanten und Wirkungen des Fulfillment zu identifizieren. Im Rahmen der Determinantenanalyse sollen diejenigen Faktoren ermittelt werden, die einen signifikant positiven oder negativen Einfluss auf die Fulfillment-Kosten und die Fulfillment-Leistung ausüben und dementsprechend besonders bei der Gestaltung des Fulfillment abzuwägen sind. An dieser Stelle soll nochmals darauf hingewiesen sein, dass die Begriffe Determinante und Einflussfaktor synonym verwendet werden. Ziel der Wirkungsanalyse ist es, die relevanten Wirkungen des Fulfillment im Unternehmen und bei den Nachfragern zu identifizieren. Hierbei ist zu berücksichtigen, dass die Fulfillment-Kosten bereits (kostenbezogene) unternehmensinterne Wirkungen darstellen. Da diese Kosten aber zur Operationalisierung des Untersuchungsgegenstandes Fulfillment dienen, soll im Rahmen der Wirkungsanalyse von „sonstigen unternehmensinternen Wirkungen" gesprochen werden.

Allgemein ist eine umfassende und objektive Beurteilung der kundenbezogenen Wirkungen aus Anbietersicht nur eingeschränkt möglich. Daraus ergibt sich die Anforderung nach einer empirischen Analyse der Kundenperspektive. Dieser Anforderung wird mit einer zweiten Teilstudie in Form einer Käuferbefragung begegnet, die Gegenstand von Kapitel 6 ist.

5.2 Untersuchungsanlage der Anbieterbefragung

5.2.1 Zur Erhebungsmethode

Als Erhebungsmethode wurde die persönliche Befragung auf Basis eines standardisierten Fragebogens gewählt. In diesem Zusammenhang lässt sich auch von einer Expertenbefragung sprechen (siehe dazu Berckoven et al. 2004 S. 263), da den Interviewpartnern in ihrem jeweiligen Unternehmen ein fundiertes Fachwissen über den Untersuchungsgegenstand Fulfillment unterstellt werden kann. Entsprechend bieten sich als Interviewpartner die für den eCommerce oder den Warenversand verantwortlichen Personen an. Der Großteil der Interviews (knapp 80%) basiert auf einer persönlichen Befragung in Form von Face-to-Face-Interviews bei den Unternehmen der Stichprobe. Im Gegensatz zu anderen Erhebungsmethoden (z.B. schriftlich-postalische oder Online-Befragung) erfordert das Face-to-Face-Interview einen hohen zeitlichen und finanziellen Aufwand (vgl. Scharf & Schubert 2001 S. 367). Der mit dieser Methode verbundene Aufwand ist aber gerechtfertigt, da die persönliche Befragung „vor Ort" gerade bei explorativen Untersuchungen die Chance bietet, vielschichtige Einsichten zum Untersuchungsgegenstand zu gewinnen (vgl. Berekoven et al. 2004 S. 263). Neben die Face-to-Face-Interviews traten ergänzend fünf Telefoninterviews, die ebenfalls eine Form der persönlichen Befragung darstellen. Die Datenerhebung basiert somit auf einem Methodenmix. Trotz der Variation bei der Erhebungsmethode ist eine Vergleichbarkeit der Daten gegeben, da die Befragung bei allen Teilnehmern auf Grundlage eines standardisierten Fragebogens erfolgte. Ebenso ließ sich hinsichtlich der Auskunftsbereitschaft der Befragten zwischen den beiden Methoden kein Unterschied feststellen. Die Face-to-Face-Interviews wiesen jeweils eine Befragungsdauer zwischen sechzig und neunzig Minuten auf, wohingegen die telefonischen Befragungen streng an den Fragen des Fragenkatalogs ausgerichtet waren und jeweils etwa sechzig Minuten in Anspruch nahmen.

5.2.2 Zur Auswahl der Branche und der Befragungsteilnehmer

Um möglichst vergleichbare Ergebnisse zu erhalten, wurde die Studie auf eine Branche begrenzt. Die Wahl fiel dabei auf den automobilen Aftermarket, zu dem im Rahmen dieser Studie die Produktkategorien Ersatz- und Verschleißteile, Zubehör, Reifen und Tuningteile gezählt werden sollen (vgl. GVA 2002 S. 2). Diese Produktkategorien werden im Folgenden vereinfacht unter dem Begriff Automobilteile zusammengefasst. Genau genommen bildet der automobile Aftermarket keine eigenständige Branche, sondern einen Teilmarkt der Automobilbranche. Als weitere Teilmärkte der Automobilbranche kommen der Neuwagenmarkt und der Gebrauchtwagenmarkt für den Business-to-Consumer eCommerce in Frage. Beide Teilmärkte sind aber für die vorliegende Untersuchung nicht relevant, da dem Verkauf von Neuwagen über das Internet in Deutschland – bis auf wenige Ausnahmen (siehe dazu Schmidt 2003 S. 53, Gierich 2001 S. 136-139) – noch eine geringe Bedeutung zukommt und der Verkauf von Gebrauchtwagen meist über Online-Börsen und keine eigenständigen Online-Shops mit eigenen Fulfillment-Strukturen erfolgt (vgl.

Schwickal 2002 S. 38-39). Die Ausführungen legen nahe, dass der automobile Aftermarket keine eigenständige Branche bildet. In Abgrenzung zu anderen Branchen soll im Folgenden aber trotzdem von einer Branche gesprochen werden, wenn von Automobilteilen die Rede ist.

Diese Branche wurde gewählt, weil Automobilteile in der Regel höhere waren- und informationslogistische Anforderungen an das Fulfillment stellen als typischerweise im Internet erworbene Produkte. Hierbei ist zum Beispiel an die Erklärungsbedürftigkeit oder das physische Handling dieser Produkte zu denken. Zudem wurden Automobilteile in bisherigen Studien zum eCommerce wenig betrachtet. Zwar ist die Nachfrage nach Automobilteilen im Internet noch als eher gering einzustufen (vgl. BCG 2001, zitiert nach Stummeyer 2002 S. 153), doch zukünftig ist auch bei diesen Produkten ein Anstieg der Nachfrage im Internet zu erwarten, wie z.B. die Gesellschaft für Konsumforschung (GfK) für automobile Zubehörartikel prognostiziert (Enigma GfK 2004 S. 1).

Als Teilnehmer der Studie kamen folglich alle Anbieter in Frage, die Automobilteile über ihren Online-Shop verkaufen. Unter einem Online-Shop wird im Rahmen der Studie eine Einkaufsstätte im Internet verstanden, bei der alle Funktionen des Kauf- bzw. Bestellprozesses elektronisch unterstützt ablaufen und die nicht allein eine Anfrage per eMail-Formular zulässt (ECC Handel 2001 S. 42). Dabei wurde zunächst kein Unterschied gemacht, ob die Produkte an private oder gewerbliche Kunden verkauft werden, da ein Anbieter mit seinem Online-Shop prinzipiell beide Kundengruppen simultan bedienen kann. Für die Grundgesamtheit der Studie ließ sich keine Auflistung von Online-Anbietern in dieser Branche ermitteln, was darauf zurückgeführt werden kann, dass Unternehmen in Branchenstatistiken im allgemeinen nicht nach ihren Absatzkanälen differenziert werden. Stattdessen wurde die Grundgesamtheit im Zuge einer umfassenden Internet-Recherche in Online-Shop-Verzeichnissen (u.a. Kelkoo.de, alles-einkaufen.de, allesklar.de) sowie in Stichwortverzeichnissen und Suchmaschinen (web.de, yahoo.de, google.de) ermittelt. Zudem ließen sich aus der Mitgliederliste des VDAT (Verband Deutscher Automobiltuner e.V.)[7] sowie der Ausstellerliste der Essener Motorshow 2003[8] die relevanten Online-Anbieter von Tuning-Artikeln in Deutschland ermitteln. Bei der Zusammenstellung

---

[7] URL: http://www.vdat.de/homed.htm
[8] Die Homepage der Essener Motorshow samt aktueller Ausstellerliste findet sich unter http://www.essen-motorshow.de

der Grundgesamtheit wurden nur in Deutschland ansässige Online-Anbieter berücksichtigt. Insgesamt ergab die Recherche eine Grundgesamtheit von 145 Online-Shops, die sich wie folgt auf die vier Produktkategorien aufteilen:
- Ersatz- und Verschleißteile: 25 Shops (7 Befragungsteilnehmer)
- Zubehör: 34 Shops (8 Befragungsteilnehmer)
- Reifen: 18 Shops (5 Befragungsteilnehmer)
- Tuning: 68 Shops (8 Befragungsteilnehmer)

Hierbei ist anzumerken, dass einzelne Online-Shops nicht immer eindeutig einer der vier Kategorien zugeordnet werden können, da die Grenzen zwischen den Produkten im automobilen Aftermarket oft fließend sind (vgl. GVA 2002 S. 1).

Aus dieser Grundgesamtheit nahmen insgesamt 28 Anbieter an der Befragung teil. Diese Stichprobengröße wurde zum einen für die Anwendung der beabsichtigten uni-, bi- und multivariaten Analyseverfahren als ausreichend angesehen. Zum anderen wurde mit der persönlichen Befragung, insbesondere den Face-to-Face-Interviews, eine Erhebungsmethode gewählt, die einen hohen zeitlichen und finanziellen Aufwand erfordert und somit zwangsläufig die Stichprobengröße begrenzt. Vor dem Hintergrund der Erhebungsmethode wurde auf eine zufällige Auswahl der Befragungsteilnehmer (Zufallsstichprobe) verzichtet und eine bewusste Auswahl anhand geographischer Kriterien getroffen. Da die bewusste Auswahl einem subjektiven Ermessensspielraum unterliegt und die Stichprobengröße als relativ klein anzusehen ist, erhebt die Studie keinen Anspruch auf Repräsentativität.

Die in die Auswahl gezogenen Unternehmen wurden zunächst telefonisch über die Studie informiert und erhielten bei grundsätzlicher Bereitschaft zur Teilnahme eine eMail mit konkreten Angaben zum Gegenstand und zum Ablauf der Untersuchung. Auf diesem Wege wurden insgesamt 82 Unternehmen angesprochen, von denen sich 28 zur Teilnahme bereit erklärten. Dies entspricht einer Rücklauf- bzw. Teilnehmerquote von gut 34 % der angesprochenen Unternehmen. Diejenigen Unternehmen, die eine Teilnahme an der Befragung ablehnten, nannten als häufigste Gründe den zu hohen Zeitaufwand und die fehlende Bereitschaft, unternehmensinterne Informationen preiszugeben.

5.2.3 Zum Aufbau des Fragebogens

Die Abschnitte des Fragebogens richten sich an dem konzeptionellen Modell zum Fulfillment aus. Nach allgemeinen Fragen zum Interviewpartner und zum Unternehmen (Abschnitt 1 und 2) wird zunächst der Geschäftsbereich eCommerce näher betrachtet (Abschnitt 3). Nachfolgend interessieren die unternehmensinternen und -externen Determinanten des Fulfillment (Abschnitt 4 und 5), bevor der Untersuchungsgegenstand Fulfillment näher anhand der Fulfillment-Kosten und -Leistungen (Abschnitt 6) sowie deren Kontrolle (Abschnitt 7) evaluiert wird. Darauf folgen die Fragen zu den unternehmensinternen und kundenbezogenen Wirkungen nebst Wirkungsdeterminanten (Abschnitt 8). Abschließend werden gegenwärtige und zukünftige Auslieferungs- und Zahlungsformate sowie Serviceoptionen als Bestandteil des Fulfillment im eCommerce behandelt (Abschnitt 9).

Neben den Fragen, die die Variablen des zu Grunde liegenden Modells abbilden und der Hypothesenprüfung dienen, enthält der Fragenkatalog auch eine Reihe von Fragen, die den gegenwärtigen Entwicklungsstand samt zukünftiger Entwicklungen im Fulfillment beleuchten und einen explorativen Charakter aufweisen. Dadurch lässt sich ein umfassender Einblick in den Untersuchungsgegenstand gewinnen. Der Fragebogen besteht überwiegend aus Fragen, denen eine sechsstufige, bipolare Ratingskala zu Grunde liegt. Auf diese Skala wird im folgenden Abschnitt näher eingegangen.

5.2.4 Zur Operationalisierung der Modellkomponenten

Die Operationalisierung eines durch eine Variable bezeichneten Sachverhaltes erfolgt über die Angabe messbarer Ereignisse (= Indikatoren bzw. Items), die das Vorliegen dieses Sachverhaltes anzeigen (Bortz & Döring 2002 S. 66-67). Der Variablen wird ein Messmodell zugeordnet, das aus beobachtbaren Indikatoren (bzw. im Fall einer manifesten Variablen aus einem Indikator) sowie einer Skala zur Beurteilung der Indikatoren besteht. Mit Ausnahme der Variablen „Marktausdehnung" liegen allen Modellvariablen sechsstufige, bipolare Ratingskalen mit verbaler Umschreibung aller Antwortalternativen zu Grunde[9], in Abhängigkeit von der Fragestellung ergänzt um die Ausweichkategorie „kann ich nicht beurteilen". Wird im Folgenden ein Mittelwert ausgewiesen, so bezieht er sich auf diese Skala, deren Abstufungen jeweils vom Wert „1 = sehr geringe Ausprägung des abgefragten Items" bis „6 = sehr hohe Ausprägung

---

[9] Die Variable „Marktausdehnung" wird über eine vierstufige Skala erhoben. Auch in diesem Fall lassen sich die erhobenen Daten als metrische Werte behandeln.

des Items" reichen. *Abbildung 5-1* veranschaulicht die Ratingskala anhand eines Beispiels aus dem Fragebogen.

Abb. 5-1: Beispiel für eine Ratingskala im Fragebogen

sehr gering	gering	eher gering	eher hoch	hoch	sehr hoch
①	②	③	④	⑤	⑥

Ratingskalen bestehen allgemein aus einem Merkmalskontinuum, dessen Stufen bei entsprechender graphischer Gestaltung als intervallskaliert behandelt werden können (ebda S. 180-181). Die mittels der Ratingskalen erhobenen Daten weisen somit ein metrisches Skalenniveau auf und erfüllen die messtheoretischen Anforderungen, die die angewandten bi- und multivariaten Analyseverfahren stellen. Da die sechsstufigen Skalen keine Mittelkategorie enthalten, waren die Befragten gezwungen, ein zumindest tendenziell in eine Richtung weisendes Urteil abzugeben (sog. forciertes Rating) (Berekoven et al. 2004 S. 78).

Wie bereits die Ausführungen zum Forschungsstand des Fulfillment gezeigt haben, existieren bisher lediglich Ansätze für eine empirische Analyse der Ursache-Wirkungs-Zusammenhänge des Fulfillment. Dementsprechend finden sich in den bisherigen Studien auch wenige Hinweise zur Operationalisierung der Modellkomponenten. Daher soll auch auf Erkenntnisse aus der eCommerce- und der Logistikforschung, die nicht unmittelbar auf den Untersuchungsgegenstand Fulfillment abzielen, zurückgegriffen werden. Der Schwerpunkt der Ausführungen zur Operationalisierung liegt auf den beiden Fulfillment-Variablen, da diese die zentralen Variablen in dem Ursache-Wirkungs-Modell bilden. In diesem Abschnitt wird nicht jede Modellkomponente gleichermaßen hinsichtlich ihrer Indikatoren behandelt. Die einzelnen Indikatoren samt der ihnen zugewiesenen empirischen Werte werden aber im Rahmen der Reliabilitätsanalyse (bei latenten Variablen) bzw. der Mittelwertbildung (bei manifesten Variablen) näher betrachtet (siehe dazu *Abschnitt 5.3.4*).

Die Operationalisierung der Fulfillment-Leistung sowie der Fulfillment-Kosten lehnt sich an die Operationalisierung der Konstrukte „Logistikleistung" und „Logistikkosten" an, die Dehler (2001 S. 207-212) in seiner Studie zur Flussorientierung der Logistik verwendet. Dabei basiert das Konstrukt „Logistikleistung" im Kern auf den Komponenten, die in der Logistikliteratur dem Lieferservice zugeordnet werden. Zu diesen Komponenten zählen die Lieferzeit, die Lieferzuverlässigkeit, die Lieferfähigkeit, die Lieferbeschaffenheit und die Lieferflexibilität (Pfohl 2004 S. 36-41, Specht 1998 S. 78, Toporowski 1996 S. 41-42). Im Folgenden sollen diese Komponenten jeweils kurz erläutert werden.

Die *Lieferzeit* umfasst die Zeitspanne von der Auftragserteilung bis zum Empfang der Ware durch den Auftraggeber (ebda S. 41). Sie hängt von den Zeiten der administrativen Auftragsbearbeitung (Auftragsmanagement) und der physischen Auftragsdurchführung ab (Dehler 2001 S. 207). Die *Lieferzuverlässigkeit* beinhaltet die Einhaltung von zugesagten Lieferterminen (Pfohl 2004 S. 36-37). Eine hohe Lieferzuverlässigkeit erlaubt es den Nachfragern, die Warensendung zur vereinbarten Zeit und am vereinbarten Ort persönlich empfangen oder abholen zu können, ohne den zusätzlichen Weg zum Postamt antreten zu müssen. Gleichzeitig entfallen für den Anbieter die Kosten einer Mehrfachanlieferung. Eng mit der Lieferzuverlässigkeit verbunden ist die *Lieferfähigkeit* bzw. *Lieferbereitschaft*. Sie beschreibt die Verfügbarkeit der nachgefragten Güter beim Anbieter oder dessen Lieferanten und bezieht somit die Lagerhaltungspolitik ein (vgl. Bowersox et al. 1986 S. 27-28). Lieferfähigkeit und Lieferzuverlässigkeit sind als getrennte Indikatoren der Fulfillment-Leistung anzusehen, da die Nachfrager bereits während der Online-Bestellung über die Verfügbarkeit der gewünschten Ware informiert werden können. Sollte die nachgefragte Ware nicht vorrätig sein, kann dies durch eine spätere Terminzusage berücksichtigt werden. Die Lieferzuverlässigkeit ist in diesem Fall nicht betroffen. Unter der *Lieferflexibilität* versteht man die Fähigkeit des Anbieters, seine Auftrags- und Liefermodalitäten an den spezifischen Kundenanforderungen auszurichten (Dehler 2001 S. 207). Die Lieferflexibilität beinhaltet z.B. die Mehrfachzustellung bei Abwesenheit oder die Geschenkauslieferung als alternative Verpackungsform. Zudem fällt auch das Eingehen auf Änderungswünsche, die nach erfolgter Online-Bestellung von den Nachfragern geäußert werden, unter den Aspekt der Lieferflexibilität. Die *Lieferbeschaffenheit* gibt an, inwieweit die Lieferung dem Kunden Grund zur Beanstandung gibt (Pfohl 2004 S. 38). Sie erfasst zum einen, ob die bestellten Produkte in der gewünschten Art und Menge ausgeliefert werden (Liefergenauigkeit). Zum anderen bezieht sie Verschmutzungen oder Beschädigungen von Ware und Verpackung bei Übergabe an den Empfänger (Zustand der Lieferung) ein (ebda S. 38-40). Neben diesen Indikatoren gehen gemäß dem in der Arbeit verfolgten Fulfillment-Verständnis als weitere Indikatoren die *Zahlungsabwicklung* sowie die *Reklamations- und Retourenabwicklung* in die Variable Fulfillment-Leistung ein. Auf eine Erläuterung dieser beiden Indikatoren soll hier verzichtet werden, da sie bereits ausführlich in *Abschnitt 2.1* behandelt wurden.

Aufgrund des starken Logistikbezugs des Fulfillment können auch zur Operationalisierung der Fulfillment-Kosten Erkenntnisse aus der Logistikliteratur und -forschung herangezogen werden. Diese Kosten entsprechen im Wesentlichen den Kostenarten, die Baumgarten et al. (1997 S. 24) in einer Unternehmensbefragung als Kern-Logistikkosten und erweiterte Logistikkosten ermitteln. Die Kosten entstehen in den einzelnen Funktionsbereichen entlang des Fulfillment-Prozesses. Dementsprechend lassen sich die Kosten für die *Kommissionierung*, die *Verpackung*, den *Transport/Versand*, die *Zahlungsabwicklung* sowie die *Reklamations- und Retourenbearbeitung* unterscheiden. Des Weiteren ist an die Kosten für die Planung, Steuerung und Kontrolle des Informations-, Waren- und Finanzflusses zu denken (Ihde 1991 S. 11-15). Diese Kosten sollen als *Administrationskosten und dispositive Kosten* bezeichnet werden. Obwohl die Lagerhaltung gemäß dem Fulfillment-Verständnis dieser Arbeit keine Kernfunktion des Fulfillment darstellt, gilt es auch die *Lagerbestandskosten* zu berücksichtigen, da diese in unmittelbarem Zusammenhang mit der Lieferbereitschaft stehen. Insgesamt besteht das Messmodell der Variablen „Fulfillment-Kosten" somit aus sieben Indikatoren.

Neben den Fulfillment-Variablen finden sich in der Logistikliteratur auch Hinweise zur Operationalisierung für die Variablen auf der Determinantenseite. So zählt Pfohl (1994 S. 19) die Mitarbeiterqualifikation, die materiellen Kapazitäten sowie das für die logistischen Prozesse verfügbare Kapital zu den wesentlichen Voraussetzungen für die Erfüllung der Logistikaufgabe. Diese Voraussetzungen fließen als Indikatoren in die Variable „Logistikkompetenz" ein, wobei die materiellen Kapazitäten in die „Lager- und Kommissionierkapazitäten" sowie die „eigenen Transportkapazitäten" unterschieden werden.

Die Indikatoren des Einflussfaktors „Prozessorientierung" sind der Skala, die Dehler (2001 S. 143) für seinen Faktor „Prozessorientierung der Organisation" verwendet, entnommen. Dehler bezieht sich bei der Operationalisierung der Prozessorientierung auf Industrieunternehmen, die im Fokus seiner Untersuchung zum Thema Flussorientierung stehen. Daher wurden mit der „Definition von Prozessen", der „Benennung von Prozessverantwortlichen", der „Zuordnung von Mitarbeitern zu den Geschäftsprozessen" sowie der „Zuweisung von Prozessbudgets" nur diejenigen Indikatoren übernommen, die auch einen Bezug zu Handelsunternehmen, zu denen der überwiegende Teil von Online-Anbietern im B2C-Bereich zählt, aufweisen. Diese Indikatoren konnten im Rahmen einer empirischen Überprüfung der Gesamtskala als Indikatoren des Faktors „Prozessorientierung der Organisation" bestätigt werden (ebda S. 143).

Neben der Prozessorientierung lassen sich auch die Indikatoren zum Einsatz von Informations- und Kommunikationssystemen im Unternehmen (dem Einflussfaktor „Technologieorientierung") der Studie von Dehler entnehmen. Konkret unterscheidet Dehler in die beiden Faktoren „interne bzw. externe Vernetzung des Informationssystems" (ebda S. 154-156). Im Rahmen der Determinanten des Fulfillment soll einer derart differenzierten Betrachtung nicht nachgegangen werden. Stattdessen werden die interne und die externe Vernetzung der Informations- und Kommunikationssysteme als Indikatoren des Einflussfaktors „Technologieorientierung" herangezogen. Auch die beiden weiteren Items dieses Faktors („Auftreten von Medienbrüchen" und „Zugriffsmöglichkeiten der Mitarbeiter auf die Systeme") sind den Überlegungen von Dehler entnommen (ebda S. 151-155).

Zu den Einflussfaktoren „Kooperationsbereitschaft", „Flexibilität" und „Qualifikation" der externen Versanddienstleister ließen sich keine empirisch getesteten Messmodelle ermitteln. Ansatzpunkte für eine Operationalisierung der Variablen „Flexibilität" finden sich bei Fleischmann (2003 S. 10) und Fuchs (2002 S. 31), die die Skalierbarkeit und die flexiblen Kostenmodelle von Dienstleistern ansprechen. Diese Aspekte sollen in Form der Indikatoren „Flexibilität bei Schwankungen der Bestellmengen" und „Anpassungskosten" in die Variable „Flexibilität" einfließen, der zusätzlich der Indikator „Anpassungsfähigkeit bei veränderten Leistungsanforderungen" zugeordnet wird.

Kooperationsbereite Dienstleister zeichnen sich in erster Linie dadurch aus, dass sie sich vertragskonform verhalten und somit kein opportunistisches Verhalten an den Tag legen (vgl. Pfohl 2004 S. 319-320). Dementsprechend bildet der Indikator „vertragskonformes Verhalten" den zentralen Bestandteil des Messmodells der Variablen „Kooperationsbereitschaft". Weiterhin nennt Specht die Bereitschaft der Dienstleister, die Informations- und Kommunikationssysteme aufeinander abzustimmen und dadurch Rationalisierungspotenziale zu erschließen, als Merkmal der Kooperation (ebda S. 173). Dieses Merkmal geht in Form des Indikators „informationstechnische Anbindung" in das Messmodell ein. Ferner betonen Alt & Schmid (2000 S. 85) die Bedeutung des persönlichen Kontaktes zwischen dem Online-

Anbieter und dem Versanddienstleister. Dieser Aspekt wird im Rahmen der Variablen „Kooperationsbereitschaft" in die Indikatoren „persönliche Interaktion" und „Weitergabe von entscheidungsrelevanten Informationen" differenziert.

Für den Einflussfaktor „Qualifikation" von Versanddienstleistern zeichnet sich in erster Linie deren Versandhandelserfahrung im B2C-Bereich verantwortlich (Göpfert 1999 S. 232), die in dem Indikator „Erfahrungen mit dem Versand an Endverbraucher" zum Ausdruck kommt. Gemäß Brandstetter und Fries (2002 S. 320) lässt sich die Qualifikation auch anhand der Referenzen der Dienstleister im eCommerce-Fulfillment ablesen. Neben diesem als „Reputation" bezeichneten Indikator, der eine ex ante-Beurteilung der Qualifikation ermöglicht, wird durch den dritten Indikator „Erfüllung vorgegebener Leistungsstandards" eine ex post-Beurteilung der Qualifikation in dieses Konstrukt aufgenommen.

Neben dem Einfluss, der von den Versanddienstleistern auf das Fulfillment ausgeht, nennt Specht (1998 S. 79) mit den „Kundenanforderungen" und dem „Lieferserviceniveau der Konkurrenz" zwei weitere unternehmensexterne Einflussfaktoren des Lieferservice, gibt aber keine Hinweise zu deren Operationalisierung. Daher sollen die Indikatoren, die der Operationalisierung der Fulfillment-Leistung dienen, auch zur Erhebung der Kundenanforderungen herangezogen werden. Ferner soll statt vom „Lieferserviceniveau der Konkurrenz" von der „Fulfillment-Leistung der Konkurrenz" gesprochen werden. Dieser Variablen kommt in der vorliegenden Studie ein manifester Charakter zu, da von den Befragungsteilnehmern nicht erwartet werden kann, dass sie die Fulfillment-Leistung der Wettbewerber gleichermaßen detailliert wie die eigene Leistung beurteilen können.

Während die betriebswirtschaftlichen Zielgrößen Umsatz, Gewinn und Rentabilität einen manifesten Charakter aufweisen, stellen die zentralen Wirkungen bei den Nachfragern, die Transaktionszufriedenheit und die Kundenbindung, latente Variablen dar. Dem Messmodell der Transaktionszufriedenheit liegt der direkte, merkmalsorientierte Ansatz zu Grunde. Diesen Ansatz kennzeichnet, dass die Auskunftspersonen direkt zu ihrer Zufriedenheit mit den Einzelmerkmalen bzw. den einzelnen Episoden einer Transaktion befragt werden (vgl. Bauer et al. 2000 S. 16-27, vgl. Stauss 1999 S. 12). Diese Merkmale bilden hier die Indikatoren im Messmodell der Transaktionszufriedenheit. In Anlehnung an die eingesetzten Marketing-Instrumente soll in die Teilzufriedenheiten mit dem Online-Shop, der Produktqualität, dem Preis-Leistungs-Verhältnis und dem Fulfillment unterschieden werden.

Dem Konstrukt Kundenbindung werden in der Literatur üblicherweise die Indikatoren „Wiederkaufverhalten", „Zusatzkaufverhalten" und „Weiterempfehlungsverhalten" zugeordnet (Homburg et al. 2000 S. 509-514), oft auch ergänzt um den Indikator „Wechselverhalten" (Herrmann et al. 2003 S. 239, Bruner & Hensel 1994 S. 503). Im Hinblick auf einen erneuten Kauf bei dem entsprechenden Online-Anbieter soll an dieser Stelle nicht zwischen dem Wiederholungskauf eines bereits erworbenen Produktes und dem Kauf weiterer Produkte (Cross-Selling) unterschieden werden. Der Indikator „Wiederholungskauf" ist daher produktunabhängig und bezieht sich allgemein auf eine erneute Transaktion mit dem Anbieter. Neben diesem Indikator gehen in das Messmodell der Variablen „Kundenbindung" die beiden Indikatoren „Weiterempfehlungsverhalten" und „Wechselverhalten" ein.

Tabelle 5-1 fasst die Variablen der Anbieterbefragung samt der Indikatoren zusammen und ordnet sie zum einen den Hypothesen, zum anderen den Variablen-Kategorien („Fulfillment-Variablen", „unternehmensinterne/ -externe Determinanten", Wirkungen im Unternehmen/ Wirkungen bei den Nachfragern" sowie „Wirkungsdeterminanten") zu.

Tab. 5-1: Variablen und Indikatoren der Anbieterbefragung im Überblick

I. Fulfillment-Variablen			
Variable	**Hypothese**	**Item-Nr.**	**Item**
Fulfillment-Kosten	H_1, H_3 H_6, H_7 H_8, H_{12} H_{15}, H_{16}	01	Lagerbestandskosten
		02	Kosten der Kommissionierung
		03	Verpackungskosten
		04	Versandkosten
		05	Kosten für Reklamationen und Retouren
		06	Kosten der Zahlungsabwicklung
		07	Administrative / dispositive Fulfillment-Kosten
Fulfillment-Leistung	H_1, H_2 H_4, H_5 H_9, H_{10} H_{11}, H_{13} H_{14}, H_{19} H_{21}	01	Lieferfähigkeit
		02	Lieferbeschaffenheit
		03	Lieferzeit
		04	Lieferzuverlässigkeit
		05	Lieferflexibilität
		06	Reklamations- und Retourenabwicklung
		07	Zahlungsabwicklung

Tab. 5-1: Variablen und Indikatoren der Anbieterbefragung im Überblick (Fortsetzung)

II. Unternehmensinterne Determinanten			
Variable	**Hypothese**	**Item-Nr.**	**Item**
Logistikkompetenz	H_2	01	Mitarbeiterqualifikation
		02	Lager- / Kommissionierkapazitäten
		03	eigene Transportkapazitäten
		04	für Logistik verfügbares Kapital (Logistikbudget)
		05	Logistik-Know-how
Technologieorientierung	H_3 H_4	01	Einsatz von IuK-Systemen im Unternehmen
		02	Auftreten von Medienbrüchen
		03	Zugang der Mitarbeiter zu IuK-Systemen
		04	Interne Vernetzung der IuK-Systeme
		05	Externe Vernetzung der IuK-Systeme
		00	Technologieorientierung gesamt
Prozessorientierung	H_5	01	Definition Geschäftsprozesse
		02	Benennung von Prozessverantwortlichen
		03	Zuordnung Mitarbeiter zu Geschäftsprozessen
		04	Zuweisung Prozessbudgets
Erklärungsbedürftigkeit des Leistungsprogramm	H_6	01	Anpassung an individuelle Kundenwünsche
		02	Installations- und Verwendungshilfen
		03	Umfang der Online-Produktinformationen
		00	Erklärungsbedürftigkeit gesamt
Versandeignung	H_7	01	Versandeignung des Leistungsprogramms
Marktausdehnung	H_8	01	geograph. Ausrichtung eCommerce-Aktivitäten
Kontrolle der Fulfillment-Aktivitäten	H_9	01	Umfang
		02	Detailierungsgrad
		03	Qualität
III. Unternehmensexterne Determinanten			
Variable	**Hypothese**	**Item-Nr.**	**Item**
Wahrgenommene Anforderungen der Kunden an das Fulfillment	H_{10}	01	Lieferfähigkeit
		02	Lieferbeschaffenheit
		03	Lieferzeit
		04	Lieferzuverlässigkeit
		05	Lieferflexibilität
		06	Zahlungsabwicklung
		00	Anforderungen Fulfillment insgesamt
Wahrgenommene Fulfillment-Leistung der Konkurrenz	H_{11}	01	Fulfillment-Leistung der Konkurrenz

Tab. 5-1: Variablen und Indikatoren der Anbieterbefragung im Überblick (Fortsetzung)

Variable	Hypothese	Item-Nr.	Item
III. Unternehmensexterne Determinanten (Fortsetzung)			
Kooperationsbereitschaft der Dienstleister	H_{12}	01	Vertragskonformes Verhalten
		02	Weitergabe entscheidungsrel. Informationen
		03	Persönliche Kontakte/Interaktion
		04	Informationstechnische Anbindung
		00	Kooperationsbereitschaft gesamt
Flexibilität der Dienstleister	H_{13}	01	Flexibilität bei Schwankungen Bestellmengen
		02	Anpassungsfähigkeit Leistungen Dienstleister
		03	Anpassungskosten
		00	Flexibilität insgesamt
Qualifikation / Erfahrung der Dienstleister	H_{14}	01	Erfahrung mit dem Versand an Endkunden
		02	Erfüllung vorgegebener Leistungsstandards
		03	Reputation
		00	Qualifikation gesamt
IV. Wirkungen im Unternehmen			
Umsatz	H_{17}, H_{33}	01	Umsatz
Gewinn	H_{15}, H_{17} H_{18}, H_{43}	01	Gewinn
Rentabilität	H_{16}, H_{18} H_{44}	01	(Umsatz-)Rentabilität
Differenzierung von der Konkurrenz	H_{19} H_{45} H_{46}	01	Preispolitik
		02	Sortimentsgestaltung
		03	Produktqualität
		04	Kommunikationspolitik
		05	Gestaltung des Online-Shops
		06	Fulfillment-Leistung
V. Wirkungen bei den Nachfragern			
Transaktionszufriedenheit	H_{21}, H_{28} H_{31}, H_{37} H_{38}, H_{39}	00	Transaktionszufriedenheit gesamt
		01	Zufriedenheit Online-Shop
		02	Zufriedenheit Produktqualität
		03	Zufriedenheit Preis-Leistungs-Verhältnis
		04	Zufriedenheit Fulfillment
Beziehungszufriedenheit	H_{28}, H_{32}	01	Zufriedenheit mit der Geschäftsbeziehung
Kundenbindung	H_{31} H_{32} H_{33}	01	Anzahl der Wiederholungskäufe
		02	Wechselverhalten
		03	Weiterempfehlungsverhalten

Tab. 5-1: Variablen und Indikatoren der Anbieterbefragung im Überblick (Fortsetzung)

Variable	Hypothese	Item-Nr.	Item
VI. Wirkungsdeterminanten			
Produktleistung	H_{37}	01	Funktionale Mängel
	H_{46}	02	Distributionsschäden
Gestaltung des Online-Shops	H_{38}	01	Umfang der Online-Informationen
	H_{45}	02	Verständlichkeit der Online-Informationen
		03	Auffindbarkeit der Online-Informationen
Preispolitik	H_{39}	01	Preis-Leistungs-Verhältnisses
Produktbezogene Kosten	H_{43} H_{44}	01	Einkaufspreise (bzw. Herstellungskosten)

5.2.5 Zur Datenauswertung

Die Datenauswertung lässt sich in drei Schritte unterteilen. Zunächst finden uni- und bivariate Auswertungsverfahren Anwendung, mit deren Hilfe der Geschäftsbereich eCommerce und die Fulfillment-Aktivitäten näher betrachtet werden. Ebenso kommen diese Verfahren im Rahmen der Planungs- und Kontrollaktivitäten im eCommerce zur Anwendung.

Im zweiten Auswertungsschritt wird für die Fulfillment-Variablen sowie für die Einflussfaktoren und Wirkungen des Fulfillment nebst Wirkungsdeterminanten jeweils eine Gesamtskala gebildet. Dabei werden Variablen, die über zwei oder mehrere Einzelfragen (= Items) erhoben wurden, mit Hilfe der *Reliabilitätsanalyse nach Cronbach* (1951 S. 297-334) daraufhin überprüft, ob sich ihre Items zu einer gemeinsamen Skala zusammenfassen lassen. Der Reliabilitätskoeffizient Cronbach's Alpha dient als Maß für die interne Konsistenz einer Gruppe von Indikatoren, die ein Konstrukt messen (Bortz & Döring 2002 S. 198, Cronbach 1951 S. 331-332). Dabei ist die Reliabilität umso höher, je stärker die einzelnen Items des Konstruktes miteinander korrelieren. Der Wertebereich von Cronbach's Alpha erstreckt sich von null bis eins, wobei hohe Werte auf eine hohe Reliabilität schließen lassen. Um von einer hinreichenden Reliabilität sprechen zu können, sollte der Korrelationskoeffizient einen Mindestwert von 0,7 nicht unterschreiten (Nunnally 1978 S. 245-246). Bei neuartigen und explorativen Studien, wie hier der Fall, wird bereits ein Grenzwert von 0,6 als akzeptabel angesehen (ebda S. 226, Churchill 1979 S. 68). Das Reliabilitätsmaß lässt sich gegebenenfalls durch Ausschluss einzelner Indikatoren aus der Gesamtskala erhöhen. Anhand des Trennschärfekoeffizienten (Item-to-Total-Korrelation) lässt sich beurteilen, inwieweit ein einzelnes Item zur Erfassung eines Konstruktes geeignet ist

(Bortz & Döring 2002 S. 218-219). Während Koeffizienten zwischen 0,3 und 0,5 als mittelmäßig gelten, sind Werte oberhalb von 0,5 als hoch einzustufen (Weise 1975 S. 219). Durch Ausschluss einzelner Items, die einen unzureichenden Trennschärfekoeffizienten aufweisen, lässt sich die interne Konsistenz einer Gesamtskala erhöhen. Anzumerken ist in diesem Zusammenhang, dass bei latenten Variablen, die über zwei Items erhoben werden, die Trennschärfe dem Korrelationskoeffizienten zwischen den beiden Items entspricht. Statt einer Korrelationsanalyse soll aber im Zuge eines einheitlichen Vorgehens auch im Fall von zwei Items eine Reliabilitätsanalyse vorgenommen werden. Diejenigen Variablen, die einer direkten Messung zugänglich sind und lediglich ein Item aufweisen (sog. manifeste Variablen, siehe dazu Bortz & Döring 2002 S. 7), müssen dagegen nicht verdichtet werden.

Ein erfolgreicher Test auf Reliabilität gewährleistet noch nicht, dass die zur Messung eines Konstruktes herangezogenen Indikatoren auch genau eine Dimension repräsentieren, mithin ein eindimensionales Konstrukt vorliegt (Hair et al. 1998 S. 611). Dies lässt sich mit Hilfe der *explorativen Faktorenanalyse* überprüfen, die allgemein eine Gruppe von Indikatorvariablen auf eine ihnen zu Grunde liegende Faktorstruktur untersucht (Backhaus et al. 2003 S. 260). Als Kriterium für die Zuordnung eines Indikators zu einem Konstrukt dient die Faktorladung, die einen Mindestwert von 0,5 aufweisen sollte (ebda S. 299). Für die Validität eines Konstruktes ist es entscheidend, dass alle zur Messung des Konstruktes herangezogenen Indikatoren ausreichend hoch auf genau einen Faktor laden, d.h. nur ein Faktor extrahiert wird. In diesem Zusammenhang spricht man auch von der Konvergenzvalidität eines Konstruktes (Bagozzi & Phillips 1982 S. 468). Des Weiteren sollte sich ein Indikator eindeutig einem Faktor zuordnen lassen und gegenüber anderen Faktoren eine deutlich niedrigere Faktorladung aufweisen (Hair et al. 1998 S. 111-113). In diesem Sachverhalt kommt die Diskriminanzvalidität zum Ausdruck (Bagozzi & Phillips 1982 S. 469, zu den unterschiedlichen Validitätskonzepten siehe auch Hildebrandt 1984 S. 42-50, Peter 1981 S. 134-138, Churchill 1979 S. 70-72).

Im Anschluss an die Reliabilitäts- und Validitätsanalyse wird für jede latente Variable eine Gesamtskala gebildet, die auf einer Zusammenfassung der relevanten Items mittels Addition der Mittelwerte beruht (siehe zu diesem Vorgehen Meissner 2002 S. 199, Rengelshausen 2000 S. 166). Diese Skalen bilden die Grundlage für den dritten Auswertungsschritt, in dem die vermuteten Zusammenhänge zwischen jeweils zwei

Variablen mit Hilfe der *Korrelationsanalyse nach Pearson* überprüft werden. Der Korrelationskoeffizient liegt in einem Wertebereich zwischen −1 und +1 und dient als Maß für den Grad der gemeinsamen Variation von zwei metrischen Variablen. Er gibt Auskunft über die Stärke und das Vorzeichen einer linearen Beziehung, nicht aber über deren kausalen Zusammenhang (Bortz & Döring 2002 S. 508-509). Der kausale Zusammenhang ergibt sich in diesem Fall aus den theoretischen Vorüberlegungen, die in den zuvor formulierten Hypothesen münden. Da es sich hierbei um gerichtete Hypothesen handelt, kommt ein einseitiger Signifikanztest zur Anwendung (ebda S. 465-466). Die Stärke des Zusammenhangs, die in dem Korrelationskoeffizienten zum Ausdruck kommt, lässt sich wie folgt interpretieren: ab ± 0,1 = schwacher Zusammenhang, ab ± 0,3 = mittlerer Zusammenhang und ab ± 0,5 = starker Zusammenhang (ebda S. 568). Neben dem Korrelationskoeffizienten wird als zweiter Wert das Signifikanzniveau ausgewiesen, das angibt, ob bzw. inwieweit der Zusammenhang zwischen zwei Variablen signifikant ist. In der Literatur ist eine Unterscheidung des Signifikanzniveaus p wie folgt üblich (Bortz 1999 S. 111):

.01 ≥ p   sehr signifikant

.01 < p ≤ .05   signifikant

.05 < p ≤ .10   schwach (tendenziell) signifikant

.10 < p   nicht signifikant

Neben der Korrelationsanalyse findet auch die *multiple Regressionsanalyse* Anwendung. Auf Basis der Regressionsanalyse lässt sich untersuchen, ob zwischen einer abhängigen (endogenen) Variablen und einer Gesamtmenge an unabhängigen (exogenen) Variablen eine lineare Beziehung besteht (Hair et al. 1998 S. 148). Die Beziehung zwischen den Variablen weist folglich eine eindeutige Richtung auf, die auf einer vermuteten, sachlogisch oder theoretisch begründeten Ursache-Wirkungs-Beziehung zwischen den unabhängigen Variablen und der abhängigen Variablen beruht (Backhaus et al. 2003 S. 46-47). In der vorliegenden Untersuchung ergeben sich zwei Regressionsmodelle, in denen die Fulfillment-Kosten bzw. die Fulfillment-Leistung jeweils die abhängige Variable und die vermuteten Einflussfaktoren die unabhängigen Variablen darstellen. In den beiden Regressionsmodellen werden nur diejenigen Einflussfaktoren berücksichtigt, die eine signifikante Korrelation mit den Fulfillment-Kosten bzw. der Fulfillment-Leistung aufweisen.

Neben metrisch skalierten Variablen setzt die Regressionsanalyse eine Stichprobengröße voraus, die zumindest doppelt so groß sein sollte wie die Zahl der Variablen in der Regressionsgleichung (Albers & Skiera 1999 S. 217). Diese grundlegenden Voraussetzungen sind in der vorliegenden Studie erfüllt. Darüber hinaus sind bei Durchführung der Regressionsanalyse verschiedene Modellprämissen zu beachten, die im Folgenden kurz vorgestellt werden. Zunächst ist darauf zu achten, dass keine bzw. eine möglichst geringe *Multikollinearität* zwischen den unabhängigen Variablen vorliegt, da mit zunehmender Multikollinearität die Schätzung der Regressionskoeffizienten unzuverlässiger wird (Backhaus et al. 2003 S. 88-89). Einen ersten Anhaltspunkt für das Vorliegen von Multikollinearität kann die Korrelationsmatrix liefern, wobei hohe Korrelationskoeffizienten zwischen den unabhängigen Variablen auf eine ernsthafte Kollinearität hinweisen (ebda S. 89-90). Als konkrete Prüfgröße dient der Toleranzwert, den SPSS für jede unabhängige Variable angibt. Der Toleranzwert liegt zwischen null und eins, wobei Werte unter 0,1 auf eine starke Kollinearität hindeuten (Hair et al. 1998 S. 193). Des Weiteren ist darauf zu achten, dass keine Autokorrelation und keine Heteroskedastizität vorliegen. Im Fall der *Autokorrelation* korrelieren die Residuen in der Grundgesamtheit miteinander. Dies kann Verzerrungen bei der Schätzung des Konfidenzintervalls der Regressionskoeffizienten zur Folge haben (Backhaus et al. 2003 S. 87). Eine Prüfung auf Autokorrelation kann anhand des Durbin-Watson-Tests erfolgen (ebda S. 88). Dieser Test liefert einen Koeffizienten zwischen null und vier, wobei ein Wert nahe zwei darauf hindeutet, dass keine Autokorrelation vorliegt (Bühl & Zöfel 2003 S. 345). Die *Heteroskedastizität* besagt, dass die Streuung der Residuen bei den prognostizierten Werten der abhängigen Variablen nicht konstant, sondern von den unabhängigen Variablen und der Reihenfolge der Beobachtungen abhängig ist (Backhaus et al. 2003 S. 84-85). Auch die Heteroskedastizität kann zu Verzerrungen bei der Ermittlung des Konfidenzintervalls der Regressionskoeffizienten führen (ebda S. 85). Die Prüfung auf Heteroskedastizität erfolgt mittels eines Diagramms, in dem die empirischen Residuen den geschätzten Werten der abhängigen Variablen gegenüber gestellt werden. Ist in dem Diagramm kein Zusammenhang zu erkennen, kann davon ausgegangen werden, dass auch keine Heteroskedastizität vorliegt (Hair et al. 1998 S. 174-175). Eine weitere Modellprämisse beruht auf der Normalverteilung der Störgrößen. Die Prämisse ist erfüllt, wenn die durch die Störgrößen verursachten Residuen normalverteilt sind. Diese Prämisse lässt sich graphisch anhand eines Normalverteilungsplots überprüfen (siehe dazu ebda S. 175).

Die bi- und multivariate Auswertung der Daten basiert auf dem Softwareprogramm SPSS (Superior Performing Software Systems) in der Version 11.5.1.

5.3 Ergebnisse der Anbieterbefragung

5.3.1 Zu den Interviewpartnern und den befragten Unternehmen

Für die Interviewpartner galt das Anforderungsprofil, dass sie in ihrem Unternehmen für den Geschäftsbereich eCommerce verantwortlich oder in diesem tätig sind und demzufolge konkrete Auskünfte zum Untersuchungsgegenstand geben können. Diese Anforderung wurde von allen Interviewpartnern erfüllt. Allerdings war es nicht jedem Interviewpartner stets möglich, den Fragebogen vollständig zu beantworten, da nicht alle Fragen gleichermaßen auf jedes Unternehmen zutrafen oder Geheimhaltungsgründe eine Rolle spielten. Doch insgesamt treten fehlende Werte lediglich vereinzelt auf. Aufgrund möglicher Fehlwerte wird zu jedem Auswertungsschritt die in die Analyse eingehende Fallzahl ausgewiesen.

Abbildung 5-2 zeigt auf, welcher Unternehmenskategorie sich die Teilnehmer zuordnen lassen und wie viele Mitarbeiter in diesen Unternehmen tätig sind. Alle Befragungsteilnehmer bedienen mit ihrem Online-Shop den Business-to-Consumer-Bereich, wobei fast zwei Drittel (17) dieser Unternehmen gleichzeitig auch andere Unternehmen zu ihren Kunden zählen. Insgesamt geben zwanzig Befragungsteilnehmer an, dass Endkunden ihre Hauptzielgruppe darstellen, während sechs Unternehmen sowohl private als auch gewerbliche Kunden und zwei Unternehmen gewerbliche Kunden als ihre Hauptzielgruppe bezeichnen.

Abb. 5-2: Charakteristische Merkmale der befragten Unternehmen

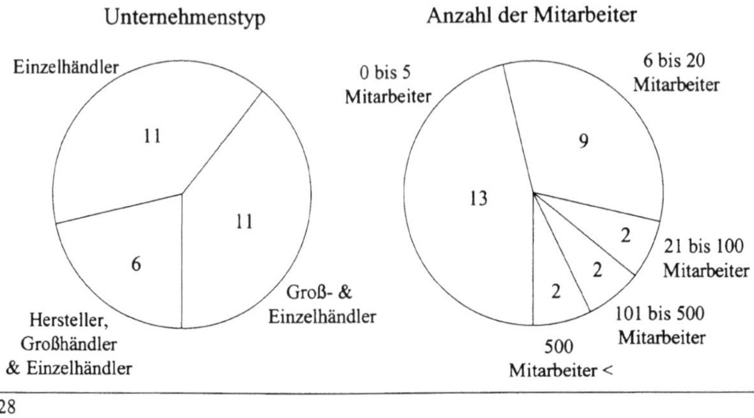

n = 28

Ein Blick auf die Anzahl der Mitarbeiter zeigt, dass es sich bei den befragten Unternehmen überwiegend um klein- bis mittelständische Unternehmen handelt (siehe

Abbildung 5-2). Zu diesem Ergebnis kommt auch Jensen (2002 S. 87), in dessen Studie über 50 % der befragten Online-Anbieter bis zu zehn und insgesamt knapp 70 % bis zu 50 Mitarbeiter aufweisen. Dies deutet darauf hin, dass gerade klein- und mittelständische Unternehmen, die mit einer eigenen stationären Präsenz ein bisher eingeschränktes geographisches Absatzgebiet bedienen, den Online-Shop zur Ausdehnung ihres Marktgebietes nutzen. Neben ihrem Online-Shop verfügen die Unternehmen in der Regel über weitere Distributionskanäle, insbesondere eine eigene stationäre Handelspräsenz (siehe *Abbildung 5-3*).

Abb. 5-3: Distributionskanäle der befragten Unternehmen

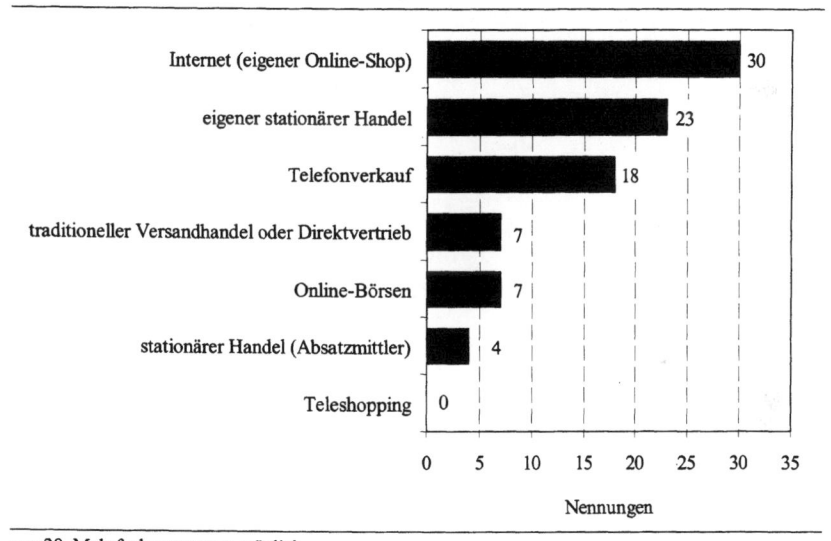

Distributionskanal	Nennungen
Internet (eigener Online-Shop)	30
eigener stationärer Handel	23
Telefonverkauf	18
traditioneller Versandhandel oder Direktvertrieb	7
Online-Börsen	7
stationärer Handel (Absatzmittler)	4
Teleshopping	0

n = 28, Mehrfachnennungen möglich

Lediglich vier Unternehmen sind reine Online-Anbieter, wohingegen die übrigen Unternehmen als Multi-Channel-Anbieter bezeichnet werden können. Anzumerken ist in diesem Zusammenhang, dass in der Regel auch die reinen Online-Anbieter Bestellungen telefonisch entgegennehmen und gegebenenfalls eine telefonische Beratung anbieten. Damit tragen sie der Tatsache Rechnung, dass es auch Nachfrager gibt, die sich zwar im Online-Shop informieren und dort Produkte auswählen, beim Abschluss aber das persönliche Gespräch am Telefon bevorzugen (vgl. Schrick 1999 S. 351). In den Interviews wurde insgesamt deutlich, dass auch im eCommerce das Telefon sowohl in der Kaufabschluss- als auch der Nachkaufphase einen unterstützenden Charakter hat. Daher sind eCommerce und Telefonverkauf im

Allgemeinen eng miteinander verbunden. Die Vermutung, dass viele Online-Anbieter bereits im traditionellen Versandhandel tätig waren, bestätigt sich nicht. Dieses Ergebnis hängt aber vermutlich von der betrachteten Branche ab und soll daher nicht auf den Business-to-Consumer-eCommerce allgemein übertragen werden.

5.3.2 Zum Geschäftsbereich Electronic Commerce

Wie *Abbildung 5-3* verdeutlicht, verfügt ein Großteil der Multi-Channel-Anbieter über eine eigene stationäre Handelspräsenz, über die oft das Hauptgeschäft abgewickelt wird. Die zunehmende Bedeutung des eCommerce lässt sich daran erkennen, dass die Mehrzahl der Multi-Channel-Anbieter (70 %) ein anteiliges Wachstum des eCommerce am Gesamtumsatz erwartet. Über alle Befragungsteilnehmer wird dem eCommerce bereits heute eine hohe Bedeutung in der gesamten Branche beigemessen, die zukünftig noch ansteigen wird (Mittelwert „Bedeutung heute": 4,3 gegenüber „Bedeutung in drei Jahren": 5,0). Gleichzeitig prognostizieren die Interviewpartner in ihrer Branche einen Anstieg der Wettbewerbsintensität im Internet von einer derzeit eher hohen (Mittelwert: 4,0) auf eine hohe Wettbewerbsintensität in drei Jahren (Mittelwert: 4,8). *Abbildung 5-4* gibt Auskunft darüber, seit wann die Unternehmen bereits über einen eigenen Online-Shop verfügen.

Abb. 5-4: Bestehen der Online-Shops

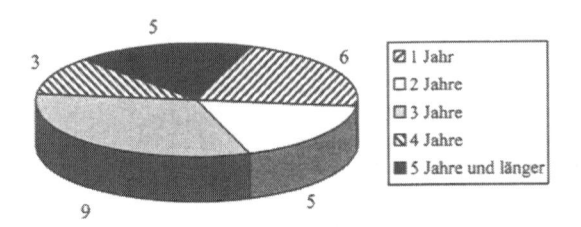

n = 28

Diejenigen Anbieter, die erst seit kurzem (ein bis zwei Jahre) im eCommerce tätig sind, wollen ihr Online-Engagement in der Regel weiter ausbauen. In Zukunft ist somit ein Anstieg der Online-Bestellungen, die bei knapp zwei Drittel der befragten Unternehmen zum heutigen Zeitpunkt noch als eher niedrig einzustufen sind (siehe *Abbildung 5-5*), zu erwarten. *Abbildung 5-5* gibt ferner Auskunft darüber, wie hoch der durchschnittliche Rechnungsbetrag einer Online-Bestellung ist. Anzumerken ist hierbei, dass die durchschnittlichen Beträge nur begrenzt aussagefähig sind, da das

Sortiment oft einer großen preislichen Spanne unterliegt. Auch weichen die Beträge von den durchschnittlichen Rechnungsbeträgen im eCommerce ab, da die betrachteten Produkte allgemein höherpreisiger sind als typischerweise online erworbene Produkte.

Abb. 5-5: Anzahl und Rechnungsbeträge der Online-Bestellungen

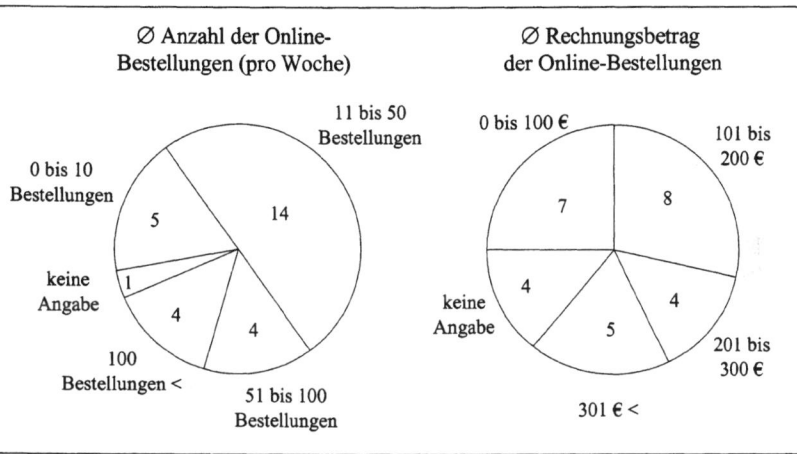

∅ Anzahl der Online-Bestellungen (pro Woche)

∅ Rechnungsbetrag der Online-Bestellungen

0 bis 10 Bestellungen: 5
11 bis 50 Bestellungen: 14
51 bis 100 Bestellungen: 4
100 Bestellungen <: 4
keine Angabe: 1

0 bis 100 €: 7
101 bis 200 €: 8
201 bis 300 €: 4
301 € <: 5
keine Angabe: 4

n = 28

Abbildung 5-6 beinhaltet die Umsätze, die die befragten Unternehmen im Geschäftsjahr 2002/2003 im eCommerce erzielt haben.

Abb. 5-6: Umsätze der befragten Unternehmen im eCommerce im Geschäftsjahr 2002/2003 (in €)

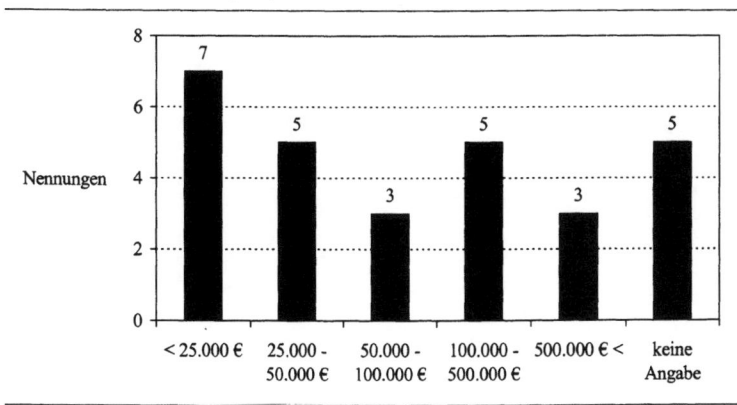

Nennungen:
- < 25.000 €: 7
- 25.000 - 50.000 €: 5
- 50.000 - 100.000 €: 3
- 100.000 - 500.000 €: 5
- 500.000 € <: 3
- keine Angabe: 5

n = 28

Bei knapp der Hälfte der Unternehmen, die bereit waren, die Umsatzkategorie anzugeben, ist der Umsatz noch als relativ gering einzustufen. Dies trifft insbesondere auf diejenigen Unternehmen zu, die erst seit kurzem im eCommerce tätig sind. Zudem stellt bei den meisten Multi-Channel-Anbietern der eCommerce bisher nicht das Hauptgeschäft dar.

Ein Online-Shop bietet allgemein den Vorteil, dass er prinzipiell weltweit zugänglich ist (Sauter 1999 S. 105). Neben einem nationalen Absatzgebiet können somit auch Nachfrager aus anderen Ländern angesprochen werden. Diese Möglichkeit nutzt ein Großteil der befragten Anbieter: dreizehn Anbieter nehmen weltweit Bestellungen entgegen, weitere dreizehn Anbieter sind im deutschsprachigen bis hin zum gesamten europäischen Ausland tätig, und nur zwei Anbieter beschränken sich auf das nationale Absatzgebiet. Allerdings hält sich die Anzahl der Bestellungen aus dem Ausland bei den meisten Befragungsteilnehmern bisher in Grenzen, da in der Regel lediglich zwischen fünf und zehn Prozent der Online-Bestellungen aus dem Ausland stammen. Zu ähnlichen Ergebnissen gelangen auch die branchenübergreifenden Studien der Postbank (2004 S. 55) sowie von Kolberg und Scharmacher (2001 S. 98). Dies ist u.a. darauf zurückzuführen, dass erst wenige Anbieter einen zwei- bzw. mehrsprachigen Shop aufweisen. Dagegen verfügen diejenigen Anbieter, die bereits vor ihrem Online-Engagement international tätig waren, in der Regel über länderspezifische Shops in ihren wichtigsten internationalen Absatzmärkten oder wollen für diese zukünftig einen eigenen Online-Shop aufbauen. Festzuhalten bleibt, dass die Online-Bestellungen der in Deutschland ansässigen Anbieter auch überwiegend aus dem nationalen Absatzgebiet stammen.

Angesichts des nationalen bis internationalen Absatzgebietes verwundert es nicht, dass alle Online-Anbieter Absatzhelfer im Rahmen des Distributionsprozesses einsetzen (siehe *Abbildung 5-7*). Die Absatzhelfer lassen sich in KEP-Dienstleister und Speditionen unterscheiden lassen. Letztere kommen insbesondere im Business-to-Business-Bereich sowie beim Versand sperriger und großvolumiger Waren zum Einsatz. Einige wenige Online-Anbieter verfügen zudem über einen eigenen Lieferdienst, der in Abhängigkeit von der bestellten Ware für die Auslieferung an lokale bis regionale Empfänger genutzt wird. Wie *Abbildung 5-7* zeigt, werden in der Regel mehrere (durchschnittlich zwei) verschiedene Versanddienstleister genutzt. Ein Grund hierfür kann in deren unterschiedlichen Lieferkonditionen liegen. So bieten nicht alle Versanddienstleister eine Abholung von Retouren beim Kunden an (vgl.

Thieme 2003 S. 207). Gerade dieser Service mag aber dazu beitragen, verärgerte Kunden zu besänftigen anstatt sie noch mit einem zusätzlichen Weg zum Postamt zu belasten. Insgesamt stellen die Auslieferung der Ware sowie deren Rückführung im Fall von Retouren Funktionen dar, die im Allgemeinen Gegenstand des Outsourcing sind. Vereinzelt wird auch die Zahlungsabwicklung bei bestimmten Zahlungsformen (insbesondere bei internetbasierten Zahlungsformen) an externe Finanzdienstleister ausgelagert bzw. durch diese unterstützt. Dagegen werden die weiteren Fulfillment-Funktionen bei nahezu allen Befragungsteilnehmern in Eigenregie abgewickelt.

Abb. 5-7: Einsatz von Versanddienstleistern

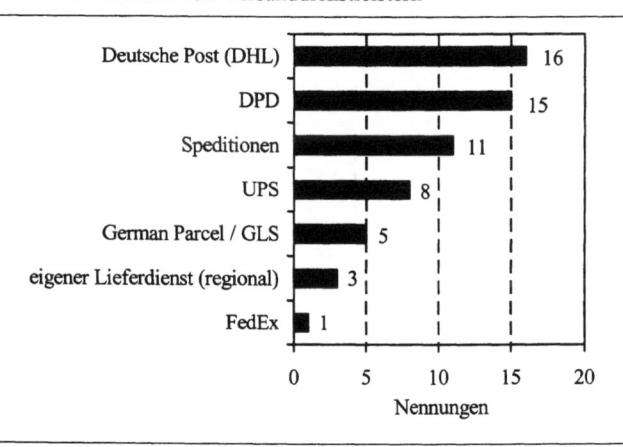

Versanddienstleister	Nennungen
Deutsche Post (DHL)	16
DPD	15
Speditionen	11
UPS	8
German Parcel / GLS	5
eigener Lieferdienst (regional)	3
FedEx	1

n = 28, Mehrfachnennungen möglich

Ein Blick auf *Abbildung 5-8* macht deutlich, dass die Online-Anbieter im Business-to-Consumer-Bereich traditionelle Zahlungsformen vorziehen, bei denen das Risiko eines Zahlungsausfalls niedrig ist (wie bei der Vorkasse, der Nachnahme oder der Barzahlung bei Abholung der Ware). Die Anbieter sind sich durchaus bewusst, dass viele Nachfrager den Kauf auf Rechnung präferieren. In der Regel ist ihnen der Rechnungskauf aber gerade bei Erstkäufern zu risikoreich, da viele Anbieter bereits negative Erfahrungen mit der Zahlungsmoral der Online-Besteller gemacht haben. Einige Anbieter räumen aber ihren Stammkunden, insbesondere ihren Geschäftspartnern im Business-to-Business-Bereich, den Kauf auf Rechnung ein, so dass insgesamt doch mehr als die Hälfte diese Zahlungsform anbietet. Internetbasierte Zahlungsformen (= ePayment) sind bei den Befragungsteilnehmern dagegen von nachrangiger Bedeutung. Häufig wird in diesem Zusammenhang bemängelt, dass es noch keine einheitlichen, von Anbietern und Kunden gleichermaßen akzeptierten

Verfahren gibt und derartige Zahlungsformen oft (noch) zu hohe Transaktionskosten verursachen. Auch zukünftig beabsichtigen nur wenige Befragungsteilnehmer, internetbasierte Zahlungsformen einzusetzen.

Abb. 5-8: Angebot an Zahlungsvarianten

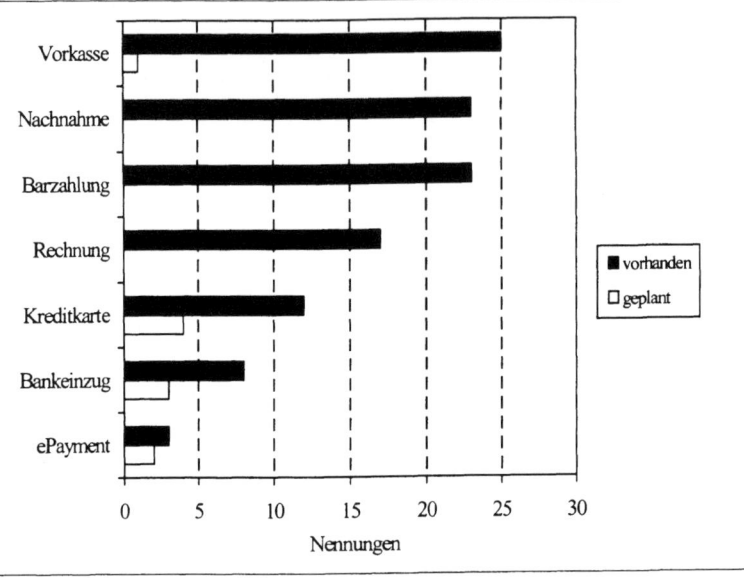

Zahlungsvariante	Nennungen (■ vorhanden, □ geplant)
Vorkasse	■■■■■■■■■■■■■■■■■■■■■■■■■ (~25)
Nachnahme	■■■■■■■■■■■■■■■■■■■■■■ (~22)
Barzahlung	■■■■■■■■■■■■■■■■■■■■■ (~21)
Rechnung	■■■■■■■■■■■■■■■ (~15)
Kreditkarte	■■■■■■■■■■■■ (~12) □
Bankeinzug	■■■■■■■ (~7) □
ePayment	■■■ (~3) □

n = 28, Mehrfachnennungen möglich

Abschließend sollen an dieser Stelle mögliche Serviceleistungen, die dem Fulfillment zugeordnet werden können, in die Betrachtung einfließen (siehe *Abbildung 5-9*). Die Auftragsbestätigung ist eigentlich nicht als Serviceleistung zu bezeichnen, da sie in der Regel einen festen Bestandteil bei Online-Transaktionen bildet, worauf auch die Ergebnisse in *Abbildung 5-9* hindeuten. Nahezu selbstverständlich ist mittlerweile auch eine Benachrichtigung der Empfänger im Fall von Verzögerungen bei der Auslieferung. Dagegen lässt sich bei den weiteren Serviceoptionen ein Handlungsbedarf erkennen. Allerdings wollen nur wenige Anbieter, die nicht über die entsprechenden Optionen verfügen, diese in Zukunft auch anbieten. Anzumerken bleibt, dass hier bewusst auf die Frage nach einem Geschenkservice verzichtet wurde, da Automobilteile im Allgemeinen nicht als typische Geschenkartikel anzusehen sind.

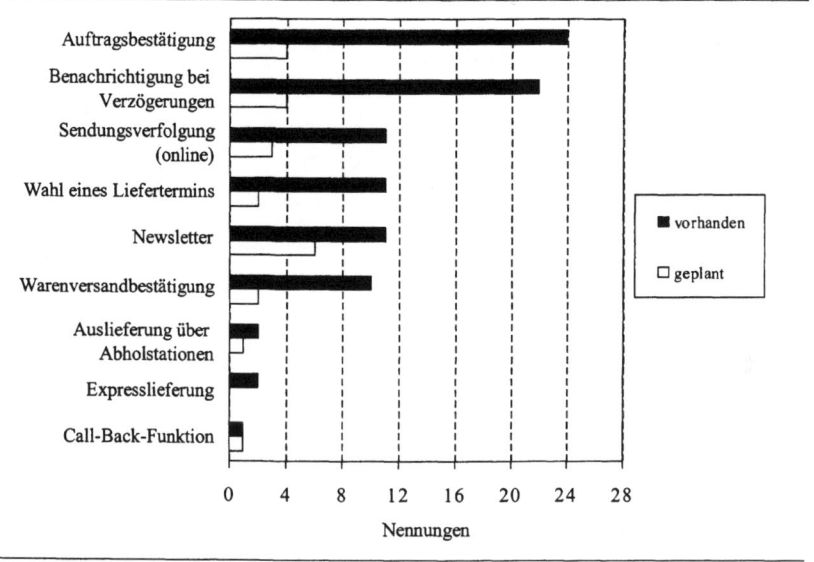

Abb. 5-9: Angebot an Serviceoptionen

Serviceoption	vorhanden	geplant
Auftragsbestätigung		
Benachrichtigung bei Verzögerungen		
Sendungsverfolgung (online)		
Wahl eines Liefertermins		
Newsletter		
Warenversandbestätigung		
Auslieferung über Abholstationen		
Expresslieferung		
Call-Back-Funktion		

n = 28, Mehrfachnennungen möglich

5.3.3 Zielgruppen und Ziele im Geschäftsbereich Electronic Commerce

Da ein Großteil der befragten Unternehmen private Endverbraucher als ihre Hauptzielgruppe bezeichnet, soll diese Zielgruppe kurz näher charakterisiert werden. Wie angesichts der betrachteten Branche nicht anders zu erwarten ist, sind die Online-Käufer überwiegend männlich (bei der Mehrzahl der Unternehmen zu über 80 %). Dieses Ergebnis ist als branchenspezifisch zu werten und lässt sich nicht auf andere Branchen oder den eCommerce allgemein übertragen (vgl. dazu Postbank 2004 S. 8). Bei denjenigen Anbietern, die über das Alter ihrer Kunden Aussagen machen können, verteilen sich die Kunden gleichmäßig auf die beiden Altersklassen „18 bis 29 Jahre" und „30 bis 39 Jahre". Diese Verteilung überrascht nicht, da die beiden Altersklassen immer noch prozentual am stärksten in der Gesamtheit der Internet-Nutzer vertreten sind (ebda S. 10, Fittkau & Maaß 2004 S. 1).

Bei der offenen Frage nach der aktuell vorherrschenden Zielsetzung im Geschäftsbereich eCommerce wurde die Umsatzsteigerung am häufigsten genannt. Damit eng verbunden wird auch ein Ausbau des Online-Engagements, insbesondere eine Erweiterung des im Online-Shop angebotenen Produktprogramms, angeführt. Weitere Mehrfachnennungen erhielten die Zielsetzungen Steigerung des

Bekanntheitsgrades, Ansprache neuer Zielgruppen, Aktualität des Online-Shops und Automatisierung des Telefonverkaufs. Dagegen werden die internationale Ausrichtung und die Vermeidung von Kannibalisierungseffekten für bestehende Absatzkanäle lediglich vereinzelt genannt.

Um einen differenzierten Einblick in die Zielsetzungen des Fulfillment zu erhalten, sollten die Interviewpartner anschließend vorgegebene Ziele gemäß ihrer Bedeutung für den Geschäftsbereich eCommerce beurteilen. Diesen Zielen ist gemein, dass sie in unmittelbarem Zusammenhang mit dem Fulfillment stehen. Nach Bildung ihres Mittelwertes über alle Auskunftspersonen lassen sich die Ziele in eine Rangfolge bringen (siehe *Tabelle 5-2*).

Tab. 5-2: Ranking der Fulfillment-Ziele

Rang	Ziel	n	Mittelwert (Bedeutung)	Standardabweichung
1	Verbesserung der Neukundengewinnung	28	5,32	,86
2	Vertrauen der Kunden in die Leistungserfüllung	28	5,25	,84
3	Verbesserung der Kundenbindung	28	4,93	,86
4	Verbesserung der Kundenzufriedenheit	28	4,86	1,15
5	Differenzierung im Wettbewerb	28	4,79	,99
6	Steigerung der Qualität der Auftragsabwicklung	28	4,39	1,37
7	Senkung der Kosten der Auftragsabwicklung	28	4,07	1,56
8	Abbau von organisatorischen Schnittstellenproblemen / Bereichsgrenzen	28	3,57	1,85
9	Verbesserung der Kooperation mit Dienstleistern	28	3,43	1,71
10	Senkung der Lieferzeit	28	3,39	1,75
11	Verbesserung der Retourenabwicklung	27	3,04	1,68

Die höchste Bedeutung weist das Ziel „Verbesserung der Neukundengewinnung" auf. Die hohe Bedeutung dieses Ziels überrascht nicht, da die Mehrzahl der befragten Anbieter beabsichtigt, ihr eCommerce-Engagement zukünftig auszubauen. Auch die Fulfillment-Konditionen können dazu beitragen, dieses Ziel zu erreichen, indem z.B. eine kostenlose Auslieferung für Erstbesteller angeboten wird (Silberer & Köcher 2002 S. 141). Eine ebenfalls hohe bis sehr hohe Bedeutung kommt dem Ziel

„Vertrauen der Kunden in die Leistungserfüllung" zu. Dieses Ziel steht in unmittelbarem Zusammenhang mit dem Fulfillment. Die hohe Bedeutung dieses Ziels überrascht nicht, da im Distanzhandel die Leistungserfüllung beim Kaufabschluss noch einen Unsicherheitsfaktor darstellt. Ein gutes Fulfillment kann dazu beitragen, dass der Nachfrager Vertrauen in den Anbieter aufbaut und sich das wahrgenommene Risiko bei Folgekäufen reduziert. Ebenso trägt das Fulfillment zur Erreichung der Ziele „Verbesserung der Kundenbindung" (Rang 3) und „Verbesserung der Kundenzufriedenheit" (Rang 4) bei, denen ebenfalls eine hohe Bedeutung zukommt. Die Rangreihung legt nahe, dass der Kunde im Mittelpunkt des Online-Engagements steht, da auf den vorderen Plätzen ausnahmslos kundenorientierte Zielsetzungen erscheinen. Dass sich dieses Ergebnis durchaus auch auf andere Branchen übertragen lässt, bestätigt eine Rangreihung von Marketing-Zielen in einer branchenübergreifenden Studie von Fritz (1999 S. 130-131).

Von ebenfalls hoher Bedeutung ist die „Differenzierung im Wettbewerb" (Rang 5) und die damit einhergehende Konkurrenzorientierung. Der Kostenorientierung, die in den „Kosten der Auftragsabwicklung" (Rang 7) zum Ausdruck kommt, wird insgesamt eine „eher hohe Bedeutung" zugewiesen. Dagegen kommt den weiteren Fulfillment-Zielen eine „eher geringe Bedeutung" zu (Rang 9 bis 11). Im Fall der Lieferzeit (Rang 10) und der Retourenabwicklung (Rang 11), die in der Literatur häufig als Problembereiche des eCommerce angeführt werden (Lasch & Lemke 2003 S. 43, 49, Wahby 2001 S. 2-3), überrascht die Einstufung bei Berücksichtigung weiterer Ergebnisse der Befragung nicht. Die Auslieferung der bestellten Ware erfolgt bei gut 80 % der befragten Anbieter innerhalb von zwei Tagen. Lediglich bei zwei Anbietern dauert die Auslieferung im Durchschnitt länger als vier Tage. Eine längere Lieferzeit kann aber auch daraus resultieren, dass die Ware per Vorkasse bezahlt wird und die Lieferung erst nach Eingang des Rechnungsbetrages erfolgt. In diesem Fall hat der Anbieter aber nur einen eingeschränkten Einfluss auf die Zeitspanne vom Zeitpunkt der Online-Bestellung bis zur Auslieferung der Ware. Die durchschnittliche Retourenquote liegt bei drei Vierteln der Anbieter unter 5 % und bei nahezu allen Anbietern unter 10 %. Ähnlich positive Ergebnisse liefert auch eine branchenübergreifende Studie von Kolberg und Scharmacher (2001 S. 123). Insgesamt ist die Retourenabwicklung bzw. die Anzahl der Retouren bei den Unternehmen der vorliegenden Studie nicht als problematisch anzusehen. Dies erklärt die eher geringe Bedeutung der beiden Ziele am Ende der Tabelle.

Neben der Bedeutung der einzelnen Ziele wurde auch die bisherige Zielerreichung erhoben. *Abbildung 5-10* zeigt, dass die Ziele, denen eine hohe Bedeutung beigemessen wird, bisher einen „eher hohen" Zielerreichungsgrad aufweisen. Die negative Abweichung zwischen der Bedeutung und der Erreichung dieser Ziele deutet darauf hin, dass bei diesen Aspekten noch Verbesserungspotenzial vorhanden ist. Dagegen weisen diejenigen Ziele, die im unteren Drittel der Abbildung zu finden sind, auf kein weiteres Verbesserungspotenzial hin.

Abb. 5-10: Aktuelle Bedeutung und bisherige Erreichung der Fulfillment-Ziele

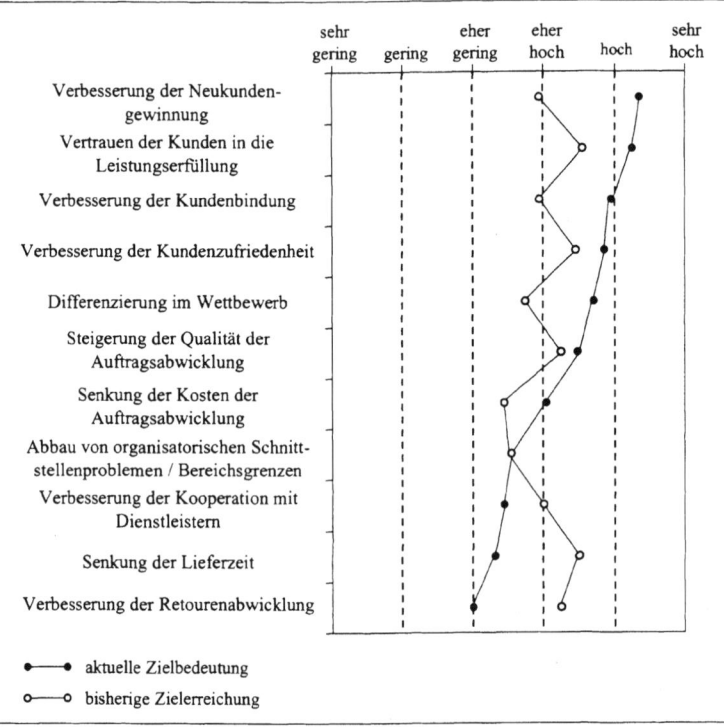

n = 28

5.3.4 Zu den Einflussfaktoren und den Wirkungen des Fulfillment
5.3.4.1 Zu den Fulfillment-Variablen

Bevor die Einflussfaktoren und Wirkungen des Fulfillment näher betrachtet werden, soll zunächst mit Hilfe der Reliabilitätsanalyse überprüft werden, ob sich die einzelnen Items der beiden Variablen Fulfillment-Kosten und Fulfillment-Leistung jeweils zu einer gemeinsamen Skala zusammenfassen lassen (siehe *Tabelle 5-3*). Auf Grundlage dieser Skalen kann anschließend der statistische Zusammenhang zwischen den beiden Fulfillment-Variablen sowie den Einflussfaktoren und Wirkungen untersucht werden.

Tab. 5-3: Reliabilitätsanalyse der Fulfillment-Variablen

Variable	Items	Mittelwert	Standardabweichung	Trennschärfe
Fulfillment-Kosten (n = 28)	Lagerbestandskosten	3,50	1,84	,54
	Kosten der Kommissionierung	2,57	1,14	,68
	Verpackungskosten	2,57	1,17	,57
	Versandkosten	3,25	,93	,39
	Cronbach's Alpha: ,72			
Fulfillment-Leistung (n = 28)	Lieferfähigkeit	5,07	,86	,62
	Lieferbeschaffenheit	5,14	,76	,73
	Lieferzeit	4,96	,79	,75
	Lieferzuverlässigkeit	5,11	,92	,73
	Lieferflexibilität	5,21	,88	,38
	Reklamations- und Retourenabwicklung	4,71	,86	,35
	Cronbach's Alpha: ,82			

In die Gesamtskala der Variablen „Fulfillment-Leistung" gehen bis auf das Item „Zahlungsabwicklung", das einen unbefriedigenden Trennschärfekoeffizienten (< 0,3) aufweist, alle erhobenen Items ein. Aus Anbietersicht lässt sich somit eine Trennung zwischen dem Waren- und dem Finanzfluss erkennen, da die verbleibenden Items den Warenfluss beschreiben. Bei der Variablen „Fulfillment-Kosten" werden insgesamt drei Items („Kosten für Reklamationen und Retouren", „Kosten der Zahlungsabwicklung" sowie „administrative und dispositive Kosten") aufgrund ihrer niedrigen Trennschärfekoeffizienten ausgeschlossen. Damit gehen in die Variable „Fulfillment-Kosten" diejenigen Items ein, die die warenbestands- und warenflussbezogenen Kosten beschreiben. Dazu zählen zwar auch die durch Retouren verursachten Kosten, aber diese treten bei den Befragungsteilnehmern lediglich in geringem Maße auf. Die Kosten der Zahlungsabwicklung sind dagegen dem Finanzfluss zuzuordnen. Sie weisen zudem von allen Items den niedrigsten Mittelwert auf (2,36). Eine Beurteilung der mit dem Auftragsmanagement verbundenen administrativen Kosten fällt den Befragungsteilnehmern insgesamt schwer, da sie die administrativen Kosten in Form von Personalkosten in der Regel auf Gesamtunternehmensebene oder für den Geschäftsbereich eCommerce ermitteln. Insgesamt legen sowohl die Mittelwerte der in die Gesamtskala eingehenden Items (siehe *Tabelle 5-3*) als auch die Mittelwerte der ausgeschlossenen Items nahe, dass die Fulfillment-Kosten bei den befragten Unternehmen keinen Problembereich des eCommerce darstellen. Dies liegt nicht zuletzt an der durchweg niedrigen Anzahl an Retouren, die entsprechend wenig zusätzliche Kosten verursachen (Mittelwert für die Kosten der Reklamationen und Retouren: 3,07).

Ausgehend von den Ergebnissen der Reliabilitätsanalyse wird in einem zweiten Schritt für beide Variablen eine explorative Faktorenanalyse durchgeführt. Mit Hilfe dieses Verfahrens lässt sich überprüfen, ob die den Variablen zugeordneten Items auch tatsächlich auf eine Dimension laden. Dies ist sowohl für die vier Items der Variablen „Fulfillment-Kosten" als auch für die sechs Items der Variablen „Fulfillment-Leistung" der Fall. Auch die Faktorladungen erfüllen mit Ausnahme des Items „Reklamations- und Retourenabwicklung" den geforderten Mindestwert von 0,5 (siehe *Tabelle 5-4*). Da die Faktorladung dieses Items aber lediglich knapp unter dem Mindestwert liegt, soll das Item in der Gesamtskala der Variablen „Fulfillment-Leistung" verbleiben. *Tabelle 5-4* und *Tabelle 5-5* fassen die Ergebnisse der Faktorenanalyse für die beiden Fulfillment-Variablen zusammen.

Tab. 5-4: Faktorenanalyse der Variablen „Fulfillment-Leistung"

Indikatoren	Faktorladungen
Lieferfähigkeit	,76
Lieferbeschaffenheit	,86
Lieferzeit	,86
Lieferzuverlässigkeit	,85
Lieferflexibilität	,53
Reklamations- und Retourenabwicklung	,48
Eigenwert	3,28
Faktorvarianz	54,69 %
n = 28	

Tab. 5-5: Faktorenanalyse der Variablen „Fulfillment-Kosten"

Indikatoren	Faktorladungen
Lagerbestandskosten	,75
Kosten der Kommissionierung	,85
Kosten der Verpackung	,78
Versandkosten	,64
Eigenwert	2,30
Faktorvarianz	57,56 %
n = 28	

Die Faktorenanalyse wird an dieser Stelle exemplarisch anhand der beiden Fulfillment-Variablen dargestellt, da diese Variablen die zentralen Bestandteile des Determinanten-Wirkungs-Modells bilden. Im weiteren Verlauf wird auf einen Ausweis der faktoranalytischen Ergebnisse im Text verzichtet, soweit alle einer Variablen zugeordneten Items auf eine Dimension laden. Sofern das Messmodell einer Variablen nur zwei Items beinhaltet, entfällt die Faktorenanalyse, da sich die Beziehung der Items auf Basis der Korrelationsanalyse untersuchen lässt.

Bei der Gestaltung des Fulfillment ist ein Trade-off zwischen den Fulfillment-Kosten und der Fulfillment-Leistung zu berücksichtigen. Im Rahmen der Kunden- und Konkurrenzorientierung ist ein möglichst hohes Leistungsniveau anzustreben, das sich z.B. in kurzen Lieferzeiten, Lieferterminzusagen und einem breiten Angebot an Auslieferungs- und Zahlungsoptionen bemerkbar macht. Bei einer Erhöhung des Leistungsniveaus und einer umfassenden Berücksichtigung von Kundenwünschen ist aber auch ein möglicher Anstieg der Kosten in Betracht zu ziehen. Eine Korrelationsanalyse führt zu dem Ergebnis, dass zwischen der Fulfillment-Leistung und den Fulfillment-Kosten ein tendenziell signifikanter Zusammenhang mittlerer Stärke besteht (siehe *Tabelle 5-6*). Hypothese H_1 wird daher aufrechterhalten.

Tab. 5-6: Überprüfung des Zusammenhangs zwischen den Fulfillment-Kosten und der Fulfillment-Leistung

Hypothese	Fulfillment-Variablen	Korrelation nach Pearson	Signifikanz (1-seitig)	n
H_1	Fulfillment-Leistung Fulfillment-Kosten	,289[T]	,068	28

[T] Die Korrelation ist auf dem Niveau 0,10 (1-seitig) signifikant.

Insgesamt wird die Fulfillment-Leistung gegenwärtig als hoch (Mittelwert: 4,99) beurteilt, wohingegen die Fulfillment-Kosten als eher gering (Mittelwert: 2,97)

angesehen werden. In Zukunft sehen die Befragungsteilnehmer in Bezug auf die beiden Variablen wenig Änderungsbedarf, da das Verbesserungspotenzial der Fulfillment-Leistung als eher gering (Mittelwert: 2,54) und das Senkungspotenzial der Kosten als gering (Mittelwert: 2,26) eingestuft werden.

5.3.4.2 Zu den Einflussfaktoren des Fulfillment

Die unternehmensinternen Einflussfaktoren umfassen diejenigen Variablen, auf die ein Unternehmen direkten Einfluss ausüben kann. Dagegen lassen sich unternehmensexterne Faktoren nicht oder nur bedingt vom Unternehmen beeinflussen. Bevor der Einfluss der unternehmensinternen und -externen Faktoren auf die Fulfillment-Variablen untersucht wird, sind in einem ersten Schritt diejenigen Faktoren, die über zwei oder mehr Items erhoben wurden, auf die Reliabilität ihrer Gesamtskala zu überprüfen.

Skalenbildung bei den Einflussfaktoren

Tabelle 5-7 und *Tabelle 5-8* fassen die Ergebnisse der Reliabilitätsanalyse für die unternehmensinternen bzw. die unternehmensexternen Faktoren, die über zwei oder mehr Items erhoben werden (sog. latente Variablen), zusammen.

Während sich bei den Variablen „Erklärungsbedürftigkeit" und „Kontrollintensität" die Gesamtskala aus allen erhobenen Items zusammensetzt, werden bei den übrigen unternehmensinternen Einflussfaktoren einzelne Items zugunsten einer höheren Reliabilität der Gesamtskala entfernt. Die Gesamtskala der Variablen „Prozessorientierung" setzt sich aus drei Items zusammen, während ein viertes Item („Zuweisung von Prozessbudgets zu den Prozessen") aufgrund einer niedrigen Trennschärfe (0,26) entfernt wird. Dadurch lässt sich der Reliabilitätskoeffizient von 0,70 auf 0,80 erhöhen. Bei den Unternehmen der Stichprobe ist durchaus eine Prozessorientierung zu erkennen, wie die Mittelwerte der drei beibehaltenen Items zeigen (siehe *Tabelle 5-7*). Die Mehrzahl der Unternehmen, die zur Prozessorientierung Auskunft geben konnten, ordnet den Prozessen aber kein eigenes Budget zu. Dies erklärt den geringen Mittelwert des Items (2,17) und dessen Ausschluss.

Bei der Variablen „Logistikkompetenz" werden die Items „eigene Transportkapazitäten" und „Logistikbudget" entfernt, da beide eine sehr niedrige Item-to-Total-Korrelation aufweisen (0,09 und 0,08). Der Reliabilitätskoeffizient lässt sich dadurch von 0,50 auf 0,74 erhöhen. Das erstgenannte Item lässt sich ausschließen, da die Auslieferung der Waren zumeist über externe Dienstleister erfolgt. Nur wenige

Anbieter verfügen über eigene Transportkapazitäten, die sie bei regionalen Bestellungen in Ergänzung zu den Dienstleistern nutzen. Daher weisen die eigenen Transportkapazitäten für die Beurteilung der Logistikkompetenz eine untergeordnete Bedeutung auf. Der Ausschluss des Items „Logistikbudget" ist wiederum darauf zurückzuführen, dass die logistische Abwicklung der Bestellungen insgesamt niedrige Kosten verursacht (siehe *Abschnitt 5.3.4.1*). Daher kommt auch dem Logistikbudget nur eine nachrangige Bedeutung zu (Mittelwert: 3,82). In diesem Zusammenhang merken einige Unternehmen an, dass bei Bedarf durchaus ausreichend finanzielle Mittel für eine Erhöhung des Logistikbudgets vorhanden sind.

Tab. 5-7: Reliabilitätsanalyse der latenten internen Einflussfaktoren

Variable	Items	Mittelwert	Standardabweichung	Trennschärfe
Erklärungsbedürftigkeit des Leistungsprogramms (n = 28)	Anpassung an individuelle Kundenwünsche	2,57	1,87	,42
	Installations- und Verwendungshilfen	3,07	1,46	,45
	Online-Produktinformationen	3,36	1,37	,49
	Cronbach's Alpha: ,63			
Prozessorientierung (n = 23)	Definition von Geschäftsprozessen	4,70	1,15	,59
	Benennung von Prozessverantwortlichen	4,96	1,22	,75
	Zuordnung von Mitarbeitern zu Geschäftsprozessen	4,22	1,45	,61
	Cronbach's Alpha: ,80			
Logistikkompetenz (n = 28)	Mitarbeiterqualifikation	4,82	1,25	,46
	Lager-/Kommissionierkapazitäten	4,50	1,26	,61
	Logistik-Know-how	4,46	1,07	,64
	Cronbach's Alpha: ,74			
Kontrollintensität (n = 28)	Umfang	3,54	1,35	,87
	Detaillierungsgrad	3,18	1,49	,84
	Qualität	3,57	1,50	,92
	Cronbach's Alpha: ,94			

Bei den unternehmensexternen Einflussfaktoren, die über mehrere Items erhoben wurden, entfällt bei den beiden Variablen „wahrgenommene Kundenanforderungen" und „Kooperationsbereitschaft der Dienstleister" jeweils ein Item, während bei der Variablen „Qualifikation der Dienstleister" alle Items in die Gesamtskala eingehen (siehe *Tabelle 5-8*). Im Fall der wahrgenommenen Kundenanforderungen wird das Item „Anforderungen an die Zahlungsabwicklung" aufgrund einer sehr niedrigen Trennschärfe (0,06) eliminiert. Dadurch lässt sich der Reliabilitätskoeffizient von 0,58 auf 0,71 steigern. Offenbar lassen sich die Anforderungen an die Zahlungsabwicklung nicht mit den übrigen Items, die den Lieferservice repräsentieren, vereinen.

Tab. 5-8: Reliabilitätsanalyse der latenten externen Einflussfaktoren

Variable	Items	Mittelwert	Standardabweichung	Trennschärfe
Wahrgenommene Kundenanforderungen (n = 28)	Lieferfähigkeit	5,36	,78	,57
	Lieferbeschaffenheit	5,36	,78	,33
	Lieferzeit	5,18	,77	,62
	Lieferzuverlässigkeit	5,57	,69	,64
	Lieferflexibilität	4,89	1,20	,36
	Cronbach's Alpha: ,71			
Kooperationsbereitschaft der Dienstleister (n = 24)	Vertragskonformes Verhalten	4,71	1,27	,72
	Weitergabe von Informationen	4,54	1,38	,79
	Persönliche Interaktion	3,54	1,67	,66
	Cronbach's Alpha: ,85			
Qualifikation der Dienstleister (n = 25)	Erfahrung mit dem Versand an Endkunden	4,96	1,06	,37
	Erfüllung von Leistungsstandards	4,80	,87	,61
	Reputation	4,76	,83	,59
	Cronbach's Alpha: ,69			

Bei der Variablen „Kooperationsbereitschaft der Dienstleister" wird das Item „informationstechnische Anbindung" eliminiert, da dieses Item aufgrund einer fehlenden Anbindung an die EDV-Systeme der Dienstleister nicht von allen Anbietern beurteilt werden konnte. Zwar deutet die Trennschärfe des Items (0,31) darauf hin, dass es sich grundsätzlich mit den übrigen Items zusammenfassen lässt. Da die Trennschärfe aber als relativ gering zu bezeichnen ist, geht das Item zu Gunsten eines höheren Reliabilitätskoeffizienten (0,85 gegenüber 0,75) nicht in die Gesamtskala der betrachteten Variablen ein.

Im Gegensatz zu den zuvor dargestellten latenten Variablen werden einige Einflussfaktoren nur über jeweils ein Item erhoben. In diesem Fall spricht man von manifesten Variablen (Bortz & Döring 2002 S. 7). Aus *Tabelle 5-9* lassen sich die Mittelwerte samt Standardabweichungen der manifesten Variablen entnehmen.

Tab. 5-9: Deskriptive Statistik zu den manifesten Einflussfaktoren

Variable	n	Mittelwert	Standardabweichung
Technologieorientierung	28	4,61	1,17
Versandeignung	28	5,50	,79
Marktausdehnung [10]	28	3,29	,66
Flexibilität der Dienstleister	27	4,33	1,30
Fulfillment-Leistung der Konkurrenz	17	4,11	1,32

Die ursprünglich latenten Variablen „Technologieorientierung" und „Flexibilität der Dienstleister" werden nach erfolgter Reliabilitätsanalyse über jeweils ein Item wiedergegeben, welches als Gesamtwert für die Variable erhoben wurde. Beide Variablen weisen bei zwei Items eine hohe Zahl an Fehlwerten auf. Im Fall der Technologieorientierung gilt dies für die beiden Items „interne" und „externe Vernetzung der Informations- und Kommunikationssysteme" (elf bzw. neun Fehlwerte). Eine interne Vernetzung der Systeme lässt sich nicht von denjenigen Anbietern beurteilen, deren eCommerce-Engagement nur auf einem Shop-System basiert, das alle erforderlichen Funktionen zur Verfügung stellt und nicht mit anderen EDV-Systemen verbunden ist. In diesen Fällen ist in der Regel auch keine Vernetzung zu externen EDV-Systemen, z.B. mit Systemen von Lieferanten oder Dienstleistern, zu beobachten (siehe dazu auch die Ausführungen zu der Variablen „Kooperationsbereitschaft der Dienstleister"). Soweit eine interne Vernetzung von EDV-Systemen besteht, wird diese insgesamt als hoch eingestuft (Mittelwert: 4,88), während die Vernetzung mit externen Systemen noch als eher gering beurteilt wird (Mittelwert: 3,21). Des Weiteren legt eine Korrelationsanalyse nahe, dass sich die verbleibenden zwei Items dieser Variablen („Auftreten von Medienbrüchen" und „Zugang der Mitarbeiter zu den Systemen") nicht zu einer gemeinsamen Skala zusammenfassen lassen (Korrelationskoeffizient: $r = ,047$), so dass hier auf den Gesamtwert zurückgegriffen wird.

Im Fall der Variablen „Flexibilität der Dienstleister" lässt sich insbesondere das Item „Anpassungskosten bei veränderten Anforderungen" nur von wenigen (insgesamt zehn) Anbietern beurteilen, da derartige Kosten bei den übrigen Anbietern bisher nicht aufgetreten sind. Dagegen treten bei dem Item „Anpassungsfähigkeit der Leistungen

---

[10] Im Gegensatz zu den übrigen Items wird die Marktausdehnung nicht über eine sechsstufige, sondern eine vierstufige Skala erhoben. Auch in diesem Fall lassen sich die erhobenen Daten als metrische Werte behandeln.

des Dienstleisters" nur vereinzelt Fehlwerte auf. Wie eine Korrelationsanalyse zeigt, bildet dieses Item aber keine gemeinsame Skala mit dem verbleibenden Item „Flexibilität bei Schwankungen der Bestellmengen" (Korrelationskoeffizient: r = -,038). Daher wird auch bei dieser Variablen auf den Gesamtwert zurückgegriffen.

Einflussfaktoren der Fulfillment-Kosten

In *Tabelle 5-10* sind die vermuteten Einflussfaktoren der Fulfillment-Kosten ausgewiesen (Spalte 2). Die errechneten Korrelationen zwischen diesen Variablen und der Variablen „Fulfillment-Kosten" (Spalte 3) geben zusammen mit dem Signifikanzniveau (Spalte 4) an, ob die vermuteten Einflussfaktoren auch tatsächlich einen Einfluss auf die Fulfillment-Kosten ausüben.

Tab. 5-10: Überprüfung der Zusammenhänge zwischen den vermuteten Einflussfaktoren und den Fulfillment-Kosten

Hypothese	Vermutete Einflussfaktoren der Fulfillment-Kosten	Korrelation nach Pearson	Signifikanz (1-seitig)	n
H_3	Technologieorientierung	,120	,272	28
H_6	Erklärungsbedürftigkeit des Leistungsprogramms	,396*	,018	28
H_7	Versandeignung der Ware	,198	,156	28
H_8	Marktausdehnung	,375*	,025	28
H_{12}	Kooperationsbereitschaft	,310^T	,070	24

* Die Korrelationen sind auf dem Niveau 0,05 (1-seitig) signifikant.
T Die Korrelation ist auf dem Niveau 0,10 (1-seitig) signifikant.

Die Variable „Erklärungsbedürftigkeit des Leistungsprogramms" weist den höchsten Korrelationskoeffizienten unter den unternehmensinternen Faktoren auf. Von ihr geht ein signifikanter Einfluss mittlerer Stärke auf die Fulfillment-Kosten aus. Dieser Einfluss lässt sich darauf zurückführen, dass der Beratungsbedarf der Kunden nicht mit dem Absenden der Online-Bestellung gedeckt sein muss. Auch in der Abwicklungsphase können z.B. Fragen zur bestellten Ware oder zum Auftragsstatus sowie der Wunsch nach einer Änderung der Bestellung auftreten. Nach Empfang der Ware können mit der Erklärungsbedürftigkeit der Automobilteile auch die Anfragen zur Installation bzw. zum Einbau sowie zur Nutzung dieser Produkte ansteigen. Die Kommunikation mit den Nachfragern bindet personelle Kapazitäten und beeinflusst dadurch die Kosten. Dies wird besonders bei großen Distanzhändlern (im Fall von Automobilteilen z.B. bei D&W oder der Delticom AG) deutlich, bei denen für die Kommunikation mit den Nachfragern oft eine eigene Kostenstelle in Form eines Call-

Centers existiert. Trotz der mit Kundenanfragen und -nachfragen verbundenen Kosten weisen nahezu alle Unternehmen der Grundgesamtheit eine Telefonnummer in ihrem Online-Shop aus, zum Teil bereits explizit auf der Einstiegsseite, in der Regel aber erst im Online-Impressum. Nur ein Unternehmen der Stichprobe gibt angesichts des zuvor hohen Aufkommens an telefonischen Nachfragen bewusst keine Telefonnummer an. Einige Unternehmen machen dagegen aus der Not eine Tugend und bieten ausschließlich eine gebührenpflichtige Hotline an.

Einen ebenfalls signifikanten Einfluss mittlerer Stärke übt die Marktausdehnung auf die Fulfillment-Kosten aus. Dies überrascht nicht, da die Abwicklung von europa- bis hin zu weltweiten Bestellungen zwangsläufig höhere Kosten, insbesondere für die längere Wegstrecke und die Zollabwicklung, mit sich bringt. Diejenigen Befragungsteilnehmer, die auch international tätig sind, geben in diesem Zusammenhang an, dass internationale Bestellungen durchschnittlich um ca. 130 % höhere Kosten als regionale bzw. nationale Bestellungen verursachen. Somit wird auch Hypothese H_8 bestätigt.

Von der Kooperationsbereitschaft der eingesetzten Versanddienstleister geht ein tendenziell signifikanter, positiver Einfluss auf die Fulfillment-Kosten aus. Der im Vorfeld der Befragung vermutete negative Zusammenhang zwischen diesen beiden Variablen bestätigt sich daher nicht, so dass Hypothese H_{12} zu verwerfen ist. Vielmehr übt die Kooperationsbereitschaft einen kostensteigernden Einfluss aus. Eine mögliche Begründung hierfür ist, dass der Interaktionsgrad zwischen dem Auftraggeber und dem Dienstleister mit der Kooperationsbereitschaft des Dienstleisters steigen kann (z.B. durch Weitergabe von detaillierten Informationen zu den erbrachten Leistungen und den damit verbundenen Kosten). Dies kann wiederum einen Anstieg der Informations- und Kommunikationskosten in der Abwicklungs-, Kontroll- und Anpassungsphase zur Folge haben.

Dem Einflussfaktor Technologieorientierung liegt die Vermutung zu Grunde, dass eine medienbruchfreie Verarbeitung der Auftragsdaten entlang des Fulfillment-Prozesses zu weniger Fehlern führt und sich dementsprechend positiv auf die Effizienz des Fulfillment auswirkt. Zusätzlich besteht die Möglichkeit, bestimmte kundenbezogene Informationsprozesse wie die Bestellbestätigung, die Sendungsverfolgung oder die Information über den Warenausgang zu automatisieren (Rudolph & Löffler 2001 S. 25-26). Der vermutete negative Zusammenhang zwischen der Technologieorientierung und den Fulfillment-Kosten bestätigt sich jedoch nicht, so dass

Hypothese H_3 zu verwerfen ist. Dies lässt sich darauf zurückführen, dass bei vielen Unternehmen noch keine vollständige informationstechnische Integration der eCommerce-Aktivitäten in die bestehenden Strukturen erfolgt ist. Die Technologieorientierung tritt mit dem Online-Shop und dem dahinter liegenden Bestellsystem verstärkt im Frontend-Bereich zu Tage. Dagegen sind entsprechend auf die digitalen Bestelldaten zugeschnittene Backend-Systeme noch wenig verbreitet. Auch die angesprochene Automatisierung einzelner Informationsprozesse ist beim Großteil der Online-Anbieter noch verbesserungswürdig.

Ebenso wie die Technologieorientierung weist auch die Versandeignung der Ware keinen signifikanten Einfluss auf die Fulfillment-Kosten auf. Somit ist auch Hypothese H_7 zu verwerfen. Die einfache Begründung liegt darin, dass Waren, die sich weniger für Distanzgeschäfte eignen, zwar zu höheren Kosten führen würden, aufgrund dieser Eigenschaft aber eben nicht im Online-Shop angeboten werden. Dagegen wird die Versandeignung der angebotenen Ware insgesamt als hoch bis sehr hoch eingestuft (Mittelwert: 5,48).

In Ergänzung zu der Korrelationsanalyse wird eine Regressionsanalyse durchgeführt. Die (multiple) Regressionsanalyse bietet gegenüber der Korrelationsanalyse den Vorteil, dass sie simultan den Einfluss zwei oder mehrerer unabhängiger Variablen auf eine abhängige Variable untersucht und gleichzeitig auch die Beziehung der unabhängigen Variablen untereinander offenlegt (Hair et al. 1998 S. 148-149). Im Hinblick auf die Anzahl der unabhängigen Variablen, die in die Regressionsanalyse eingehen, bieten sich an dieser Stelle zwei Alternativen: entweder die Gesamtzahl aller vorab definierten Einflussfaktoren der Fulfillment-Kosten oder nur diejenigen Variablen, denen auf Basis der Korrelationsanalyse bereits ein signifikanter Einfluss nachgewiesen werden konnte. Hier soll die zweite Alternative (bewusste Auswahl der unabhängigen Variablen) gewählt werden, da die Regressionsanalyse ergänzend zur Korrelationsanalyse durchgeführt wird und zusätzliche Erkenntnisse zu einem „Zusammenspiel" der signifikanten Einflussfaktoren liefern kann. Ein mögliches niedrigeres Bestimmtheitsmaß (= durch die unabhängigen Variablen erklärter Anteil der Varianz der abhängigen Variablen) aufgrund des Ausschlusses der nichtsignifikanten Einflussfaktoren ist dabei in Kauf zu nehmen. Als unabhängige Variablen gehen neben der „Erklärungsbedürftigkeit des Leistungsprogramms" und der „Marktausdehnung" auch die Fulfillment-Leistung in die Regressionsanalyse ein. *Tabelle 5-11* dokumentiert die Ergebnisse der Regressionsanalyse. Anzumerken ist in diesem Zusammenhang, dass für die Überprüfung der Hypothesen der Anbieterbefragung aus Gründen der Vergleichbarkeit die Ergebnisse der Korrelationsanalyse ausschlaggebend sind.

Tab. 5-11: Regressionsanalyse zu den Einflussfaktoren der Fulfillment-Kosten

unabhängige Variablen	nicht standard. Regressionskoeffizient B	standard. Regressionskoeffizient β	Signifikanz	Toleranzwert
Fulfillment-Leistung	,478	,300	,086	,986
Erklärungsbedürftigkeit	,293	,364	,043	,950
Marktausdehnung	,414	,281	,112	,952
Bestimmtheitsmaß	$R^2 = ,336$			
F-Wert	$F = 4,05 / p < 0,05$			
Durbin-Watson-Teststatistik	1,58			

n = 28

Die Toleranzwerte lassen erkennen, dass zwischen den unabhängigen Variablen keine Kollinearität vorliegt, da alle Werte nahe bei eins liegen. Das Diagramm, in dem die tatsächlichen den geschätzten Residuen gegenüber gestellt werden, deutet nicht auf das Vorliegen von Heteroskedastizität hin. Ferner legt der Normalverteilungsplot nahe, dass die Residuen normalverteilt sind. Dagegen weicht der Durbin-Watson-Wert von dem Idealwert zwei ab. Dies deutet auf eine Autokorrelation der Residuen hin. Daher lässt sich nicht ausschließen, dass die Schätzung des Konfidenzintervalls der Regressionskoeffizienten Verzerrungen unterliegt. Dieser Aspekt soll aber vernachlässigt werden, da für die Überprüfung der Hypothesen nicht die Ergebnisse der Regressionsanalyse, sondern der Korrelationsanalyse als maßgeblich angesehen werden.

Die F-Statistik prüft die Regressionsfunktion als Ganzes auf ihre Signifikanz (siehe zum Vorgehen bei der F-Statistik Backhaus et al. 2003 S. 70-72). Im vorliegenden Fall lässt der F-Wert erkennen, dass der durch das Regressionsmodell formulierte Zusammenhang signifikant ist. Während sich der signifikante Einfluss der beiden unabhängigen Variablen „Fulfillment-Leistung" und „Erklärungsbedürftigkeit des Leistungsprogramms" im Rahmen der Regressionsanalyse bestätigt, weist die Marktausdehnung keinen signifikanten Regressionskoeffizienten auf. Ausgehend von den Ergebnissen der Korrelationsanalyse soll Hypothese H_8 aber dennoch aufrechterhalten werden. Das Bestimmtheitsmaß R^2 gibt an, inwieweit sich die abhängige Variable durch die unabhängigen Variablen vorhersagen lässt (Hair et al. 1998 S. 143). Demnach erklären die drei unabhängigen Variablen insgesamt 34 % der Varianz der Fulfillment-Kosten. Der hohe Anteil an nicht-erklärter Varianz deutet auf weitere, hier nicht erfasste Einflussfaktoren der Fulfillment-Kosten hin.

Einflussfaktoren der Fulfillment-Leistung

Tabelle 5-12 enthält die Ergebnisse der Korrelationsanalyse zu den Einflussfaktoren der Fulfillment-Leistung. Bei den internen Einflussfaktoren bestätigt sich der vermutete positive Einfluss der Logistikkompetenz und der Technologieorientierung. Auch wenn beide Faktoren ein Signifikanzniveau aufweisen, das lediglich als tendenziell signifikant bezeichnet werden kann, sollen die Hypothesen H_2 und H_4 als bestätigt gelten. Dagegen bestätigen sich die Hypothesen H_5 und H_9 zum Einfluss der Prozessorientierung und der Kontrollintensität auf die Fulfillment-Leistung nicht. Im Fall der Prozessorientierung lässt sich dieses Ergebnis darauf zurückführen, dass in der Stichprobe klein- und mittelständische Unternehmen dominieren. Bei diesen Unternehmen werden die (unternehmensinternen) Fulfillment-Funktionen üblicherweise von einem bzw. wenigen Zuständigen erfüllt, so dass einer Prozessorientierung im Sinne einer funktionenübergreifenden Koordination eine geringe Bedeutung zukommt. Dies erklärt auch, warum nicht alle Befragungsteilnehmer die Frage zur Prozessorientierung beantworten konnten (insgesamt fünf Fehlwerte).

Von der Kontrollintensität wurde ebenfalls ein positiver Einfluss auf die Fulfillment-Leistung erwartet, da sie Leistungsniveaus transparent machen, deren Entwicklungen identifizieren und Ansatzpunkte für eine Verbesserung der Leistungen liefern kann. Hypothese H_9 lässt sich allerdings nicht aufrechterhalten, da die Fulfillment-Leistung weitgehend unbeeinflusst von der Kontrollintensität ist. Ein Blick auf die Mittelwerte der einzelnen Items zeigt, dass Umfang (Mittelwert: 3,52), Detaillierungsgrad (Mittelwert: 3,19) und Qualität (Mittelwert: 3,56) der Kontrolle insgesamt als eher gering beurteilt werden. Bei vielen Befragungsteilnehmern kommen zwar verschiedene Kontrollverfahren zum Einsatz (siehe *Abbildung 5-15* in *Abschnitt 5.3.5*), aber die meisten Anbieter bescheinigen ihren Kontrollaktivitäten noch erhebliches Verbesserungspotenzial. Wird dieses ausgeschöpft, kann zukünftig auch die Fulfillment-Leistung davon profitieren.

Tab. 5-12: Überprüfung der Zusammenhänge zwischen den vermuteten Einflussfaktoren und der Fulfillment-Leistung

Hypothese	Vermutete Einflussfaktoren der Fulfillment-Leistung	Korrelation nach Pearson	Signifikanz (1-seitig)	n
H_2	Logistikkompetenz	,307^T	,056	28
H_4	Technologieorientierung	,253^T	,097	27
H_5	Prozessorientierung	-,102	,321	23
H_9	Kontrollintensität	-,155	,215	28
H_{10}	wahrgen. Kundenanforderungen	,539**	,002	28
H_{11}	Fulfillment-Leistung der Konkurrenz	-,161	,269	17
H_{13}	Flexibilität der Dienstleister	-,070	,365	27
H_{14}	Qualifikation der Dienstleister	,389*	,027	25

** Die Korrelation ist auf dem Niveau 0,01 (1-seitig) signifikant.
* Die Korrelation ist auf dem Niveau 0,05 (1-seitig) signifikant.
^{T} Die Korrelationen sind auf dem Niveau 0,10 (1-seitig) signifikant.

Bei den externen Einflussfaktoren sticht die Variable „wahrgenommene Kundenanforderungen", die eine hochsignifikante Korrelation mit der Fulfillment-Leistung aufweist, hervor. Hypothese H_{10} wird somit bestätigt. Dies lässt darauf schließen, dass die Kundenanforderungen in die Gestaltung des Fulfillment einfließen. Dagegen geht von der Fulfillment-Leistung der Wettbewerber weder ein positiver noch ein negativer Einfluss auf das eigene Leistungsniveau aus. Hypothese H_{11} wird daher verworfen. Diejenigen Anbieter, die Auskunft zu diesem Thema geben können, stufen den Lieferservice der Wettbewerber als eher hoch ein (Mittelwert: 4,12). Insgesamt fällt den meisten Interviewpartnern jedoch die Beurteilung des Lieferservice der Wettbewerber schwer, was sich nicht zuletzt in einer relativ niedrigen Antwortquote zu dieser Frage niederschlägt. Offensichtlich spielt die Konkurrenzorientierung bei der Gestaltung des eigenen Lieferservice eine untergeordnete Rolle.

Neben den Kunden und den Wettbewerbern stellen die Versanddienstleister eine dritte externe Anspruchsgruppe dar, von der ein unmittelbarer Einfluss auf die Fulfillment-Leistung zu erwarten ist. Bei Einsatz externer Dienstleister entscheidet nicht zuletzt deren Qualifikation bezüglich der Warenauslieferung über das Leistungsniveau des Fulfillment. Diese Vermutung wird durch eine signifikante Korrelation mittlerer Stärke bestätigt. Dagegen geht von der Flexibilität der Dienstleister kein signifikanter Einfluss auf die Fulfillment-Leistung aus. Somit wird Hypothese H_{13} verworfen, während sich Hypothese H_{14} bestätigt.

Analog zu der Regressionsanalyse mit der abhängigen Variablen „Fulfillment-Kosten" wird an dieser Stelle ergänzend eine Regressionsanalyse mit der abhängigen Variablen „Fulfillment-Leistung" durchgeführt. Als unabhängige Variablen gehen in die Regressionsanalyse die vier Variablen ein, deren Einfluss auf die Fulfillment-Leistung bereits im Rahmen der Korrelationsanalyse bestätigt wurde. Tabelle 5-13 dokumentiert die Ergebnisse dieser Regressionsanalyse.

Tab. 5-13: Regressionsanalyse zu den Einflussfaktoren der Fulfillment-Leistung

unabhängige Variablen	nicht standard. Regressionskoeffizient B	Standard. Regressionskoeffizient β	Signifikanz	Toleranzwert
Logistikkompetenz	,100	,189	,246	,940
Technologieorientierung	,086	,160	,329	,927
wahrgenommene Kundenanforderungen	,479	,531	,003	,966
Qualifikation der Dienstleister	,228	,311	,060	,966
Bestimmtheitsmaß	$R^2 = ,529$			
F-Wert	$F = 5,62 / p < 0,01$			
Durbin-Watson-Teststatistik	2,30			

n = 25

Wie die standardisierten Regressionskoeffizienten und das Signifikanzniveau der unabhängigen Variablen zeigen, bestätigt sich der signifikante Einfluss der wahrgenommenen Kundenanforderungen und der Qualifikation der Dienstleister auf die abhängige Variable „Fulfillment-Leistung", während sich der Einfluss der Logistikkompetenz und der Technologieorientierung nicht bestätigt. Insgesamt erklären die unabhängigen Variablen 53 % der Varianz der Fulfillment-Leistung. Anzumerken ist in diesem Zusammenhang, dass sich der tendenziell signifikante Einfluss der beiden Variablen „Logistikkompetenz" und „Technologieorientierung" im Rahmen der Regressionsanalyse nicht bestätigt. Ausgehend von den Ergebnissen der Korrelationsanalyse sollen die entsprechenden Hypothesen (H_2 und H_4) aber dennoch nicht verworfen werden. Eine Überprüfung der Anwendungsvoraussetzungen der Regressionsanalyse fällt durchweg positiv aus. Die Toleranzwerte und der Durbin-Watson-Wert deuten darauf hin, dass keine Multikollinearität und keine ernsthafte Autokorrelation der Residuen vorliegt. Ebenso wenig lässt sich ein graphischer Zusammenhang zwischen den tatsächlichen und den geschätzten Residuen erkennen, so dass nicht von Heteroskedastizität auszugehen ist. Schließlich lässt auch der Normalverteilungsplot erkennen, dass die Residuen annähernd normalverteilt sind.

Abschließend werden die in diesem Abschnitt erfassten Zusammenhänge zwischen den einzelnen Variablen in einem Modell graphisch zusammengefasst (siehe *Abbildung 5-11*).

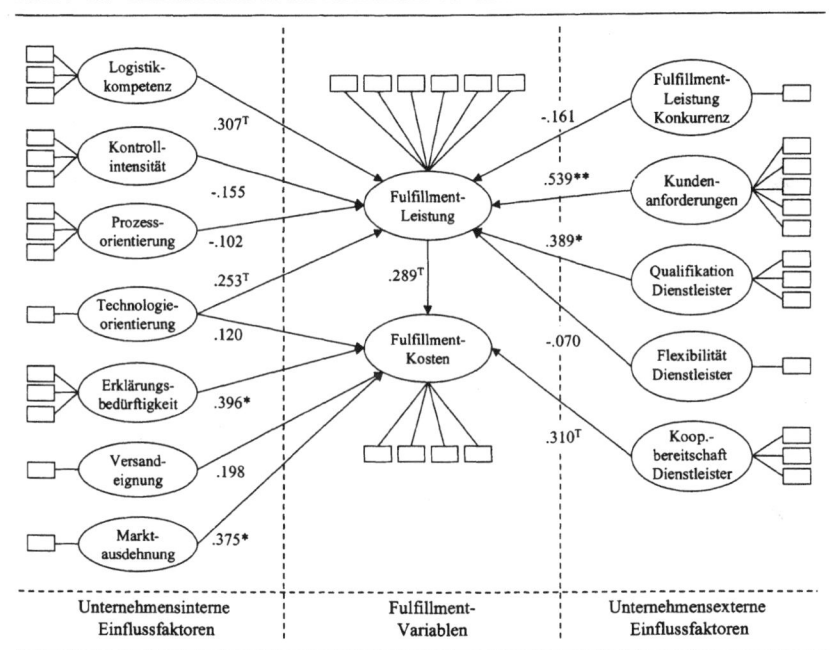

Abb. 5-11: Einflussfaktoren der Fulfillment-Variablen im Überblick

```
                                                                Fulfillment-
         Logistik-                                              Leistung
         kompetenz                              -.161           Konkurrenz
                      .307ᵀ
         Kontroll-
         intensität                     .539**
                                                                Kunden-
                     -.155    Fulfillment-                      anforderungen
         Prozess-             Leistung
         orientierung -.102            .389*
                                                                Qualifikation
                     .253ᵀ    .289ᵀ                             Dienstleister
         Technologie-
         orientierung
                     .120     Fulfillment-    -.070
                              Kosten                            Flexibilität
         Erklärungs-                                            Dienstleister
         bedürftigkeit .396*
                                              .310ᵀ             Koop.-
         Versand-                                               bereitschaft
         eignung    .198                                        Dienstleister

         Markt-
         ausdehnung .375*
```

| Unternehmensinterne | Fulfillment- | Unternehmensexterne |
| Einflussfaktoren | Variablen | Einflussfaktoren |

** Die Korrelation ist auf dem Niveau 0,01 (1-seitig) signifikant.
* Die Korrelationen sind auf dem Niveau 0,05 (1-seitig) signifikant.
ᵀ Die Korrelationen sind auf dem Niveau 0,10 (1-seitig) signifikant.

Neben den Variablen wird auch die Anzahl der Items angedeutet, die in die Gesamtskala der jeweiligen Variablen eingehen. Dabei sei noch einmal darauf hingewiesen, dass die Beziehungen zwischen zwei Variablen jeweils einzeln überprüft wurden. Die Koeffizienten zwischen den einzelnen Variablen basieren auf der Korrelationsanalyse und sind nicht mit den Regressionskoeffizienten der Regressionsanalyse zu verwechseln. Ferner wurde auf eine Untersuchung der Beziehungen zwischen den Einflussfaktoren verzichtet, um die Komplexität des Hypothesengefüges und der Datenauswertung nicht unnötig zu erhöhen.

5.3.4.3 Zu den Wirkungen des Fulfillment

Ebenso wie bei der Analyse der Einflussfaktoren sind auch im Rahmen der Wirkungsanalyse zunächst diejenigen Wirkungen, die über zwei oder mehr Items erhoben wurden, auf die Reliabilität ihrer Gesamtskala zu überprüfen.

Skalenbildung bei den Wirkungsvariablen

Während sich bei der Variablen „Transaktionszufriedenheit" die Gesamtskala aus allen erhobenen Items zusammensetzt (siehe *Tabelle 5-14*), werden bei den übrigen Wirkungsvariablen einzelne Items zugunsten einer höheren Reliabilität der Gesamtskala entfernt. Zu der Transaktionszufriedenheit ist anzumerken, dass die Anbieter an dieser Stelle keine bestimmte Transaktion beurteilen. Vielmehr wird die Zufriedenheit mit einer typischen Transaktion, genauer gesagt mit den typischen Elementen (Online-Shop, Produkt, Preis und Fulfillment) einer Transaktion im eCommerce, beurteilt. Daher soll in Abgrenzung zur Beziehungszufriedenheit von der Transaktionszufriedenheit gesprochen werden. Die Unterscheidung in zwei Zufriedenheitsebenen findet auch aus Nachfragersicht Anwendung (siehe dazu *Kapitel 6*).

Tab. 5-14: Reliabilitätsanalyse der latenten Wirkungsvariablen

Variable	Items	Mittelwert	Standardabweichung	Trennschärfe
Differenzierung im Wettbewerb (n = 21)	Sortimentsgestaltung	4,62	1,32	,60
	Produktqualität	4,38	1,50	,55
	Fulfillment-Leistung	4,00	1,55	,74
	Cronbach's Alpha: ,78			
Transaktionszufriedenheit (n = 28)	Online-Shop	4,36	,95	,66
	Produktqualität	5,14	,76	,61
	Preis-Leistungs-Verhältnis	4,82	,82	,30
	Fulfillment	4,93	,90	,43
	Cronbach's Alpha: ,70			
Kundenbindung (n = 24)	Wechselverhalten	3,83	1,17	,41
	Weiterempfehlungsverhalten	4,71	1,08	,41
	Cronbach's Alpha: ,58			

Die Gesamtskala der Variablen „Kundenbindung" setzt sich aus zwei Items zusammen, während das dritte Item („Anzahl der Wiederholungskäufe") aufgrund einer sehr niedrigen Trennschärfe (0,02) entfernt wird. Dadurch lässt sich der Reliabilitätskoeffizient von 0,36 auf 0,58 erhöhen. Damit liegt Cronbach's Alpha zwar knapp unter dem geforderten Mindestwert von 0,6, die Skala soll aber dennoch beibehalten werden und in die anschließende Korrelationsanalyse eingehen. Eine Begründung für den Ausschluss des Items kann in den betrachteten Produkten liegen. Diese werden in der Regel in längeren zeitlichen Abständen erworben, so dass gerade denjenigen Anbietern, die erst seit kurzem (ein bis zwei Jahre) im eCommerce tätig sind, eine Beurteilung des Wiederkaufverhaltens schwer fallen kann.

Bei der Variablen „Differenzierung im Wettbewerb" werden die drei Items „Kommunikationspolitik", „Gestaltung des Online-Shops" sowie „Preispolitik" schrittweise ausgeschlossen, da alle drei Items eine unbefriedigende Item-to-Total-Korrelation aufweisen. Der Reliabilitätskoeffizient lässt sich durch den Ausschluss dieser Items von anfänglich 0,55 auf 0,83 erhöhen. Mit den beiden produktbezogenen Items und dem Fulfillment gehen diejenigen Items, die die anbieterseitige Kernleistung des Austauschs (die Ware und deren Auslieferung) abbilden, in die Variable ein (siehe *Tabelle 5-14*). Dieses Ergebnis deutet wiederum auf die bereits mehrfach angesprochene, enge Verzahnung zwischen der Produkt- und der Fulfillment-Leistung hin. Offenbar lässt sich gerade über die Kernleistung, die der Anbieter nach der Bestellung über den Online-Shop erbringt, eine Differenzierung im Wettbewerb erreichen. Dagegen sind die ausgeschlossenen Items auch den Wettbewerbern zugänglich und können, im Gegensatz zur Produkt- und Fulfillment-Leistung, in der Regel relativ einfach imitiert werden.

Neben den zuvor dargestellten latenten Wirkungsvariablen werden die übrigen Wirkungen über jeweils ein Item erhoben. Aus *Tabelle 5-15* lassen sich die Mittelwerte samt Standardabweichungen dieser manifesten Variablen entnehmen.

Tab. 5-15: Deskriptive Statistik zu den manifesten Wirkungsvariablen

Variable	n	Mittelwert	Standard-abweichung
Umsatz	27	3,86	1,46
Gewinn	27	3,63	1,33
Rentabilität	27	3,64	1,47
Zufriedenheit mit der Geschäftsbeziehung	27	5,26	,59

Zu den Wirkungen ist anzumerken, dass nicht alle in *Tabelle 5-14* und *Tabelle 5-15* ausgewiesenen Wirkungsvariablen einem direkten Einfluss durch eine der beiden Fulfillment-Variablen unterliegen. Vielmehr bilden die Wirkungen „Transaktionszufriedenheit", „Zufriedenheit mit der Geschäftsbeziehung", „Kundenbindung" und

"Umsatz" eine Wirkungskette, die ihren Ausgangspunkt in der Austauschleistung und damit auch der Fulfillment-Leistung eines Anbieters hat.

Wirkungen der Fulfillment-Kosten

Die Kosten, die die Sekundärleistung Fulfillment verursacht, sind bereits als unternehmensinterne Wirkungen aufzufassen. Da sie aber gleichzeitig der Operationalisierung des Konstruktes Fulfillment dienen, werden sie in diesem Zusammenhang nicht den unternehmensinternen Wirkungen zugeordnet. Genau genommen ist an dieser Stelle daher von sonstigen unternehmensinternen Wirkungen zu sprechen. Hierbei ist zunächst an die betriebswirtschaftlichen Größen Umsatz, Gewinn und Rentabilität zu denken, die im Regelfall Bestandteil jedes betrieblichen Zielsystems sind (Becker 2001 S. 51-55). Die Fulfillment-Kosten fließen als Bestandteil der Gesamtkosten in den Gewinn (bzw. den Verlust) ein. Zwar deutet der Korrelationskoeffizient auf den vermuteten negativen Zusammenhang hin, doch ist die Korrelation niedrig und nicht signifikant (siehe *Tabelle 5-16*), so dass Hypothese H_{15} nicht aufrechterhalten werden kann. Ebenso wenig bestätigt sich der vermutete negative Einfluss der Fulfillment-Kosten auf die Rentabilität des eCommerce-Engagements, so dass auch Hypothese H_{16} zu verwerfen ist. Als Begründung lassen sich die als niedrig eingestuften Fulfillment-Kosten anführen, die bei den Befragungsteilnehmern lediglich einen geringen Teil der Gesamtkosten im Geschäftsbereich eCommerce ausmachen. Zudem lassen sich mit der Liefergebühr bereits die Versandkosten sowie gegebenenfalls weitere Fulfillment-Kosten decken. Das scheint in der Stichprobe der Fall zu sein, da mit einer Ausnahme alle Befragungsteilnehmer eine versandkostendeckende Liefergebühr erheben.

Tab. 5-16: Überprüfung der Zusammenhänge zwischen den Fulfillment-Kosten und den vermuteten Wirkungen

Hypothese	Wirkungsvariable	Korrelation nach Pearson	Signifikanz (1-seitig)	n
H_{15}	Gewinn	-,176	,190	27
H_{16}	Rentabilität	,110	,289	28

Neben dem Einfluss auf den Gewinn und die Rentabilität ist von den Fulfillment-Kosten grundsätzlich auch ein Beitrag zur Differenzierung im Wettbewerb zu vermuten, da niedrige Kosten in Form von niedrigeren Liefergebühren oder niedrigeren Produktpreisen an die Nachfrager weitergegeben werden können. Da aber davon auszugehen war (und sich im Verlauf der Gespräche auch bestätigt hat), dass die befragten Anbieter die Kostenstruktur ihrer Wettbewerber nicht oder nur eingeschränkt beurteilen können, wurden die Fulfillment-Kosten nicht als Item der Variablen „Differenzierung im Wettbewerb" aufgenommen. Daher wird an dieser Stelle auf eine Korrelationsanalyse der beiden Variablen verzichtet.

Des Weiteren ist auch die Beziehung der unternehmensinternen Wirkungen untereinander zu betrachten. *Tabelle 5-17* bestätigt den vermuteten positiven Zusammenhang zwischen den unternehmerischen Zielgrößen Umsatz, Gewinn und Rentabilität. Damit werden auch die Hypothesen H_{17} und H_{18} bestätigt.

Tab. 5-17: Korrelationen der unternehmensinternen Wirkungen untereinander

	Umsatz	Gewinn	Rentabilität
Umsatz	1		
n	28		
Gewinn	,827**	1	
n	27	27	
Rentabilität	,821**	,722**	1
n	28	27	28

** Die Korrelationen sind auf dem Niveau 0,01 (1-seitig) signifikant.

Wirkungen der Fulfillment-Leistung

Die Wirkungen, die von der Fulfillment-Leistung vermutet werden, weisen ein signifikantes Niveau auf (siehe *Tabelle 5-18*). Wie bereits mehrfach angesprochen, kommt der Fulfillment-Leistung bei Distanzgeschäften eine besondere Bedeutung zu, da sie im Vergleich zu anderen Absatzkanälen eine zusätzliche Serviceleistung des Anbieters darstellt. Dementsprechend bietet diese Leistung Potenzial zur Differenzierung im Wettbewerb. Diese Vermutung und mit ihr Hypothese H_{19} wird in Form einer tendenziell signifikanten Korrelation mittlerer Stärke bestätigt.

Zwischen der Transaktionszufriedenheit, die sich aus den Teilzufriedenheiten mit dem Online-Shop, dem Produkt, dem Preis sowie dem Fulfillment zusammensetzt, und der Fulfillment-Leistung besteht ein hochsignifikanter, starker Zusammenhang. Hypothese H_{21} lässt sich somit bestätigen. Der starke Einfluss der Fulfillment-Leistung auf die Zufriedenheit (andere Einflussfaktoren als konstant vorausgesetzt) legt nahe, dass dem Fulfillment im eCommerce eine besondere Bedeutung zukommt. In seiner Funktion als Marketing-Instrument kann es dazu beitragen, einzelne Transaktionen sowie Austauschbeziehungen mitzugestalten (vgl. Steffenhagen 1999 S. 6).

Tab. 5-18: Überprüfung der Zusammenhänge zwischen der Fulfillment-Leistung und den vermuteten Wirkungen

Hypothese	Wirkungsvariable	Korrelation nach Pearson	Signifikanz (1-seitig)	n
H_{19}	Differenzierung im Wettbewerb	,356^T	,062	20
H_{21}	Transaktionszufriedenheit	,739**	,000	28

** Die Korrelation ist auf dem Niveau 0,01 (1-seitig) signifikant.
^{T} Die Korrelation ist auf dem Niveau 0,10 (1-seitig) signifikant.

Einen positiven, direkten Einfluss der Fulfillment-Leistung auf die Beurteilung der Austauschbeziehung belegt auch eine zusätzlich durchgeführte Korrelationsanalyse zwischen der Fulfillment-Leistung und der Beziehungszufriedenheit (r = ,347*). Ebenso besteht ein signifikant positiver Zusammenhang zwischen der Fulfillment-Leistung und der Kundenbindung (r = ,433*). Da der Fulfillment-Leistung aber ursprünglich über die Transaktionszufriedenheit ein indirekter Einfluss auf die Kundenbindung unterstellt wurde, weist *Tabelle 5-18* nur die direkten Wirkungen aus. Neben den von der Fulfillment-Leistung ausgehenden direkten Wirkungen soll daher auch die Wirkungskette zwischen der Kundenzufriedenheit, der Kundenbindung und dem Umsatz untersucht werden (siehe *Tabelle 5-19*).

Tab. 5-19: Korrelationen der nachfragerseitigen Wirkungen untereinander, ergänzt um die unternehmensinterne Wirkung Umsatz

	Transaktions-zufriedenheit	Beziehungs-zufriedenheit	Kunden-bindung	Umsatz
Transaktionszufriedenheit	1			
n	28			
Beziehungszufriedenheit	,400*	1		
n	27	27		
Kundenbindung	,264	,363*	1	
n	24	24	24	
Umsatz	,323*	,307^T	,499**	1
n	28	27	24	28

** Die Korrelation ist auf dem Niveau 0,01 (1-seitig) signifikant.
* Die Korrelationen sind auf dem Niveau 0,05 (1-seitig) signifikant.
^{T} Die Korrelation ist auf dem Niveau 0,10 (1-seitig) signifikant.

Mit Ausnahme der Beziehung zwischen der Transaktionszufriedenheit und der Kundenbindung weisen alle Variablen in *Tabelle 5-19* einen (zumindest tendenziell) signifikanten Zusammenhang auf. Ein Einfluss der Transaktionszufriedenheit auf die Kundenbindung lässt sich aber zumindest erahnen, da das Signifikanzniveau nur knapp über dem Höchstwert für eine signifikante Korrelation liegt und der

Korrelationskoeffizient eine mittlere Stärke aufweist. Allerdings lässt sich Hypothese H_{31} anhand der vorliegenden Ergebnisse nicht aufrechterhalten. Dennoch kann die Wirkungskette zwischen der Kundenzufriedenheit, der Kundenbindung und dem Umsatz als bestätigt angesehen werden, da die Beziehungszufriedenheit einen signifikanten Einfluss auf die Kundenbindung ausübt. Die Hypothesen H_{28}, H_{32} und H_{33} lassen sich somit bestätigen.

Ebenso wie bei den Einflussfaktoren sollen auch die in diesem Abschnitt erfassten Zusammenhänge graphisch veranschaulicht werden (siehe *Abbildung 5-12*). Die Koeffizienten zwischen den einzelnen Variablen basieren wiederum auf der Korrelationsanalyse.

Abb. 5-12: Direkte und indirekte Wirkungen der Fulfillment-Variablen im Überblick

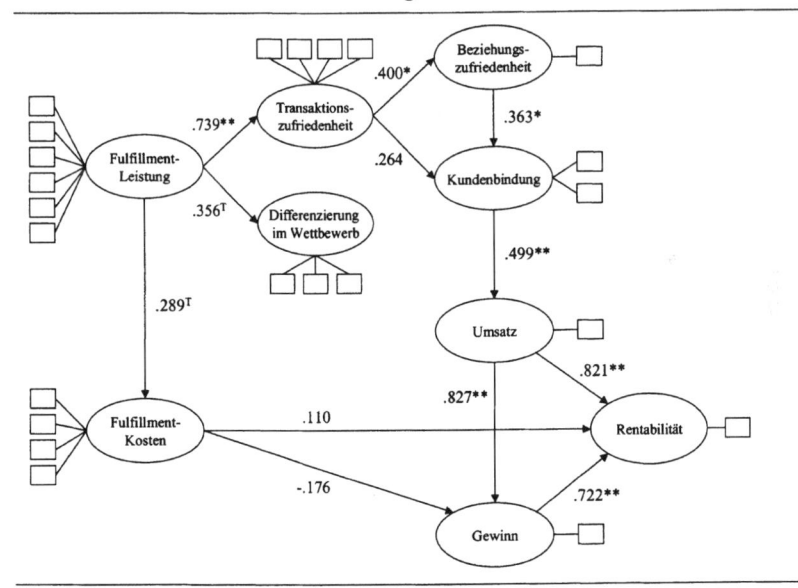

** Die Korrelationen sind auf dem Niveau 0,01 (1-seitig) signifikant.
* Die Korrelationen sind auf dem Niveau 0,05 (1-seitig) signifikant.
T Die Korrelation ist auf dem Niveau 0,10 (1-seitig) signifikant.

5.3.4.4 Zu den Wirkungsdeterminanten

Wirkungsdeterminanten stellen neben den Fulfillment-Variablen die zentralen Bestimmungsfaktoren der Wirkungen dar (vgl. Silberer & Hannecke 1999 S. 10). Aufgrund der Vielzahl möglicher Wirkungsdeterminanten beschränkt sich die Analyse in diesem Abschnitt auf einige als wesentlich erachtete Wirkungsdeterminanten, die in direktem Zusammenhang mit dem Fulfillment stehen. Zu diesen zählen insbesondere produktbezogene Wirkungsdeterminanten, da das Fulfillment als produktbegleitende Sekundärleistung unmittelbar an die Primärleistung Produkt gebunden ist. Daher sollen neben den Fulfillment-Kosten zunächst die produktbezogenen Kosten als Bestimmungsfaktor der unternehmensinternen Wirkungen Gewinn und Rentabilität in die Betrachtung einfließen. Gleichwohl liegt diesen Größen, in denen das Ergebnis der gesamten Unternehmenstätigkeit zum Ausdruck kommt (Schmalen 2002 S. 32), eine Vielzahl weiterer Bestimmungsfaktoren zu Grunde, die aber wenig Bezug zur Untersuchungsthematik aufweisen und daher an dieser Stelle vernachlässigt werden sollen. Ebenso wenig lassen sich die Bestimmungsfaktoren der Wirkungen bei den Nachfragern vollständig erfassen. Neben der Produktleistung sollen auch die Gestaltung des Online-Shops sowie die Preispolitik als Wirkungsdeterminanten, denen eine hohe Bedeutung im eCommerce unterstellt werden kann, Berücksichtigung finden. Damit wird der Tatsache Rechnung getragen, dass die Wirkungen bei den Nachfragern nicht nur auf dem Fulfillment beruhen, sondern sich aus der gesamten Austauschleistung des Anbieters ergeben.

In *Tabelle 5-20* sind die Ergebnisse der Reliabilitätsanalyse zu den beiden latenten Wirkungsdeterminanten ausgewiesen.

Tab. 5-20: Reliabilitätsanalyse der latenten Wirkungsdeterminanten

Variable	Items	Mittelwert	Standardabweichung	Trennschärfe
Gestaltung des Online-Shops (n = 28)	Umfang der Online-Informationen	4,32	1,02	,27
	Verständlichkeit der Online-Informationen	4,89	,69	,53
	Auffindbarkeit der Online-Informationen	5,11	,83	,47
	Cronbach's Alpha: ,59			
Produktleistung (n = 28)	Funktionale Mängel	5,14	,85	,55
	Distributionsschäden	4,79	,79	,55
	Cronbach's Alpha: ,71			

Bei beiden Variablen sollen jeweils alle erhobenen Items erhalten bleiben, auch wenn der Trennschärfekoeffizient des Items „Umfang der Online-Informationen" (und damit auch die Reliabilität der Gesamtskala) knapp unter dem geforderten Wert liegt. Grundsätzlich deuten die Werte aber darauf hin, dass auch dieses Item in die

Gesamtskala der Variablen „Gestaltung des Online-Shops" aufgenommen werden kann. Dies bestätigen auch die Ergebnisse einer zusätzlich durchgeführten explorativen Faktorenanalyse. Wie der Mittelwert des Items zeigt, wird der Umfang der Online-Informationen zum gegenwärtigen Zeitpunkt als eher hoch eingestuft. In diesem Zusammenhang merken insbesondere diejenigen Online-Anbieter, die erst seit ein bis zwei Jahren über einen eigenen Online-Shop verfügen, an, dass sie zukünftig den Umfang der Informationen im Shop erhöhen möchten. Daher ist zu erwarten, dass sich das Item in Zukunft besser für eine Aufnahme in die Gesamtskala eignet.

Zum Zwecke der Vollständigkeit wird in *Tabelle 5-21* die deskriptive Statistik zu den manifesten Wirkungsdeterminanten „produktbezogene Kosten" und „Preispolitik" ausgewiesen. Während die produktbezogenen Kosten die Einkaufspreise bzw. Herstellungskosten der Produkte abbilden, wird die Preispolitik über eine Beurteilung des eigenen Preis-Leistungs-Verhältnisses erhoben.

Tab. 5-21: Deskriptive Statistik zu den manifesten Wirkungsdeterminanten

Variable	n	Mittelwert	Standardabweichung
produktbezogene Kosten	24	3,00	1,04
Preispolitik	28	5,36	,56

Im Rahmen der Korrelationsanalyse wird zunächst der Einfluss der produktbezogenen Kosten auf die unternehmensinternen Wirkungen „Gewinn" und „Rentabilität" untersucht. Dabei zeigt sich, dass diese Wirkungsdeterminante beide Größen (im Fall des Gewinns zumindest tendenziell) signifikant negativ beeinflusst (siehe *Tabelle 5-22*). Damit bestätigen sich die Hypothesen H_{43} und H_{44}. Im Gegensatz zu den Fulfillment-Kosten lässt sich den produktbezogenen Kosten somit ein Einfluss auf die betrieblichen Zielgrößen nachweisen.

Tab. 5-22: Einfluss der produktbezogenen Kosten auf die unternehmensinternen Wirkungen

Hypothese	Wirkungsvariable	Korrelation nach Pearson	Signifikanz (1-seitig)	n
H_{43}	Gewinn	-,319 ^{T}	,060	25
H_{44}	Rentabilität	-,426*	,017	25

* Die Korrelation ist auf dem Niveau 0,05 (1-seitig) signifikant.
^{T} Die Korrelation ist auf dem Niveau 0,10 (1-seitig) signifikant.

Ebenso wie von der Fulfillment-Leistung geht auch von der Produktleistung ein signifikanter Einfluss auf die Transaktionszufriedenheit und die Kundenbindung aus (siehe *Tabelle 5-23*). Eine zusätzlich durchgeführte Korrelationsanalyse zwischen der Produktleistung und der Kundenbindung zeigt, dass zwischen diesen beiden Variablen auch ein direkter, signifikant positiver Zusammenhang besteht ($r = ,580^{**}$). Somit weist die Produktleistung einen stärkeren Einfluss auf die Kundenbindung auf als die Fulfillment-Leistung ($r = ,433^*$). Dies überrascht nicht, da das Produkt die Kernleistung beim Austausch zwischen einem Anbieter und einem Nachfrager darstellt. Schon eher überrascht der fehlende Einfluss der Produktleistung auf die Differenzierung im Wettbewerb, da diese Variable auch produktbezogene Items enthält (siehe *Tabelle 5-14*). Offensichtlich bieten die Wettbewerber aber eine ähnlich hohe Produktleistung, so dass eine Differenzierung über einzelne Produkte und deren Qualität nicht möglich erscheint. Schon eher ist eine Differenzierung über die Zusammenstellung des Sortiments denkbar. Da die Sortimentsgestaltung aber in dieser Untersuchung nicht als mögliche Wirkungsdeterminante berücksichtigt wurde, lässt sich dieser Zusammenhang hier nicht empirisch überprüfen.

Tab. 5-23: Einfluss der Produktleistung auf ausgewählte Wirkungen

Hypothese	Wirkungsvariable	Korrelation nach Pearson	Signifikanz (1-seitig)	n
H_{46}	Differenzierung im Wettbewerb	-,069	,383	21
H_{37}	Transaktionszufriedenheit	,427*	,012	28

* Die Korrelation ist auf dem Niveau 0,05 (1-seitig) signifikant.

Die „Gestaltung des Online-Shops" bildet die dritte Wirkungsdeterminante. Während sich ein zumindest tendenziell signifikanter Einfluss auf die Zufriedenheit der Nachfrager mit einer Online-Transaktion ergibt, lässt sich kein signifikanter Einfluss auf die Differenzierung im Wettbewerb nachweisen (siehe *Tabelle 5-24*). Letzteres Ergebnis lässt sich darauf zurückführen, dass der Online-Shop auch den Wettbewerbern zugänglich ist. Diese können bei Bedarf bestimmte Informationen und Elemente aus den Shops der Wettbewerber in ihre eigenen Shops übernehmen (Köcher 2002 S. 3).

Tab. 5-24: Einfluss der Shop-Gestaltung auf ausgewählte Wirkungen

Hypothese	Wirkungsvariable	Korrelation nach Pearson	Signifikanz (1-seitig)	n
H_{45}	Differenzierung im Wettbewerb	,280	,109	21
H_{38}	Transaktionszufriedenheit	,316^T	,051	28

^{T} Die Korrelation ist auf dem Niveau 0,10 (1-seitig) signifikant.

Als vierte und letzte Wirkungsdeterminante fließt die Preispolitik in die Betrachtung ein. Wie aus *Tabelle 5-25* zu erkennen ist, geht von dieser Variablen ein starker, hochsignifikanter Einfluss auf die Zufriedenheit der Nachfrager mit einer Online-Transaktion aus. Hypothese H_{39} lässt sich somit bestätigen.

Tab. 5-25: Einfluss der Preispolitik auf die Transaktionszufriedenheit

Hypothese	Wirkungsvariable	Korrelation nach Pearson	Signifikanz (1-seitig)	n
H_{39}	Transaktionszufriedenheit	,649**	,000	28

** Die Korrelation ist auf dem Niveau 0,01 (1-seitig) signifikant.

Auch die in diesem Abschnitt erfassten Zusammenhänge sollen abschließend graphisch veranschaulicht werden. Um den Einfluss der Wirkungsdeterminanten und der Fulfillment-Variablen auf die Wirkungen vergleichen zu können, wurden letztere ebenfalls in *Abbildung 5-13* aufgenommen. Die Koeffizienten zwischen den einzelnen Variablen basieren auf der Korrelationsanalyse.

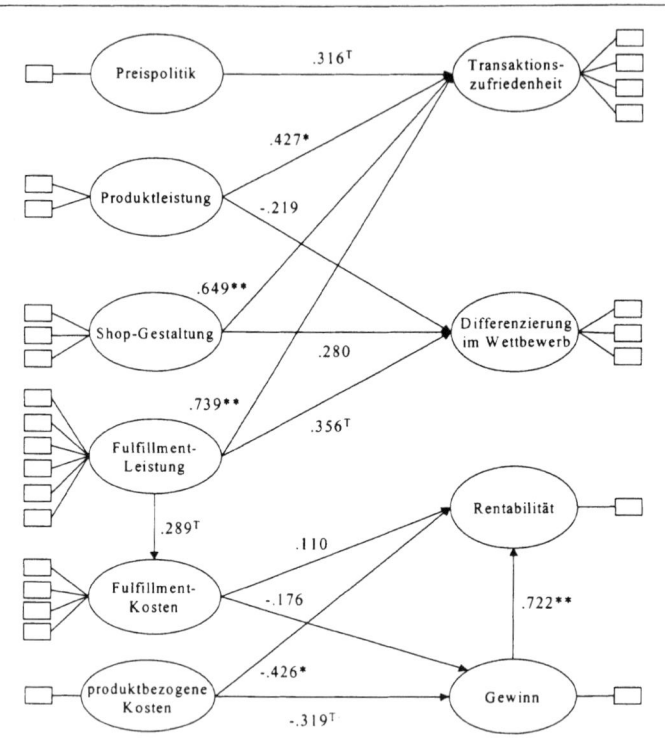

Abb. 5-13: Wirkungen der Fulfillment-Variablen und Wirkungsdeterminanten im Überblick

```
                           .316ᵀ
   Preispolitik ─────────────────────► Transaktions-
                                        zufriedenheit
                  .427*
   Produktleistung ─── -.219

                  .649**
   Shop-Gestaltung ──────────────────► Differenzierung
                       .280              im Wettbewerb

                  .739**
                              .356ᵀ
   Fulfillment-
   Leistung
                                         Rentabilität
                  .289ᵀ     .110
   Fulfillment-
   Kosten          -.176                  .722**

   produktbezogene  -.426*
   Kosten ────────────────────────────► Gewinn
                  -.319ᵀ
```

** Die Korrelationen sind auf dem Niveau 0,01 (1-seitig) signifikant.
* Die Korrelationen sind auf dem Niveau 0,05 (1-seitig) signifikant.
ᵀ Die Korrelation ist auf dem Niveau 0,10 (1-seitig) signifikant.

5.3.5 Zur Kontrolle der eCommerce-Aktivitäten

Auch die Kontrollmöglichkeiten sollen nicht nur im Rahmen des Fulfillment, sondern für den gesamten eCommerce-Bereich betrachtet werden, da bei den Befragungsteilnehmern im Regelfall keine separate Kontrolle der Fulfillment-Aktivitäten erfolgt. Die Internet-Technologie bietet allgemein innovative, eCommerce-spezifische Kontrollmöglichkeiten wie die Erfolgskontrolle der webbasierten Shop-Promotion (z.B. bei Bannern, Listings in Suchmaschinen oder Interstitials) (Bachem 2000 S. 58-60) und die Analyse des Surfverhaltens im Online-Shop (= virtueller Kundenlauf) (Silberer et al. 2003 S. 1-22). So lässt sich auf Basis der Logfile-Daten z.B. die Conversion Rate, die das Verhältnis zwischen den Besuchern des Shops und den

Käufern angibt (Dach 2001 S. 55-56), berechnen. Die Conversion Rate liegt bei der Mehrzahl der Anbieter, die zu diesem Thema Auskunft geben konnten (insgesamt 23), unter zehn Prozent, vielfach sogar unter einem Prozent. Dagegen wird der Anteil der Erstkäufer, die auch erneut online bei den befragten Anbietern einkaufen, deutlich höher eingeschätzt (siehe *Abbildung 5-14*).

Abb. 5-14: Anteil der Erstkäufer, die auch erneut im Online-Shop einkaufen

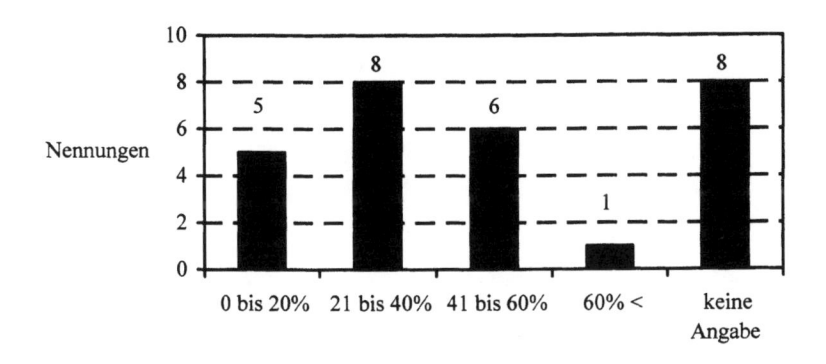

n = 28

Die webbasierten Analysemöglichkeiten eignen sich gut zur Kontrolle der technischen Schnittstelle zwischen Anbieter und Nachfrager und können bei digitalen Produkten auch im Rahmen des Distributions- bzw. Downloadprozesses Anwendung finden. Bei der Distribution von physischen Produkten bieten sich webbasierte Verfahren immer dann an, wenn eine Interaktion über das Internet stattfindet (z.B. beim Tracking & Tracing). Derartige Analysemöglichkeiten haben bei der Kontrolle der physischen Distribution aber eher unterstützenden Charakter. Zur Kontrolle der mit dem Online-Shop und dem Fulfillment verbundenen Kosten und Leistungen bieten sich dagegen traditionelle Verfahren wie die Investitionskostenrechnung, die Deckungsbeitragsrechnung oder Kennzahlen an.

Abbildung 5-15 liefert einen Einblick in die Planungs- und Kontrollverfahren, die die Befragungsteilnehmer im Zusammenhang mit dem eCommerce einsetzen. Demnach sind mit der Logfile- und der Website-Analyse insbesondere internetspezifische Analyseverfahren beliebt. Dagegen werden Verfahren wie die Kostenstellen-, Kostenarten- oder Prozesskostenrechnung eher selten im eCommerce eingesetzt. Vor dem Hintergrund der Stichprobenzusammensetzung verwundert dieses Ergebnis nicht.

In der Stichprobe dominieren klein- und mittelständische Unternehmen, die in der Regel nicht nach Kostenstellen oder Kostenarten differenzieren und somit wenig Bedarf an derartig detaillierten Verfahren haben. Dementsprechend schätzen die Anbieter auch den Detaillierungsgrad ihrer Kontrollaktivitäten insgesamt als eher gering ein (Mittelwert: 3,27).

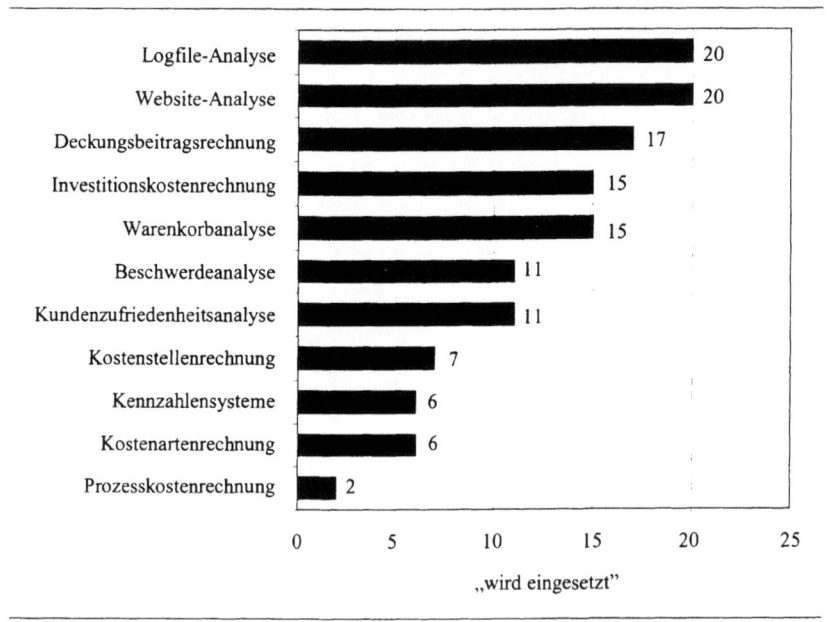

Abb. 5-15: Einsatz von Planungs- und Kontrollverfahren im eCommerce

Verfahren	"wird eingesetzt"
Logfile-Analyse	20
Website-Analyse	20
Deckungsbeitragsrechnung	17
Investitionskostenrechnung	15
Warenkorbanalyse	15
Beschwerdeanalyse	11
Kundenzufriedenheitsanalyse	11
Kostenstellenrechnung	7
Kennzahlensysteme	6
Kostenartenrechnung	6
Prozesskostenrechnung	2

n = 28, Mehrfachnennungen möglich

Wie aus *Abbildung 5-15* ersichtlich, kommen Kennzahlensysteme in der Stichprobe zwar nur selten zum Einsatz. Dennoch finden bei einem Großteil der Anbieter zumindest einzelne Kennzahlen Anwendung, während fünf Anbieter angaben, dass sie keine Kennzahlen erheben. *Abbildung 5-16* gibt einen Überblick über die Kennzahlen, die im Rahmen des Fulfillment erhoben werden. Insgesamt deutet die überwiegend niedrige Anzahl der eingesetzten Kennzahlen darauf hin, dass hier noch Verbesserungspotenzial vorhanden ist.

Abb. 5-16: Einsatz von Kennzahlen im Rahmen des Fulfillment

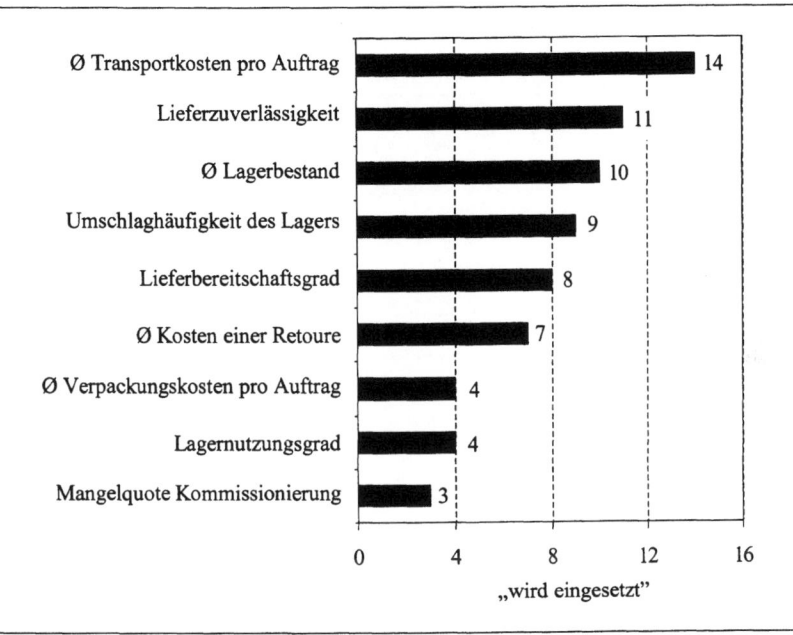

Kennzahl	Nennungen
Ø Transportkosten pro Auftrag	14
Lieferzuverlässigkeit	11
Ø Lagerbestand	10
Umschlaghäufigkeit des Lagers	9
Lieferbereitschaftsgrad	8
Ø Kosten einer Retoure	7
Ø Verpackungskosten pro Auftrag	4
Lagernutzungsgrad	4
Mangelquote Kommissionierung	3

„wird eingesetzt"

n = 23, Mehrfachnennungen möglich

Auch die Analyse von Beschwerden und Retouren dient der Kontrolle der Leistungen und kann Aufschluss über deren Verbesserungspotenzial geben. *Abbildung 5-17* zeigt die am häufigsten angeführten Retourengründe auf. Die Übersicht bestätigt ein allgemeines Problem, das dem Distanzprinzip immanent ist: die Ware lässt sich weder vor dem Kauf noch während des Kaufes auf alle relevanten Merkmale überprüfen (vgl. Hanser 1999 S. 177), so dass die tatsächlich empfangene Ware möglicherweise nicht den Vorstellungen des Käufers entspricht. In diesem Fall ist der Retourengrund aber nicht beim Anbieter zu suchen. Insgesamt legen die Retourengründe nahe, dass die Auslieferung von falschen oder defekten Produkten weiterhin einen zentralen Problembereich des Fulfillment bildet. Dieses Ergebnis deutet auf ein Verbesserungspotenzial bei der Warenausgangskontrolle hin.

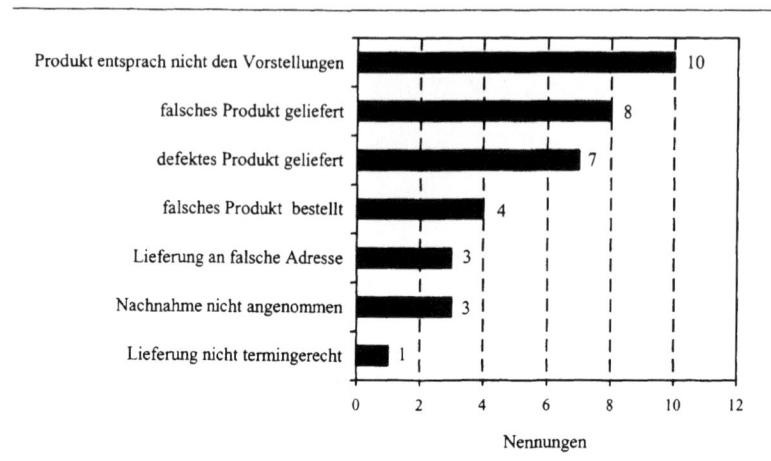

Abb. 5-17: Retourengründe bei den Befragungsteilnehmern

Retourengrund	Nennungen
Produkt entsprach nicht den Vorstellungen	10
falsches Produkt geliefert	8
defektes Produkt geliefert	7
falsches Produkt bestellt	4
Lieferung an falsche Adresse	3
Nachnahme nicht angenommen	3
Lieferung nicht termingerecht	1

n = 28, Mehrfachnennungen möglich

5.3.6 Zusammenfassung der Ergebnisse der Anbieterbefragung

Die Ergebnisse der Studie liefern zunächst einen Einblick in den Geschäftsbereich eCommerce und dessen praktische Umsetzung bei Anbietern von Automobilteilen. Im Vordergrund stehen dabei die Prozesse, die nach Eingang der Online-Bestellung ablaufen und bis zur anbieter- und nachfragerseitigen Erfüllung der vertraglichen Pflichten reichen. Insgesamt zeigt sich, dass ein Großteil der befragten Online-Anbieter den eCommerce als zusätzlichen Absatz- bzw. Akquisekanal erschlossen hat, das Hauptgeschäft aber gegenwärtig über die bestehenden Absatzkanäle tätigt. Gerade diese Multi-Channel-Anbieter befinden sich meist noch in der Ausbau- bzw. Wachstumsphase ihres eCommerce-Engagements. Zukünftig werden von nahezu allen Anbietern ein Anstieg der Online-Bestellzahlen und damit eine zunehmende Bedeutung des eCommerce gegenüber den weiteren Absatzkanälen erwartet.

Die logistische Abwicklung der Online-Bestellungen, die gerade in der Einführungsphase des eCommerce oft als kritisch angesehen wurde, bereitet den Befragungsteilnehmern wenige Probleme. Häufig in der Literatur angeführte Probleme wie zu lange Lieferzeiten oder hohe Retourenquoten lassen sich nicht bestätigen. Dies ist u.a. auf den Einsatz von Versanddienstleistern, deren Leistungsfähigkeit von den meisten Anbietern als hoch eingestuft wird, zurückzuführen. Vereinzelt tritt zwar auch Kritik an den Dienstleistern auf, aber in diesem Fall ist, wie bereits bei einigen Unternehmen geschehen, ein Wechsel des Dienstleisters relativ problemlos möglich. Das als eher gering eingestufte Verbesserungspotenzial der Fulfillment-Leistung und das als gering eingestufte Senkungspotenzial der Fulfillment-Kosten deuten darauf hin, dass das Fulfillment den befragten Online-Anbietern keine Probleme bereitet.

Der Schwerpunkt der Anbieterbefragung lag auf der Überprüfung der Hypothesen zu den Einflussfaktoren und Wirkungen des Fulfillment. In einem ersten Auswertungsschritt wurden zunächst die Items der latenten Variablen mit Hilfe der Reliabilitätsanalyse daraufhin überprüft, ob sie sich zu einer gemeinsamen Skala zusammenfassen lassen. Dabei wurden zu Gunsten einer höheren Reliabilität der Gesamtskala der Variablen vereinzelt Items ausgeschlossen. In einem zweiten Auswertungsschritt erfolgte die Hypothesenprüfung auf Basis der Korrelationsanalyse. Dabei ließ sich zunächst ein signifikanter Zusammenhang zwischen der Fulfillment-Leistung und den Fulfillment-Kosten nachweisen. Als weitere signifikante Einflussfaktoren der Fulfillment-Kosten konnten die Marktausdehnung und die Erklärungsbedürftigkeit des Leistungsprogramms bestätigt werden. Die Variation der Fulfillment-Kosten mit der Marktausdehnung überrascht allein aufgrund der längeren Wegstrecke zum Empfänger wenig. Der Einfluss der Erklärungsbedürftigkeit des Leistungsprogramms legt nahe, dass nicht nur in der Anbahnungs- und Vereinbarungsphase, sondern auch in den folgenden Phasen des Kaufprozesses ein Beratungsbedarf bezüglich der Produkte und der produktbegleitenden Leistungen besteht. Im Sinne der Kostenorientierung sollte einem allzu hohen Aufkommen an Nachfragen vorgebeugt werden, indem präzise und gut auffindbare Informationen zu den Produkten sowie der Bestell- und Rückabwicklung im Online-Shop eingestellt werden. Auch eine kostenpflichtige Hotline mag die Nachfragen eindämmen und auf die wichtigsten beschränken helfen. Die Ausführungen legen nahe, dass im Rahmen der Kommunikation ein Kompromiss zwischen Kunden- und Kostenorientierung zu treffen ist. Eine zusätzlich durchgeführte Regressionsanalyse zeigt, dass die drei, gemäß der Korrelationsanalyse signifikanten Einflussfaktoren lediglich 34 % der Varianz der Variablen „Fulfillment-Kosten" erklären. Damit unterliegen die Fulfillment-Kosten weiteren relevanten Einflussfaktoren, die nicht in dieser Studie berücksichtigt wurden.

Als signifikante Einflussfaktoren der Fulfillment-Leistung konnten auf Basis der Korrelationsanalyse die Logistikkompetenz, die Technologieorientierung, die Kundenanforderungen und die Qualifikation der Dienstleister identifiziert werden. Während die beiden erstgenannten, unternehmensinternen Faktoren einen Einfluss mittlerer Stärke ausüben, weisen die beiden unternehmensexternen Faktoren einen mittleren bis starken Einfluss auf. Die unternehmensexternen Faktoren sollten daher bei der Gestaltung des Fulfillment eine besondere Berücksichtigung erfahren. Wie eine Regressionsanalyse ergibt, erklären die vier Einflussfaktoren zusammen gut 53 % der Varianz der Variablen „Fulfillment-Leistung". Dieser relativ hohe Wert deutet darauf hin, dass wesentliche Einflussfaktoren identifiziert werden konnten.

Auf der Wirkungsseite ließ sich kein signifikanter Zusammenhang zwischen den Fulfillment-Kosten und den zentralen betriebswirtschaftlichen Zielgrößen Gewinn und Rentabilität nachweisen. Dieses Ergebnis korrespondiert mit der Höhe der Fulfillment-Kosten, die von den Befragungsteilnehmern als niedrig eingestuft wurden und einen geringen Anteil an den Gesamtkosten des eCommerce-Bereiches aufweisen. Die Hypothesen zu den Wirkungen der Fulfillment-Leistung ließen sich bestätigen. Demnach geht von der Fulfillment-Leistung sowohl auf die Differenzierung im Wettbewerb als auch auf die Transaktionszufriedenheit ein signifikanter Einfluss aus. Im Fall der Transaktionszufriedenheit besteht sogar ein hochsignifikanter, starker Zusammenhang. Auch den weiteren Marketing-Instrumenten, die in diesem Zusammenhang Wirkungsdeterminanten darstellen, lässt sich ein signifikanter Einfluss auf die Transaktionszufriedenheit nachweisen. Dagegen tragen sie nicht signifikant zu einer Differenzierung im Wettbewerb bei. Neben der direkten Wirkung der (Primär- und Sekundär-)Leistungen des Online-Anbieters auf die Transaktionszufriedenheit lässt sich auch die Wirkungskette zwischen der Kundenzufriedenheit, der Kundenbindung und dem Unternehmensumsatz bestätigen. Die Ergebnisse legen nahe, dass die Fulfillment-Leistung einen positiven Beitrag zum Unternehmensziel Umsatz leisten kann. Dagegen sind die Fulfillment-Kosten von untergeordneter Bedeutung für das Erreichen der Kostenziele im Unternehmen.

Ein positiver Einfluss auf die Wirkungen bei den Nachfragern ist eng mit einer serviceorientierten Gestaltung des Fulfillment verbunden. Die Ergebnisse der Studie legen aber nahe, dass die Anbieter bisher auf Serviceelemente, die zumindest einem Teil der Nachfrager einen zusätzlichen Nutzen stiften können, noch weitgehend verzichten. Neben den Serviceelementen werden gerade die Informations- und Kommunikationsmöglichkeiten, die die Internet-Technologie auch zur Unterstützung der Abwicklungs- und Anpassungsphase bietet, noch vernachlässigt. Ebenso wie der Serviceorientierung lässt sich auch den Kontrollaktivitäten im eCommerce, gleich ob im Frontend- oder Backend-Bereich, ein zum Teil erhebliches Verbesserungspotenzial bescheinigen.

In *Tabelle 5-26* werden abschließend die im vorliegenden Kapitel überprüften Hypothesen sowie die Ergebnisse der empirischen Überprüfung zusammengefasst.

Tab. 5-26: Hypothesen der Anbieterbefragung und deren empirischer Befund im Überblick

	Hypothese	Befund [a]
H_1	Je höher das Leistungsniveau des Fulfillment ist, desto höher sind die Fulfillment-Kosten.	bestätigt
H_2	Je ausgeprägter die Logistikkompetenz im Unternehmen ist, desto besser ist die Fulfillment-Leistung.	bestätigt
H_3	Je intensiver die Informations- und Kommunikationstechnologie im Unternehmen eingesetzt wird, desto weniger Fehler entstehen bei der Verarbeitung und Übertragung von Auftragsdaten und desto niedriger sind die Fulfillment-Kosten.	nicht bestätigt
H_4	Je intensiver die Informations- und Kommunikationstechnologie im Unternehmen eingesetzt wird, desto weniger Fehler entstehen bei der Verarbeitung und Übertragung von Auftragsdaten und desto besser ist die Fulfillment-Leistung.	bestätigt
H_5	Je ausgeprägter die Prozessorientierung im Unternehmen ist, desto besser ist der Prozessoutput in Form der Fulfillment-Leistung.	nicht bestätigt
H_6	Je erklärungsbedürftiger das Leistungsprogramm eines Online-Anbieters ist, desto höher ist der Informations- und Kommunikationsbedarf der Nachfrager in der Abwicklungs- und Anpassungsphase und desto höher sind die Fulfillment-Kosten.	bestätigt
H_7	Je höher die Versandeignung des Produktprogramms ist, desto niedriger sind die Fulfillment-Kosten.	nicht bestätigt
H_8	Je höher die geographische Ausdehnung der eCommerce-Aktivitäten ist, desto höher sind die Fulfillment-Kosten.	bestätigt
H_9	Je höher die Kontrollintensität der Fulfillment-Aktivitäten ist, desto besser ist die Fulfillment-Leistung.	nicht bestätigt
H_{10}	Die wahrgenommenen Anforderungen der Kunden an das Fulfillment beeinflussen die Fulfillment-Leistung positiv.	bestätigt
H_{11}	Die wahrgenommene Fulfillment-Leistung der Konkurrenz beeinflusst die eigene Fulfillment-Leistung positiv.	nicht bestätigt
H_{12}	Je höher die Kooperationsbereitschaft der Absatzhelfer ist, desto niedrigere Abwicklungs-, Kontroll- und Anpassungskosten entstehen dem Online-Anbieter und desto niedriger sind die Fulfillment-Kosten insgesamt.	nicht bestätigt

Tab. 5-26: Hypothesen der Anbieterbefragung und deren empirischer Befund im Überblick (Fortsetzung)

	Hypothese	Befund [a]
H_{13}	Je höher die Flexibilität der Absatzhelfer ist, desto besser ist die Fulfillment-Leistung insgesamt.	nicht bestätigt
H_{14}	Je besser die Qualifikation der Absatzhelfer ist, desto besser ist die Fulfillment-Leistung insgesamt.	bestätigt
H_{15}	Je niedriger die Fulfillment-Kosten sind, desto höher ist der Gewinn.	nicht bestätigt
H_{16}	Je niedriger die Fulfillment-Kosten sind, desto höher ist die Rentabilität.	nicht bestätigt
H_{17}	Je höher der Umsatz ist, desto höher ist der Gewinn.	bestätigt
H_{18}	Je höher der Gewinn ist, desto höher ist die Rentabilität.	bestätigt
H_{19}	Je besser die Fulfillment-Leistung ist, desto stärker fällt die Differenzierung gegenüber der Konkurrenz aus.	bestätigt
H_{21}	Je besser die wahrgenommene Fulfillment-Leistung ist, desto höher ist die Transaktionszufriedenheit.	bestätigt
H_{28}	Je höher die Zufriedenheit der Nachfrager mit einer Transaktion ist, desto höher ist die Beziehungszufriedenheit.	bestätigt
H_{31}	Je höher die Transaktionszufriedenheit ist, desto höher ist die Kundenloyalität (die Kundenbindung).	nicht bestätigt
H_{32}	Je höher die Beziehungszufriedenheit ist, desto höher ist die Kundenloyalität (die Kundenbindung).	bestätigt
H_{33}	Je höher die Kundenbindung ist, desto höher ist der Umsatz.	bestätigt
H_{43}	Je niedriger die produktbezogenen Kosten sind, desto höher ist der Gewinn.	bestätigt
H_{44}	Je niedriger die produktbezogenen Kosten sind, desto höher ist die Rentabilität.	bestätigt
H_{37}	Je besser die wahrgenommene Produktleistung ist, desto höher ist die Transaktionszufriedenheit.	bestätigt
H_{38}	Je besser die Gestaltung des Online-Shops ist, desto höher ist die Transaktionszufriedenheit.	bestätigt
H_{39}	Je eher die Preispolitik den Vorstellungen der Nachfrager entspricht, desto höher ist die Transaktionszufriedenheit.	bestätigt
H_{45}	Je besser die Gestaltung des Online-Shops ist, desto stärker fällt die Differenzierung gegenüber der Konkurrenz aus.	nicht bestätigt
H_{46}	Je besser die Produktleistung ist, desto stärker fällt die Differenzierung gegenüber der Konkurrenz aus.	nicht bestätigt

[a] Die (Nicht-)Bestätigung der Hypothesen basiert auf den Ergebnissen der Korrelationsanalyse.

6. Anlage und Ergebnisse einer Käuferbefragung zum Fulfillment im Electronic Commerce

6.1 Zielsetzungen der Käuferbefragung

Da eine umfassende, objektive Beurteilung der Fulfillment-Leistung und der Wirkungen bei den Nachfragern aus Anbietersicht nur eingeschränkt möglich ist, ergibt sich die Anforderung nach einer empirischen Analyse der Nachfragersicht. Dieser Anforderung lässt sich mit einer zweiten Studie in Form einer Käuferbefragung begegnen, in der die Erfahrungen von Online-Käufern im Mittelpunkt stehen. Auf Grundlage dieser Online-Kauferfahrungen werden die Hypothesen zu den Wirkungen der Fulfillment-Leistung bei den Nachfragern und zu den Wirkungsdeterminanten überprüft. Ebenso wie bei der Anbieterbefragung soll auch bei der Käuferbefragung das Fulfillment nicht separat analysiert werden. Vielmehr stellt es ein Marketing-Instrument dar, das nicht alleine, sondern im Rahmen der verfolgten Marketing-Strategie zusammen mit anderen Marketing-Instrumenten auf den Nachfrager einwirkt (vgl. Barth et al. 2002 S. 176, vgl. Meffert 2000 S. 1195). Dementsprechend gehen auch die weiteren relevanten Marketing-Instrumente, die beim Online-Shopping zum Einsatz kommen, als Wirkungsdeterminanten in die Analyse ein. Dieses Vorgehen ermöglicht einen Vergleich der unterschiedlichen Marketing-Instrumente hinsichtlich ihrer Einflussstärke auf die Wirkungsvariablen. Ebenso sollen Kauferfahrungen bei alternativen Online-Anbietern in die Analyse eingehen und hinsichtlich ihres Einflusses auf die Wirkungsvariablen untersucht werden. Ferner lassen sich auch die Anforderungen der Nachfrager, die im Rahmen der Anbieterbefragung als bedeutender Einflussfaktor der Fulfillment-Leistung identifiziert wurden, erheben. Neben den Anforderungen an die Fulfillment-Leistung sollen auch die Anforderungen an weitere Elemente bzw. Phasen einer Online-Transaktion in die Betrachtung einfließen.

6.2 Untersuchungsanlage der Käuferbefragung

6.2.1 Zur Erhebungsmethode

Eine Evaluation von Transaktionen im eCommerce ist grundsätzlich nur für den Fall möglich, dass ein Befragungsteilnehmer bereits im Internet, genauer gesagt in einem Online-Shop, eingekauft hat. Transaktionen zwischen Privatpersonen (der sog. Consumer-to-Consumer-Bereich, siehe Hermanns & Sauter 1999 S. 23), zu denen das Gros an Transaktionen in Online-Börsen zählt, sollen dagegen nicht in die Untersuchung einfließen. Da Online-Käufern eine gewisse Affinität gegenüber dem Medium Internet unterstellt werden kann, bietet sich eine Online-Befragung als

Erhebungsmethode an. Dabei wurde der Fragebogen auf dem Server des Forschungsinstituts abgelegt und konnte von den Befragungsteilnehmern online im Internet ausgefüllt werden. Mit Beendigung der Beantwortung wurden die Daten mit Hilfe eines php-Skripts ausgelesen und an eine MySQL-Datenbank übergeben. Im Gegensatz zu anderen Formen der Online-Befragung, bei denen die Befragungsteilnehmer den Fragebogen via eMail zugeschickt bekommen oder diesen downloaden und ausgefüllt per eMail zurückschicken (Wiegand 2001 S. 52), reduziert die angewandte Methode den Aufwand für die Teilnehmer, da einzelne Schritte wie Download, Zwischenspeicherung auf dem eigenen Computer oder die Rücksendung entfallen. Der finanzielle Aufwand, der den Teilnehmern in Form der Internet-Verbindungsgebühren entsteht, ist indes als relativ gering anzusehen, da die Beantwortung der Fragen auf maximal fünfzehn Minuten ausgelegt war.

Neben der Erreichbarkeit der anvisierten Zielgruppe bieten Online-Befragungen eine Reihe weiterer Vorteile gegenüber alternativen Erhebungsmethoden wie der schriftlich-postalischen Befragung. So gelten Online-Befragungen allgemein als kostengünstig und schnell durchführbar, da der postalische Versand der Fragebögen sowie gegebenenfalls lange Rücklaufzeiten entfallen (Wilson & Laskey 2003 S. 79-80). Weiterhin müssen die Auskunftspersonen nicht persönlich bekannt sein oder persönlich via eMail oder Briefpost angesprochen werden, sondern sie können den Fragebogen über die angekündigte Internet-Adresse (den sog. Uniform Resource Locator, kurz: URL) aufrufen und (anonym) ausfüllen (zur Ankündigung der URL siehe *Abschnitt 6.2.2*). Die Anonymität der Befragungssituation kann mit einer ehrlicheren, realitätsnäheren Beantwortung der Fragen einhergehen (Bruhn 2004 S. 98). Als entscheidender, medienbedingter Vorteil der Online-Befragung ist anzusehen, dass die Daten bereits in elektronischer Form vorliegen und automatisch in eine Datenbank übernommen werden können. Dadurch lässt sich die fehleranfällige manuelle Eingabe der Daten vermeiden, was sich positiv auf die formale Datenqualität auswirkt (Porst 1998 S. 15-16).

Neben den Vorteilen, die der Einsatz der Internet-Technologie für die Marktforschung mit sich bringt, können aber auch Probleme technischer Art wie Datenübertragungsprobleme oder Darstellungsprobleme bei unterschiedlichen Betriebstypen oder Browsern auftreten (ADM 2001 S. 4). Da eine browserunabhängige Version des Fragebogens auf dem Server hinterlegt wurde, konnten Darstellungsprobleme ausgeschlossen werden. Ebenso wenig deuten die Daten in der Datenbank darauf hin, dass Probleme bei der Datenübertragung aufgetreten sind. Lediglich in einigen Fällen konnte anhand der Internet-Protocol-(IP-)Nummer festgestellt werden, dass Teilnehmer ihre Datensätze zweimal abgeschickt hatten (worauf jeweils einer der identischen Datensätze gelöscht wurde). Hierfür müssen aber nicht zwangsläufig technische Probleme der Auslöser gewesen sein. Eine weitere, oft im Zusammenhang mit Online-Befragungen angeführte Problematik liegt in der eingeschränkten Zugänglichkeit und Verbreitung des Internets. Dieses Problem ist angesichts der vorliegenden Untersuchungsthematik zu vernachlässigen, da von Online-Käufern allgemein erwartet werden kann, dass sie über einen Zugang zum Internet verfügen und mit diesem Medium umgehen können. Zudem verliert diese Einschränkung an Gewicht, da dem Internet mittlerweile eine hohe Durchdringung in der breiten Bevölkerung unterstellt werden kann (vgl. Eimeren et al. 2003 S. 339, vgl. GfK 2001 S. 32-33, vgl. Meffert 2000 S. 756). Vielmehr können sich bei Online-Befragungen Probleme bei der Definition der Grundgesamtheit und der Auswahl der Befragungsteilnehmer ergeben. Auf diesen Aspekt soll im folgenden Abschnitt näher eingegangen werden.

6.2.2 Zur Auswahl der Befragungsteilnehmer und deren Akquise

Der allgemeine Teil des Online-Fragebogens (zum Aufbau des Fragebogens siehe *Abschnitt 6.2.3*) richtet sich an Personen, die bereits mindestens einmal in einem Online-Shop eingekauft haben und somit über Erfahrungen im eCommerce verfügen. Dagegen zielen diejenigen Fragen, die zur Überprüfung der Hypothesen dienen, auf Online-Shopper, die bereits in Automobilteile- oder Buchshops eingekauft haben. Mit der Fokussierung auf zwei Branchen sollte eine allzu heterogene Zusammensetzung der Stichprobe vermieden und eine Vergleichbarkeit der Datensätze bei der Überprüfung der Hypothesen gewährleistet werden. Die Wahl der Online-Shops, die Automobilteile anbieten, knüpft an die Anbieterbefragung an. Neben der Anbieterperspektive soll damit auch die Kundenperspektive in dieser Branche näher betrachtet werden. Gleichzeitig musste aber bereits im Vorfeld der Studie davon ausgegangen werden, dass eine Beschränkung auf diese Branche eine geringe Stichprobe zur Folge haben kann, da Automobilteile im Vergleich zu anderen Produkten noch von eher nachrangiger Bedeutung im Business-to-Consumer-Bereich sind. So werden gerade automobile Ersatzteile typischerweise von Werkstätten (Business-to-Business-Bereich) erworben (Güler 2001 S. 205). Aus diesem Grund fokussiert die Untersuchung mit den Online-Buchshops eine zweite Branche, die in Statistiken zur

Kaufhäufigkeit im eCommerce stets auf den vordersten Rängen zu finden ist (Postbank 2004 S. 21, GfK 2001 S. 29). Dabei entfiel die Möglichkeit einer gezielten oder gar vollständigen Ansprache der Grundgesamtheit, da eine Auswahlgrundlage in Form einer Liste sämtlicher Personen, die bereits online in Automobilteile- oder Buchshops eingekauft haben, nicht existiert (Problem der Unbestimmbarkeit einer Grundgesamtheit, Theobald 1999 S. 374). Stattdessen wurden die Online-Befragung und deren Internet-Adresse (URL) auf verschiedenen Wegen kommuniziert, so dass sich die Befragungsteilnehmer selbst rekrutierten (Verfahren der Selbstselektion, vgl. dazu Wildner & Conklin 2001 S. 20-22). Da die Auswahl der Teilnehmer nicht auf einem mathematisch-statistischen Verfahren der Stichprobenbildung basiert, kann von einer Repräsentativität im Sinne einer Zufallsauswahl nicht ausgegangen werden (Theobald 1999 S. 374).

Die Akquise der Teilnehmer erfolgte vorrangig durch Ankündigung der Befragung in verschiedenen eMail-Newslettern. Konkret wurde die Befragung je dreimal in den Newslettern der Zeitschrift Absatzwirtschaft und der Lebensmittelzeitung sowie einmal im Newsletter des Online-Magazins eMarket angekündigt. Alle drei Newsletter verfügen über eine als hoch einzustufende Abonnentenzahl[11] und decken die Themengebiete eCommerce sowie Marketing und Handel ab. Weiterhin erfolgte eine direkte Ansprache (potentieller) Online-Käufer von Automobilteilen auf zwei Wegen. Zum einen wurden diejenigen Teilnehmer der Anbieterbefragung, die über einen eigenen Newsletter verfügen (insgesamt elf), um eine Ankündigung der Befragung in diesem gebeten. Dabei lehnte lediglich ein Anbieter die Ankündigung in seinem Newsletter ab, da das Interesse der Kunden an wissenschaftlichen Studien als äußerst gering eingestuft wird. Zum anderen erfolgte eine gezielte Ansprache von privaten Automobilclubs per eMail, in der die Studie kurz vorgestellt wurde und diejenigen Mitglieder, die bereits online Automobilteile gekauft haben, um Teilnahme gebeten wurden. Eine Liste von Automobilclubs, die mit einer eigenen Homepage im Internet vertreten sind und daher eine gewisse Affinität zum Medium Internet aufweisen, ließ sich über entsprechende Online-Verzeichnisse ermitteln[12]. Auf diesem Wege wurden insgesamt 153 private Automobilclubs angesprochen.

---

[11] So hat beispielsweise der eMarket-Newsletter nach eigenen Angaben gut 14.000, der Newsletter der Lebensmittelzeitung sogar 34.000 Abonnenten.
[12] Umfangreiche Online-Verzeichnisse von markenspezifischen Automobilclubs finden sich z.B. unter http://www.fordclub.de, http://www.opel-web.de/index1.htm, http://www.carclub.de

6.2.3 Zum Aufbau des Online-Fragebogens

Bei Aufruf der Internet-Adresse des Fragebogens[13] gelangten die (potentiellen) Befragungsteilnehmer zunächst auf eine Einstiegsseite, die nähere Informationen zum Gegenstand und den Zielen der Studie, eine Anleitung zum Ausfüllen des Fragebogens samt Datenschutzerklärung sowie eine Kontaktadresse für Rückfragen enthielt. Als voraussichtlicher Zeitaufwand für die vollständige Beantwortung der Fragen wurden zwölf bis fünfzehn Minuten angegeben. Dieser Zeitaufwand wurde im Vorfeld mit Hilfe von fünf Testpersonen ermittelt. Ebenso lieferten die Testpersonen weitere Hinweise, mit denen die Verständlichkeit der Fragen und die Benutzerführung durch den Fragebogen optimiert werden konnten. Über einen Button am Ende der Einstiegsseite gelangten die Teilnehmer zu dem Fragebogen, der sich grob in drei Abschnitte einteilen lässt.

Zunächst wurden mit der Eingangsfrage diejenigen Personen, die noch nie in einem Online-Shop eingekauft haben, herausgefiltert. Der erste Abschnitt enthielt allgemeine Fragen zu den Erfahrungen und Wünschen, die die Befragungsteilnehmer mit dem Einkauf in Online-Shops verbinden. Ebenso erfolgte eine Evaluation einzelner charakteristischer Merkmale des Online-Shopping, die die Anforderungen der Befragungsteilnehmer an Online-Transaktionen allgemein, d.h. unabhängig von einer bestimmten Transaktion, wiedergeben sollten.

Die Beantwortung der bisherigen Fragen war allen Teilnehmern möglich, die bereits über Erfahrungen mit dem Einkauf in Online-Shops verfügten. Die nachfolgenden Fragen im zweiten Abschnitt richteten sich dagegen an Personen, die bereits in Automobilteile- oder Buchshops eingekauft hatten. Sofern dies noch nicht der Fall war, wurde die Befragung an einer anderen Stelle des Fragebogens (Abschnitt drei) fortgesetzt. Anhand der Fragen in Abschnitt zwei wurde der zuletzt getätigte Online-Kauf bei einem entsprechenden Anbieter evaluiert. Da die Erhebung nicht während einer konkreten Transaktion (z.B. nach Absenden der Online-Bestellung oder kurz nach dem Warenempfang) erfolgte, war davon auszugehen, dass die Befragungsteilnehmer die vollständige, bereits abgeschlossene Transaktion, einschließlich einer möglichen Anpassungsphase, beurteilen konnten. In die Betrachtung flossen zudem eine Gesamtbeurteilung der bisherigen Austauschbeziehung, eine Beurteilung alternativer Online-Anbieter sowie Aspekte des zukünftigen Kaufverhaltens ein. Die in

---

[13] Der Fragebogen war unter der folgenden Internet-Adresse zu finden: http://studie.marketing.uni-goettingen.de/intro.htm

diesem Abschnitt erhobenen Daten bilden die Grundlage für die Überprüfung der zuvor aufgestellten Hypothesen.

Der dritte Abschnitt enthielt Fragen, anhand derer bestimmte Aspekte des Fulfillment, allen voran die Auslieferung und die Zahlungsabwicklung, vertieft wurden. Diese Fragen ließen sich auch wieder von denjenigen Teilnehmern beantworten, die keine Auskunft über Automobilteile- oder Buchshops geben konnten, aber bereits in anderen Online-Shops eingekauft haben. Die Frage nach bestimmten personenbezogenen Daten, die zur näheren Charakterisierung der Befragungsteilnehmer dienten, bildete den Abschluss des Fragebogens. Diese Angaben ließen aber keine persönliche Identifikation der Teilnehmer zu, so dass der Fragebogen anonym ausgefüllt werden konnte. Lediglich die Teilnahme an einer Verlosung[14], die der Incentivierung diente, setzte die Angabe einer eMail-Adresse voraus.

Der Fragebogen besteht überwiegend aus geschlossenen Fragen, denen eine fünfstufige, bipolare Ratingskala zu Grunde liegt. Auf diese Skala wird im folgenden Abschnitt näher eingegangen.

6.2.4 Zur Operationalisierung der Modellkomponenten

Die Ausführungen in diesem Abschnitt lehnen sich an die Operationalisierung der Modellkomponenten in der Anbieterbefragung an (siehe *Abschnitt 5.2.4*). Mit der Fulfillment-Leistung, den Wirkungsdeterminanten sowie den nachfragerseitigen Wirkungen Transaktionszufriedenheit, Beziehungszufriedenheit und Kundenbindung (bzw. Kundenloyalität) gehen in die Käuferbefragung Variablen ein, die bereits Gegenstand der Anbieterbefragung waren. Dabei ist zu berücksichtigen, dass eine Erhebung der Käuferperspektive eine Anpassung der Messmodelle dieser Variablen mit sich bringen kann.

Das Messmodell der Variablen „Fulfillment-Leistung" wird im Kern aus der Anbieterbefragung übernommen. Aus dieser ursprünglichen Skala werden die beiden Indikatoren „Lieferfähigkeit" und „Lieferflexibilität" herausgenommen. Im Fall der Lieferfähigkeit ist davon auszugehen, dass es nur zu einer Transaktion kommt, wenn die Ware auch tatsächlich lieferbar ist bzw. wenn die angegebene Lieferfähigkeit (z.B. „versandfertig in 2-3 Tagen") auch den Vorstellungen der Nachfrager entspricht. Im letzteren Fall wird die Lieferfähigkeit aber über die Lieferzeit beurteilt, die aus

---

[14] Hierbei wurden unter allen Befragungsteilnehmern drei Geldpreise und ein Gutschein verlost (1. Preis: 75 €, 2. Preis: ein Amazon.de-Gutschein in Höhe von 50 €, 3. & 4. Preis: 25 €).

Nachfragersicht die Zeitspanne zwischen dem Absenden der Online-Bestellung und dem Warenempfang beinhaltet (vgl. Meffert 2000 S. 654). Die Lieferflexibilität kann unterschiedliche Aspekte (Eingehen auf Änderungswünsche nach erfolgter Bestellung, Auswahl des Lieferortes, Auswahl der Verpackung) beinhalten, die nicht für jeden Nachfrager relevant und somit auch nicht zu beurteilen sind. Ein Ausschluss dieses Items trägt zudem dazu bei, die Komplexität des Modells zu begrenzen. Ferner ist zu erwarten (und aus Sicht der Online-Anbieter zu hoffen), dass im Rahmen der zuletzt getätigten Online-Bestellung nur bei einem geringen Anteil der Befragungsteilnehmer ein Problem auftrat, das zu einer Beschwerde oder Rückgabe der Ware geführt hat. Daher soll auch der Indikator „Reklamations- und Retourenabwicklung" nicht in das Messmodell der Variablen „Fulfillment-Leistung" eingehen. Sofern aufgetreten, erfolgt aber eine Beurteilung der Reklamations- und Retourenabwicklung über die manifeste Variable „Beschwerdezufriedenheit". Insgesamt beinhaltet das Messmodell der Variablen „Fulfillment-Leistung" in der Käuferbefragung somit die vier Indikatoren „Lieferzeit", „Lieferzuverlässigkeit", „Lieferbeschaffenheit" und „Zahlungsabwicklung".

Auch hinsichtlich der Wirkungsdeterminanten bestehen Unterschiede bei der Operationalisierung, die aus der unterschiedlichen Perspektive der Anbieter und der Nachfrager resultieren. In Anlehnung an die Skala von Wolfinbarger und Gilly (2003 S. 191) wird die Variable „Gestaltung des Online-Shops" über die zwei Indikatoren „Usability" und „Utility" operationalisiert. Auf eine mögliche weitergehende Differenzierung dieser Indikatoren, wie in der angesprochenen Skala vorgenommen, wird an dieser Stelle verzichtet, um die Komplexität des Modells nicht unnötig zu erhöhen. Die Wirkungsdeterminante „Produktleistung" weist einen manifesten Charakter auf. In dem Indikator dieser Variablen kommt zum Ausdruck, ob die tatsächlich erhaltene Ware den Vorstellungen entspricht, die sich während des Besuchs im Online-Shop und beim Kaufabschluss herausgebildet haben. Dagegen werden keine Indikatoren, die sich auf die Erfahrungen mit der Produktverwendung beziehen, berücksichtigt, da eine Produktverwendung erst nach Beendigung der Transaktion erfolgt. Das Messmodell der Wirkungsdeterminante „Preispolitik" unterscheidet in die zwei Indikatoren „Produktpreis" und „Liefergebühr", die die zentralen Preiskomponenten beim Online-Shopping bilden. Es ist davon auszugehen, dass die Wirkungsdeterminanten einschließlich der Variablen „Fulfillment-Leistung" die einzelnen Marketing-Instrumente nicht vollständig wiedergeben, da sich der durch ein Marketing-Instrument bezeichnete Sachverhalt im Allgemeinen nicht durch einige wenige Indikatoren ausdrücken lässt. Dennoch beinhalten die Einflussfaktoren der nachfragerseitigen Wirkungen zentrale Aspekte der einzelnen Instrumente, so dass im Rahmen der Datenauswertung vereinfachend auch von Marketing-Instrumenten gesprochen wird.

Die vier Indikatoren der zentralen Wirkungsvariablen „Transaktionszufriedenheit" werden aus der Anbieterbefragung übernommen. Dabei wird aber der ursprüngliche Indikator „Fulfillment-Leistung" in die zwei Indikatoren „Lieferservice" und „Zahlungsabwicklung" unterschieden, da der Begriff Fulfillment auf Käuferseite zu Verständnisproblemen führen kann. Das Messmodell der Variablen „Transaktionszufriedenheit" besteht in der Käuferbefragung somit aus fünf Indikatoren. Bereits bei der Formulierung der Hypothesen wurde zwischen den Konstrukten Kundenbindung und Kundenloyalität unterschieden. Diese Unterscheidung berücksichtigt, dass die Anbieter das tatsächliche Verhalten ihrer Nachfrager in der Regel besser einschätzen können als deren Verhaltensabsicht. Dagegen können die Nachfrager in Bezug auf ihr zukünftiges Kauf- und Weiterempfehlungsverhalten ihre Verhaltensabsicht im Sinne der Kundenloyalität beurteilen. Dementsprechend wird in der Käuferbefragung das Konstrukt Kundenloyalität an Stelle der Kundenbindung verwendet. In Anlehnung an die Indikatoren der Kundenbindung werden zur Operationalisierung der Kundenloyalität die Indikatoren „Wiederkaufabsicht", „Weiterempfehlungsabsicht" und „Wechselabsicht" herangezogen (vgl. dazu Herrmann et al. 2003 S. 239, Giering 2000 S. 16-17).

Neben den Variablen, die bereits Gegenstand der Anbieterbefragung waren, werden mit der „wahrgenommenen Gerechtigkeit" und der „wahrgenommenen Entlastung" zwei weitere Wirkungsvariablen auf Käuferseite betrachtet. Von einer Einschätzung dieser Wirkungen durch die Anbieter wurde in der vorangegangenen Studie abgesehen, da es sich um psychologische Konstrukte bei den Käufern handelt.

Eine Verwendung des Konstruktes „wahrgenommene Gerechtigkeit" im Rahmen geschäftlicher Transaktionen ist bisher selten anzutreffen (Matzler 1997 S. 45). Ausnahmen bilden die Studien von Huppertz et al. (1978) und Oliver & Swan (1989), die die Gerechtigkeit von Transaktionen zwischen einem Verkäufer und einem Nachfrager betrachten, sowie die Studie von Blodgett et al. (1997), die das Gerechtigkeitsempfinden bei der Rückgabe bzw. dem Umtausch von Produkten im stationären Handel untersuchen. Den Studien liegt eine persönliche Interaktion zwischen Anbieter und Nachfrager zu Grunde. Diese Situation lässt sich allerdings nur bedingt auf den eCommerce übertragen, da Anbieter und Nachfrager über eine mediale Schnittstelle in Kontakt treten. Daher sollen die in diesen Studien verwendeten Skalen nicht übernommen werden. Im Fall einer geschäftlichen Transaktion ist den Nachfragern aufgrund fehlender Informationen zu den Kosten und den Einkaufspreisen der Anbieter keine sichere Beurteilung des anbieterseitigen Input-Output-Verhältnisses möglich (vgl. Schröder & Zimmermann 2002 S. 357). Die Nachfrager können diesbezüglich lediglich Vermutungen anstellen (Oliver & Swan 1989 S. 23-24). Als Basis für diese Vermutungen bieten sich insbesondere der Preis und die erhaltene Leistung an. Diese Größen erlauben eine Beurteilung des eigenen Input-Output-Verhältnisses unter Einbezug des anbieterseitigen Input-Output-Verhältnisses. Daher soll die Gerechtigkeit vereinfachend über das wahrgenommene Preis-Leistungs-Verhältnis erhoben werden. Dabei erfolgt wiederum eine Differenzierung zwischen Primär- und Sekundärleistung, so dass in das Messmodell der Variablen die beiden Indikatoren „faires Preis-Leistungs-Verhältnis der Produkte" und „faires Preis-Leistungs-Verhältnis für den Lieferservice" eingehen.

Die Variable „wahrgenommene Entlastung" beinhaltet eine Beurteilung des eCommerce im Vergleich zum Einkauf im stationären Handel. Eine Entlastung kann aus einem verminderten Zeitaufwand durch den Wegfall der Besuche im stationären Handel resultieren (Bliemel & Fassott 1999 S. 18). Der verminderte Zeitaufwand kommt in dem Indikator „zeitliche Entlastung" zum Ausdruck. Des Weiteren können die Nachfrager ihre Bestellungen bequem von zu Hause aus tätigen und dort in Empfang nehmen. Dadurch lassen sich sowohl physische als auch psychische Aufwandselemente reduzieren (ebda S. 18-19). Da hiermit dem Bequemlichkeitsstreben der Nachfrager Rechnung getragen wird, lässt sich der Variablen „wahrgenommene Entlastung" der zweite Indikator „Der Einkauf im Internet ist bequemer als im Ladengeschäft" zuordnen. Zudem ist auch an eine finanzielle Entlastung in Form von Fahrt- oder Parkkosten zu denken (ebda S. 17-18). Demgegenüber können aber zusätzliche Kosten in Form der Liefergebühr sowie für den Zugang zum Internet und die Nutzungsgebühren stehen. Daher soll ein möglicher Indikator „finanzielle Entlastung" nicht in die Operationalisierung dieser Variablen einfließen. Tabelle 6-1 fasst die vorab erläuterten Modellkomponenten zusammen und ordnet sie den Kategorien „Fulfillment-Leistung", „direkte/ indirekte Wirkungen der Fulfillment-Leistung" sowie „Determinanten der Wirkungen bei den Nachfragern" zu.

Tab. 6-1: Variablen und Indikatoren der Käuferbefragung im Überblick

Variable	Hypothese	Item	Item
I. Fulfillment-Variablen			
Fulfillment-Leistung	H_{20}, H_{21}, H_{25}	ful1	Lieferzeit
		ful2	Lieferzuverlässigkeit
		ful3	Lieferbeschaffenheit
		ful4	Zahlungsabwicklung
II. Wirkungen bei den Kunden			
Variable	Hypothese	Item	Item
Transaktionszufriedenheit	H_{21}, H_{23}, H_{26}, H_{27}, H_{28}, H_{31}, H_{37}, H_{38}, H_{39}, H_{41}	takzuf	Transaktionszufriedenheit gesamt
		zuf1	Zufriedenheit Online-Shop
		zuf2	Zufriedenheit Produktpreis(e)
		zuf3	Zufriedenheit Ware
		zuf4	Zufriedenheit Lieferservice
		zuf5	Zufriedenheit Zahlungsabwicklung
Beschwerdezufriedenheit	H_{22}, H_{23}, H_{24}	bewzuf	Zufriedenheit Beschwerdebearbeitung
Beziehungszufriedenheit	H_{28}, H_{29}, H_{32}	bezzuf	Zufriedenheit Geschäftsbeziehung
wahrgenommene Entlastung	H_{25}, H_{26}, H_{40}	ent1	verminderter Zeitaufwand
		ent2	bequemeres Einkaufen (Convenience)
wahrgenommene Gerechtigkeit	H_{20}, H_{22}, H_{27}, H_{29}, H_{30}, H_{34}, H_{35}, H_{36}	ger1	faires Preis-Leistungs-Verhältnis Produkte
		ger2	faires Preis-Leistungs-Verhältnis Lieferservice
Kundenloyalität	H_{30}, H_{31}, H_{32}, H_{42}	loyal1	Wiederkaufabsicht
		loyal2	Weiterempfehlungsabsicht
		loyal3	Wechselabsicht
III. Wirkungsdeterminanten			
Variable	Hypothese	Item	Item
wahrgenommene Produktleistung	H_{34}, H_{37}	prod	Übereinstimmung der Ware mit den Vorstellungen (Konfirmation Ware)
Gestaltung Online-Shop	H_{35}, H_{38}, H_{40}	shop1	Benutzerfreundlichkeit Online-Shop
		shop2	Online-Produktinformationen

Tab. 6-1: Variablen und Indikatoren der Käuferbefragung im Überblick
(Fortsetzung)

Variable	Hypothese	III. Wirkungsdeterminanten	
		Item	Item
Preispolitik	H_{36}	preis1	Produktpreis
	H_{39}	preis2	Liefergebühr
Erfahrungen mit alternativen Online-Anbietern	H_{41} H_{42}	alt1	Ware
		alt2	Online-Shop
		alt3	Lieferservice
		alt4	Produktpreis

Die Modellkomponenten werden über fünfstufige Ratingskalen mit verbaler Umschreibung der Extrempunkte sowie graphischer Unterstützung aller Antwortkategorien erhoben (siehe dazu Berekoven et al. 2004 S. 74-78, siehe *Abbildung 6-1*).

Abb. 6-1: Beispiel für eine Ratingskala im Fragebogen

stimme voll zu				stimme überhaupt nicht zu
++	+	o	-	--
O	O	O	O	O

Im Gegensatz zu der Anbieterbefragung kommen hier ungeradzahlige Skalen zur Anwendung, die eine Mittelkategorie aufweisen. Damit soll verhindert werden, dass die Befragungsteilnehmer, sofern sie sich nicht für eine positive oder negative Tendenz entscheiden können, die entsprechende Frage auslassen. Einige Fragen wurden zudem gezielt um die Antwortkategorie „kann ich nicht beurteilen" ergänzt, da z.B. nicht von jedem Befragungsteilnehmer zu erwarten ist, dass er über Erfahrungen mit der Retourenabwicklung oder mit alternativen Anbietern verfügt. Gemäß dem in der Literatur üblichen Vorgehen werden auch bei dieser Studie die mit Hilfe von Ratingskalen erhobenen Daten als intervallskaliert behandelt (Meffert 1992 S. 185).

Abschließend ist darauf hinzuweisen, dass die Studie aufgrund der überwiegend erstmalig verwendeten Messmodelle als Pilotstudie konzipiert ist.

6.2.5 Zur Datenauswertung

Im Hinblick auf den Untersuchungsgegenstand Fulfillment gilt es zunächst, die aktuellen Problembereiche bei der Abwicklung von Online-Bestellungen zu analysieren und mögliche Wünsche an die Auslieferung und die Zahlungsabwicklung zu identifizieren. Da es sich hierbei um eine explorative Untersuchung im Sinne einer Bestandsaufnahme fulfillmentrelevanter Aspekte handelt, kommen in einem ersten Auswertungsschritt univariate Verfahren der Datenauswertung, insbesondere Häufigkeitsverteilungen und Mittelwertanalysen, zur Anwendung. Als Grundlage für diesen Auswertungsschritt dienen die Daten, die in den Abschnitten eins und drei des Fragebogens erhoben wurden.

Das Hauptaugenmerk der Käuferbefragung liegt aber auf der Überprüfung der im Vorfeld hergeleiteten Hypothesen des Kausalmodells. Dabei stehen zunächst die einzelnen Modellvariablen, genauer gesagt die Messmodelle der latenten Variablen, im Mittelpunkt der Analyse. Eine Beurteilung der Reliabilität und der Validität dieser Faktoren kann anhand von Cronbach's Alpha und anhand der explorativen Faktorenanalyse erfolgen (Homburg & Giering 1998 S. 118-119, Churchill 1979 S. 65-69). Da beide Analyseverfahren bereits Gegenstand der Anbieterbefragung waren (siehe Kapitel 5, insbesondere *Abschnitt 5.2.5*), wird an dieser Stelle auf eine erneute Erläuterung verzichtet. Dies gilt auch für die Regressionsanalyse. In der vorliegenden Studie kommt die Regressionsanalyse zum Einsatz, um den Einfluss der verschiedenen Marketing-Instrumente auf die Transaktionszufriedenheit in den beiden untersuchten Branchen zu vergleichen.

Da sich auf Basis der Regressionsanalyse nicht alle Hypothesen der Käuferbefragung testen lassen, kommt zusätzlich die Kausalanalyse, auch als konfirmatorische Faktorenanalyse bezeichnet (Backhaus et al. 2003 S. 334), zur Anwendung. Neben einer Überprüfung des Gesamtmodells bietet die Kausalanalyse den Vorteil, dass sie Abhängigkeitsbeziehungen zwischen den exogenen Variablen berücksichtigt (Homburg & Hildebrandt 1998 S. 19). Die Kausalanalyse erfordert im Vorfeld der empirischen Analyse intensive theoretische Überlegungen zu den Beziehungen zwischen den Variablen des Modells (Backhaus et al. 2003 S. 334). Darauf aufbauend kann mit Hilfe des mathematisch-statistischen Verfahrens der Kausalanalyse überprüft werden, ob das Kausalmodell mit dem empirischen Datenmaterial übereinstimmt (Böing 2001 S. 95).

Ein Kausalmodell besteht allgemein aus einem Strukturmodell und den Messmodellen der Modellvariablen (ebda 2003 S. 336-337). Das Strukturmodell spezifiziert die Beziehungen zwischen den Modellvariablen, während die Messmodelle den Zusammenhang zwischen den latenten Variablen und ihren Indikatoren abbilden

(Homburg & Baumgartner 1995a S. 163). Gemäß der Differenzierung in exogene (unabhängige) und endogene (abhängige) latente Variablen wird zwischen einem Messmodell für exogene und einem Messmodell für endogene latente Variablen unterschieden (Dehler 2001 S. 91). Neben den latenten Variablen können auch manifeste Variablen in die Kausalanalyse einfließen. Diese Variablen sind einer direkten Messung zugänglich und lassen sich daher mit nur einem Indikator erheben (Böing 2001 S. 96, Förster et al. 1984 S. 347-348). Im Strukturmodell werden die Beziehungen zwischen den Variablen mittels einer Regressionsanalyse geschätzt, während die Beziehungen zwischen den Variablen und ihren Indikatoren in den Messmodellen mit Hilfe der Faktorenanalyse berechnet werden. Die Kausalanalyse bietet folglich die Möglichkeit, die faktoranalytischen Messmodelle und das regressionsanalytische Strukturmodell simultan auf Basis der empirisch gemessenen Varianzen und Kovarianzen zu schätzen. Daraus ergibt sich der Vorteil, dass bei der Untersuchung von Abhängigkeitsbeziehungen zwischen latenten Variablen explizit die Messfehler der einzelnen Indikatoren berücksichtigt werden (Homburg & Giering 1998 S. 20).

Eine besondere Bedeutung bei der Anwendung der Kausalanalyse erfahren die Gütekriterien (auch als Anpassungsmaße bezeichnet), anhand derer die Anpassungsgüte des Kausalmodells an die empirischen Daten beurteilt wird. Eine Übersicht über die relevanten Gütekriterien eines Kausalmodells liefern Homburg und Baumgartner (1995a S. 165). In Abgrenzung zu den Kriterien der ersten Generation, zu denen Cronbach's Alpha und die explorativen Faktorenanalyse zählen, werden die Anpassungsmaße der Kausalanalyse auch als Kriterien der zweiten Generation bezeichnet. Diese Gütekriterien ermöglichen eine Validitätsbeurteilung auf Grundlage inferenzstatistischer Prüfungen (Gerbing & Anderson 1988 S. 189-191). Auf die Gütekriterien, die im Rahmen der vorliegenden Untersuchung Anwendung finden, wird an der entsprechenden Stelle näher eingegangen (siehe *Abschnitt 6.3.7.3*).

Abschließend ist darauf zu verweisen, dass die uni- und bivariate Auswertung sowie die Durchführung der Regressionsanalyse wiederum mit Hilfe von SPSS (Version 11.5.1) erfolgen, während im Rahmen der Kausalanalyse das Softwareprogramm AMOS (Analysis of Moment Structures, Version 3.6) zum Einsatz kommt.

6.3 Ergebnisse der Käuferbefragung
Die Darstellung der Ergebnisse läuft in drei Schritten ab, die sich anhand der Datenauswertungsmethoden und der Anzahl der in die jeweilige Auswertung

eingehenden Datensätze unterscheiden. Zunächst werden die allgemeinen Fragen zum Untersuchungsgegenstand Fulfillment, die nicht der Überprüfung der Hypothesen dienen, mit Hilfe von uni- und bivariaten Verfahren ausgewertet (*Abschnitte 6.3.2* bis *6.3.5*). In diesem Auswertungsschritt fließen die Datensätze aller Befragungsteilnehmer ein, die bereits über Erfahrungen mit dem Einkauf in Online-Shops verfügen. Anschließend werden die beiden Branchen bzw. Segmente (Online-Käufer von Automobilteilen sowie Online-Käufer von Buch- und sonstigen Medienprodukten) auf Basis von bi- und multivariaten Verfahren verglichen (*Abschnitt 6.3.6*). Im dritten Auswertungsschritt erfolgt die Überprüfung der Hypothesen zu den Wirkungen und Wirkungsdeterminanten auf Nachfragerseite mittels der Kausalanalyse (*Abschnitt 6.3.7*). Zunächst werden aber im folgenden Abschnitt die Befragungsteilnehmer und ihr Kaufverhalten im eCommerce näher charakterisiert.

6.3.1 Zu den Befragungsteilnehmern

6.3.1.1 Zur sozio-demographischen Struktur der Befragungsteilnehmer

Der Online-Fragebogen war von Mitte Januar bis Ende März 2004 im Internet zugänglich. In diesem Zeitraum nahmen insgesamt 427 Personen an der Befragung teil (nach Bereinigung der Datenbank um identische, d.h. zweimal abgesendete Datensätze). Lediglich 30 Teilnehmer gaben an, noch nie in einem Online-Shop gekauft zu haben. Als Gründe hierfür wurden der fehlende direkte Produktkontakt vor dem Kauf sowie das fehlende reale Kauferlebnis angeführt. Dagegen wurden – im Gegensatz zu früheren eCommerce-Studien (Ahlert et al. 2001 S. 22, Dach 2001 S. 57) – weder von den Nicht-Online-Käufern noch von den Online-Käufern Bedenken gegenüber dem Datenschutz oder dem Zahlungsverkehr im Internet geäußert. Dies deutet darauf hin, dass sich die Datensicherheit, zumindest in der Wahrnehmung der Online-Käufer, gegenüber den Anfangszeiten des Business-to-Consumer-eCommerce verbessert hat.

Da die Beantwortung der Fragen Erfahrungen mit Online-Einkäufen voraussetzt, werden die Datensätze derjenigen Teilnehmer, die noch nie in einem Online-Shop eingekauft haben, im weiteren Verlauf der Datenauswertung ausgeschlossen. Ist im Folgenden von den Befragungsteilnehmern die Rede, sind die 397 Auskunftspersonen gemeint, die bereits in Online-Shops eingekauft haben. Von diesen 397 Teilnehmern sind 151 weiblich (38 %) und 240 männlich (60 %) (die restlichen sechs Teilnehmer machten keine persönlichen Angaben). Damit entspricht das Verhältnis zwischen männlichen und weiblichen Online-Käufern in der Studie nahezu dem Verhältnis zwischen deutschsprachigen männlichen und weiblichen Internetnutzern, welches gemäß der 18. W3B-Benutzeranalyse bei 40,2 % (weiblich) zu 59,8 % (männlich) liegt (Fittkau & Maaß 2004 S. 1). Zu einer näheren Charakterisierung der Online-Käufer trägt *Abbildung 6-2* bei.

Abb. 6-2: Status und Alter der Online-Käufer

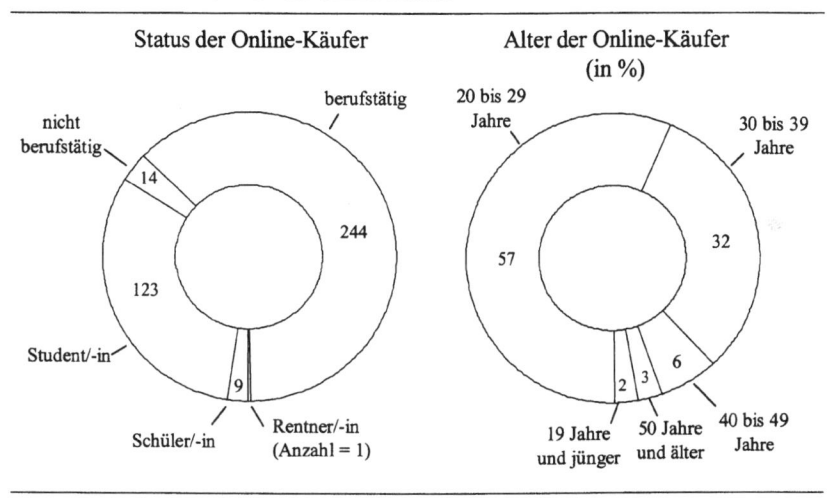

Status der Online-Käufer

- nicht berufstätig: 14
- berufstätig: 244
- Student/-in: 123
- Schüler/-in: 9
- Rentner/-in (Anzahl = 1)

Alter der Online-Käufer (in %)

- 20 bis 29 Jahre: 57
- 30 bis 39 Jahre: 32
- 40 bis 49 Jahre: 6
- 50 Jahre und älter: 3
- 19 Jahre und jünger: 2

n = 391

6.3.1.2 Zur Nutzung des eCommerce durch die Befragungsteilnehmer

Über die Hälfte der Online-Käufer gibt an, dass sie „manchmal" (52,4 %) in Online-Shops einkaufen, gefolgt von den Optionen „oft" (27 %) und „selten" (20,6 %). Diese allgemeine Einschätzung der Kaufhäufigkeit bestätigt auch die Frage nach der Anzahl der bisherigen Online-Käufe. Demnach hat die Mehrzahl der Befragungsteilnehmer bereits wiederholt Käufe im Internet getätigt (siehe *Abbildung 6-3*). Diese Statistik deutet darauf hin, dass der Einkauf im Internet – zumindest bei bestimmten Produkten – mittlerweile eine echte Alternative bei der Wahl der Einkaufsstätte darstellt. Zudem zeigt sich auf Basis einer Korrelationsanalyse, dass zwischen den beiden Variablen „bisherige Nutzung von Online-Shops" und „Nutzungsintention von Online-Shops" eine hochsignifikante Korrelation mittlerer Stärke (r = ,485**) besteht. Die Intention, das Internet zukünftig zum Einkauf zu nutzen, ist demzufolge umso höher, je öfter bereits in Online-Shops eingekauft wurde. Der Einkauf im Internet beschränkt sich dabei nicht nur auf einen oder wenige Online-Shops. Vielmehr haben gut 40 % der

Befragten bereits in fünf oder mehr verschiedenen Shops eingekauft (siehe *Abbildung 6-3*).

Abb. 6-3: Kaufhäufigkeit und Anzahl der genutzten Online-Shops

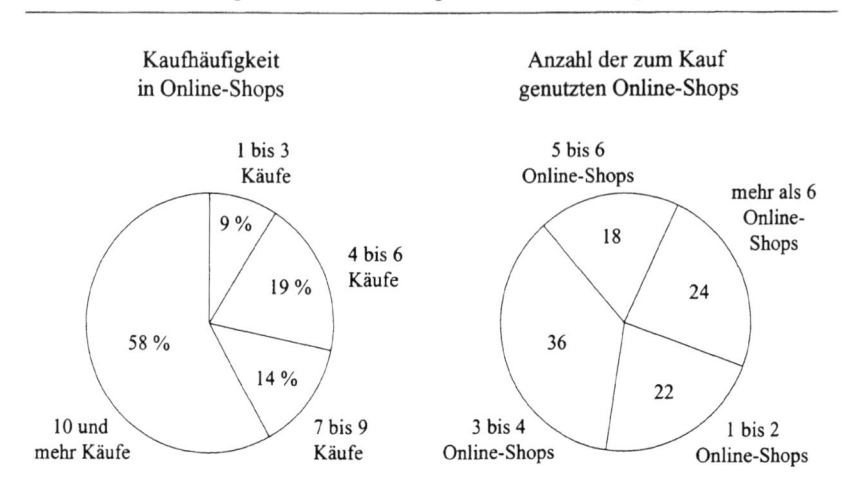

Kaufhäufigkeit in Online-Shops:
- 1 bis 3 Käufe: 9 %
- 4 bis 6 Käufe: 19 %
- 7 bis 9 Käufe: 14 %
- 10 und mehr Käufe: 58 %

Anzahl der zum Kauf genutzten Online-Shops:
- 5 bis 6 Online-Shops: 18
- mehr als 6 Online-Shops: 24
- 3 bis 4 Online-Shops: 36
- 1 bis 2 Online-Shops: 22

n = 395

Die Ergebnisse zur Nutzung des eCommerce legen nahe, dass es sich bei den Befragungsteilnehmern zu einem großen Teil um erfahrene Online-Shopper handelt. Daher ist zu erwarten, dass die Teilnehmer insgesamt fundierte Aussagen zum Untersuchungsgegenstand Fulfillment sowie zum eCommerce allgemein machen können.

6.3.2 Anforderungen der Befragungsteilnehmer an den eCommerce

Wie bereits im Rahmen der Hypothesenherleitung deutlich wurde, soll die Transaktionszufriedenheit die Gesamtbeurteilung einer Online-Transaktion aus Nachfragersicht abbilden. Für den Anbieter gilt es, die Zufriedenheit unter Einsatz des gesamten Marketing-Instrumentariums zu gestalten, da sie den Ausgangspunkt zur Realisierung ökonomischer Unternehmensziele darstellt (vgl. Silberer & Wohlfahrt 2001 S. 87). Um die Zufriedenheit gezielt positiv mit der eigenen Leistung beeinflussen zu können, ist zunächst Kenntnis über die Präferenzen, Wünsche und Ansprüche der Nachfrager zu erlangen (vgl. Silberer 1987a S. 62). Diese Größen fließen in den Vergleichsstandard für die empfangene Austauschleistung (Comparison Level) ein. Der Vergleichsstandard soll hier das Anspruchsniveau der Nachfrager an den Einkauf in Online-Shops, unabhängig von einem bestimmten Shop und einer bestimmten Transaktion, wiedergeben. Die Erhebung des Anspruchsniveaus erfolgt über einzelne, für den Transaktionsprozess im eCommerce charakteristische Kriterien (sog. multi-attributiver Ansatz, siehe dazu Hentschel 1992 S. 114-127).

Im Fragebogen findet das Anspruchsniveau in zwei Fragen Berücksichtigung. Zunächst wurden die Teilnehmer gebeten, einzelne Kriterien einer Online-Transaktion in eine Rangfolge zu bringen (beginnend mit dem Wert 1 = Kriterium mit der höchsten Bedeutung), die die *relative* Bedeutung der Kriterien aus Sicht der Befragten wiedergibt. Anschließend sollten die Befragten auch die *absolute* Bedeutung jedes Kriteriums anhand einer fünfstufigen Ratingskala beurteilen. Da bei der direkten Frage nach der Bedeutung, nicht ganz unerwartet, eine einseitige Tendenz zu einer hohen bis sehr hohen Bedeutung der Kriterien zu beobachten ist, sollen an dieser Stelle die Rangfolgewerte (siehe Spalte 3 in *Tabelle 6-2*) Gegenstand der Interpretation sein. Daher gibt *Tabelle 6-2* die Rangfolge der Kriterien gemäß ihrer relativen Bedeutung wieder, dokumentiert aber gleichzeitig die Mittelwerte, die aus der direkten Frage resultieren. Dabei zeigt sich, dass letztere – mit Ausnahme des Produktpreises und der Retourenabwicklung – nicht erheblich von der Rangfolge der relativen Werte abweichen.

Die beiden Kriterien, die in direktem Zusammenhang mit dem Produkt stehen, haben für die Befragungsteilnehmer die höchste Bedeutung beim Online-Shopping. Dies überrascht nicht, da sie aus Nachfragersicht den Basisnutzen der Transaktion repräsentieren. Beide Kriterien bilden sog. Basisanforderungen bzw. Musskriterien (Bailom et al. 1996 S. 118), deren Erfüllung von den Nachfragern vorausgesetzt wird. Kommt es zu negativen Abweichungen von der erwarteten Ausprägung dieser Kriterien, also z.B. bei Auslieferung eines falschen oder beschädigten Produktes, kann sich ein stark negativer Einfluss auf die Gesamtbeurteilung einer Transaktion ergeben (ebda S. 118). Das Kriterium der schadensfreien Lieferung (Rang 2) gibt den ersten Eindruck, den die Nachfrager von der erhaltenen Ware haben, wider. Gleichzeitig bildet die Lieferbeschaffenheit eine zentrale Zielgröße des Fulfillment (vgl. Pfohl 2004 S. 38-39). Hierin zeigt sich die naturgemäß enge Verzahnung von Primär- und Sekundärleistung (Meffert 2000 S. 335), die eine strikte Trennung von Produkt- und Fulfillment-Leistung aus Nachfragersicht erschwert.

Tab. 6-2: Anforderungen der Nachfrager an den Einkauf in Online-Shops

Rang	Kriterium	Mittelwert Rangfolge (1 bis 10)	Mittelwert absolut (1 bis 5)
1	Übereinstimmung der bestellten Ware mit den Produktinformationen im Online-Shop	3,79	1,37
2	Auslieferung der bestellten Ware in einwandfreiem Zustand	3,94	1,19
3	detaillierte Produktinformationen in Wort und Bild im Online-Shop	4,60	1,53
4	übersichtlicher, einfach zu bedienender Online-Shop	4,64	1,43
5	niedrige Produktpreise	4,84	1,95
6	niedrige Liefergebühr	5,05	1,78
7	unkomplizierte Rückgabe der Ware und Rückerstattung des Kaufpreises im Fall von Beanstandungen	5,70	1,47
8	schnelle Auslieferung	5,73	2,00
9	Einhaltung des angekündigten Liefertermins	6,49	1,88
10	Bezahlung erst bei bzw. nach dem Warenempfang	6,53	2,27

Anmerkung: die Fallzahl n variiert aufgrund einer unterschiedlichen Anzahl von Fehlwerten bei den einzelnen Kriterien zwischen n = 391 und n = 397

Ebenfalls im Zusammenhang mit der Kernleistung stehen die Produktinformationen im Online-Shop, die auf Rang drei folgen. Die hohe Bedeutung der Produktinformationen lässt sich darauf zurückführen, dass bei Online-Transaktionen üblicherweise kein realer Produktkontakt vor dem Kauf möglich ist. Als Surrogate für das reale Produkt dienen in der Anbahnungs- und Vereinbarungsphase vorwiegend visuelle und textuelle Informationen, in Abhängigkeit vom Produkt auch Audio- oder Videosequenzen. Diese Informationen können zu einer Verminderung des wahrgenommenen Kaufrisikos beitragen (vgl. Silberer 1981 S. 36), da sie den Nachfragern bereits vor dem Kauf zugänglich sind. Des Weiteren können umfangreiche, relevante (Produkt-)Informationen im Online-Shop bewirken, dass die Nachfrager weniger Bedarf an alternativen Informationsquellen haben. Dadurch lassen sich die Informationsbeschaffungskosten in Form von Zeit, Geld oder Energie positiv beeinflussen (ebda S. 36). Das Kriterium der Online-Produktinformationen ist von der eigentlichen Produktleistung abzugrenzen. Vielmehr bildet es zusammen mit dem nachfolgenden Kriterium, der Benutzerfreundlichkeit des Online-Shops, die Präsentationspolitik im Online-Shop ab, der somit eine insgesamt hohe Bedeutung zukommt.

Auf Rang fünf und sechs folgen mit dem Produktpreis und der Liefergebühr Kriterien, die die Preispolitik wiedergeben. Die Rangfolge deutet darauf hin, dass der Preis zwar ein wichtiges, aber nicht das zentrale Argument für den Einkauf in Online-Shops darstellt. Die Liefergebühr steht bereits in direktem Zusammenhang mit dem Fulfillment, soll aber der Preispolitik zugerechnet werden, da sie die vom Nachfrager wahrgenommenen Kosten der Transaktion erhöht (vgl. Schröder & Zimmermann 2002 S. 349).

In der zweiten Hälfte von *Tabelle 6-2* erscheinen die weiteren Kriterien, die dem Fulfillment zugeordnet werden können. Unter diesen Kriterien erlangt die Beschwerde- und Retourenabwicklung, die aus einer Unzufriedenheit des Nachfragers mit dem erhaltenen Output resultiert, die höchste Bedeutung. Diese Konstellation tritt insbesondere dann auf, wenn die produktbezogenen Basisanforderungen nicht erfüllt sind und der Nachfrager eine nachträgliche Anpassung einfordert. Die beiden folgenden Kriterien „Lieferzeit" und „Lieferzuverlässigkeit" bilden die zentralen Elemente des Lieferservice. Die unmittelbare Nachbarschaft der Kriterien in der Rangfolge bestätigt ihren engen inhaltlichen Zusammenhang.

Am Ende der Rangreihung erscheint ein Kriterium, das die Anforderungen der Nachfrager an die Zahlungsabwicklung im eCommerce abbildet. Auch dieses Kriterium beinhaltet risikotheoretische Überlegungen aus Sicht der Nachfrager. Zum einen berücksichtigt es den Wunsch vieler Nachfrager, die Ware – ähnlich wie im Residenzhandel – zunächst „in den Händen halten" und inspizieren zu können, bevor die Ware bezahlt wird (sog. funktionales Risiko) (Lingenfelder 2001 S. 378-379). Zum anderen bestehen bei bestimmten Zahlungsmethoden, die eine Übertragung sensibler Zahlungsdaten (z.B. Konto- oder Kreditkartennummer) über das Internet erfordern, oft noch Bedenken bezüglich der Datensicherheit (sog. Übertragungs- und Datenrisiko) (ebda S. 380). Die angeführten nachfragerseitigen Risiken (nicht zu verwechseln mit dem anbieterseitigen Risiko) lassen sich z.B. durch das Angebot der Zahlungsmethode „Kauf auf Rechnung" vermeiden. Insgesamt legt die Einstufung des Kriteriums nahe, dass die Zahlungsmethode nicht der entscheidende Aspekt beim Online-Shopping ist. Zwar präferieren viele Nachfrager den Kauf auf Rechnung, aber sie nutzen durchaus auch Verfahren, bei denen die Zahlungsabwicklung bereits vor Empfang der Ware erfolgt (siehe *Abbildung 6-8* in *Abschnitt 6.3.5*). Dies lässt sich u.a. darauf zurückführen, dass die Verfahren zur Übertragung sensibler Daten über das Internet stetig verbessert werden und so zur Reduzierung des wahrgenommenen Risikos beitragen (vgl. Albers & Peters 1997 S. 69).

Mit Ausnahme der Lieferbeschaffenheit (Rang 2) finden sich die Kriterien der Fulfillment-Leistung in der unteren Hälfte von *Tabelle 6-2* wieder. Die Rangfolge deutet auf den ersten Blick darauf hin, dass die Fulfillment-Leistung im Vergleich zum Produkt, zur Gestaltung des Online-Shops und zur Preispolitik von nachrangiger Bedeutung ist. Im Zusammenhang mit den Fulfillment-Kriterien kann jedoch nicht von unbedeutenden Kriterien gesprochen werden. Vielmehr zeigt ein Vergleich der Mittelwerte, die aus der direkten Frage nach der Bedeutung der einzelnen Kriterien resultieren, dass allen Kriterien eine hohe bis sehr hohe Bedeutung beigemessen wird (siehe Spalte 4 in *Tabelle 6-2*).

6.3.3 Problembereiche des Fulfillment

Vorangegangene Käuferbefragungen zum Thema eCommerce kommen zu dem Ergebnis, dass beim Online-Shopping des Öfteren Probleme auftreten, die dem Fulfillment zuzurechnen sind (Leonard et al. 2004 S. 16-17, Wahby 2001 S. 1-4). Zu den zentralen Problembereichen zählen dabei eine verspätete Lieferung, eine gemäß Art oder Menge fehlerhafte Lieferung sowie eine beschädigte bzw. nicht funktionstüchtige Ware.

Abb. 6-4: Problembereiche beim Online-Shopping (Mehrfachnennungen möglich)

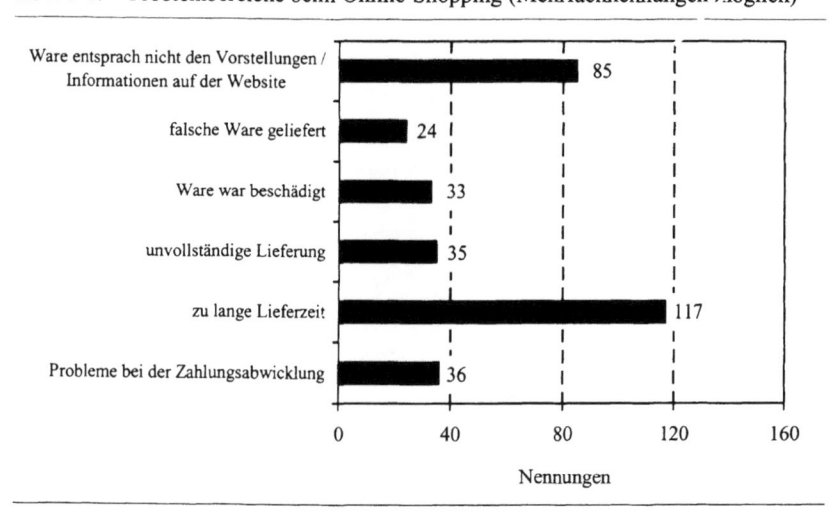

Problem	Nennungen
Ware entsprach nicht den Vorstellungen / Informationen auf der Website	85
falsche Ware geliefert	24
Ware war beschädigt	33
unvollständige Lieferung	35
zu lange Lieferzeit	117
Probleme bei der Zahlungsabwicklung	36

Eine zu lange Lieferzeit wird auch von den Befragungsteilnehmern der vorliegenden Studie als häufigstes Problem angeführt (siehe *Abbildung 6-4*). Daran schließt sich die fehlende Übereinstimmung der realen Ware mit den Informationen im Online-Shop bzw. den Vorstellungen der Kunden als zweiter zentraler Problembereich an. Diese Problematik ist aber nur eingeschränkt dem Fulfillment zuzurechnen, da nicht immer alle Produktinformationen vollständig im Online-Shop abgebildet werden können und die Vorstellungen demzufolge auch anderen Bestimmungsfaktoren unterliegen. Dagegen treten weitere, eindeutig dem Fulfillment zurechenbare Probleme eher selten auf.

Die Angabe einer „zu langen Lieferzeit" lässt noch keine Einschätzung zu, welche Lieferzeit als angemessen eingestuft wird. Um auch quantitative Aussagen zur Lieferzeit zu erhalten, sollten die Teilnehmer zusätzlich angeben, welche Lieferzeit sie noch als angemessen betrachten. Im Gegensatz zu der durchaus verbreiteten Annahme, dass Online-Shopper eine Lieferung innerhalb von zwei Tagen erwarten (Brandstetter & Fries 2002 S. 314, Schulte 2001 S. 92), legen die Antworten hier nahe, dass nur wenige Online-Shopper eine derart hohe Erwartungshaltung an die Lieferzeit haben (siehe *Abbildung 6-5*). Eine Lieferung innerhalb von drei Tagen nach der Bestellung wird von knapp 30 % der Befragten erwartet. Dagegen hält ein Großteil der Befragten eine Lieferung innerhalb von fünf Tagen oder einer Woche noch für angemessen.

Abb. 6-5: Anforderungen an die Lieferzeit: maximal tolerierte Dauer

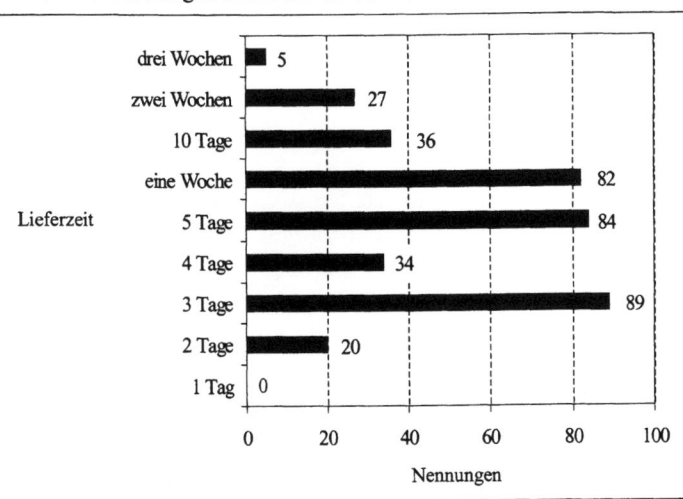

Lieferzeit:
- drei Wochen: 5
- zwei Wochen: 27
- 10 Tage: 36
- eine Woche: 82
- 5 Tage: 84
- 4 Tage: 34
- 3 Tage: 89
- 2 Tage: 20
- 1 Tag: 0

Nennungen

n = 377

6.3.4 Verbesserungsvorschläge für das Fulfillment

Die (offene) Frage nach Verbesserungsvorschlägen für den Lieferservice und die Zahlungsabwicklung ermöglicht es, bisher unberücksichtigte Ansatzpunkte für eine kundengerechte Gestaltung des Fulfillment zu ermitteln. Die Interpretation der qualitativen Verbesserungsvorschläge wird um quantitative Ergebnisse ergänzt, die aus der Beurteilung von Aussagen zum Lieferservice und zu alternativen Auslieferungsoptionen resultieren (siehe *Abbildung 6-6* und *Tabelle 6-3*).

Abb. 6-6: Aussagen zum Lieferservice

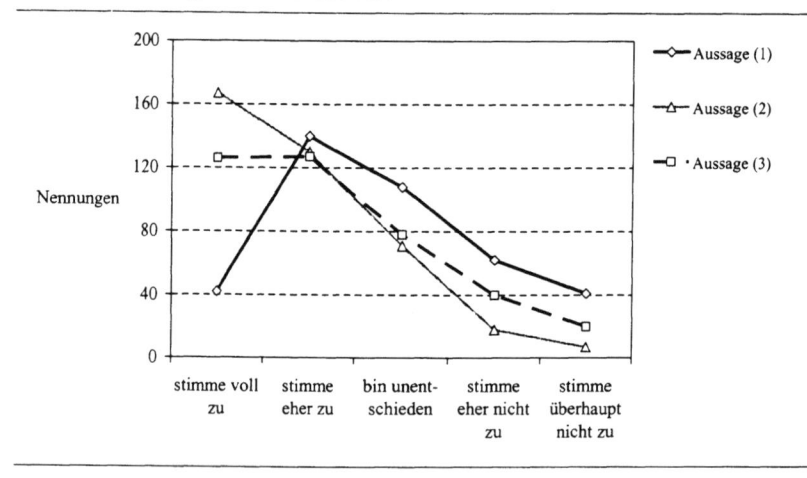

Tab. 6-3: Legende zu *Abbildung 6-6*

Aussagen zum Lieferservice		n	Mittelwert
Aussage (1)	„Ich bin bereit, eine Liefergebühr zu bezahlen, da die Auslieferung ein zusätzlicher Service des Anbieters ist."	393	2,80
Aussage (2)	„Ich möchte bei Abschluss meiner Bestellung einen möglichst konkreten Liefertermin genannt bekommen."	393	1,90
Aussage (3)	„Ich möchte den Bearbeitungsstatus meiner Bestellung online verfolgen können (sog. Tracking & Tracing)."	391	2,24

Bei den Verbesserungsvorschlägen zum Lieferservice rangiert die Lieferzuverlässigkeit mit 32 Nennungen an erster Stelle. Demnach wünschen sich die Nachfrager entweder eine freie Auswahl des Liefertermins (an einem bestimmten Tag oder innerhalb eines bestimmten Zeitfensters) oder zumindest eine verbindliche Lieferterminzusage. Zu diesem Ergebnis kommt auch die direkte Frage nach einem konkreten Liefertermin. Drei Viertel der Befragten (75,6 %) stimmen der Aussage zu, dass sie einen möglichst konkreten Liefertermin genannt bekommen möchten.

Neben der Zuverlässigkeit sehen die Nachfrager auch in Bezug auf die Transparenz des Lieferservice Verbesserungsbedarf (28 Nennungen). Dies äußert sich zum einen in der Forderung nach einem Trackingsystem (15 Nennungen), über das die Nachfrager entweder aktiv den Auftragsstatus online abrufen können oder aber die entsprechenden Informationen per eMail zugesendet bekommen. Von zentraler Bedeutung ist dabei die Benachrichtigung über den Warenversand. Diese Information ermöglicht es dem Nachfrager, sich auf die bevorstehende Auslieferung einzurichten. Das Tracking der Ware sollte bereits vor der eigentlichen Bestellung beginnen, indem im Online-Shop Angaben zur Verfügbarkeit der Ware abgerufen werden können (acht Nennungen). Auch die direkte Frage nach der Bedeutung der Sendungsverfolgung zeigt, dass ein Großteil der Befragten einen gesteigerten Wert auf diese zusätzliche Serviceleistung legt (siehe *Abbildung 6-6*).

Neben einem Trackingsystem lässt sich auch der Wunsch nach transparenten, nachvollziehbaren Versand- und Zollgebühren (fünf Nennungen) dem Aspekt der Transparenz zuordnen. Generell lässt sich den Verbesserungsvorschlägen aber nicht entnehmen, dass die Liefergebühr einen Hinderungsgrund beim Online-Shopping darstellt. Lediglich in fünf Fällen wurde eine niedrigere bzw. keine Liefergebühr gefordert. Demnach steht die Liefergebühr dem Grunde nach nicht mehr in der Diskussion. Dies lässt sich zum einen darauf zurückführen, dass im Gegensatz zu den Anfangszeiten des eCommerce mittlerweile regelmäßig eine Liefergebühr berechnet wird (Broecheler 2002 S. 19). Zum anderen sind sich die Online-Shopper offenbar bewusst, dass der Warentransfer vom Anbieter zum Empfänger eine zusätzliche Dienstleistung darstellt, die dem Anbieter zu entgelten ist. Diese Vermutung bestätigt die direkte Frage nach der Bereitschaft, eine Liefergebühr zu zahlen. Demnach sieht nur gut ein Viertel (26 %) der Befragten den Lieferservice nicht als zusätzlich zu entgeltende Dienstleistung an (siehe *Abbildung 6-6*).

Ein weiterer Teilbereich des Fulfillment, die Beschwerde- und Retourenabwicklung, erlangt im Rahmen der Verbesserungsvorschläge dagegen nur eine untergeordnete Bedeutung. Der Wunsch nach einer Verbesserung der Retourenabwicklung wird lediglich von drei Befragungsteilnehmern geäußert, während zwei Auskunftspersonen für einen Abholservice im Retourenfall plädieren. Auch die direkte Frage nach der Beschwerdezufriedenheit, zu der knapp 30 % der Online-Käufer Auskunft geben konnten, zeigt ein positives Bild der Beschwerde- und Retourenabwicklung (siehe *Abbildung 6-7*). Trotzdem legt ein Wert von 20 % der Befragten, die diese Leistung nur als befriedigend oder gar schlecht beurteilen, nahe, dass an dieser Stelle noch Verbesserungsbedarf besteht.

Abb. 6-7: Beurteilung der Beschwerde- und Retourenabwicklung im eCommerce

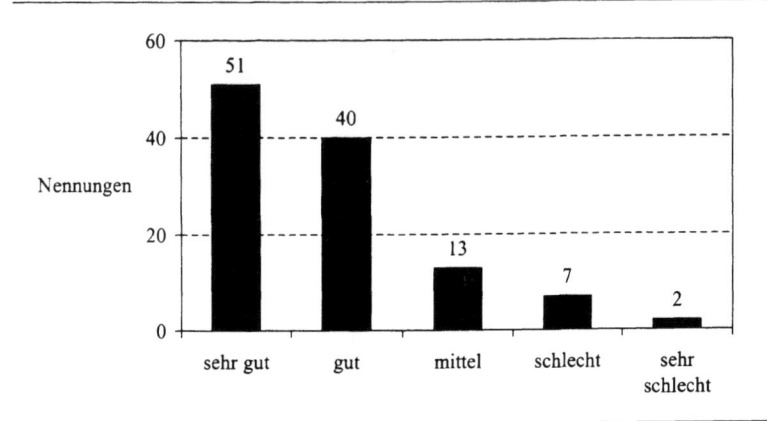

Nennungen	sehr gut	gut	mittel	schlecht	sehr schlecht
	51	40	13	7	2

n = 113

Im Rahmen der Zahlungsabwicklung plädieren insgesamt 27 Teilnehmer für eine größere Auswahl an Zahlungsvarianten, wohingegen sich fünf Teilnehmer für eine einheitliche, auf die Verhältnisse des eCommerce zugeschnittene Zahlungsmethode aussprechen. Weiterhin wird von den Befragungsteilnehmern der Sicherheitsaspekt angesprochen (vierzehn Nennungen). Hierunter fällt zum einen die Datensicherheit beim Transfer der persönlichen Daten über das Internet und deren Speicherung beim Online-Anbieter. Als Verbesserungsvorschlag wird die einmalige, telefonische Angabe der Kreditkartennummer beim Erstkauf (wie es z.B. Amazon ermöglicht) angeführt. Zum anderen beinhaltet der Sicherheitsaspekt, dass eine vertragskonforme Leistungserfüllung des Anbieters auch im Rahmen von Vorausbezahlungssystemen gewährleistet ist. Gerade bei hochpreisigen Produkten wird ein Treuhandsystem vorgeschlagen, bei dem der Käufer den Rechnungsbetrag an eine Treuhandstelle überweist und der Betrag erst an den Anbieter weitergeleitet wird, wenn dieser die Ware vertragsgerecht ausgeliefert hat. Diese Vorgehensweise entspricht dem von eBay in Kooperation mit dem Dienstleister iloxx angebotenen Treuhandservice, der die beidseitige vertragliche Erfüllung von Consumer-to-Consumer-Transaktionen gewährleistet (o.V. 2003c S. 33). Ein Treuhandsystem macht aber nur dann Sinn, wenn der Kauf auf Rechnung nicht angeboten wird. Ansonsten ist es dem Nachfrager möglich, die Ware zunächst bequem zu Hause zu begutachten und bei Bedarf zu retournieren, ohne den Zahlungsverkehr bereits in Gang gesetzt zu haben. Daher verwundert es nicht, dass der Kauf auf Rechnung die Liste der Verbesserungsvorschläge anführt (35 Nennungen).

6.3.5 Zahlungs- und Auslieferungsvarianten im eCommerce

Abbildung 6-8 gibt einen Überblick über die bereits genutzten und die favorisierten Zahlungsmethoden im eCommerce. Eine dritte Kategorie gibt an, inwieweit sich die Befragten eine zukünftige Nutzung der einzelnen Zahlungsmethoden vorstellen können (= Nutzungsintention), soweit diese bisher noch nicht beim Bezahlen von Online-Bestellungen eingesetzt wurden. Sofern im Online-Shop angeboten, stellt der Kauf auf Rechnung die beliebteste Zahlungsmethode im eCommerce dar. Der hohe Anteil an Online-Shoppern, die bereits per Rechnung bezahlt haben, deutet darauf hin, dass diese Zahlungsmethode auch in vielen Online-Shops angeboten wird. Wenig überraschend ist, dass der Kauf per Nachnahme bei den Online-Shoppern eher unbeliebt ist, da ihnen hierdurch zusätzliche Gebühren entstehen.

Abb. 6-8: Zahlungsmethoden im eCommerce (Mehrfachnennungen möglich)

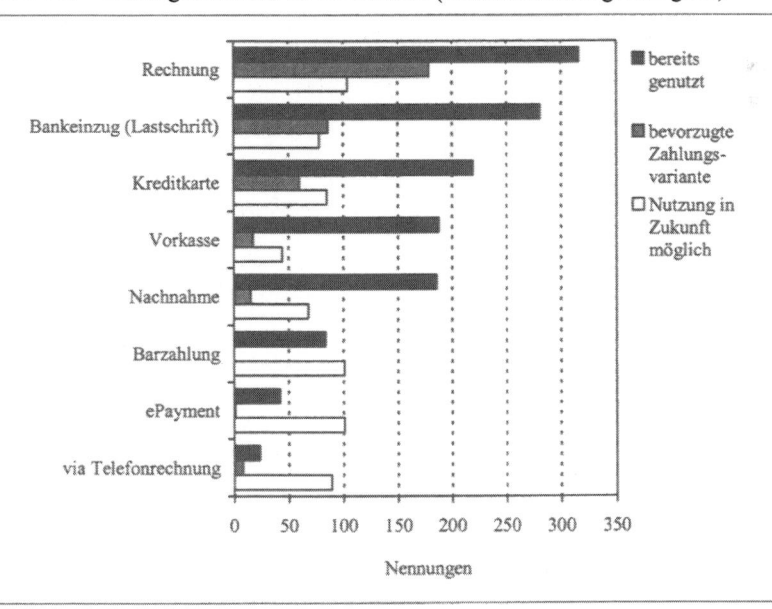

Von eher geringer Bedeutung sind bisher die Zahlungsmethoden, die auf den eCommerce zugeschnitten sind (sog. ePayment, Brandt 2003 S. 16). Dies mag darauf zurückzuführen sein, dass sich noch keine einheitliche, internetspezifische Zahlungsmethode etabliert hat (vgl. IWW 2003 S. 16). Wie die Nutzungsintention zeigt, ist aber zukünftig eine stärkere Nachfrage nach derartigen Zahlungsmethoden zu erwarten. Immerhin gut ein Viertel der Befragten (25,4 %) kann sich vorstellen, in Zukunft auch mittels ePayment zu bezahlen. Ähnlich verhält es sich mit der Bezahlung über die Telefonrechnung, die für knapp ein Viertel der Befragten (22,4 %) zukünftig eine Alternative darstellt. Dabei ist zu beachten, dass sich die Nutzungsintention von ePayment und Bezahlung über die Telefonrechnung bei der Mehrzahl der Befragten überschneidet. Betrachtet man die Gesamtzahl der Befragungsteilnehmer, die bereits mittels ePayment oder via Telefonrechnung bezahlt haben oder diese Alternativen in Zukunft nutzen wollen, so zeigt sich, dass knapp die Hälfte (46,9 %) aufgeschlossen gegenüber diesen innovativen Zahlungsmethoden ist. Insgesamt bleibt festzuhalten, dass zum gegenwärtigen Zeitpunkt noch die traditionellen Zahlungsmethoden, allen voran der Kauf auf Rechnung, den Zahlungsverkehr im Business-to-Consumer-Bereich dominieren. Zu diesem Ergebnis kommen auch regelmäßig Studien, die den Zahlungsverkehr im Internet zum Thema haben (IWW 2003 S. 5, Brandt 2003 S. 41, 67, Moder 2003 S. 52, Kolberg & Scharmacher 2001 S. 107-108).

Neben der gewählten Zahlungsmethode kann auch der Ort der Auslieferung variieren. Als Alternativen zur Heimzustellung kommen insbesondere die Lieferung an den Arbeitsplatz oder an Pickpoints infrage (Dietz 2001 S. 17-18). Im Fall der Auslieferung über die Deutsche Post kommt auch der Postfiliale der Charakter eines Pickpoints zu, sofern die Empfänger beim erstmaligen Zustellversuch nicht zu Hause sind. Anhand von vorgegebenen Aussagen sollte die Bereitschaft, alternative Auslieferungsoptionen zu nutzen, ermittelt werden (siehe *Abbildung 6-9*). Ebenso wie bei den Zahlungsmethoden stoßen auch diese Alternativen nicht bei allen Befragungsteilnehmern gleichmäßig auf Zustimmung oder Ablehnung. Vielmehr sind sie jeweils nur für einen Teil der Online-Shopper von Bedeutung.

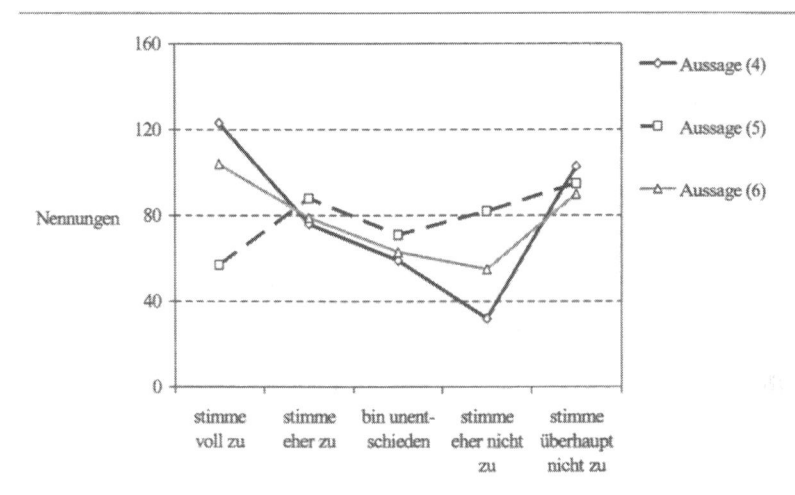

Anlage und Ergebnisse einer Käuferbefragung zum Fulfillment im Electronic Commerce

Abb. 6-9: Aussagen zu alternativen Auslieferungsoptionen

Tab. 6-4: Legende zu *Abbildung 6-9*

	Aussagen zu alternativen Auslieferungsoptionen	n	Mittelwert
Aussage (4)	„Ich lasse mir die Ware nicht nur nach Hause liefern, sondern nutze auch alternative Auslieferungsorte (z.B. Lieferung an den Arbeitsplatz)."	393	2,79
Aussage (5)	„Ich habe nichts dagegen, die Ware beim Postamt abzuholen, wenn ich beim ersten Zustellversuch nicht anzutreffen bin."	393	3,18
Aussage (6)	„Ich kann mir vorstellen, meine Online-Bestellungen auch an sog. Pick Points (z.B. Tankstelle, Fitnessstudio oder automatisierte Paketstation) abzuholen."	391	2,87

6.3.6 Vergleich der betrachteten Branchen

Als Grundlage für den Branchenvergleich dienen die Fragen, anhand derer eine Online-Transaktion in einer der beiden Branchen beurteilt wird. Daraus resultieren zwei Segmente: zum einen Online-Käufer von Automobilteilen (Segment 1) und zum anderen Online-Käufer von Buch- und sonstigen Medienprodukten (Segment 2). Während 310 Teilnehmer Auskunft zum Einkauf in Online-Buchshops geben konnten, haben erst 45 Teilnehmer Automobilteile online gekauft. Diese Verteilung ist nachzuvollziehen, da Bücher, CDs und DVDs im Gegensatz zu Automobilteilen typische, in Online-Shops erworbene Produkte darstellen. Ferner ist der Zeitpunkt des letzten Online-Kaufs bei einem entsprechenden Anbieter von Interesse (siehe *Abbildung 6-10*).

Abb. 6-10: Zeitpunkt des letzten Online-Kaufs bei einem Anbieter aus Segment 1 oder Segment 2

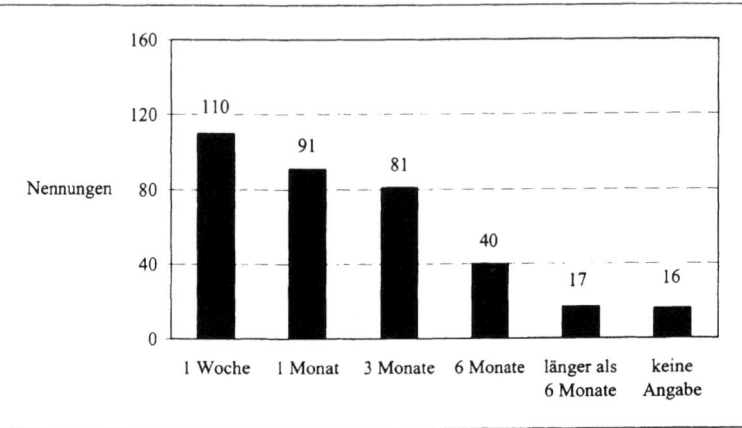

Balkendiagramm: Nennungen – 1 Woche: 110; 1 Monat: 91; 3 Monate: 81; 6 Monate: 40; länger als 6 Monate: 17; keine Angabe: 16.

n = 355

Wie *Abbildung 6-10* zu entnehmen ist, liegt die letzte Transaktion bei denjenigen Befragungsteilnehmern, die einem der beiden Segmente zugeordnet werden können, unterschiedlich weit zurück. Daraus folgt, dass in die Beurteilung der Transaktion auch unterschiedliche Erinnerungsleistungen einfließen (Stauss 1999 S. 14). Trotzdem sollen die Datensätze als vergleichbar angesehen werden, da bei knapp 80 % der Teilnehmer der letzte Kauf nicht länger als drei Monate zurück lag. Der Vergleich zwischen dem Online-Kauf von Automobilteilen auf der einen und Buch- und sonstigen Medienprodukten auf der anderen Seite verläuft in zwei Schritten. Zunächst werden die beiden Segmente anhand der Mittelwerte derjenigen Variablen verglichen, die den Fragen zum Branchenvergleich zu Grunde liegen. Anschließend wird, ebenfalls getrennt nach den beiden Segmenten, der Einfluss der Marketing-Instrumente auf die Transaktionszufriedenheit im eCommerce mit Hilfe der Regressionsanalyse untersucht.

Beurteilung von Online-Transaktionen im Branchenvergleich

Die Variablen, bei denen explizit eine Trennung zwischen dem Kauf von Automobilteilen und von Buchprodukten erfolgte, weisen Intervallskalenniveau auf. Im Folgenden wird anhand der Mittelwerte der Variablen untersucht, ob zwischen den beiden Segmenten signifikante Unterschiede bestehen. Da die Stichprobengrößen der Segmente deutlich voneinander abweichen, kommt an Stelle eines t-Tests der Mann-Whitney-Test zur Anwendung. Dieses Verfahren gehört zu den nicht-parametrischen Tests, mit denen zwei unabhängige Stichproben auch bei deutlicher Abweichung ihrer Stichprobengrößen auf Unterschiede überprüft werden können (Bühl & Zöfel 2003 S. 288-290). Dabei gibt die asymptotische Signifikanz an, ob sich die Mittelwerte der beiden Stichproben signifikant unterscheiden. In Tabelle 6-5 werden diejenigen Variablen ausgewiesen, deren Mittelwerte sich signifikant unterscheiden.

Tab. 6-5: Signifikante Ergebnisse des Mann-Whitney-Tests

Item	Mittelwerte		Signifikanz-niveau
	Segment 1 (n = 45)	Segment 2 (n = 310)	
Wahrgenommene Ausprägung der/des...			
Benutzerfreundlichkeit Online-Shop	1,93	1,64	,095^T
Ware	1,66	1,20	,000**
Lieferzeit	1,82	1,61	,043*
Zahlungsabwicklung	1,64	1,35	,022*
Beschwerdezufriedenheit	2,41	1,71	,053^T
Zufriedenheit mit dem/der...			
Online-Shop	2,00	1,58	,002*
Produkt	1,64	1,36	,044*
Lieferservice	1,84	1,63	,016*
Zahlungsabwicklung	1,91	1,45	,001**
Kundenloyalität			
Wiederkaufabsicht	1,75	1,46	,013*
Weiterempfehlungsabsicht	2,09	1,78	,038*
Wechselabsicht	4,32	2,15	,000**
Erfahrungen mit alternativen Online-Anbietern			
Ware	1,95	1,60	,024*

** Die Mittelwerte unterscheiden sich auf dem Niveau 0,01 (1-seitig) signifikant.
* Die Mittelwerte unterscheiden sich auf dem Niveau 0,05 (1-seitig) signifikant.
^{T} Der Mittelwert unterscheidet sich auf dem Niveau 0,10 (1-seitig) signifikant.

Der Vergleich der beiden Segmente anhand der Mittelwerte zeigt zunächst, dass im Online-Buchhandel die tatsächlich ausgelieferte Ware den im Online-Shop ausgewiesenen Produktinformationen eher entspricht als bei Automobilteilen. Dies lässt sich darauf zurückführen, dass die relevanten Produkteigenschaften von Buch- und sonstigen Medienprodukten eher über das Medium Internet vermittelt werden können. In Bezug auf die Shop-Gestaltung lässt sich lediglich ein schwach signifikanter Unterschied bei der Benutzerfreundlichkeit erkennen, während die Online-Produktinformationen keinen signifikanten Unterschied aufweisen. Allerdings zeigen die Mittelwerte, dass die Online-Buchshops hinsichtlich der Shop-Gestaltung insgesamt besser beurteilt werden. Dies gilt auch für die Beurteilung der Lieferzeit und der Zahlungsabwicklung. Dabei muss sich die Lieferzeit in beiden Segmenten nicht einmal unterscheiden. Doch können Käufer von Automobilteilen sensibler in Bezug auf die Lieferzeit sein, wenn die Produkte der Befriedigung eines Ersatzbedarfs dienen.

Aufgrund der vorangegangenen Ausführungen verwundert es nicht, dass auch die Teilzufriedenheiten (mit Ausnahme der Zufriedenheit mit dem Produktpreis) in Segment 2 signifikant besser ausfallen. Ein Unterschied ist insbesondere bei der Beschwerdezufriedenheit zu erkennen. Doch ist dieser Unterschied kritisch zu betrachten, da in Segment 1 lediglich siebzehn Personen Auskunft über die Beschwerde- und Retourenabwicklung geben konnten. Schließlich weisen auch die Mittelwerte aller drei Items, die die Kundenloyalität abbilden, signifikante Unterschiede zwischen den zwei Segmenten auf. Während die Wiederkauf- und die Weiterempfehlungsabsicht im Online-Buchhandel stärker ausgeprägt ist, fällt die Wechselabsicht bezüglich alternativer Anbieter von Automobilteilen deutlich geringer aus. Die höhere Wiederkaufabsicht in Segment 2 lässt sich damit begründen, dass Produkte wie Bücher, CDs oder DVDs in der Regel häufiger und in zeitlich kürzeren Abständen erworben werden als Automobilteile. Auch die hohe Wechselbereitschaft ist auf das Sortiment im Online-Buchhandel zurückzuführen. Dieses Sortiment unterscheidet sich in der Regel wenig, da der überwiegende Teil der Online-Buchshops an die elektronischen Produktkataloge der beiden zentralen Zwischenbuchhändler KNO/K&V und Lingenbrink angeschlossen ist (Riehm et al. 2001 S. 77). Dagegen können sich die Sortimente bei den Anbietern von Automobilteilen erheblich unterscheiden. In diesem Zusammenhang ist beispielsweise an markenspezifische Shops zu denken.

Neben einem Vergleich der Mittelwerte zwischen den beiden Segmenten ist auch die tatsächliche Ausprägung der Mittelwerte von Interesse. Anhand der Mittelwerte der Teil- und Gesamtzufriedenheiten zeigt sich, dass die Online-Anbieter, unabhängig von ihrer Branchenzugehörigkeit, insgesamt eine gute bis sehr gute Beurteilung erfahren (siehe *Tabelle 6-5*). Dies gilt nicht nur für diejenigen Anbieter, bei denen zuletzt online gekauft wurde, sondern auch für alternative Online-Anbieter.

Einflussfaktoren der Transaktionszufriedenheit im Branchenvergleich

Unter Einsatz der Regressionsanalyse wird untersucht, ob die einzelnen Marketing-Instrumente in den beiden Branchen einen unterschiedlichen Einfluss auf die Transaktionszufriedenheit ausüben. Damit wird ein Teilbereich des Modells zu den nachfragerseitigen Wirkungen im Branchenvergleich betrachtet. Eine Anwendung der Kausalanalyse für einen Branchenvergleich des gesamten Kausalmodells der Käuferbefragung ist dagegen nicht möglich, da die Fallzahl im Segment „Online-Käufer von Automobilteilen" (n = 45) den Einsatz der Kausalanalyse nicht zulässt (siehe zum Stichprobenumfang beim Einsatz der Kausalanalyse Backhaus et al. 2003 S. 364 und die dort angegebene Literatur). Stattdessen wird die Kausalanalyse im nachfolgenden Abschnitt separat für das Segment 2 „Online-Buchkäufer" angewendet. Eine zu geringe Fallzahl ist auch dafür verantwortlich, dass die Variable „Beschwerdezufriedenheit", die die Beurteilung der Beschwerdebearbeitung abbildet und eine Wirkung des Fulfillment darstellt, nicht in die Analyse eingeht. Sowohl in Segment 1 (n = 17) als auch in Segment 2 (n = 97) können jeweils nur etwa ein Drittel der Befragten Auskunft über die Beschwerde- und Retourenabwicklung geben. Um den Einfluss der Beschwerdezufriedenheit auf die Transaktionszufriedenheit und die Kundenloyalität zu überprüfen, wird an dieser Stelle ergänzend eine Korrelationsanalyse durchgeführt. Diese kommt zu dem Ergebnis, dass zwischen der Beschwerdezufriedenheit und der Transaktionszufriedenheit in Segment 1 eine tendenziell signifikante und in Segment 2 eine hochsignifikante Korrelation mittlerer Stärke besteht (siehe *Tabelle 6-6*). Ebenso beeinflusst die Beschwerdezufriedenheit auch die wahrgenommene Gerechtigkeit und die Kundenloyalität in beiden Segmenten signifikant. Die Hypothesen H_{22}, H_{23} und H_{24} werden daher in beiden Segmenten bestätigt.

Tab. 6-6: Einfluss der Beschwerdezufriedenheit auf ausgewählte Wirkungen

	Beschwerdezufriedenheit	
	Segment 1 (n = 17)	Segment 2 (n = 97)
Gerechtigkeit	,483*	,215*
Transaktionszufriedenheit	,349^T	,424**
Kundenloyalität	,433*	,383**

** Die Korrelationen sind auf dem Niveau 0,01 (1-seitig) signifikant.
* Die Korrelationen sind auf dem Niveau 0,05 (1-seitig) signifikant.
^{T} Die Korrelation ist auf dem Niveau 0,10 (1-seitig) signifikant.

Bevor die Regressionsanalyse zur Anwendung kommt, werden zunächst die latenten Variablen auf Reliabilität und Validität überprüft. Diese Analyse beschränkt sich auf diejenigen Variablen, die in das Regressionsmodell eingehen. Dagegen werden die weiteren Variablen, die in die Kausalanalyse eingehen, erst im folgenden Auswertungsschritt näher betrachtet. Unter Anwendung von Cronbach's Alpha zeigt sich, dass die Items der Variablen „Fulfillment-Leistung" in Segment 2 keine gemeinsame Skala bilden, da das Item „Zahlungsabwicklung" einen zu geringen Trennschärfekoeffizienten aufweist (siehe *Tabelle 6-9*). Auch eine zusätzlich durchgeführte explorative Faktorenanalyse der Fulfillment-Leistung in Segment 2 legt nahe, dass die Items dieser Variablen nicht auf einen gemeinsamen Faktor laden. In Segment 1 lassen sich die vier Items grundsätzlich zu einer gemeinsamen Skala zusammenfassen (siehe *Tabelle 6-8*). Doch auch hier weist der Trennschärfekoeffizient des Items „Zahlungsabwicklung" eine deutlich geringere Ausprägung als die Koeffizienten der übrigen Items auf. Daher soll im Zuge einer besseren Vergleichbarkeit der beiden Segmente auch in Segment 1 eine Trennung in zwei Variablen, die das Konstrukt Fulfillment repräsentieren, erfolgen. Diese Variablen lassen sich als „Lieferservice" und „Zahlungsabwicklung" interpretieren. Entsprechend wird die ursprüngliche Hypothese H_{21} zum Einfluss der Fulfillment-Leistung auf die Transaktionszufriedenheit in die zwei Hypothesen H_{21A} und H_{21B} umgewandelt:

H_{21A}: Je besser der Lieferservice ist, desto höher ist die Transaktionszufriedenheit.

H_{21B}: Je eher die Zahlungsabwicklung den Vorstellungen der Nachfrager entspricht, desto höher ist die Transaktionszufriedenheit.

Eine erneute Reliabilitätsanalyse der Variablen „Lieferservice" lässt zudem sowohl in Segment 1 als auch in Segment 2 einen niedrigen Trennschärfekoeffizienten für das Item „Lieferbeschaffenheit" erkennen (siehe *Tabelle 6-8* und *Tabelle 6-9*). Dagegen weist dieses Item in beiden Segmenten eine starke, hochsignifikante Korrelation mit dem Item der Variablen „Produktleistung" auf (r = ,651** in Segment 1 und r = ,447** in Segment 2). Offenbar wird der Zustand der Ware bei Auslieferung nicht als Ergebnis des Lieferservice angesehen, sondern von den Nachfragern zur Beurteilung der Produktleistung herangezogen. Diese Vermutung bestätigt eine Faktorenanalyse (siehe *Tabelle 6-7*), in die neben den drei Items der Variablen „Lieferservice" auch das Item der manifesten Variablen „Produktleistung" eingeht.

Demnach lädt das Item „Lieferbeschaffenheit" in beiden Segmenten hoch auf die Variable „Produktleistung".

Tab. 6-7: Faktorenanalyse der Variablen „Lieferservice" und „Produktleistung"

Indikatoren	Faktorladungen [a] Segment 1 (n = 44)		Faktorladungen [a] Segment 2 (n = 307)	
	Faktor Lieferservice	Faktor Produktleistung	Faktor Lieferservice	Faktor Produktleistung
Lieferzeit	,94		,92	
Lieferzuverlässigkeit	,85		,94	
Lieferbeschaffenheit		,88		,82
Konfirmation Ware		,90		,86
Eigenwert	1,70	1,66	1,77	1,46
Faktorvarianz	42,41 %	41,47 %	44,11 %	36,41 %

[a] Extraktionsmethode: Hauptkomponentenanalyse auf Basis der Varimax-Rotationsmethode

Um einer ernsthaften Multikollinearität bei Durchführung der Regressionsanalyse vorzubeugen, erfolgt eine Modifikation der Messmodelle, indem das Item „Lieferbeschaffenheit" der Variablen „Produktleistung" zugeordnet wird. *Tabelle 6-8* und *Tabelle 6-9* fassen die Ergebnisse der schrittweisen Reliabilitätsanalyse für die Variable „Fulfillment-Leistung" zusammen.

Tab. 6-8: Reliabilitätsanalyse der Variablen „Fulfillment-Leistung" in Segment 1

Variable	Item	Mittelwert	Standardabweichung	Trennschärfe
Fulfillment-Leistung (n = 44)	Lieferzeit	1,82	1,00	,55
	Lieferzuverlässigkeit	1,80	,98	,64
	Lieferbeschaffenheit	1,39	,75	,41
	Zahlungsabwicklung	1,64	,94	,31
	Cronbach's Alpha: ,70			
Lieferservice, 3 Items (n = 44)	Lieferzeit	1,82	1,00	,56
	Lieferzuverlässigkeit	1,80	,98	,74
	Lieferbeschaffenheit	1,39	,75	,37
	Cronbach's Alpha: ,72			
Lieferservice, 2 Items (n = 44)	Lieferzeit	1,82	1,00	,68
	Lieferzuverlässigkeit	1,80	,98	,68
	Cronbach's Alpha: ,81			

Tab. 6-9: Reliabilitätsanalyse der Variablen „Fulfillment-Leistung" in Segment 2

Variable	Item	Mittelwert	Standardabweichung	Trennschärfe
Fulfillment-Leistung (n = 307)	Lieferzeit	1,61	,97	,70
	Lieferzuverlässigkeit	1,74	1,08	,57
	Lieferbeschaffenheit	1,23	,52	,39
	Zahlungsabwicklung	1,36	,70	,20
	Cronbach's Alpha: ,66			
Lieferservice, 3 Items (n = 308)	Lieferzeit	1,61	,97	,76
	Lieferzuverlässigkeit	1,74	1,08	,70
	Lieferbeschaffenheit	1,23	,52	,29
	Cronbach's Alpha: ,72			
Lieferservice, 2 Items (n = 308)	Lieferzeit	1,61	,97	,77
	Lieferzuverlässigkeit	1,74	1,08	,77
	Cronbach's Alpha: ,86			

Die neu gebildete Skala der Variablen „Produktleistung" weist in beiden Segmenten eine hinreichende Reliabilität auf (siehe *Tabelle 6-10* und *Tabelle 6-11*). Ferner kommt die Reliabilitätsanalyse zu dem Ergebnis, dass sich die beiden Segmente hinsichtlich der Variablen „Preispolitik" und „Transaktionszufriedenheit" unterscheiden. Während die zwei Items der Preispolitik in Segment 1 eine gemeinsame Skala bilden, lassen sie sich in Segment 2 nicht zusammenfassen (siehe *Tabelle 6-11*). Da dem Produktpreis allgemein eine wesentlich höhere Bedeutung als der Liefergebühr zukommt, soll die Variable „wahrgenommene Preispolitik" in Segment 2 sowohl in diesem als auch dem anschließenden Analyseschritt nur anhand des Items „Produktpreis" gemessen werden, während das Item „Liefergebühr" nicht in die Analyse eingeht. Die Variable weist demzufolge einen manifesten Charakter auf. Dagegen gehen in Segment 1 beide Items in die Variable ein. Die Messmodelle der Transaktionszufriedenheit unterscheiden sich anhand des Items „Zahlungsabwicklung", das in Segment 1 einen sehr niedrigen Trennschärfekoeffizienten (0,13) aufweist. Dieses Ergebnis wird auch durch eine Faktorenanalyse bestätigt, die die Zahlungsabwicklung als eigenständigen Faktor identifiziert. Um die Komplexität der Auswertung nicht unnötig zu erhöhen, soll dieser Faktor im Rahmen der Regressionsanalyse keine Berücksichtigung finden.

Die Ergebnisse der Reliabilitätsanalyse sind getrennt nach den beiden Segmenten in *Tabelle 6-10* und *Tabelle 6-11* dokumentiert.

Anlage und Ergebnisse einer Käuferbefragung zum Fulfillment im Electronic Commerce 213

Tab. 6-10: Reliabilitätsanalyse der sonstigen latenten Variablen in Segment 1

Variable	Item	Mittelwert	Standard-abweichung	Trenn-schärfe
Shop-Gestaltung (n = 44)	Benutzerfreundlichkeit Online-Shop	1,93	1,02	,71
	Online-Produktinformationen	2,16	1,08	,71
	Cronbach's Alpha: ,83			
Produktleistung (n = 44)	Konfirmation Ware	1,66	1,03	,65
	Lieferbeschaffenheit	1,39	,75	,65
	Cronbach's Alpha: ,77			
Preispolitik (n = 44)	Produktpreis	1,68	,98	,52
	Liefergebühr	1,71	,90	,52
	Cronbach's Alpha: ,68			
Transaktionszufriedenheit (n = 44)	Online-Shop	2,00	,97	,60
	Produktpreis	1,89	,81	,69
	Produkt	1,64	,87	,69
	Lieferservice	1,84	,78	,66
	Cronbach's Alpha: ,83			

Tab. 6-11: Reliabilitätsanalyse der sonstigen latenten Variablen in Segment 2

Variable	Item	Mittelwert	Standard-abweichung	Trenn-schärfe
Shop-Gestaltung (n = 309)	Benutzerfreundlichkeit Online-Shop	1,64	,76	,43
	Online-Produktinformationen	1,89	,87	,43
	Cronbach's Alpha: ,60			
Produktleistung (n = 309)	Konfirmation Ware	1,28	,60	,48
	Lieferbeschaffenheit	1,24	,56	,48
	Cronbach's Alpha: ,65			
Preispolitik (n = 309)	Produktpreis	1,49	,73	,29
	Liefergebühr	1,55	,88	,29
	Cronbach's Alpha: ,45			
Transaktionszufriedenheit (n = 308)	Online-Shop	1,58	,70	,47
	Produktpreis	1,79	,69	,35
	Produkt	1,36	,56	,46
	Lieferservice	1,63	,87	,44
	Zahlungsabwicklung	1,45	,64	,49
	Cronbach's Alpha: ,68			

Die Ergebnisse der Regressionsanalyse werden getrennt nach den beiden Branchen in *Tabelle 6-12* und *Tabelle 6-13* wiedergegeben. Da die Regressionsanalyse Datensätze mit Fehlwerten ausschließt, gehen in Segment 1 ein Datensatz und in Segment 2 zwei Datensätze nicht in die Analyse ein.

Tab. 6-12: Ergebnisse der Regressionsanalyse im Segment 1 („Online-Käufer von Automobilteilen")

Unabhängige Variablen	nicht standard. Regressionskoeffizient B	standard. Regressionskoeffizient β	Signifikanz	Toleranzwert
Shop-Gestaltung	,230	,320	,001	,686
Produktleistung	,406	,474	,000	,505
Preispolitik	,160	,189	,066	,585
Lieferservice	,145	,188	,049	,679
Zahlungsabwicklung	-,100	-,135	,104	,886
Bestimmtheitsmaß	$R^2 = ,779$			
F-Wert	$F = 26,73 / p < 0,01$			
Durbin-Watson-Teststatistik	1,65			

n = 44

Tab. 6-13: Ergebnisse der Regressionsanalyse Segment 2 („Online-Buchkäufer")

Unabhängige Variablen	nicht standard. Regressionskoeffizient B	standard. Regressionskoeffizient β	Signifikanz	Toleranzwert
Shop-Gestaltung	,218	,326	,000	,892
Produktleistung	,100	,093	,035	,709
Preispolitik	,125	,198	,000	,910
Lieferservice	,164	,341	,000	,895
Zahlungsabwicklung	,189	,286	,000	,783
Bestimmtheitsmaß	$R^2 = ,585$			
F-Wert	$F = 85,03 / p < 0,01$			
Durbin-Watson-Teststatistik	2,09			

n = 308

Die Toleranzwerte deuten darauf hin, dass die exogenen Variablen insbesondere in Segment 1 untereinander korrelieren. Allerdings soll hier nicht von einer ernsthaften

Multikollinearität ausgegangen werden, da alle exogenen Variablen – mit Ausnahme der Produktleistung und der Preispolitik in Segment 1 – mittlere bis hohe Toleranzwerte aufweisen. Anhand des Durbin-Watson-Wertes können die Residuen in der Grundgesamtheit auf Autokorrelation überprüft werden. In Segment 2 lässt sich keine Autokorrelation der Residuen erkennen, da der Durbin-Watson-Wert nahe an dem Idealwert zwei liegt. Dagegen weicht der Durbin-Watson-Wert in Segment 1 von diesem Idealwert ab. In diesem Segment lässt sich daher nicht ausschließen, dass die Schätzung des Konfidenzintervalls der Regressionskoeffizienten Verzerrungen unterliegt. Ferner weisen die Diagramme, in denen die tatsächlichen den geschätzten Residuen gegenüber gestellt werden, nicht auf das Vorliegen von Heteroskedastizität hin, da sich in beiden Segmenten kein graphischer Zusammenhang erkennen lässt. Auch die Normalverteilungsplots lassen in beiden Segmenten erkennen, dass die Residuen annähernd normalverteilt sind.

Das Bestimmtheitsmaß R^2 gibt an, inwieweit sich die abhängige Variable durch die unabhängigen Variablen vorhersagen lässt (Hair et al. 1998 S. 143). Demnach erklären die unabhängigen Variablen in Segment 1 einen höheren Varianzanteil der Transaktionszufriedenheit als in Segment 2 (78 % in Segment 2 gegenüber 59 % in Segment 2). Die Regressionsanalyse kommt zu dem Ergebnis, dass mit Ausnahme der „Zahlungsabwicklung" in Segment 1 von allen unabhängigen Variablen ein signifikanter Einfluss auf die Transaktionszufriedenheit ausgeht. Der nicht-signifikante Einfluss der Zahlungsabwicklung in Segment 1 lässt sich darauf zurückführen, dass das Item „Zufriedenheit mit der Zahlungsabwicklung" im Rahmen der Reliabilitätsanalyse aus dem Messmodell der Variablen „Transaktionszufriedenheit" herausgenommen wurde. Insgesamt üben in Segment 1 vier und in Segment 2 fünf unabhängige Variablen einen signifikanten Einfluss aus. Die Unterschiede zwischen den beiden Segmenten sind vor allem auf die Einflussstärke, d.h. die Höhe der Regressionskoeffizienten, zurückzuführen.

Die Fulfillment-Leistung in Form des Lieferservice und der Zahlungsabwicklung weist in Segment 2 einen Einfluss mittlerer Stärke auf, während in Segment 1 nur der Lieferservice einen signifikanten, aber schwachen Einfluss ausübt. Somit lässt sich festhalten, dass der Fulfillment-Leistung in Segment 2 eine höhere Bedeutung für die Beurteilung der gesamten Transaktion zukommt als in Segment 1. Dagegen weist die Produktleistung in Segment 1 einen deutlich höheren Regressionskoeffizienten als in Segment 2 auf. Hierfür können Unterschiede, die auf den unterschiedlichen Produkt-

und Verwendungseigenschaften basieren, verantwortlich zeichnen. Die Shop-Gestaltung und die Preispolitik weisen in beiden Segmenten ähnliche Regressionskoeffizienten auf. Dabei übt die Shop-Gestaltung jeweils einen hochsignifikanten Einfluss mittlerer Stärke aus. Dieses Ergebnis bestätigt auf branchenübergreifender Ebene, dass der Online-Shop ein zentrales Element im eCommerce darstellt. Von der Preispolitik geht dagegen in beiden Segmenten ein eher niedriger Einfluss auf die Transaktionszufriedenheit aus. Dies mag im Online-Buchhandel auf die Buchpreisbindung zurückzuführen sein, die wenig Spielraum für eine Preisdifferenzierung und eine Preiskonkurrenz der Anbieter im deutschen Markt zulässt (Riehm et al. 2001 S. 36). Der Produktpreis kann dabei auch aus Nachfragersicht ein Datum darstellen, das sich nicht durch die Wahl alternativer Anbieter ändern lässt (anzumerken ist im Rahmen der Preispolitik, dass sich die Liefergebühr bei unterschiedlichen Online-Anbietern sehr wohl unterscheiden kann). Bei Automobilteilen, insbesondere Ersatzteilen, lässt sich die Vermutung anführen, dass Nachfrager wenig preissensitiv sein können, wenn sie die Teile dringend benötigen. *Abbildung 6-11* veranschaulicht abschließend die Ergebnisse der Regressionsanalyse graphisch.

Abb. 6-11: Die Regressionsmodelle der beiden Segmente im Überblick

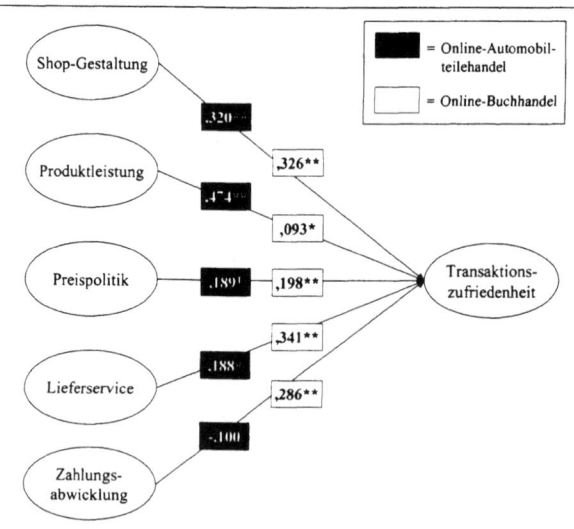

** Die Korrelationen sind auf dem Niveau 0,01 (1-seitig) signifikant.
* Die Korrelationen sind auf dem Niveau 0,05 (1-seitig) signifikant.
T Die Korrelation ist auf dem Niveau 0,10 (1-seitig) signifikant.

Die Regressionsanalyse diente in diesem Abschnitt dazu, den Einfluss der Fulfillment-Leistung und der Wirkungsdeterminanten auf die Transaktionszufriedenheit im Branchenvergleich aufzuzeigen. Auf Basis der Ergebnisse der Regressionsanalyse lassen sich die entsprechenden Hypothesen bereits überprüfen. Demnach lassen sich die Hypothesen H_{21A}, H_{37}, H_{38}, und H_{39} in beiden Segmenten bestätigen, während die Hypothese H_{21B} nur in Segment 2 aufrechterhalten werden kann. Für die Überprüfung der Hypothesen zu den Wirkungen bei den Nachfragern sollen aber die Ergebnisse der Kausalanalyse maßgeblich sein, da dieses Analyseverfahren im Gegensatz zur Regressionsanalyse auch Beziehungen zwischen den exogenen Variablen zulässt. Zudem können auf Basis der Kausalanalyse auch die weiteren Hypothesen der Käuferbefragung überprüft werden.

6.3.7 Hypothesenprüfung auf Basis der Kausalanalyse

Nachdem im vorangegangenen Abschnitt ein Teilbereich des Wirkungsmodells mittels der Regressionsanalyse untersucht wurde, soll nun eine Überprüfung des kundenbezogenen Wirkungsmodells auf Basis der Kausalanalyse erfolgen. Da der Einsatz der Kausalanalyse einen gewissen Stichprobenumfang (Loehlin (1998 S. 62) spricht von einer minimalen Fallzahl von n = 100 und einem Richtwert von n = 200) erfordert, gehen in die Kausalanalyse nur diejenigen Datensätze ein, die eine Beurteilung von Online-Buchhändlern enthalten (insgesamt 310). Dieser Analyseschritt beschränkt sich somit auf Segment 2.

6.3.7.1 Beurteilung und Modifikation der Messmodelle

Bevor eine Überprüfung des Modells auf Basis der Kausalanalyse erfolgt, werden in einem ersten Schritt die Messmodelle der latenten Variablen näher betrachtet. Da die Ergebnisse zu denjenigen Variablen, die Gegenstand der Regressionsanalyse waren, bereits aus *Abschnitt 6.3.6* vorliegen, werden sie hier nicht erneut ausgewiesen. Demzufolge wird das Konstrukt Fulfillment-Leistung analog dem Vorgehen bei der Regression über die zwei Variablen „Lieferservice" und „Zahlungsabwicklung" gemessen. Die Variable „Beschwerdezufriedenheit" wird aufgrund ihrer geringen Fallzahl wiederum aus dem Modell herausgenommen. Ebenso weist die Variable „Erfahrungen mit alternativen Online-Anbietern" eine hohe Anzahl von Fehlwerten auf, da nur die Hälfte der Online-Käufer aus Segment 2 bereits bei alternativen Anbietern gekauft hat (n = 154). Daher soll auch diese Variable aus dem ursprünglichen Kausalmodell herausgenommen werden. Stattdessen wird ihr Einfluss auf die Transaktionszufriedenheit und die Kundenloyalität in einem separaten Kausalmodell analysiert.

Auch die Items „Beziehungszufriedenheit" und „faire Liefergebühr" konnten nicht von allen Befragungsteilnehmern beurteilt werden, da nicht in allen Fällen bereits zum wiederholten Mal bei dem jeweiligen Anbieter gekauft oder eine Liefergebühr erhoben wurde. Bei dem Item „Beziehungszufriedenheit" liegen 31 und bei dem Item „faire Liefergebühr" 75 Fehlwerte vor. Die weiteren Items des Kausalmodells weisen dagegen keine oder nur vereinzelte Fehlwerte auf. Die Datensätze, die Fehlwerte enthalten, sollen dennoch in die Analyse eingehen. Im Fall von Fehlwerten verwendet AMOS bei der Parameterschätzung den Mittelwert des entsprechenden Items.

Eine Anwendung der Reliabilitätsanalyse kommt zu dem Ergebnis, dass sowohl die vier Items, über die die Erfahrungen mit alternativen Online-Anbietern erhoben wurden, als auch die beiden Items der Variablen „wahrgenommene Entlastung" jeweils eine gemeinsamen Skala bilden (siehe *Tabelle 6-14*). Eine zusätzlich durchgeführte explorative Faktorenanalyse bestätigt, dass alle Items der erstgenannten Variablen auf einen Faktor laden. Dagegen legen bei der Variablen „Kundenloyalität" sowohl Cronbach's Alpha als auch eine explorative Faktorenanalyse nahe, dass sich das (umkodierte) Item „Wechselbereitschaft" nicht mit den weiteren Items zusammenfassen lässt. Daher wird dieses Item aus dem Messmodell der Variablen herausgenommen, so dass die Kundenloyalität über zwei Items gemessen wird. Auch die gemeinsame Skala der beiden Items, die die Variable „wahrgenommene Gerechtigkeit" repräsentieren, weist einen Alpha-Wert aus, der unter dem geforderten Mindestwert liegt. Da das Item „faires Preis-Leistungs-Verhältnis des Lieferservice" eine hohe Anzahl an Fehlwerten aufweist, soll die Variable nur über das Item „faires Preis-Leistungs-Verhältnis der Produkte" erhoben werden. Damit weist die Variable einen manifesten Charakter im Modell auf. *Tabelle 6-14* fasst die Ergebnisse der Reliabilitätsanalyse auf Basis von Cronbach's Alpha zusammen. Während eine Analyse der Variablen „Erfahrungen mit alternativen Online-Anbietern" sowie die von ihr ausgehenden Wirkungen in einem separaten Modell erfolgt, werden die Fehlwerte bei den weiteren Items durch Mittelwerte ersetzt.

Tab. 6-14: Reliabilitätsanalyse der sonstigen Variablen der Kausalmodelle (Segment 2)

Variable	Item	Mittelwert	Standardabweichung	Trennschärfe
Erfahrungen mit alternativen Online-Anbietern (n = 154)	Ware	1,60	,62	,48
	Online-Shop	2,02	,87	,53
	Lieferservice	2,05	,96	,51
	Produktpreis	1,97	,82	,41
	Cronbach's Alpha: ,69			
Wahrgenommene Gerechtigkeit (n = 234)	Preis-Leistungs-Verhältnis Produkt	1,77	,66	,36
	Preis-Leistungs-Verhältnis Lieferservice	1,99	,90	,36
	Cronbach's Alpha: ,51			
Kundenloyalität (n = 310)	Wiederkaufabsicht	1,46	,71	,68
	Weiterempfehlungsabsicht	1,78	,92	,68
	Cronbach's Alpha: ,79			
Wahrgenommene Entlastung (n = 310)	Zeitaufwand	2,05	1,03	,50
	Convenience	1,69	,87	,50
	Cronbach's Alpha: ,66			

Die Unterscheidung des Konstruktes „Fulfillment-Leistung" in die zwei Variablen „Lieferservice" und „Zahlungsabwicklung" erfordert nicht nur für die Variable „Transaktionszufriedenheit", sondern auch für die weiteren Wirkungen der Fulfillment-Leistung eine Modifikation der Hypothesen. Entsprechend wird die ursprüngliche Hypothese H_{20} zum Einfluss der Fulfillment-Leistung auf das Gerechtigkeitsurteil in die beiden Hypothesen H_{20A} und H_{20B} unterschieden:

H_{20A}: Je besser der Lieferservice ist, desto eher wird eine Transaktion als gerecht beurteilt.

H_{20B}: Je eher die Zahlungsabwicklung den Vorstellungen der Nachfrager entspricht, desto eher wird eine Transaktion als gerecht beurteilt.

Dagegen soll der Variablen „Zahlungsabwicklung" kein Einfluss auf die Variable „wahrgenommene Entlastung" unterstellt werden, da die Formulierung der ursprünglichen Hypothese auf einer Entlastung der Nachfrager im Zuge der Warenanlieferung basierte (siehe *Abschnitt 4.4.3*). Dementsprechend wird die ursprüngliche Hypothese wie folgt modifiziert:

| H_{25}: | Je besser der Lieferservice ist, desto eher kommt es zu einer Entlastung der Nachfrager gegenüber dem Einkauf im stationären Handel. |

Bevor die Ergebnisse der Kausalanalyse ausgewiesen und interpretiert werden, sollen zunächst das angewandte Schätzverfahren sowie die Gütekriterien von Kausalmodellen erläutert und das Modell auf seine Identifizierbarkeit überprüft werden.

6.3.7.2 Auswahl des Schätzverfahrens und Modellidentifikation

Zur Schätzung der Modellparameter stehen u.a. das Maximum Likelihood-(ML-), das General Least Squares-(GLS-) und das Unweighted Least Squares-(ULS-) Schätzverfahren zur Verfügung[15]. Da dem ML-Schätzverfahren in der internationalen Marketingforschung eine herausragende Bedeutung zukommt (Homburg & Baumgartner 1995b S. 1101), soll dieses Verfahren auch in der vorliegenden Studie Anwendung finden. Dabei ist zu berücksichtigen, dass eine Anwendung des ML-Verfahrens streng genommen eine Normalverteilung der empirischen Daten voraussetzt (Jöreskog & Sörbom 1996 S. 20). Eine Überprüfung der Indikatoren des Kausalmodells mittels des Kolmogorov-Smirnov-Tests (siehe dazu Bühl & Zöfel 2003 S. 292-293) kommt zu dem Ergebnis, dass die Verteilung der empirischen Daten in überzufälliger Weise von der Normalverteilung abweicht. Daher kann die Hypothese der Normalverteilung nicht aufrechterhalten werden, so dass eine Anwendungsvoraussetzung für das ML-Verfahren verletzt ist. Aber auch in diesem Fall ist eine Anwendung des ML-Verfahrens möglich und durchaus üblich, da sich trotz einer Abweichung von der Normalverteilungshypothese konsistente Parameterschätzungen erzielen lassen (McDonald & Ho 2002 S. 70, Browne & Shapiro 1988 S. 193-206). Dabei ist allerdings zu beachten, dass die Teststatistiken der geschätzten Parameter verzerrt sein können (Arminger & Müller 1990 S. 19). Dieser möglichen Verzerrung lässt sich begegnen, indem für die Signifikanztests strengere Kriterien angelegt werden. Für eine Bestätigung der Hypothesen unter Anwendung des ML-Verfahrens soll daher nicht das 10 %-Signifikanzniveau, sondern das strengere 5 %-Signifikanzniveau maßgeblich sein. Auf eine Anwendung des ULS-Verfahrens, das unabhängig von der Verteilungsstruktur der Daten zum Einsatz kommen kann (Betz 2003 S. 78, Böing 2001 S. 99), soll dagegen verzichtet werden, da dieses Verfahren

---

[15] Ein Überblick über die gängigen Schätzverfahren sowie deren zentrale Beurteilungskriterien findet sich bei Betz (2003 S. 77).

Parameterschätzungen mit sehr fragwürdigen Eigenschaften liefert (Homburg & Baumgartner 1995b S. 1102, Browne 1984 S. 81-82).

Bevor jedoch eine Beurteilung des Kausalmodells anhand der Gütekriterien erfolgen kann, ist das Modell zunächst auf seine Identifizierbarkeit zu überprüfen (Böing 2001 S. 102). Ein Kausalmodell gilt allgemein als identifizierbar, wenn die Anzahl der empirischen Varianzen und Kovarianzen größer als die Anzahl der zu schätzenden Modellparameter ist (Homburg & Pflesser 1999 S. 645). Dies ist der Fall, wenn die Anzahl der Freiheitsgrade des Modells größer null ist. Sofern manifeste Variablen in das Modell eingehen, wird die Residualvarianz des entsprechenden Indikators üblicherweise auf Null gesetzt, damit sich das Kausalmodell identifizieren lässt (Fornell 1983 S. 445-446, Bagozzi 1980 S. 74). Dieses Vorgehen wird auch bei den manifesten Variablen des vorliegenden Kausalmodells angewandt. Dabei wird vorausgesetzt, dass die Variable eindeutig, d.h. ohne Messfehler, über den ihr zugeordneten Indikator operationalisiert werden kann (Backhaus et al. 2003 S. 354-355). Kritisch ist in diesem Zusammenhang anzumerken, dass dieses Vorgehen keine Aussagen zur Validität der Konstrukte erlaubt. Vielmehr bleibt die Frage nach der Validität der Konstrukte, die durch die manifesten Variablen repräsentiert werden, unbeantwortet.

Unverhältnismäßig hohe oder entartete Schätzer wie Korrelationskoeffizienten oder Varianzen größer eins, negative Varianzen oder nicht positiv definite Kovarianz- und Korrelationsmatrizen deuten darauf hin, dass das Modell nicht identifizierbar ist (Förster et al. 1984 S. 358). Bei der Identifikationsprüfung des vorliegenden Modells tritt ein entarteter Schätzer auf, da der Anteil an erklärter Varianz der Variablen „Transaktionszufriedenheit" größer eins ist. Dieses Problem lässt sich auch durch schrittweise Elimination derjenigen Indikatoren, die eine unzureichende Indikatorreliabilität aufweisen („Produktpreis", „Produkt" und „Lieferservice), nicht beheben. Daher wird an Stelle der latenten Variablen die manifeste Variable „Transaktionszufriedenheit" verwendet. Im Gegensatz zu der latenten Variablen, die über die einzelnen Teilzufriedenheiten erhoben wurde, repräsentiert die manifeste Variable das ebenfalls erhobene Globalurteil zu der Transaktionszufriedenheit. Eine erneute Identifikationsprüfung kommt zu dem Ergebnis, dass bei Verwendung der manifesten Variablen keine entarteten Schätzer auftreten. Das Modell, das anhand der Kausalanalyse geschätzt wird, besteht somit aus fünf latenten und fünf manifesten Variablen.

An dieser Stelle lässt sich festhalten, dass die Identifikationsprüfung und die Analyse der Messmodelle zu einer Modifikation des vorliegenden Kausalmodells geführt hat. Im Zusammenhang mit der Modellmodifikation wird auch von einer iterativen Modellselektion (Homburg & Dobratz 1991 S. 219-235) bzw. von „specification searches" (MacCallum 1986 S. 108) gesprochen. Das iterative Vorgehen bietet den Vorteil, dass die üblicherweise mit einer Modellmodifikation verbundene höhere Validität falschen Schlussfolgerungen bezüglich der kausalen Abhängigkeitsstrukturen vorbeugt (Homburg & Dobratz 1991 S. 235). Als Folge der Modellmodifikation ist allerdings zu berücksichtigen, dass das modifizierte Modell nicht mehr den Charakter eines a priori spezifizierten Modells hat. In diesem Fall weist die Kausalanalyse den Charakter eines exploratorischen Datenanalyseverfahrens auf (ebda S. 235). Eine Verallgemeinerung des Modells auf andere Datensätze ist daher ohne weitere Analysen nicht zulässig (Balderjahn 1988 S. 67-72). Vielmehr ist das modifizierte Modell als Ausgangspunkt für weitere empirische Forschungsarbeiten zu der untersuchten Thematik zu betrachten. Dabei sollte eine Erweiterung des Modells durch Aufnahme zusätzlicher Indikatoren erfolgen, so dass sich die Anzahl manifester Variablen verringert bzw. das Modell gegebenenfalls ganz ohne manifeste Variablen auskommt. In letzterem Fall lassen sich dann auch eindeutige Aussagen zur Validität aller Konstrukte treffen.

6.3.7.3 Gütekriterien zur Beurteilung von Kausalmodellen

Nach der erfolgreichen Identifikationsprüfung ist das Modell anhand der Gütekriterien zu interpretieren, die AMOS unter Einsatz des ML-Schätzverfahrens zur Verfügung stellt. Diese Gütekriterien lassen sich allgemein in Kriterien zur Beurteilung der Messmodelle, zur Beurteilung des Gesamtmodells und zur Beurteilung des Strukturmodells unterscheiden. Die einzelnen Kriterien werden im Folgenden jeweils kurz vorgestellt. Auf die Vorgehensweise bei der Ermittlung der Gütekriterien wird dabei nicht näher eingegangen, da sich die Formeln zur Berechnung der Kriterien in der einschlägigen Literatur zur Kausalmodellierung finden (siehe dazu Backhaus et al. 2003 S. 372-376 und die dort angegebene Literatur).

Zu den Gütekriterien für die Messmodelle ist vorwegzunehmen, dass sie nur im Fall von latenten Variablen Anwendung finden. Eine Beurteilung der Messmodelle kann zunächst anhand der Indikatorreliabilität erfolgen. Sie gibt an, wie viel Prozent der Varianz eines Indikators durch den entsprechenden Faktor erklärt wird (Homburg & Baumgartner 1995a S. 170). Nach Homburg und Baumgartner sollte die

Indikatorreliabilität einen Grenzwert von 0,4 nicht unterschreiten (ebda S. 170). Eine Faktorladung von 0,6 und größer kann bereits als Indiz für eine hinreichend hohe Indikatorreliabilität gewertet werden, da sich die Indikatorreliabilität direkt aus der Faktorladung eines Indikators berechnen lässt (Backhaus et al. 2003 S. 372). Während die Indikatorreliabilität die Güte einzelner Indikatoren aufzeigt, lässt sich anhand der durchschnittlich erfassten Varianz und der Faktorreliabilität beurteilen, wie gut ein Faktor durch die Gesamtheit seiner Indikatoren repräsentiert wird (Bagozzi & Baumgartner 1994 S. 402). Die durchschnittlich erfasste Varianz gibt den Varianzanteil der Indikatoren einer Skala an, der durch den entsprechenden Faktor erklärt wird. Die Faktorreliabilität erfasst darüber hinaus auch die Kovarianzen zwischen den einzelnen Indikatoren (ebda S. 402). Beide Maße ähneln Cronbach's Alpha, berücksichtigen aber zusätzlich Messfehlereinflüsse. In der Literatur gelten Mindestwerte von 0,5 für die durchschnittlich erfasste Varianz und 0,6 für die Faktorreliabilität als ausreichend (Homburg & Baumgartner 1995a S. 170).

Die bisher behandelten Anpassungsmaße eignen sich insbesondere zur Beurteilung der Reliabilität von Skalen, mit deren Hilfe ein Faktor gemessen wird. Darüber hinaus gilt das Interesse auch der Diskriminanzvalidität, die angibt, inwieweit sich die Messmodelle verschiedener Faktoren voneinander unterscheiden (Bortz & Döring 2002 S. 202). Hierbei wird der Frage nachgegangen, ob die inhaltliche Unterscheidung von Faktoren auch empirisch gestützt wird. Die Messung der Diskriminanzvalidität kann über das Fornell/Larcker-Kriterium erfolgen, nach dem jeder Faktor einen höheren Varianzanteil seiner Indikatoren erklären sollte als einen Varianzanteil eines anderen Faktors (Fornell & Larcker 1981 S. 46). Dies ist der Fall, wenn die durchschnittlich erfasste Varianz eines Faktors größer als die quadrierte Korrelation zwischen diesem Faktor und einem anderen Faktor ist (ebda S. 46).

Zur Beurteilung des Gesamtmodells schlagen Homburg und Baumgartner (1995a S. 165-173) die Kriterien GFI (goodness of fit index), AGFI (adjusted goodness of fit index), CFI (comparative fit index), NFI (normed fit index), RMSEA (root mean squared error of approximation) sowie den Quotienten aus der Chi-Quadrat-Testgröße und der Anzahl der Freiheitsgrade vor (χ^2/df). Anhand des GFI und des AGFI lässt sich der erklärte Anteil der Stichprobenvarianz beurteilen, wobei der AGFI einem hinsichtlich der Freiheitsgrade angepassten GFI entspricht. Damit begegnet der AGFI der Problematik, dass die Anpassungsgüte des Modells durch die Aufnahme weiterer Modellparameter scheinbar verbessert werden kann (Dehler 2001 S. 85). Beide

Kriterien können einen Wert zwischen null und eins annehmen. Werte über 0,9 deuten auf eine gute Anpassung (= Fit) des Modells an die empirischen Daten hin. Dies gilt auch für den CFI und den NFI. Beide Kriterien beurteilen die Anpassungsgüte eines Modells im Vergleich zu einem Basismodell, bei dem alle Indikatorvariablen als unabhängig angenommen werden. Der CFI und der NFI unterscheiden sich dadurch, dass der CFI zusätzlich die Anzahl der Freiheitsgrade einbezieht (Dehler 2001 S. 86). Das Gütekriterium RMSEA, das ebenfalls auf den Wertebereich von null bis eins normiert ist, prüft die Anpassung des geschätzten Modells an die Realität, d.h. an die empirisch gemessenen Daten. Während ein RMSEA unter 0,05 auf eine gute Modellanpassung hindeutet, gelten höhere Werte bis zu einem kritischen Wert von 0,08 als durchaus akzeptabel. Schließlich soll mit dem Quotienten aus der Chi-Quadrat-Testgröße und der Anzahl der Freiheitsgrade (χ^2 / df) ein weiteres Kriterium, anhand dessen das Gesamtmodell beurteilt werden kann, in die Modellbeurteilung eingehen. Dieses Kriterium sollte einen kritischen Wert von 2,5 nicht übersteigen. Bei der Verwendung dieses Kriteriums ist darauf hinzuweisen, dass die χ^2-Teststatistik auf der Annahme der Normalverteilung basiert. Sofern die empirischen Daten wie im vorliegenden Fall nicht normalverteilt sind, können verzerrte χ^2-Werte auftreten (Arbuckle & Wothke 1999 S. 399, Jöreskog & Sörbom 1996 S. 27-28, zu einer näheren Erläuterung der χ^2-Teststatistik siehe auch Betz 2003 S. 80-81).

Das Strukturgleichungsmodell, kurz Strukturmodell, gibt die durch die Hypothesen formulierten Beziehungen zwischen den Modellvariablen wieder. Die Güte des Strukturmodells lässt sich mit Hilfe des Determinationskoeffizienten, der den Anteil der erklärten Varianz einer endogenen Variablen angibt, überprüfen. Dieser Koeffizient ergibt sich aus der quadrierten multiplen Korrelation aller exogenen Variablen, die der Erklärung einer endogenen Modellvariablen dienen (Homburg & Pflesser 1999 S. 651). Sein Wertebereich liegt zwischen null und eins, wobei die Güte des Strukturmodells umso besser ist, je höher der Koeffizient ist. Dabei wird ein Wert von 0,4 als ausreichend angesehen (ebda S. 651). Neben dem Determinationskoeffizienten lässt sich die Güte des Strukturmodells anhand des Signifikanzniveaus der Pfadkoeffizienten beurteilen. Da aus der Verwendung des ML-Schätzverfahrens bei nicht-normalverteilten Daten verzerrte Teststatistiken resultieren können, soll für die Bestätigung der Hypothesen ein Signifikanzniveau von $p \leq 5\%$ maßgeblich sein. Die beiden Kriterien zur Beurteilung des Strukturmodells dienen als geeignete Maße für die nomologische Validität. Diese ist gegeben, wenn sich das aus der Theorie abgeleitete Hypothesensystem in der Empirie bewährt (siehe dazu Fritz 1995 S. 138 und die dort angeführte Literatur).

Tabelle 6-15 fasst die zuvor angeführten Gütekriterien zur Beurteilung von Kausalmodellen zusammen. In Bezug auf die angegebenen Richtwerte sei darauf verwiesen, dass eine positive Modellbeurteilung nicht zwangsläufig von der vollständigen Erfüllung aller Kriterien abhängt. Vielmehr sollte sich ein positives Gesamtbild ergeben, in das sämtliche Kriterien einfließen (Homburg & Pflesser 1999 S. 655).

Tab. 6-15: Gütekriterien von Kausalmodellen im Überblick

Kriterien zur Beurteilung der Messmodelle	Anspruchsniveau
Indikatorreliabilität	$\geq 0{,}4$
Faktorreliabilität	$\geq 0{,}6$
Durchschnittlich erfasste Varianz (DEV)	$\geq 0{,}5$
Fornell/Larcker-Kriterium	DEV (Faktor i) > quadrierte Korrelation (Faktor i, Faktor j), für alle $i \neq j$
Kriterien zur Beurteilung des Gesamtmodells (bei Anwendung des ML-Schätzverfahrens)	
GFI	$\geq 0{,}9$
AGFI	$\geq 0{,}9$
CFI	$\geq 0{,}9$
NFI	$\geq 0{,}9$
RMSEA	$\leq 0{,}05\ (< 0{,}08)$
χ^2 / df	$\leq 2{,}5$
Kriterien zur Beurteilung des Strukturmodells	
Determinationskoeffizient	$> 0{,}4$
Signifikanzniveau der Pfadkoeffizienten	$p \leq 5\ \%$

Quelle: Homburg & Baumgartner 1995a S. 170

6.3.7.4 Parameterschätzung und Beurteilung der Kausalmodelle

Abbildung 6-12 gibt das modifizierte Gesamtmodell und die Ergebnisse der Kausalanalyse wieder. In dem Modell werden auch die Interdependenzen zwischen den exogenen Variablen in Form von ungerichteten Kovarianzen berücksichtigt. Dabei ist zu beachten, dass der Einbezug der ungerichteten Kovarianzen die Parameterschätzung beeinflussen kann (McDonald & Ho 2002 S. 67). Daher ist die Aufnahme von Kovarianzen in ein Modell plausibel zu begründen (ebda S. 66). In das vorliegende Modell werden die Kovarianzen zwischen den exogenen Variablen, die bereits Gegenstand der Regressionsanalyse waren, aufgenommen. Für dieses

Vorgehen spricht, dass die einzelnen Variablen jeweils Marketing-Instrumente des Online-Anbieters repräsentieren. Ein Zusammenspiel der Marketing-Instrumente setzt voraus, dass diese aufeinander abgestimmt werden (Silberer 1993 S. 31). Die Kombination der Marketing-Instrumente in Form eines Marketingmix kommt in dem Modell somit durch die ungerichteten Kovarianzen zum Ausdruck. In dem Kausalmodell in *Abbildung 6-12* werden die Kovarianzen durch die gestrichelten Pfeile zwischen den exogenen Variablen angedeutet.

Abb. 6-12: Modifiziertes Gesamtmodell der Käuferbefragung und Ergebnisse der Kausalanalyse

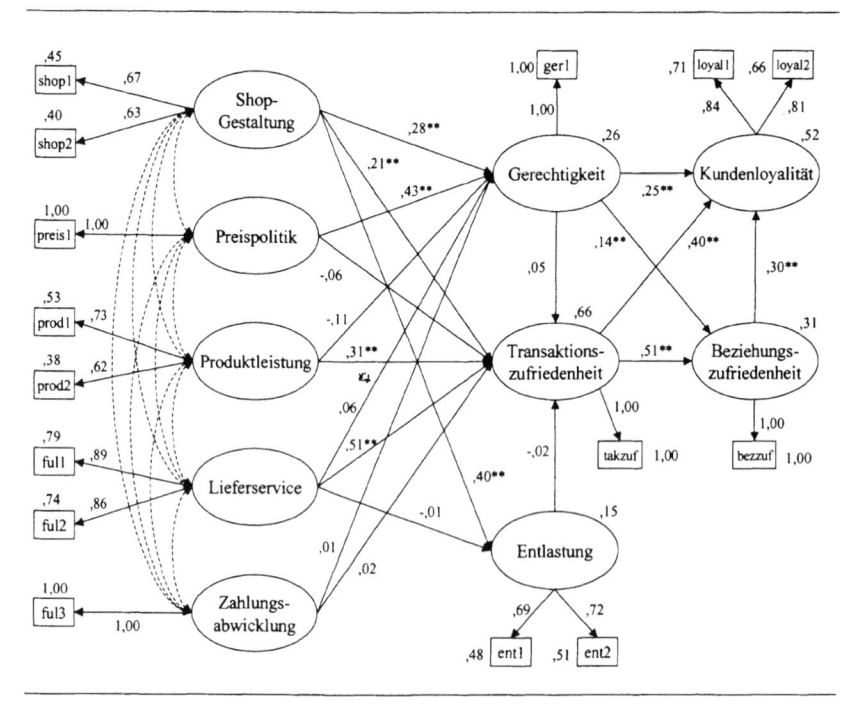

Fitmaße des Modells:
RMSEA = 0.047
$\chi^2 / df = 1.687$
GFI = 0.956
AGFI = 0.919
CFI = 0.970
NFI = 0.930

Signifikanz:
** = $p < 0,01$

Aus Darstellungsgründen werden die Schätzwerte der Kovarianzen nicht in das Modell integriert. Stattdessen finden sich die Kovarianzen zwischen den exogenen Variablen in *Tabelle 6-17* am Ende dieses Abschnittes wieder. Die Fitmaße des Gesamtmodells (GFI, AGFI, CFI, NFI, RMSEA und χ^2 / df) genügen den Anforderungen in vollem Maße, so dass von einer guten bis sehr guten Modellanpassung ausgegangen werden kann. Auch in den Messmodellen der latenten Variablen erfüllen die Schätzwerte mit Ausnahme des Items „Lieferbeschaffenheit", das zur Messung der Produktleistung herangezogen wurde, durchweg die Mindestanforderungen hinsichtlich der Indikator- und der Faktorreliabilität. Da die Indikatorreliabilität der Lieferbeschaffenheit aber nur knapp unter dem Mindestwert von 0,4 liegt, soll das Item im Modell verbleiben. Unter Einsatz des Fornell/Larcker-Kriteriums wird untersucht, ob die einzelnen Modellvariablen ausreichend diskriminieren. Dazu werden jeweils die quadrierten Korrelationen zweier Modellvariablen mit den durchschnittlich erfassten Varianzen (DEV) der entsprechenden Variablen verglichen (siehe *Tabelle 6-16*).

Tab. 6-16: Beurteilung der Diskriminanzvalidität anhand des Fornell/Larcker-Kriteriums

Variable		Produkt-leistung	Shop-Gestaltung	Liefer-service	Entlastung	Kunden-loyalität
	DEV [1]	0,453	0,426	0,766	0,504	0,681
Produktleistung	0,453	1,000				
Shop-Gestaltung	0,426	0,455	1,000			
Lieferservice	0,766	0,418	0,272	1,000		
Entlastung	0,504	0,175	0,393	0,097	1,000	
Kundenloyalität	0,681	0,394	0,364	0,427	0,132	1,000

[1] DEV = durchschnittlich erfasste Varianz

Wie die Werte in *Tabelle 6-16* zeigen, sind sämtliche quadrierte Korrelationen bis auf eine Ausnahme kleiner als die durchschnittlich erfasste Varianz (wie es das Fornell/Larcker-Kriterium erfordert). Lediglich die Beziehung zwischen der Produktleistung und der Shop-Gestaltung erfüllt das Kriterium nicht. Dieses Ergebnis deutet ebenso wie die hochsignifikante Kovarianz zwischen den beiden Variablen auf einen engen inhaltlichen Zusammenhang der Variablen hin. Dieser Zusammenhang lässt sich darauf zurückführen, dass die Vorstellungen, die sich die Nachfrager beim

Online-Kauf von einem Produkt bilden, von der Präsentation des Produktes im Shop abhängen. Insgesamt kann von den Ergebnissen des Fornell/Larcker-Kriteriums aber auf eine ausreichende Diskriminanzvalidität zwischen den Modellvariablen geschlossen werden.

Zu *Tabelle 6-16* ist anzumerken, dass sie nur die latenten Variablen des Kausalmodells ausweist. Die manifesten Variablen des Modells werden dagegen nicht in die Tabelle aufgenommen, da bei diesen Variablen von einer Messung ohne Messfehler ausgegangen wird (siehe *Abschnitt 6.3.7.2*). Damit ist auch das Fornell/Larcker-Kriterium erfüllt, da die durchschnittlich erfasste Varianz dieser Variablen 1,00 beträgt.

Die Überprüfung der dem Modell zu Grunde liegenden Hypothesen erfolgt anhand des Signifikanzniveaus der standardisierten Regressionskoeffizienten. Die empirischen Ergebnisse bestätigen den vermuteten Einfluss der exogenen Variablen auf die Gesamtbeurteilung der Transaktion nicht vollständig. Demnach weist der Lieferservice einen starken, hochsignifikanten Regressionskoeffizienten auf, während die Produktleistung und die Gestaltung des Online-Shops jeweils einen signifikanten Einfluss mittlerer Stärke auf die Transaktionszufriedenheit ausüben. Dagegen geht von den beiden exogenen Variablen „Preispolitik" und „Zahlungsabwicklung" kein signifikanter Einfluss auf die Transaktionszufriedenheit aus.

Der im Vergleich zum Lieferservice relativ geringe Einfluss der wahrgenommenen Produktleistung auf die Transaktionszufriedenheit überrascht auf den ersten Blick, da das Produkt das zentrale Austauschobjekt darstellt. Die Transaktionszufriedenheit ist aber nicht mit der Produktzufriedenheit zu verwechseln, sondern sie resultiert aus einer Beurteilung des gesamten Kaufprozesses (vgl. Betz & Krafft 2003 S. 179). Der moderate Einfluss lässt sich zudem darauf zurückführen, dass die Indikatoren der Produktleistung als Minimumkomponenten, deren Erfüllung von den Nachfragern vorausgesetzt wird, anzusehen sind. Produktbezogene Werterhöhungskomponenten wurden dagegen nicht berücksichtigt, da sie stark vom jeweiligen Produkt abhängen. Letztendlich ist auch zu vermuten, dass die Bedeutung der Produktleistung mit der betrachteten Branche variiert. Einen Anhaltspunkt hierfür liefert bereits die Regressionsanalyse, die in Segment 1 (Automobilteile) einen deutlich höheren Regressionskoeffizienten für die Produktleistung ausweist als in Segment 2 (siehe *Abbildung 6-11*). Der fehlende Einfluss der Preispolitik lässt sich wiederum mit der Buchpreisbindung in Verbindung bringen. Diese kann dazu führen, dass der Preis als fixes Datum angesehen wird und sich daher nicht maßgeblich auf die Transaktionszufriedenheit auswirkt. Festzuhalten bleibt, dass mit der Shop-Gestaltung und dem Lieferservice offenbar gerade diejenigen Elemente in das Gesamturteil einfließen, die den Kauf in einem Online-Shop vom Kauf im Residenzhandel unterscheiden. Zu einem vergleichbaren Ergebnis gelangen Wolfinbarger und Gilly (2003 S. 195), die in ihrer Studie u.a. Einflussfaktoren der Kundenzufriedenheit beim Online-Shopping untersuchen (siehe dazu Abschnitt 4.1). Demnach geht von der Variablen „Fulfillment" der höchste Einfluss auf die Kundenzufriedenheit aus, während die Variable „Website Design" den zweithöchsten Einfluss ausübt. Dieses Ergebnis lässt sich durchaus zur Validierung der eigenen Ergebnisse heranziehen, da die in beiden Studien verwendeten Konstrukte starke inhaltliche Gemeinsamkeiten aufweisen. Für die vorliegende Käuferbefragung gilt, dass die Hypothesen H_{21A}, H_{37} und H_{38} bestätigt werden, während die Hypothesen H_{21B} und H_{39}, zumindest für die hier betrachtete Branche, abzulehnen sind.

Die Vermutung, dass der Lieferservice zu einer Entlastung der Nachfrager gegenüber dem Einkauf im Residenzhandel beiträgt, bestätigt sich nicht. Ein möglicher Grund hierfür ist in den bisher wenig konkret formulierten Lieferterminen zu sehen. Erst wenige Unternehmen bieten die Auswahl eines konkreten Liefertermins oder Lieferzeitfensters an, so dass der Warenempfang für die Nachfrager noch wenig planbar ist. Zudem kann bei der Auslieferung über die Deutsche Post, dem meistgenutzten Paketdienstleister im deutschen Online-Handel (Pfeiffer 2001 S. 31), ein zusätzlicher Weg zum Postamt anfallen, der eine mögliche Entlastung gegenüber dem Einkauf im Residenzhandel wieder aufhebt. Dieses Ergebnis lässt sich als Indiz dafür werten, dass der Lieferservice noch stärker an dem Convenience-Streben der Nachfrager auszurichten ist, um letztendlich auch eine Entlastung zu bewirken. Bei der Gestaltung des Online-Shops ist dies offensichtlich schon der Fall, da diese Variable einen hochsignifikanten Einfluss mittlerer Stärke auf die wahrgenommene Entlastung ausübt. Dieses Ergebnis legt nahe, dass die Anbahnungs- und Vereinbarungsphase im eCommerce Potenzial bietet, die nachfragerseitigen Transaktionskosten gegenüber dem Einkauf im Residenzhandel zu senken. Während die Hypothese H_{40} somit empirisch bestätigt wird, lässt sich die Hypothese H_{25} nicht aufrechterhalten.

Als signifikante Einflussfaktoren der wahrgenommenen Gerechtigkeit lassen sich die Shop-Gestaltung und die Preispolitik identifizieren, die beide einen starken, hochsignifikanten Einfluss aufweisen. Dagegen sind die Produktleistung, der

Lieferservice und die Zahlungsabwicklung weitgehend unabhängig von dem Gerechtigkeitsurteil. Der fehlende Einfluss der Produktleistung überrascht, da die wahrgenommene Gerechtigkeit über das Preis-Leistungs-Verhältnis erhoben wurde. Eine Begründung kann wiederum die Unterscheidung in Minimum- und Werterhöhungskomponenten liefern. So wirkt sich eine weitergehende Operationalisierung der Produktleistung über die Minimumkomponenten hinaus möglicherweise positiv auf den Zusammenhang zwischen der Produktleistung und der Gerechtigkeit aus. Insgesamt bleibt aber für die vorliegende Studie festzuhalten, dass die Kernleistung des Anbieters, bestehend aus dem Produkt und der Fulfillment-Leistung, keinen signifikanten Einfluss auf das Gerechtigkeitsurteil ausübt. Die Hypothesen H_{20A}, H_{20B} und H_{34} lassen sich demnach nicht bestätigen, während die Hypothesen H_{35} und H_{36} aufrechterhalten werden.

Von der wahrgenommenen Gerechtigkeit geht sowohl auf die Beziehungszufriedenheit als auch auf die zukünftige Verhaltensabsicht in Form der Kundenloyalität ein signifikanter Einfluss mittlerer Stärke aus, wohingegen sich der vermutete Einfluss auf die Transaktionszufriedenheit nicht empirisch bestätigen lässt. Demnach werden die Hypothesen H_{29} und H_{30} bestätigt, während die Hypothese H_{27} zu verwerfen ist. Dieses Ergebnis deutet darauf hin, dass das Gerechtigkeitsurteil gerade für die Beurteilung einer Geschäftsbeziehung relevant ist, bei der Beurteilung von Einzeltransaktionen aber von untergeordneter Bedeutung ist. Der Gedanke einer langfristigen Austauschbeziehung kommt auch in der Equity Theorie von Homans zum Ausdruck (siehe *Abschnitt 4.2.3*).

Der bereits vielfache empirisch nachgewiesene Zusammenhang zwischen der Kundenzufriedenheit und der Kundenloyalität bestätigt sich auch in dieser Studie. Sowohl die Transaktions- als auch die Beziehungszufriedenheit beeinflussen die Kundenloyalität signifikant, wobei von der Transaktionszufriedenheit der deutlich stärkere Einfluss ausgeht. Daraus lässt sich schließen, dass die zuletzt getätigte Transaktion die Verhaltensabsicht stärker determiniert als das Gesamturteil, das sich aus allen bisher beim Anbieter getätigten Käufen (einschließlich der letzten Transaktion) zusammensetzt. Weiterhin ist zu vermuten, dass von der Beziehungszufriedenheit ein stärkerer Einfluss auf das tatsächliche Verhalten im Sinne der Kundenbindung ausgeht, da sich die Kundenbindung in der Regel über eine gewisse Beziehungsdauer bzw. eine gewisse Anzahl an Transaktionen aufbaut. Insgesamt weisen die drei Variablen „Transaktionszufriedenheit", „Beziehungszufriedenheit" und „Kundenloyalität" jeweils einen signifikanten Zusammenhang auf, so dass die Hypothesen H_{28}, H_{31} und H_{32} bestätigt werden.

Die Determinationskoeffizienten der Wirkungsvariablen „Transaktionszufriedenheit" und „Kundenloyalität" deuten darauf hin, dass die relevanten Erklärungsfaktoren dieser endogenen Variablen identifiziert werden konnten. Dagegen weisen die Variablen „Beziehungszufriedenheit", „wahrgenommene Gerechtigkeit" und „wahrgenommene Entlastung" einen hohen Anteil an nicht-erklärter Varianz auf, der auf Faktoren zurückzuführen ist, die nicht im Modell spezifiziert sind. So kann eine Entlastung gegenüber dem Einkauf im stationären Handel – unabhängig von der Shop-Gestaltung oder dem Lieferservice des gewählten Anbieters – bereits im Vorfeld der Anbieterwahl aus verminderten Suchkosten oder einem einfacheren Vergleich der Alternativen resultieren. Schließlich war gerade im Fall der Beziehungszufriedenheit eine niedrige erklärte Varianz zu erwarten, da in dieses Gesamturteil nicht nur die aktuelle, sondern auch die vorangegangenen Transaktionen einfließen. Die niedrigen Determinationskoeffizienten einiger Variablen sollen aber nicht das gesamte Strukturmodell in Frage stellen, da das erklärte Erkenntnisziel nicht darin besteht, alle endogenen Variablen möglichst vollständig zu erklären. Vielmehr gilt es, die Rolle des Fulfillment innerhalb des Wirkungsmodells zu ermitteln. Dazu lässt sich festhalten, dass mit der Transaktionszufriedenheit die zentrale Wirkungsvariable des Fulfillment umfassend durch das Strukturmodell erklärt wird.

Die Kovarianzen zwischen den exogenen Variablen belegen, dass diese Einflussfaktoren nicht unabhängig voneinander sind, sondern durchaus signifikante Interdependenzen aufweisen (siehe *Tabelle 6-17*). Auf Basis der Kovarianzen lässt sich unter anderem der vermutete Zusammenhang zwischen der Produkt- und der Fulfillment-Leistung (in Form des Lieferservices und der Zahlungsabwicklung) auf einem hochsignifikanten Niveau nachweisen. Ebenso besteht zwischen der Produktleistung und der Website-Gestaltung ein hochsignifikanter Zusammenhang. Dieser Zusammenhang lässt sich darauf zurückführen, dass die Nachfrager beim Kauf nicht die reale Ware beurteilen können, sondern lediglich die entsprechenden Informationen im Online-Shop. Gerade bei Buch- und sonstigen Medienprodukten lassen sich die relevanten Produkteigenschaften hervorragend über das Internet vermitteln. Insgesamt zeigen die Kovarianzen, dass die Produktleistung mit allen weiteren exogenen Variablen in einem signifikanten Zusammenhang steht. Dies überrascht nicht, da dem Produkt als zentralem Austauschobjekt eine besondere Stellung im Marketing-

Instrumentarium eines Anbieters zukommt. Die signifikanten Kovarianzen zwischen der Produktleistung und den übrigen exogenen Variablen erklären auch, warum die Produktleistung im Rahmen der Regressionsanalyse den niedrigsten Toleranzwert aufweist (siehe *Tabelle 6-13* in *Abschnitt 6.3.6*). Aus den Ergebnissen der Kausalanalyse lässt sich somit schließen, dass auch bei der Regressionsanalyse in *Abschnitt 6.3.6* von einer Multikorrelation zwischen den exogenen Variablen auszugehen ist. Für die Überprüfung der Hypothesen sollen daher die Ergebnisse der Kausalanalyse maßgeblich sein.

Tab. 6-17: Kovarianzmatrix der exogenen Variablen aus *Abbildung 6-12*

	Shop-Gestaltung	Preispolitik	Produktleistung	Lieferservice	Zahlungsabwicklung
Shop-Gestaltung	1,00				
Preispolitik	0,14	1,00			
Produktleistung	0,45**	0,32**	1,00		
Lieferservice	0,27**	0,11	0,42**	1,00	
Zahlungsabwicklung	0,28**	0,25**	0,54**	0,14*	1,00

** Die Kovarianzen sind auf dem Niveau 0,01 signifikant.
* Die Kovarianz ist auf dem Niveau 0,05 signifikant.

Beurteilung des Partialmodells

Die Gütekriterien des Partialmodells zu den Erfahrungen mit alternativen Anbietern erfüllen mit Ausnahme des RMSEA und des AGFI die vorgegebenen Mindestanforderungen (siehe *Abbildung 6-13*). Da der RMSEA und der AGFI aber nur knapp über bzw. unter dem entsprechenden Anspruchsniveau liegen, kann auch dem Partialmodell eine gute Modellanpassung unterstellt werden. Entgegen der ursprünglichen Vermutung, die einen negativen Zusammenhang zwischen den Alternativen und der Transaktionszufriedenheit unterstellt, liegt ein positiver, aber schwacher Einfluss vor. Darüber hinaus kommt die Kausalanalyse zu dem Ergebnis, dass die Erfahrungen mit alternativen Online-Anbietern weitgehend unabhängig von der Kundenloyalität sind. Die Hypothesen H_{41} und H_{42} lassen sich demnach nicht bestätigen. Dagegen bestätigt sich auch in dem Partialmodell der hochsignifikante

Einfluss der Transaktionszufriedenheit auf die Kundenloyalität (Hypothese H_{31}). In diesem Modell weist der Regressionskoeffizient sogar auf einen starken Einfluss hin.

Abb. 6-13: Partialmodell zu den Erfahrungen mit alternativen Anbietern und Ergebnisse der Kausalanalyse

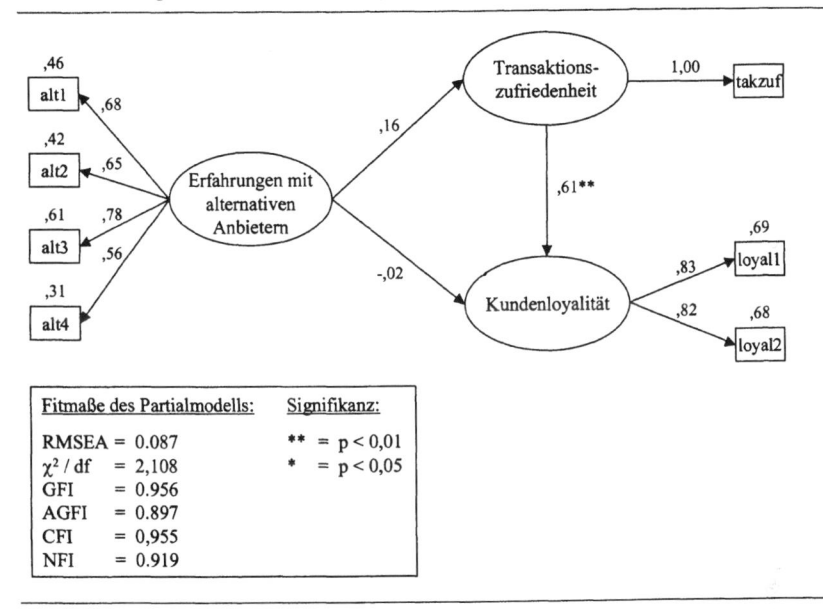

Fitmaße des Partialmodells:
RMSEA = 0.087
χ^2 / df = 2,108
GFI = 0.956
AGFI = 0.897
CFI = 0,955
NFI = 0.919

Signifikanz:
** = p < 0,01
* = p < 0,05

n = 154

Die fehlende Bestätigung von Hypothese H_{41} lässt sich damit begründen, dass sowohl die aktuell erhaltene Austauschleistung als auch die Austauschleistung alternativer Online-Anbieter eine sehr positive Beurteilung erfahren. Daher ist nicht zu erwarten, dass bei den Nachfragern Nachkauf-Dissonanzen auftreten, die aus einer Nicht-Berücksichtigung der vorhandenen Alternative resultieren. Aufgrund der positiven Beurteilung der aktuellen Austauschleistung verwundert es auch nicht, dass die Erfahrungen mit alternativen Anbietern weitgehend unabhängig von der Loyalität zu dem aktuellen Tauschpartner sind. Zumindest ist aber ein negativer Zusammenhang, wie ihn Hypothese H_{42} unterstellt, erkennbar. Zudem kann der fehlende Einfluss auch auf den Ausschluss des Items „Wechselbereitschaft", das keine gemeinsame Skala mit den weiteren Items der Variablen „Kundenloyalität" bildet, zurückzuführen sein. Daher soll die kausalanalytische Auswertung an dieser Stelle durch eine Korrelationsanalyse ergänzt werden. Diese kommt zu dem Ergebnis, dass die Erfahrungen mit alternativen Anbietern einen signifikant positiven Einfluss auf die Wechselbereitschaft ausüben (r = ,271**). Demnach lassen sich die Überlegungen, die der Hypothese H_{42} zu Grunde liegen, zumindest teilweise bestätigen.

6.4 Zusammenfassung der Untersuchungsergebnisse der Käuferbefragung

Ziel der Käuferbefragung war es, die Fulfillment-Leistung von Online-Anbietern aus der Perspektive der Nachfrager zu beleuchten. Darauf aufbauend sollten die Hypothesen zum Einfluss der Fulfillment-Leistung und der Wirkungsdeterminanten auf die Wirkungen bei den Nachfragern überprüft werden.

Unter den Befragungsteilnehmern befanden sich zu einem hohen Anteil Online-Käufer, die als erfahren mit dem Einkauf in Online-Shops bezeichnet werden können. Daher lässt sich davon ausgehen, dass die Befragungsteilnehmer insgesamt fundierte Aussagen zu Online-Transaktionen im Allgemeinen und dem Fulfillment im Speziellen machen können. Gleichzeitig bestätigt der hohe Anteil an erfahrenen Online-Shoppern, dass im Zuge einer Selbstselektion diejenigen Auskunftspersonen, denen ein besonderes Interesse an dem Thema der Untersuchung unterstellt werden kann, überproportional unter den Befragungsteilnehmern vertreten sind (Wildner & Conklin 2001 S. 22).

Eine Analyse der Problembereiche, die im Rahmen des Fulfillment auftreten, zeigt, dass viele Online-Shopper noch zu lange Lieferzeiten bemängeln. Weitere Probleme mit dem Fulfillment treten dagegen nur vereinzelt auf. Insgesamt erfährt die Kernleistung des Anbieters, bestehend aus der Primärleistung Produkt und der Sekundärleistung Fulfillment, eine sehr positive Beurteilung. Gleichzeitig ist diese Einschätzung unter Einbezug der Wettbewerber zu relativieren, da auch alternative Online-Anbieter ähnlich positiv beurteilt werden. Ein Verbesserungspotenzial liegt hingegen in einer über die Kernleistung hinausgehenden Serviceorientierung, worauf die zentralen Verbesserungsvorschläge in Form einer höheren Lieferzuverlässigkeit sowie einer höheren Transparenz in der Abwicklungsphase hindeuten.

Die Anforderungen der Nachfrager an Online-Transaktionen bestätigen, dass den produktbezogenen Kriterien eine höhere Bedeutung als den präsentations-, preis- und distributionspolitischen Kriterien zukommt. Dieses Ergebnis überrascht nicht, da das Produkt das zentrale Austauschobjekt darstellt. Zudem weisen die zur Beurteilung der Produktleistung herangezogenen Kriterien den Charakter von Basisanforderungen auf, deren Erfüllung als selbstverständlich vorausgesetzt wird. Den Fulfillment-Kriterien wird im Rahmen der Anforderungen insgesamt eine geringere relative Bedeutung als den produkt-, präsentations- und preispolitischen Kriterien beigemessen. Eine zusätzlich erhobene direkte Beurteilung der einzelnen Kriterien ergab, dass die Produktleistung insgesamt eine sehr hohe und die Fulfillment-Leistung eine hohe Bedeutung aufweisen.

Im Rahmen der Käuferbefragung konnten über die Produktkategorie Automobilteile hinaus auch Erkenntnisse in einer zweiten Branche, dem Online-Buchhandel, gewonnen werden. Die Unterscheidung in zwei Branchen ermöglicht einen branchenübergreifenden Vergleich der Kauferfahrungen von Online-Shoppern. Auf Basis der Regressionsanalyse wurde daher der Einfluss der Fulfillment-Leistung sowie der Wirkungsdeterminanten auf die Transaktionszufriedenheit untersucht. Vorab legte eine Reliabilitätsanalyse nahe, das Konstrukt Fulfillment-Leistung in die zwei Dimensionen „Lieferservice" und „Zahlungsabwicklung" zu unterscheiden. Auch in der Anbieterbefragung bildete das Item „Zahlungsabwicklung" keine gemeinsame Skala mit den weiteren Items der Fulfillment-Leistung. Offenbar unterscheiden sowohl Anbieter als auch Nachfrager explizit in den Waren- und Informationsfluss einerseits und den Finanzfluss andererseits. In die Regressionsanalyse und die Kausalanalyse der Käuferbefragung gehen somit fünf exogene Variablen ein. Während die Regressionsanalyse in Segment 1 (Automobilteile) vier signifikante Einflussfaktoren ausweist, lässt sich in Segment 2 (Buch- und sonstige Medienprodukte) allen fünf exogenen Variablen ein signifikanter Einfluss nachweisen. Des Weiteren wurde der Einfluss der Beschwerdezufriedenheit auf die Gerechtigkeit sowie die Transaktions- und Beziehungszufriedenheit aufgrund einer geringen Fallzahl separat mit Hilfe der Korrelationsanalyse untersucht. Die vermuteten Zusammenhänge bestätigen sich in beiden Segmenten auf einem signifikanten Niveau.

An dieser Stelle lässt sich ein Vergleich zu der Wirkungsanalyse in der Anbieterbefragung ziehen, da sich die Anbieterbefragung ebenso wie die Regressionsanalyse in Segment 1 auf die Produktkategorie Automobilteile beziehen. Die Ergebnisse zum Online-Buchhandel (Segment 2) sollen aufgrund des unterschiedlichen Branchenbezuges dagegen nicht mit den Ergebnissen der Anbieterbefragung verglichen werden. Im Gegensatz zu den Ergebnissen der Käufer- befragung geht von der Preispolitik aus Anbietersicht ein hochsignifikanter Einfluss auf die Transaktionszufriedenheit aus. Dieses Resultat lässt sich darauf zurückführen, dass die Preispolitik ein wichtiges Instrument ist, um die Kaufentscheidung der

Nachfrager positiv zu beeinflussen. Nach der Kaufentscheidung kann der Preis aber im weiteren Verlauf einer Transaktion in den Hintergrund rücken, so dass das Gesamturteil der Nachfrager durch andere Faktoren bestimmt wird. Neben der Preispolitik weisen aus Anbietersicht auch die Produkt- und die Fulfillment-Leistung einen signifikanten Einfluss auf die Transaktionszufriedenheit auf. Dieser signifikante Einfluss bestätigt sich in der Käuferbefragung auch für die Produktleistung und den Lieferservice, während die Zahlungsabwicklung nur in Segment 2 einen signifikanten Einfluss ausübt.

Aufgrund der niedrigen Fallzahl in Segment 1 erfolgt eine Auswertung mittels der Kausalanalyse nur in Segment 2, so dass sich die Überprüfung der Hypothesen auf Basis der Kausalanalyse auf den Online-Buchhandel beschränkt. Der hochsignifikante Einfluss des Lieferservice auf die Zufriedenheit bestätigt sich auch in diesem Auswertungsschritt. Weiterhin lassen sich ebenso wie bei der Regressionsanalyse auch die Produktleistung und die Shop-Gestaltung als signifikante Einflussfaktoren identifizieren. Mit dem Lieferservice und der Shop-Gestaltung beeinflussen also insbesondere diejenigen Faktoren die Zufriedenheit, die den eCommerce vom Residenzhandel unterscheiden. Eine weitere, vom Lieferservice vermutete Wirkung lässt sich dagegen nicht bestätigen, da die beiden Variablen „Lieferservice" und „wahrgenommene Entlastung gegenüber dem Einkauf im stationären Handel" weitgehend unabhängig voneinander sind. Dagegen geht von der Gestaltung des Online-Shops ein positiver Einfluss auf die wahrgenommene Entlastung aus.

Als signifikante Einflussfaktoren der wahrgenommenen Gerechtigkeit lassen sich die Shop-Gestaltung und die Preispolitik identifizieren, die beide einen starken, hochsignifikanten Einfluss aufweisen. Dagegen sind die Produkt- und die Fulfillment-Leistung weitgehend unabhängig von dem Gerechtigkeitsurteil. Der signifikante Einfluss der wahrgenommenen Gerechtigkeit auf die Zufriedenheit bestätigt sich nur in Bezug auf die Beziehungszufriedenheit, während das Gerechtigkeitsurteil nahezu unabhängig von der Transaktionszufriedenheit ist. Die bereits vielfach empirisch nachgewiesenen Wirkungszusammenhänge zwischen der Transaktions- und der Beziehungszufriedenheit sowie der Kundenloyalität lassen sich auch in dieser Studie nachweisen. Somit bestätigt sich die Wirkungskette zwischen der (Primär- und Sekundär-)Leistung des Anbieters, der Zufriedenheit und der Kundenloyalität in der Käuferbefragung ebenso wie in der Anbieterbefragung.

In *Tabelle 6-18* werden abschließend die im vorliegenden Kapitel überprüften Hypothesen sowie die Ergebnisse der empirischen Überprüfung zusammengefasst.

Tab. 6-18: Hypothesen der Käuferbefragung und deren empirischer Befund im Überblick

	Hypothese	Befund Segment 1	Befund Segment 2
H_{20A}	Je besser der Lieferservice ist, desto eher wird eine Transaktion als gerecht beurteilt.	X	nicht bestätigt [a]
H_{20B}	Je eher die Zahlungsabwicklung den Vorstellungen der Nachfrager entspricht, desto eher wird eine Transaktion als gerecht beurteilt.	X	nicht bestätigt [a]
H_{21A}	Je besser der Lieferservice ist, desto höher ist die Transaktionszufriedenheit.	bestätigt [b]	bestätigt [a]
H_{21B}	Je eher die Zahlungsabwicklung den Vorstellungen der Nachfrager entspricht, desto höher ist die Transaktionszufriedenheit.	nicht bestätigt [b]	nicht bestätigt [a]
H_{22}	Je zufriedener die Nachfrager mit der Reklamations- und Retourenabwicklung sind, desto eher wird eine Transaktion als gerecht beurteilt.	bestätigt [c]	bestätigt [c]
H_{23}	Je zufriedener die Nachfrager mit der Reklamations- und Retourenabwicklung sind, desto höher ist die Transaktionszufriedenheit.	bestätigt [c]	bestätigt [c]
H_{24}	Je zufriedener die Nachfrager mit der Reklamations- und Retourenabwicklung sind, desto höher ist die Kundenloyalität.	bestätigt [c]	bestätigt [c]
H_{25}	Je besser der Lieferservice ist, desto eher kommt es zu einer Entlastung der Nachfrager gegenüber dem Einkauf im stationären Handel.	X	nicht bestätigt [a]
H_{26}	Je höher die wahrgenommene Entlastung beim Austausch im eCommerce gegenüber dem Einkauf im stationären Handel ist, desto höher ist die Transaktionszufriedenheit.	X	nicht bestätigt [a]
H_{27}	Je gerechter eine Transaktion von den Nachfragern beurteilt wird, desto höher ist deren Zufriedenheit mit der Transaktion..	X	nicht bestätigt [a]
H_{28}	Je höher die Zufriedenheit der Nachfrager mit einer Transaktion ist, desto höher ist die Beziehungszufriedenheit.	X	bestätigt [a]
H_{29}	Je gerechter eine Transaktion von den Nachfragern beurteilt wird, desto höher ist deren Zufriedenheit mit der Geschäftsbeziehung.	X	bestätigt [a]

Tab. 6-18: Hypothesen der Käuferbefragung und deren empirischer Befund im Überblick (Fortsetzung)

	Hypothese	Befund Segment 1	Befund Segment 2
H_{30}	Je gerechter eine Transaktion von den Nachfragern beurteilt wird, desto höher ist deren Loyalität zu dem entsprechenden Anbieter.	X	bestätigt [a]
H_{31}	Je höher die Transaktionszufriedenheit ist, desto höher ist die Kundenloyalität.	X	bestätigt [a]
H_{32}	Je höher die Beziehungszufriedenheit ist, desto höher ist die Kundenloyalität.	X	bestätigt [a]
H_{34}	Je besser die wahrgenommeneProduktleistung ist, desto eher wird eine Transaktion als gerecht beurteilt.	X	nicht bestätigt [a]
H_{35}	Je besser die Gestaltung des Online-Shops ist, desto eher wird eine Transaktion als gerecht beurteilt.	X	bestätigt [a]
H_{36}	Je eher die Preispolitik den Vorstellungen der Nachfrager entspricht, desto eher wird eine Transaktion als gerecht beurteilt.	X	bestätigt [a]
H_{37}	Je besser die wahrgenommene Produktleistung ist, desto höher ist die Transaktionszufriedenheit.	bestätigt [b]	bestätigt [a]
H_{38}	Je besser die Gestaltung des Online-Shops ist, desto höher ist die Transaktionszufriedenheit.	bestätigt [b]	bestätigt [a]
H_{39}	Je eher die Preispolitik den Vorstellungen der Nachfrager entspricht, desto höher ist die Transaktionszufriedenheit.	bestätigt [b]	nicht bestätigt [a]
H_{40}	Je besser die Gestaltung des Online-Shops ist, desto eher kommt es zu einer Entlastung der Nachfrager gegenüber dem Einkauf im stationären Handel.	X	bestätigt [a]
H_{41}	Je besser die Erfahrungen mit alternativen Online-Anbietern sind, desto geringer ist die Zufriedenheit mit der Transaktion.	X	nicht bestätigt [a]
H_{42}	Je besser die Erfahrungen mit alternativen Online-Anbietern sind, desto geringer ist die Kundenloyalität.	X	nicht bestätigt [a]

X Die entsprechende Hypothese wurde in Segment 1 nicht überprüft
[a] Die (Nicht-)Bestätigung der Hypothesen basiert auf den Ergebnissen der Kausalanalyse.
[b] Die (Nicht-)Bestätigung der Hypothesen basiert auf den Ergebnissen der Regressionsanalyse.
[c] Die (Nicht-)Bestätigung der Hypothesen basiert auf den Ergebnissen der Korrelationsanalyse.

7. Implikationen für die Marketingforschung und die Unternehmenspraxis

In diesem Kapitel werden zunächst die Implikationen, die aus den Ergebnissen dieser Arbeit für die Marketingforschung folgen, aufgezeigt (Abschnitt 7.1). In einem ersten Schritt werden Rückschlüsse auf die verwendete Theorie gezogen. Dabei wird der Frage nachgegangen, ob bzw. in welchen Punkten die Ergebnisse die Theorie belegen oder gar widerlegen (Abschnitt 7.1.1). Aus den Erkenntnissen, die sich aus der empirischen Analyse der zentralen Konstrukte und ihrer Beziehungen untereinander ergeben, werden anschließend Implikationen für die Marketingforschung in der Praxis abgeleitet (Abschnitt 7.1.2). Im Vordergrund stehen dabei das Konstrukt Fulfillment und die Wirkungen bei den Nachfragern. Darauf aufbauend werden mögliche Einschränkungen, die bei der vorliegenden Untersuchung zu beachten sind, sowie Ansatzpunkte für weitere Forschungsarbeiten zum Thema Fulfillment aufgezeigt. Auf die Implikationen für die Marketingforschung folgen die Implikationen für die Unternehmenspraxis (Abschnitt 7.2). Hierbei werden aus den Ergebnissen dieser Arbeit Schlussfolgerungen für die Planung, die Umsetzung und die Kontrolle des Fulfillment gezogen und jeweils Empfehlungen ausgesprochen.

7.1 Implikationen für die Marketingforschung

7.1.1 Implikationen für die Marketingforschung in der Wissenschaft

Die Austauschtheorie lässt offen, welche konkreten Kosten- und Nutzen-Größen in die Beurteilung eines Austauschaktes oder einer Austauschbeziehung eingehen. Im Rahmen eines wirtschaftlichen Austauschs, wie ihn die vorliegende Arbeit fokussiert, ist davon auszugehen, dass das wahrgenommene Kosten-Nutzen-Verhältnis bei beiden Tauschpartnern maßgeblich durch die Ware und deren Preis bestimmt wird. Im Sinne der Austauschtheorie gilt es für einen Anbieter, nicht nur auf das eigene Kosten-Nutzen-Verhältnis abzuzielen, sondern auch ein positives Kosten-Nutzen-Verhältnis und eine daraus resultierende Zufriedenheit bei den Nachfragern zu bewirken. Die Gestaltung der Austauschrelation durch den Anbieter erfolgt unter Einsatz des Marketing-Instrumentariums. Am Beispiel von Online-Buchshops zeigt sich, dass von der Produktleistung ebenso wie von dem Lieferservice und dem Online-Shop ein signifikanter Einfluss auf die Transaktionszufriedenheit ausgeht. Diese drei Einflussfaktoren können somit im Sinne von Werterhöhungskomponenten auf die Zufriedenheit wirken. Dagegen sind die Preispolitik und die Zahlungsabwicklung aus Nachfragersicht als Minimumkomponenten, deren Erfüllung sich nicht positiv auf die

Zufriedenheit auswirkt, anzusehen. Allerdings ist zu beachten, dass das Produkt, der Lieferservice und der Online-Shop aus Nachfragersicht nicht nur Werterhöhungskomponenten, sondern auch Minimumkomponenten beinhalten. So werden bestimmte Informationen im Online-Shop vorausgesetzt (z.B. Produktabbildungen), während weitergehende Funktionen oder Informationen (Zoom-Funktion, Erfahrungsberichte anderer Käufer) werterhöhend wirken können. Diese Unterscheidung gilt auch für das Fulfillment (mögliche Werterhöhungskomponenten bzw. Added Values des Fulfillment wurden bereits ausführlich in *Abschnitt 3.3* diskutiert) und die Produktleistung. In der vorliegenden Studie wurde die Produktleistung aber nur über Items operationalisiert, die den Charakter von Minimumkomponenten haben.

Für eine auf Transaktionen im eCommerce angewandte Austauschtheorie lässt sich festhalten, dass nicht nur das primäre Austauschobjekt (das „Was" des Austauschs), sondern auch der produktbegleitende Service (das „Wie" der Leistungserfüllung) die Zufriedenheit der Nachfrager signifikant beeinflussen. Die überwiegend signifikanten Kovarianzen zwischen den exogenen Variablen, die den Marketingmix des Online-Anbieters abbilden, belegen zudem, dass der Einsatz (und auch die Wirkungen) einzelner Marketing-Instrumente nicht unabhängig vom gesamten Marketingmix zu sehen ist.

Die Vertiefung der Transaktionskosten, die Online-Anbietern in der Abwicklungs- und Anpassungsphase von Transaktionen entstehen, erfolgte vor dem Hintergrund, dass diese Kosten oft als ein zentraler Problembereich im Business-to-Consumer-eCommerce bezeichnet werden. Demzufolge wurden die einzelnen Kostenbestandteile der Abwicklungs- und Anpassungsphase genauer analysiert. Dabei zeigte sich, dass im Rahmen des Fulfillment insgesamt eher geringe Kosten verursacht werden. Die Fulfillment-Kosten lassen sich bei den Online-Anbietern der betrachteten Branche somit nicht als ein Problembereich bestätigen. Dies bestätigt auch der mangelnde Einfluss der Fulfillment-Kosten auf die betriebswirtschaftlichen Zielgrößen. Auf Basis der Transaktionskostentheorie wurden weiterhin Überlegungen zu den relevanten Determinanten der Fulfillment-Kosten angestellt. Die Ergebnisse der Hypothesenprüfung legen nahe, dass neben den Kosten für die physische Abwicklung auch die Erklärungsbedürftigkeit des Leistungsprogramms einen signifikanten Einfluss auf die Fulfillment-Kosten ausübt. Dieses Ergebnis zeigt zum einen, dass die Kosten für eine Kommunikation mit den Nachfragern nicht nur in der Anbahnungs- und Vereinbarungsphase, sondern auch in der Abwicklungs- und Anpassungsphase von

Transaktionen von Bedeutung sind. Zum anderen bestätigt das Ergebnis eine der Kernannahmen der Transaktionskostentheorie, nach der die Transaktionskosten mit der Spezifität der Leistung ansteigen. Hierbei wird die Annahme zu Grunde gelegt, dass mit der Spezifität der Leistung auch deren Erklärungsbedürftigkeit und damit auch die Transaktionskosten ansteigen. Dies gilt nicht nur für die Produkte, sondern auch für die Fulfillment-Leistung, die i.d.R. ebenfalls einen hohen Standardisierungsgrad aufweist. Im Umkehrschluss zu der bereits zuvor formulierten Annahme (Transaktionskosten steigen mit der Spezifität) besagt die Theorie auch, dass mit einem hohen Standardisierungsgrad der Leistung niedrige Transaktionskosten einhergehen. Auch diese Aussage lässt sich bestätigen, da die Fulfillment-Kosten und damit auch die Transaktionskosten in der Abwicklungs- und Anpassungsphase von den Anbietern als relativ moderat eingestuft werden.

Ebenso wie die Interaktion mit den Nachfragern wirkt sich auch die Interaktion mit den Dienstleistern kostensteigernd aus. Dieser Schluss lässt sich aus dem positiven Einfluss der Variablen „Kooperationsbereitschaft" auf die Fulfillment-Kosten ziehen. In diesem Zusammenhang lässt sich davon ausgehen, dass mit der Kooperationsbereitschaft auch der persönliche Austausch zwischen dem Auftraggeber und dem Dienstleister ansteigt. Allerdings geht von der Kooperationsbereitschaft nur ein moderater Einfluss auf die Fulfillment-Kosten aus. Langfristig ist zudem daran zu denken, dass mit der Kooperationsbereitschaft auch das Vertrauen des Auftraggebers in den Dienstleister steigt und ein Absenken der Kontroll- und Anpassungskosten bewirken kann. Eine Senkung dieser Kosten kann die höheren Informations- und Kommunikationskosten langfristig wiederum kompensieren.

Insgesamt resultieren aus der Kommunikation mit den externen Anspruchsgruppen „Nachfrager" und „Dienstleister" Transaktionskosten, die einen signifikanten Einfluss auf die Fulfillment-Kosten ausüben. Neben den Produktionskosten, die im Fall des Fulfillment insbesondere für die physische Distribution anfallen, leisten somit auch die Transaktionskosten einen nicht zu unterschätzenden Beitrag zu den gesamten Abwicklungs- und Anpassungskosten. Dieses Ergebnis entspricht wiederum dem Kerngedanken der Transaktionskostentheorie, die die Relevanz der Transaktionskosten betont.

Auf Nachfragerseite ist eine Senkung der Transaktionskosten in Form eines verminderten Aufwands gegenüber dem Einkauf im Residenzhandel zu erkennen. Hierbei ist insbesondere an eine zeitliche und physische Entlastung zu denken, während der finanzielle Aufwand im Einzelfall abzuwägen ist (Einsparung von Fahrtkosten zum stationären Geschäft gegenüber einer Liefergebühr beim Online-Kauf). Offenbar wird die Fulfillment-Leistung des Anbieters, genauer gesagt der Lieferservice, aber nicht als Entlastung wahrgenommen, da diese beiden Variablen weitgehend unabhängig voneinander sind. Hierfür können Gründe wie wenig präzise formulierte Liefertermine, ein möglicher zusätzlicher Weg zum Postamt oder eben auch ein zusätzlicher finanzieller Aufwand in Form einer Liefergebühr ausschlaggebend sein. Dagegen legt der vermutete Einfluss der Shop-Gestaltung auf die wahrgenommene Entlastung nahe, dass die Anbahnungs- und Vereinbarungsphase im eCommerce Potenzial bieten, die nachfragerseitigen Transaktionskosten gegenüber dem Einkauf im Residenzhandel zu senken.

Der auf Grundlage der Austauschtheorie formulierte Zusammenhang zwischen der wahrgenommenen Entlastung gegenüber dem Einkauf im Residenzhandel und der Transaktionszufriedenheit bestätigt sich nicht. Dies verwundert zunächst, da eine Entlastung in zeitlicher oder physischer Hinsicht einer Reduktion der Kostenelemente gleichkommt. Vor dem Hintergrund, dass die Mehrzahl der Befragungsteilnehmer bereits öfter in Online-Shops eingekauft hat, lässt sich auf Grundlage des Zwei-Komponenten-Ansatzes von Berry (1986 S. 6-8) und Brandt (1987 S. 61-65) aber argumentieren, dass eine anfänglich wahrgenommene Entlastung mit einer steigenden Anzahl an Online-Käufen nicht mehr als solche wahrgenommen wird. In diesem Fall kommt es zu einer Anpassung der Kundenerwartungen im Zeitablauf. So kann eine Entlastung, die ein Nachfrager bei erstmaliger Nutzung des eCommerce als Werterhöhungskomponente beurteilt, bei regelmäßiger Nutzung den Charakter einer Minimumkomponente annehmen.

Die hohe Relevanz der Beschwerdebearbeitung für die Gesamtbeurteilung eines zunächst als ungerecht eingestuften Austauschaktes wird auch in der vorliegenden Untersuchung deutlich. Sowohl das Gerechtigkeitsurteil als auch die Transaktionszufriedenheit werden signifikant durch die Beschwerdezufriedenheit beeinflusst. Dieses Ergebnis dient als Beleg für eine zentrale Aussage der Austauschtheorie, nach der eine Wiederherstellung der Gerechtigkeit über verhaltensaktive Maßnahmen möglich ist. Eine Beschwerde stellt eine solche verhaltensaktive Maßnahme dar. Der signifikante Zusammenhang zwischen der Beschwerdezufriedenheit und der Kundenloyalität zeigt, dass nachträglich zufrieden gestellte Kunden eine erhöhte Wiederkauf- und Weiterempfehlungsabsicht aufweisen können. Auch dieses Ergebnis bestätigt die Austauschtheorie, nach der bereits die Wiederherstellung einer vormals verletzten Gerechtigkeit eine Belohnung für den Nachfrager darstellen kann (Müller 1998 S. 250). Neben der Austauschtheorie belegen die Ergebnisse auch das Konfirmations-Diskonfirmations-Paradigma, welches ja u.a. auf austauschtheoretischen Aussagen fußt. Demzufolge kann eine erfolgreiche Beschwerdebearbeitung – trotz einer unzulänglichen „Erstleistung" – Kundenzufriedenheit bewirken und die Kundenloyalität steigern.

Der Gerechtigkeits-(Equity-)Gedanke, der das zentrale Element der Austauschtheorie bildet, wurde als eigenständige Variable im Kausalmodell der Käuferbefragung berücksichtigt. Die Ergebnisse widerlegen zunächst die Vermutung, dass die wahrgenommene Gerechtigkeit ein der Transaktionszufriedenheit vorgelagertes Konstrukt darstellt. Dagegen übt die Gerechtigkeit einen signifikanten Einfluss auf die Beziehungszufriedenheit aus. Dies lässt sich als Indiz dafür werten, dass sich das Gerechtigkeitsurteil über mehrere Einzeltransaktionen mit einem Austauschpartner herausbildet. In Anlehnung an die beiden Zufriedenheitsebenen ist daher eher von einer Beziehungs- denn von einer Transaktionsgerechtigkeit zu sprechen. Diese Langfristperspektive, auf die auch die Theorie abstellt, lässt sich in der vorliegenden Untersuchung auch damit begründen, dass ein ökonomischer Austausch betrachtet wird. In diesem Fall ist es den Nachfragern im Allgemeinen nicht möglich, den Input und den Output des Anbieters im Rahmen einer einzelnen Transaktion genau zu bestimmen. Dagegen können die Nachfrager im Verlauf einer Geschäftsbeziehung eher ein Urteil über das Input-Output-Verhältnis des Anbieters abgeben und dieses zum Vergleich mit ihrem (langfristigen) Input-Output-Verhältnis heranziehen.

Der bereits zuvor angesprochene Langfristcharakter, der sowohl für die Austausch- als auch die Transaktionskostentheorie gilt, lässt sich auf Grundlage der empirischen Ergebnisse bestätigen. So deuten die Ergebnisse der Käuferbefragung auf eine hohe Kundenloyalität hin: während ein Großteil der Befragten die Wiederkauf- und die Weiterempfehlungsabsicht als hoch einstuft, fällt die Wechselabsicht – zumindest im Segment der Online-Buchkäufer – niedrig aus. Für die Kundenloyalität ist zum einen, wie die Ergebnisse zeigen, die Kundenzufriedenheit ursächlich, sei es in Form der Transaktions- oder der Beziehungszufriedenheit. Zum anderen spielen langfristige Investitionsaspekte eine zentrale Rolle für die Loyalität und Bindung. So lassen sich durch den erneuten Kauf bei einem bereits bekannten Anbieter die Transaktionskosten auf Nachfragerseite senken. Dabei ist neben geringeren Such-, Anbahnungs- und

Abschlusskosten auch an eine Reduktion der Unsicherheit in Bezug auf die Leistungserfüllung des Anbieters zu denken. Aber auch beim Anbieter lassen sich Transaktionskosten senken, da etwa eine Erstansprache oder Bonitätsprüfung des Nachfragers entfallen können und dessen Stammdatensatz bereits in der Kunden-Datenbank hinterlegt ist. Sowohl aus Nachfrager- als auch aus Anbieterperspektive wird deutlich, dass für die Wiederholung von Transaktionen bis hin zum Eingehen einer Geschäftsbeziehung langfristige Investitionsüberlegungen ursächlich sein können. Damit lässt sich auch eine zentrale Annahme der Transaktionskostentheorie und der Austauschtheorie bestätigen.

Der bereits vielfach empirisch nachgewiesene Zusammenhang zwischen der Zufriedenheit und der Kundenloyalität bzw. -bindung lässt sich auch in der vorliegenden Studie empirisch nachweisen. Dies gilt sowohl für die Zufriedenheit mit einer Einzeltransaktion als auch für die Beziehungszufriedenheit. In der Käuferbefragung zeigt sich, dass die zuletzt getätigte Transaktion einen höheren Einfluss auf die *Loyalität* der Nachfrager ausübt als die Beziehungszufriedenheit. Dagegen wird die Kunden*bindung* gemäß der Ergebnisse der Anbieterbefragung stärker durch die Beziehungszufriedenheit beeinflusst. Daraus lässt sich schließen, dass die Kundenloyalität in einem engen Zusammenhang mit einer einzelnen Transaktion steht, während die Kundenbindung von langfristiger, transaktionsübergreifender Natur ist. Ähnlich verhält es sich mit dem Konstrukt „Kundenzufriedenheit", das in eine kurzfristige und eine langfristige Perspektive unterschieden wurde. Dabei bestätigte sich der Einfluss der Transaktionszufriedenheit auf die Beziehungszufriedenheit. Dieses Ergebnis legt nahe, dass sich die Beziehungszufriedenheit aus einer Beurteilung aller mit dem jeweiligen Austauschpartner getätigten Transaktionen zusammensetzt. Neben den Beziehungen der Wirkungsvariablen untereinander lässt sich auch der positive Einfluss der Kundenzufriedenheit und -bindung auf den Umsatz des Anbieters nachweisen. Demzufolge wird die gesamte Wirkungskette vom Einsatz des Marketing-Instrumentariums über die Wirkungen bei den Nachfragern bis hin zu einem positiven Unternehmensergebnis bestätigt. Diese grundlegenden Zusammenhänge gelten somit auch im eCommerce.

7.1.2 Implikationen für die Marketingforschung in der Praxis
Bei der Konzeptualisierung des Konstruktes Fulfillment wurde zwischen der Anbieter- und der Nachfragerperspektive unterschieden. Während die Nachfrager nur die

Fulfillment-Aktivitäten bzw. die Fulfillment-Leistung des Anbieters beurteilen können, kommt aus Anbieterperspektive die Dimension Fulfillment-Kosten hinzu. Da die Fulfillment-Leistung bereits eine Beurteilung der Fulfillment-Aktivitäten impliziert, fließen die Aktivitäten in die Dimension Fulfillment-Leistung ein. Das Item „Zahlungsabwicklung" bildet sowohl aus Anbieter- als auch aus Nachfragerperspektive keine gemeinsame Skala mit den übrigen Items der Fulfillment-Leistung. Die Fulfillment-Leistung stellt demnach ein zweifaktorielles Konstrukt mit den Faktoren „Lieferservice" und „Zahlungsabwicklung" dar. Des Weiteren ergibt die Datenauswertung, dass die Nachfrager das Item „Lieferbeschaffenheit" nicht dem Fulfillment (genauer gesagt der Variablen „Lieferservice") sondern der wahrgenommenen Produktleistung zurechnen. Daraus folgt eine Modifikation der Messmodelle bei den Variablen „Lieferservice" und „Produktleistung". In Bezug auf die Dimension Fulfillment-Leistung lässt sich somit festhalten, dass die Anbieter- und die Nachfragerperspektive unterschiedliche Operationalisierungsansätze aufweisen.

Auf eine Besonderheit im eCommerce deuten die Items der Variablen „Kundenloyalität" hin. Das Item „Wechselabsicht" lässt sich auf Grundlage der empirischen Daten nicht mit den übrigen Items zu einer Skala vereinen. Zwar ist durchaus eine Kundenloyalität im Sinne der Wiederkaufabsicht und eines positiven Word-of-Mouth vorhanden, wie die Mittelwerte dieser Items belegen. Gleichzeitig können sich die Nachfrager aber gut vorstellen, zukünftig auch bei vergleichbaren Anbietern einzukaufen. Dies lässt sich zum einen darauf zurückführen, dass unterschiedliche Online-Anbieter ohne großen Aufwand im Internet verglichen werden können. Zum anderen ist bei Online-Shoppern ein verstärktes Streben nach Abwechslung (variety seeking) zu beobachten (Donthu & Garcia 1999 S. 56), so dass trotz der Zufriedenheit mit einer Transaktion zukünftig auch alternative Anbieter in Erwägung gezogen werden. Dies bestätigen die Ergebnisse der vorliegenden Käuferbefragung. Demnach verfügt fast die Hälfte derjenigen Befragungsteilnehmer, die bereits im Online-Buchhandel eingekauft haben, über Kauferfahrungen bei alternativen Online-Anbietern dieser Branche. Bei den Online-Käufern von Automobilteilen gilt dies immerhin noch für gut ein Drittel der Befragten. Zudem lässt sich kein signifikanter Einfluss des Comparison Levels für Alternativen auf die Kundenloyalität nachweisen, so dass auch hier die Vermutung nahe liegt, dass die Loyalität gegenüber einem Anbieter insbesondere durch dessen Leistung determiniert wird.

Die Ergebnisse zu den Messmodellen deuten darauf hin, dass insbesondere das Konstrukt „wahrgenommene Gerechtigkeit" Ansatzpunkte für eine Modifikation der bestehenden Items bzw. eine Aufnahme neuer Items bietet. Nach Ausschluss eines Items geht die „wahrgenommene Gerechtigkeit" als manifeste Variable in das Kausalmodell ein. Bei weiteren empirischen Untersuchungen sollte die wahrgenommene Gerechtigkeit daher über mehrere Items erhoben werden und als latente Variable in das Kausalmodell eingehen. Neben einer am Preis-Leistungs-Verhältnis orientierten Operationalisierung, die die Ergebnisdimension des Gerechtigkeitsurteils betont (distributive justice), ist auch an die prozessorientierte und die interaktionsorientierte Dimension des Gerechtigkeitsurteils (procedural/ interactional justice) zu denken (Blodgett et al. 1997 S. 188-190). Damit wird sowohl der Prozessablauf beim Austausch als auch die zwischenmenschliche Interaktion während dieses Prozesses in die Betrachtung einbezogen.

Mit dem Vorliegen der Gerechtigkeit als manifeste Variable ist bereits eine allgemeine Einschränkung hinsichtlich der Kausalanalyse angesprochen. Die Kausalanalyse lässt zwar durchaus manifeste Variablen zu. Doch in diesem Fall lässt sich das Modell üblicherweise nur identifizieren, wenn die Residualvarianz des Items einer manifesten Variablen auf Null fixiert wird (Böing 2001 S. 104). Damit wird aber auch die unrealistische Annahme getroffen, dass das Item keine Messfehler aufweist (Hair et al. 1998 S. 599). Die Validität von Konstrukten, die durch manifeste Variablen repräsentiert werden, ist daher in Frage zu stellen. Eine zunehmende Anzahl an latenten Variablen bzw. eine zunehmende Anzahl an Items in den Messmodellen erhöht die Chance, dass sich das Modell auch ohne vorherige Festlegung dieser Residualvarianz identifizieren lässt (ebda S. 598). Daraus folgt die Empfehlung, dass bei einer zukünftigen Überprüfung des Modells die Anzahl der manifesten Variablen durch Aufnahme weiterer Items reduziert werden sollte. Eine Aufnahme weiterer Items in die Messmodelle der exogenen Variablen trägt zudem zu einer differenzierten Analyse des eingesetzten Marketing-Instrumentariums bei.

Eine grundsätzliche Einschränkung der Studienergebnisse beruht darauf, dass zum Zwecke einer besseren Vergleichbarkeit der Datensätze nur zwei Branchen betrachtet wurden. Den Ergebnissen kann somit eine hohe praktische Relevanz für die betrachteten Branchen unterstellt werden, da beide Teilstudien auf relativ homogenen Untersuchungsobjekten basieren (vgl. Böing 2001 S. 238). Von einer Übertragbarkeit der Ergebnisse auf andere Branchen bzw. den B2C-eCommerce allgemein kann jedoch nicht ausgegangen werden. Dies belegt bereits ein Vergleich der beiden betrachteten Branchen auf Basis der Regressionsanalyse. In diesem Fall weisen z.b. die exogenen Variablen „Produktleistung" und „Lieferservice" in beiden Branchen unterschiedlich hohe Regressionskoeffizienten auf. In zukünftigen Forschungsarbeiten bietet es sich daher an, auch andere Branchen hinsichtlich ihrer Fulfillment-Strukturen sowie der Bedeutung des Fulfillment im Austauschprozess zu untersuchen. Im Zusammenhang mit dem Verkauf von Automobilteilen über das Internet ist zukünftig auch an einen wachsenden Online-Verkauf von Neuwagen, die wiederum andere Anforderungen an das Fulfillment stellen als die in dieser Arbeit betrachteten Produkte (vgl. Schmidt 2003 S. 53), zu denken.

Die gewählte Vorgehensweise bei der Käuferbefragung ist mit einer Einschränkung in Bezug auf den Erhebungszeitpunkt verbunden. Für die Messung der Transaktionszufriedenheit wäre es angebracht, die Zufriedenheit bei allen Befragungsteilnehmern unmittelbar nach Beendigung der Transaktion zu erheben (Stauss 1999 S. 14). Dadurch lässt sich gewährleisten, dass die Befragungsergebnisse vergleichbar sind. Andernfalls werden von Nachfragern, deren Käufe unterschiedlich weit zurückliegen, unterschiedliche Erinnerungsleistungen verlangt (ebda S. 14). Für künftige Studien in diesem Forschungsgebiet bietet sich daher eine Befragung kurz nach der Auslieferung oder nach erfolgter Beschwerdebearbeitung an. Zusätzlich kann in diesem Fall auch der Comparison Level erhoben werden, indem die potentiellen Käufer bereits beim Betreten des Shops zu ihren Erwartungen an die Transaktion befragt werden. Dieses Vorgehen trägt der Tatsache Rechnung, dass die Erwartungskomponente sinnvollerweise vor einer konkreten Transaktion zu erheben ist (Oliver 1981 S. 39). Bei dieser Studienkonzeption ist die Erhebung aber nur im Zusammenspiel mit einem Online-Anbieter möglich. Daraus ergibt sich allerdings die Einschränkung, dass nur einer bzw. einige wenige Anbieter einbezogen werden. In diesem Fall weisen die gewonnenen Erkenntnisse einen eher unternehmens- denn branchenspezifischen Charakter auf.

In der vorliegenden Arbeit wurde der Untersuchungsgegenstand Fulfillment aus Anbieter- und Nachfragerperspektive betrachtet. Weiterhin lässt sich auch die Perspektive der Versanddienstleister einbeziehen, die im Distanzhandel und Direktvertrieb üblicherweise einzelne Funktionen im Fulfillment-Prozess übernehmen. In Anlehnung an die Anbieterbefragung können die relevanten Einflussfaktoren und Wirkungen des Fulfillment, in diesem Fall schwerpunktmäßig die Einflussfaktoren und Wirkungen der Warendistribution und –redistribution, auch aus der Perspektive der Dienstleister erhoben und mit den gewonnenen Erkenntnissen der Anbieterbefragung verglichen werden. Der Einbezug der Dienstleisterperspektive berücksichtigt, dass die Online-Anbieter zum Teil wenig Einfluss auf die ausgelagerten Bereiche haben. Eine Verbesserung der Fulfillment-Leistung und eine Senkung der Fulfillment-Kosten können daher auch beim Dienstleister ansetzen. Als theoretische Basis bietet sich in diesem Fall die Principal-Agent-Theorie an, die allgemein die Beziehung zwischen einem Auftraggeber (dem Online-Anbieter) und einem oder mehreren Auftragnehmern (der oder die Versanddienstleister) zum Gegenstand hat. Die Principal-Agent-Theorie lässt sich bei einer Erweiterung der Perspektive um externe Dienstleister auch in den bestehenden Bezugsrahmen integrieren, da sie in einem engen Zusammenhang mit der Transaktionskostentheorie steht und ebenfalls der Neuen Institutionenökonomie angehört (Ebers & Gotsch 1993 S. 193-194).

7.2 Implikationen für die Unternehmenspraxis

Die im Verlauf der Arbeit gewonnenen Erkenntnisse sollen an dieser Stelle in Empfehlungen und Verbesserungsvorschlägen für die Gestaltung des Fulfillment in der Praxis münden. Hierbei lassen sich Empfehlungen für die Planung, die Umsetzung und die Kontrolle des Fulfillment unterscheiden. Die Planung der Fulfillment-Aktivitäten sollte die Ergebnisse zu den Determinanten und Wirkungen berücksichtigen. Während die Wirkungen bereits im vorangegangenen Abschnitt aufgegriffen wurden, stehen im folgenden Abschnitt Empfehlungen zu den Determinanten im Vordergrund. Im weiteren Verlauf folgen Empfehlungen zur Umsetzung des Fulfillment unter serviceorientierten Gesichtspunkten, bevor abschließend auf die Kontrolle der Fulfillment-Aktivitäten eingegangen wird.

7.2.1 Empfehlungen für die Planung der Fulfillment-Aktivitäten

Die Mehrzahl der befragten Anbieter verfügt neben dem eCommerce über bereits etablierte Absatzkanäle. Dies trifft nicht allein auf die untersuchte Branche, sondern durchaus auch auf den gesamten Business-to-Consumer-Bereich zu (vgl. Jensen 2002 S. 46-47). Im Fall von Multi-Channel-Anbietern sollte der eCommerce nicht unabhängig neben den weiteren Kanälen stehen. Vielmehr gilt es, die einzelnen Absatzkanäle im Sinne eines Absatzkanalmix aufeinander abzustimmen und alle vorhandenen Synergiepotenziale auszuschöpfen. Hierbei ist insbesondere an eine kanalübergreifende, zentrale Warenwirtschaft zu denken, da die Bestellmengen (noch) kein eigenständiges Beschaffungs- und Lagerwesen für den Online-Kanal rechtfertigen. Aber selbst bei hohen Bestellzahlen ist eine kanalübergreifende Warenwirtschaft üblich, wie das Beispiel Otto zeigt (Witten & Karies 2003 S. 187-193). Sofern ein Anbieter bereits im traditionellen Distanzhandel oder Direktvertrieb tätig ist, sollte auch die physische Abwicklung in die bestehenden Strukturen eingebettet werden. Ebenso kann die Kommunikation mit den Nachfragern über einen Ansprechpartner oder ein Call-Center erfolgen, der bzw. das über alle Distanzgeschäfte, gleich ob über den Online-Shop oder den Printkatalog generiert, Auskunft geben kann.

Im Zuge dieser Kommunikation lassen sich zudem weitere Informationen über den Kunden, z.B. dessen bisherige Erfahrungen mit dem Fulfillment bis hin zu etwaigen Verbesserungsvorschlägen, gewinnen. In jedem Fall sollte das Telefonpersonal geschult im Umgang mit den Kunden sein und alle Fragen beantworten können. Dazu ist am Telefon-Arbeitsplatz ein Zugang zum Warenwirtschaftssystem ebenso wie zu der Kunden-Datenbank sicherstellen. Das Gespräch samt den neu gewonnenen Kunden-Informationen sollten im Anschluss wiederum in der Kunden-Datenbank festgehalten werden. In Abhängigkeit von der Anzahl der Kunden(-Transaktionen), den zur Verfügung stehenden finanziellen Mitteln und der bestehenden IT-Infrastruktur bieten sich verschiedene Umsetzungsmöglichkeiten für diese Datenbank. Neben einer für das Unternehmen maßgeschneiderten Entwicklung oder der Nutzung eines bestehenden ERP-(Enterprise Resource Planning-)Systems sind hier – gerade für klein- und mittelständische Unternehmen – auch „einfache" Lösungen wie eine Access- oder Excelbasierte Datenbank denkbar. Bereits bei der Erstellung dieser Datenbank ist darauf zu achten, dass alle möglichen Informationen in der Datenbank abgebildet werden können. Im Verlauf der geschäftlichen Beziehung zwischen dem Anbieter und dem Kunden ergibt sich mittels der Informationen in der Datenbank ein immer genaueres Kundenprofil, das als Ausgangspunkt für kundenindividuelle und segmentspezifische Auswertungen und Direktmarketing-Aktionen dient. So kann z.B. eine Einteilung in Kundensegmente nach verschiedenen Kriterien erfolgen. Neben den sozio-demographischen Kundendaten und den Kaufgewohnheiten lassen sich auch die Fulfillment-Optionen (z.B. Nutzung eines Express-Service, Wahl des Lieferortes) sowie Retourenhäufigkeit und –gründe als Kriterien für eine Segmentierung heranziehen. Die identifizierten Segmente können mittels Direktmarketing-Aktionen angesprochen und die eingehenden Kundenreaktionen wiederum in der Datenbank festgehalten werden. Direktmarketing-Aktionen mit inhaltlichem Bezug zum

Fulfillment können z.B. eine kostenlose Auslieferung, die kostenlose Nutzung eines Express-Service bei der nächsten Bestellung sowie die Vorstellung eines Geschenkservice oder eines neuen Auslieferungspartners sein.

Im Zusammenhang mit der systematischen Analyse der Kundendaten und der Planung, Durchführung und Auswertung der Direktmarketing-Aktionen lässt sich auch vom Database-Marketing sprechen. Das Database-Marketing zielt darauf ab, die Kundenkenntnis im Unternehmen zu steigern und die Kunden mittels eines kundenindividuellen Dialogs und möglichst individueller Angebote zu einer höheren Kauffrequenz (Wiederkauf, Cross-Selling) zu bewegen.

Im Folgenden stehen Empfehlungen, die sich aus der Analyse der Determinanten des Fulfillment ableiten lassen, im Mittelpunkt. Die signifikanten Determinanten der Fulfillment-Kosten und der Fulfillment-Leistung dienen Online-Anbietern als Anhaltspunkte, auf die sie besonderes Augenmerk bei der Planung ihrer Fulfillment-Aktivitäten legen sollten. Gleichzeitig können diejenigen Determinanten, denen kein signifikanter Einfluss nachgewiesen werden konnte, zu Gunsten der signifikanten Determinanten in den Hintergrund treten. Einschränkend ist an dieser Stelle anzuführen, dass die identifizierten Determinanten nicht für den eCommerce im Business-to-Consumer-Bereich allgemein gelten, da die Anbieterbefragung nur eine Branche einbezieht. Allerdings ist bei einigen Determinanten durchaus zu vermuten, dass ihnen auch in anderen Branchen eine entsprechende Bedeutung zukommt.

Die Fulfillment-Kosten wurden von den befragten Online-Anbietern als eher gering eingestuft. Dennoch gilt es gerade vor dem Hintergrund steigender Online-Bestellzahlen, die wesentlichen Einflussfaktoren zu identifizieren und deren Einfluss auf die Kosten fortlaufend zu kontrollieren. In erster Linie ist hierbei an die Kosten, die für die physische Distribution und Redistribution anfallen, zu denken. Mit der Erklärungsbedürftigkeit des Leistungsprogramms kann zudem der Beratungsbedarf der Nachfrager in allen Phasen des Kaufprozesses ansteigen und zusätzliche Transaktionskosten verursachen. Daher sollten Online-Anbieter auch den Beratungsbedarf der Nachfrager in der Abwicklungs- und Anpassungsphase bereits in die Planung ihrer Fulfillment-Aktivitäten einbeziehen. Sofern die Anzahl der Bestellungen in den Distanzkanälen kein eigenständiges Call-Center oder keine permanent erreichbare Hotline rechtfertigen, lässt sich das Aufkommen an telefonischen Anfragen mit Hilfe unterschiedlicher Maßnahmen steuern. In diesem Zusammenhang ist an die bereits angesprochene Call-Back-Funktion oder auch die Auslagerung der telefonischen Beratung an ein fremdbetriebenes Call-Center zu denken.

Unter den Einflussfaktoren der Fulfillment-Leistung ragt der Faktor „Kundenanforderungen" mit einer hohen Korrelation heraus. Wie bereits in den Ausführungen zur Marktforschung angesprochen, bildet die Kenntnis der Kundenanforderungen den Ausgangspunkt für eine serviceorientierte Gestaltung des Fulfillment. Aufbauend auf diesen Anforderungen können konkrete Maßnahmen geplant und, soweit es die Ressourcen erlauben, umgesetzt werden. Eine fortlaufende Identifikation und Umsetzung kann dazu beitragen, im Zusammenspiel mit den weiteren Marketing-Instrumenten positiv auf die Nachfrager einzuwirken und diese an das Unternehmen zu binden.

Auch von dem Faktor „Technologieorientierung" geht ein positiver Einfluss auf die Fulfillment-Leistung aus. Insgesamt zeigt sich bei den befragten Online-Anbietern aber, dass die Möglichkeiten, die die Internet-Technologie eröffnet, noch zu wenig genutzt werden. So bilden zum Beispiel innovative Kommunikationsangebote (Avatare, Internet-Telefonie oder gar eine Beratung via Webcam) bei den Befragungsteilnehmern die Ausnahme. Ein Angebot derartiger Kommunikationskanäle eröffnet daher die Chance, sich von den Wettbewerbern zu differenzieren. Allerdings ist bereits bei der Planung dieser Angebote eine Kosten-Nutzen-Rechnung zu erstellen, in die auf Kostenseite Investitions- und laufende Kosten und auf Nutzenseite insbesondere eine erhöhte Kundenkenntnis und -loyalität eingehen. Ferner können mit Hilfe des Database-Marketings bereits diejenigen Segmente bei den Bestandskunden identifiziert werden, für die eine Nutzung dieser Angebote wahrscheinlich ist. Im laufenden Betrieb eignen sich diese Kommunikationskanäle ebenso wie die Telefon-Hotline dazu, neue Informationen über die Kunden zu gewinnen und detaillierte Kundenprofile zu ermitteln.

Die digitalen Bestelldaten aus der Online-Bestellung eröffnen zudem die Möglichkeit, einzelne Prozesse in der Abwicklungsphase (z.B. die Bonitätsprüfung, Auftrags- und Warenausgangsbestätigung) zu automatisieren. Dies trägt sowohl der Kundenorientierung als auch der Kostenorientierung Rechnung, da die Automatisierung einzelner Ablaufschritte zu einer Kostensenkung führen kann (vgl. Rudolph & Löffler 2001 S. 25-26). Bisher wird diese Chance noch allzu selten genutzt, wie auch die Ergebnisse der Studie von Rudolph und Löffler (2001 S. 25-26) belegen. Schließlich eröffnen die Logfile-Daten neue Möglichkeiten, das Verhalten der Nachfrager am

Point-of-Sale zu analysieren (Silberer 1997c S. 348-349). Die mittels Auswertung der Logfile-Daten gewonnenen Informationen (z.b. aufgerufene Produkte/ Produktkategorien) können wiederum in die Kunden-Datenbank einfließen und das Profil der Nachfrager schärfen. Aus den zuvor genannten Aspekten leitet sich die Empfehlung ab, dass sich Online-Anbieter sowohl im Frontend- als auch im Backend-Bereich stärker an den Möglichkeiten der Internet-Technologie orientieren sollten. Damit lassen sich Chancen nutzen, die der eCommerce gegenüber bestehenden Absatzkanälen bietet.

Gleichzeitig sind aber auch die technologischen Entwicklungen im Bereich der Warenlogistik zu berücksichtigen. Hierbei ist zum Beispiel an die RFID-(Radio Frequency Identification-)Technologie zu denken, die eine Weiterentwicklung gegenüber der Barcode- und Scannertechnologie darstellt (Harrison & Hoek 2002 S. 248). Voraussetzung hierfür ist, dass die Produkte mit einem Datenträger, der die relevanten Produktdaten enthält, ausgestattet sind. Diese Daten können durch ein Lesegerät per Funksignal abgerufen werden (Elsaesser 2004 S. 18). RFID bietet in der Logistik die Möglichkeit, Produkte im Lager, beim Wareneingang und -ausgang oder während des Versands jederzeit schnell und berührungslos zu identifizieren und einzelnen Kunden zuzuordnen. Eine wesentliche Vereinfachung kann beispielsweise die Warenausgangskontrolle erfahren, da sich auch bei Warensendungen mit mehreren Positionen die versandfertigen Produkte problemlos identifizieren lassen.

7.2.2 Empfehlungen für eine serviceorientierte Umsetzung des Fulfillment

Bevor auf die Empfehlungen für eine serviceorientierte Umsetzung des Fulfillment eingegangen wird, soll der Blick zunächst zurück auf den Ausgangspunkt der empirischen Untersuchung, den bisherigen Forschungsstand im betrachteten Themengebiet, gehen. Den dort angeführten Studien ist gemein, dass sie die Abwicklung von Online-Bestellungen als Schwachpunkt im Business-to-Consumer-Bereich identifizieren. Die in diesen Studien ermittelten Schwachpunkte lassen sich auf vier Kernaspekte verdichten, die sich zum Teil gegenseitig bedingen: die Lieferzeit, das Beschwerdemanagement, die Fulfillment-Kosten und die Datensicherheit. Die Ergebnisse der im Rahmen dieser Arbeit durchgeführten Teilstudien bestätigen diese Schwachpunkte jedoch nicht. Lediglich die Lieferzeit, die die Liste der am häufigsten bei der Abwicklung aufgetretenen Problembereiche anführt, scheint aus Nachfragersicht noch verbesserungswürdig. Dagegen sehen die befragten Anbieter die Lieferzeit nicht als problematisch an, da sie mehrheitlich angeben, dass die

Lieferung im Regelfall innerhalb von zwei Tagen erfolgt. Ebenso stellen die Anzahl der Retouren, die bei den meisten Anbietern unter zehn Prozent liegt, sowie die Fulfillment-Kosten, die insgesamt als eher niedrig eingestuft werden, zumindest in der betrachteten Branche keine Schwachpunkte dar. Die Nachfrager äußern wiederum nur sehr vereinzelt Bedenken gegenüber der Datensicherheit. Dabei ist aber zu berücksichtigen, dass mit dem Rechnungskauf häufig eine Zahlungsmethode genutzt bzw., sofern nicht angeboten, gefordert wird, die keinen Transfer von sensiblen Daten über das Internet erfordert. Insgesamt deutet auch die hohe Anzahl an Nachfragern, die mit ihrem letzten Online-Kauf zufrieden bis sehr zufrieden waren, darauf hin, dass grundlegende Schwachstellen im eCommerce – zumindest in den betrachteten Branchen – mittlerweile behoben sind. Dass diese Befunde aber durchaus auch für andere Branchen im eCommerce gelten, bestätigt eine Studie des E-Commerce-Center Handel (Hudetz et al. 2004, zitiert nach Hudetz 2004 S. 42), die eine ähnlich hohe Globalzufriedenheit bei Online-Shoppern allgemein ermittelt.

Dennoch deuten die in der Käuferbefragung angeführten Probleme und Vorschläge darauf hin, dass durchaus noch Verbesserungspotenzial bei den Online-Anbietern vorhanden ist. So lassen sich als zentrale Kritikpunkte wenig präzise formulierte Liefertermine, eine mangelnde Transparenz der Abwicklungsphase sowie ein eingeschränktes Angebot an Zahlungsvarianten identifizieren. Diese und weitere Aspekte, in denen der Wunsch der Nachfrager nach einer stärkeren Serviceorientierung der Online-Anbieter zum Ausdruck kommt, werden im Folgenden aufgegriffen.

Konkretisierung des Liefertermins

Im Regelfall wird die bestellte Ware zwar zügig und in einwandfreiem Zustand ausgeliefert. Doch die Auslieferung ist für den Empfänger wenig planbar, da selten ein bestimmtes Zeitfenster, geschweige denn ein konkreter Liefertermin, angegeben wird. Zu diesem Ergebnis kommen auch andere Studien, die sich dem Thema Fulfillment widmen (siehe Wahby 2001 S. 2, Lasch & Lemke 2002 S. 20). Das Verbesserungspotenzial ist somit bereits identifiziert. Allerdings hakt es noch an der Umsetzung. Da der Warenversand üblicherweise durch einen Dienstleister erfolgt, ist es durchaus nachvollziehbar, dass ein Online-Anbieter zum Zeitpunkt der Online-Bestellung noch keine konkreten Liefertermine angeben kann. Bereits die Auftragsbestätigung per eMail bietet aber die Möglichkeit, den Nachfragern zumindest einen groben Termin (z.B. eine taggenaue Auskunft) zu übermitteln. Lassen sich in der Bestellbestätigung noch keine genauen Angaben machen, sollte dies spätestens zum Zeitpunkt des Warenausgangs, d.h. bei Übergabe der versandfertigen Ware an den Dienstleister, erfolgen. Eine noch konkretere Aussage zum Liefertermin lässt sich im Rahmen der Tourenplanung des Dienstleisters treffen. Sofern die Tourenplanung EDV-basiert abläuft, können die relevanten Daten automatisch an den Online-Anbieter weitergeleitet werden, so dass dieser den Empfänger kurz vor (z.b. am Vorabend) der Auslieferung per eMail über den genauen Liefertermin bzw. ein Lieferzeitfenster informieren kann.

Transparenz des Abwicklungsprozesses

Wie zuvor erläutert, können die Empfänger aktiv mit Informationen zur Abwicklung ihrer Bestellungen versorgt werden. Diese Aktivinformation lässt sich aber auch durch eine für Anbieter wie Dienstleister weniger aufwändige Passivinformation substituieren. Dabei werden den Nachfragern die entsprechenden Informationen passiv zum Abruf zur Verfügung gestellt. Dieses Vorgehen entspricht wiederum dem Prinzip eines Tracking-Systems, über das die Käufer den Bearbeitungsstatus ihrer Bestellung, den momentanen Aufenthaltsort der Ware sowie im Idealfall eben auch den genauen Liefertermin einsehen können. Die Forderung nach einem Tracking-System findet sich auch unter den Verbesserungsvorschlägen in der Käuferbefragung wieder. Das Angebot eines Tracking-Systems setzt zunächst voraus, dass jede Warenbewegung auf dem Weg vom Anbieter zum Käufer lückenlos dokumentiert wird. Dabei bietet sich der Einsatz der Scanner- oder der RFID-Technologie an, da bei diesen Verfahren die Daten bereits mit ihrer Erhebung digital vorliegen und automatisch in ein internes wie externes Tracking-System eingespeist werden können. Ein noch genaueres Tracking ist mit Hilfe von Satelliten-Navigationssystemen möglich, die den Standort eines Lieferfahrzeuges und damit auch der Warensendung prinzipiell jederzeit bestimmen können (Kolberg & Scharmacher 2001 S. 15). Letztendlich ist aber zu entscheiden, ob den Nachfragern die Tracking-Informationen, die zum Zwecke der internen Dokumentation und der Rekonstruierbarkeit kritischer Versandereignisse erhoben werden, in vollem Umfang oder selektiv zur Verfügung gestellt werden.

Der Zugang zu dem Tracking-System kann sowohl über den Online-Shop des Anbieters als auch über die Website des Dienstleisters erfolgen. Aus Anbietersicht ist die erste Alternative zu empfehlen, da die Käufer die URL und die Website des Anbieters bereits kennen und der Anbieter in diesem Fall auch in der Abwicklungsphase Präsenz zeigt. Zudem kann ein zusätzlicher Besuch des Online-

Shops durchaus auch einen weiteren Kaufakt anregen. Sofern diese Alternative angeboten wird, sollten auch die vom Dienstleister erhobenen Tracking-Daten über das eigene System verfügbar sein. UPS bietet seinen Geschäftskunden z.B. ein Tracking-Tool an, das diese in ihren Online-Shop integrieren können (Mahlke 2001 S. 275). Zudem ermöglichen die großen, weltweit tätigen KEP-Dienstleister auch regelmäßig eine Sendungsverfolgung über ihre eigene Website. Daher stellt ein anbietereigenes Tracking-System, zumindest bei den Teilnehmern der Anbieterbefragung, noch die Ausnahme dar, so dass sich hier eine Möglichkeit zur Differenzierung im Wettbewerb bietet.

Mit dem Angebot eines Tracking-Systems lässt sich die Transparenz der Bestellabwicklung, ein Aspekt, der ebenfalls im Rahmen der Verbesserungsvorschläge angesprochen wird, erhöhen. In diesem Zusammenhang ist auch an eine Webcam zu denken, die, an wettbewerbsunkritischen Stellen installiert, den Nachfragern einen Einblick in das Lager oder, sofern vorhanden, den stationären Laden gewähren kann. Ein Blick durch die Webcam verdeutlicht, dass hinter dem virtuellen Shop auch ein reales Unternehmen steht, wodurch sich ein positiver Einfluss auf das Vertrauen in den Anbieter sowie dessen Leistungsfähigkeit ergeben kann. Diese innovative, gleichsam einfach zu realisierende Option lässt sich in das Tracking-System integrieren oder kann direkt im Online-Shop zugänglich sein.

Neben einer transparenten Abwicklungsphase wird von den Nachfragern auch der Wunsch nach möglichst transparenten Konditionen geäußert. Dies trifft insbesondere auf Online-Bestellungen zu, bei denen sich der Gesamtpreis aus mehreren Komponenten zusammensetzt. Neben dem Produktpreis und der Liefergebühr ist hierbei an Zuschläge für eine Expresslieferung oder eine grenzüberschreitende Auslieferung, mögliche Zollzahlungen sowie eine Bepreisung von produktbezogenen Sekundärleistungen wie Installation und Wartung zu denken. Neben diesen kostenerhöhenden sind natürlich auch kostenmindernde Komponenten in Form von Rabatten auszuweisen, da sie einen zusätzlichen Kaufanreiz darstellen und die Nachfrager während des Bestellprozesses in ihrer Kaufentscheidung bestärken können. Diese Konditionen sollten möglichst früh im Rahmen des Online-Bestellprozesses kommuniziert und gegebenenfalls hinsichtlich ihres Betrages begründet werden. Dagegen ist lediglich ein Verweis auf die Allgemeinen Geschäftsbedingungen zu vermeiden. Da an dieser Stelle die Konditionen nur in allgemeiner Form und nicht individuell ausgewiesen werden, kann es bei den Nachfragern leicht zu einer Irritation bezüglich des Gesamtpreises kommen. Sollte die Rechnung gar unvorhergesehene Kostenbestandteile aufweisen, kann dies zu Unzufriedenheit oder gar Retouren führen.

Zahlungs- und Lieferoptionen

Die Serviceorientierung kann auch in einem differenzierten Angebot an Zahlungs- und Auslieferungsoptionen zum Ausdruck kommen. Bisher unterscheiden sich diese Optionen wenig gegenüber dem traditionellen Versandhandel, was aber nicht allein den Online-Anbietern zuzurechnen ist. Gerade für die Bezahlung im Internet hat sich trotz einer Vielfalt an innovativen, internetspezifischen Zahlungsformaten noch kein Verfahren herausgebildet, das von Anbietern wie Nachfragern gleichermaßen akzeptiert wird (vgl. Schinzer 2001 S. 402). Die Bezahlung mittels internetspezifischer Verfahren stellt bisher eher im Micropayment-Bereich, insbesondere beim Erwerb digitaler Produkte, eine gängige Alternative dar (IWW 2003 S. 8). Dagegen ist die Bedeutung von internetbasierten Verfahren beim Kauf von höherpreisigen, physischen Produkten als gering einzustufen. Da auch vorangegangene Studien bereits zu diesem Ergebnis kommen (siehe z.B. Kolberg & Scharmacher 2001 S. 131), stellt sich die Frage, ob Anbieter von höherpreisigen Produkten nicht ganz auf reine Online-Zahlungsverfahren verzichten sollten. Allerdings ist in diesem Zusammenhang auf die hohe Dynamik von internetbasierten Zahlungsverfahren zu verweisen. Innovative Varianten können zukünftig durchaus auch beim Kauf von physischen Produkten in Frage kommen. Zu denken ist hier z.B. an Giropay, bei dem der Käufer im Rahmen des Bestellprozesses von der Seite des Online-Anbieters auf die seiner Bank geleitet wird und dort durch Eingabe von Konto- und PIN-Nummer den Zahlungsbetrag überweisen kann (Weber 2006 S. 15). Dem Anbieter eröffnet dieses Verfahren die Chance, schneller und sicherer sein Geld zu erhalten. Beim Käufer können vorhandene Sicherheitsbedenken abgebaut werden, da er wie gewohnt seine eigene Bank für die Transaktion bemüht. Ob diese Zahlungsvariante aber bei den Käufern auch tatsächlich auf Akzeptanz stößt bleibt abzuwarten, da sie ihre Ware erst erhalten, nachdem sie diese bezahlt haben.

Gegenwärtig präferieren Online-Shopper bei physischen Produkten meist den Kauf auf Rechnung. Wie die Studienergebnisse zeigen, bieten aber nicht alle Unternehmen den Rechnungskauf an. Stattdessen bevorzugen viele Anbieter bei Transaktionen mit Endverbrauchern die Zahlungsverfahren Vorkasse und Nachnahme, die zwar das Risiko des Anbieters minimieren, beim Kunden aber längere Lieferzeiten oder höhere Liefergebühren bewirken können. Die Anbieter sollten deshalb in Erwägung ziehen, zumindest ihren Stammkunden bei Bedarf die Option Rechnungskauf zu gewähren. Andererseits deuten die Studienergebnisse der Käuferbefragung – ebenso wie die Ergebnisse vorangegangener Studien (siehe dazu z.B. Postbak 2004 S. 21, Brandt 2003 S. 42, IWW 2003 S. 14) – darauf hin, dass durchaus auch andere Zahlungsverfahren genutzt oder gar präferiert werden. Daher gilt es für einen Online-Anbieter, einen Mix aus unterschiedlichen Verfahren zur Verfügung zu stellen, der mit den von der Zielgruppe gewünschten Verfahren korrespondiert. Dazu ist im Rahmen der Marktforschung aber zunächst Kenntnis über die Präferenzen der Zielgruppe zu erlangen.

Gleiches gilt für das Angebot an innovativen bzw. alternativen Auslieferungsoptionen. Als marktfähige Alternative zur klassischen Hauszustellung sind bereits Pickpoints und die automatisierten Paketstationen der Deutschen Post zu werten. Diese Auslieferungsformate sprechen zwar nicht alle Online-Shopper an, in der Käuferbefragung stellen sie aber für immerhin knapp die Hälfte der Befragten eine Alternative dar. Vor dem Hintergrund, dass sich diese neuartigen Auslieferungsformate noch in der Einführungs- bzw. Wachstumsphase befinden, ist die Anzahl der (potentiellen) Nutzer bereits als beachtlich einzustufen. Sofern sich bei den Nachfragern ein Interesse erkennen lässt, ist ein Angebot dieser Alternativen durchaus in Erwägung zu ziehen. Neben einer Differenzierung im Wettbewerb kann dieses Angebot zusätzlich zu einem innovationsorientierten Image des Unternehmens beitragen.

Als Empfehlung lässt sich festhalten, dass sich Online-Anbieter über eine einwandfreie Kernleistung hinaus verstärkt an den Serviceanforderungen der Nachfrager orientieren sollten. Zudem sollte eine stärkere Serviceorientierung nicht nur das Fulfillment einbeziehen, sondern sich über den gesamten Transaktionsprozess bzw. die gesamte Kundenkontaktlinie erstrecken. Wie die bisherigen Ausführungen zeigen, müssen im eCommerce nicht alle Serviceelemente neu erfunden werden, sofern sie bereits im traditionellen Katalogversandhandel Anwendung finden. Vielmehr sind die bestehenden Kenntnisse mit den neuen internetspezifischen Möglichkeiten im Rahmen eines Servicemix abzustimmen und zu vereinen. Neben einer stärkeren Serviceorientierung lassen sich weitere praxisrelevante Empfehlungen ableiten, die im Folgenden näher behandelt werden.

Beschwerdemanagement

Trotz der vereinfachten Rückgabemöglichkeiten durch das Fernabsatzgesetz zeigt die Praxis, dass die befürchtete Retourenwelle ausgeblieben ist. Die Unternehmen können daher durchaus großzügige Rückgaberegelungen anbieten und diese kommunizieren, um den Nachfragern die Rückgabe so einfach wie möglich zu machen. Gerade im Fall von Beschwerden gilt es, bei den Betroffenen über die Beschwerdezufriedenheit nachträglich eine positive Gesamtbeurteilung der Transaktion zu bewirken, um einer Abwanderung oder einem negativen Word-of-Mouth vorzubeugen (Stauss 2000 S. 296-297). Die Ergebnisse der Käuferbefragung bestätigen die grundlegenden Zusammenhänge des Konfirmations-Diskonfirmations-Paradigmas, nach dem die Beschwerdezufriedenheit nicht nur die Zufriedenheit mit der Transaktion, sondern auch die Kundenloyalität positiv beeinflusst. Daher sollte den Betroffenen zunächst die Kontaktaufnahme mit einem zuständigen (und gleichzeitig auch entscheidungsbefugten) Mitarbeiter so einfach wie möglich gemacht werden, damit sie ihren Ärger direkt beim Anbieter und nicht vorab bei Dritten vortragen können. Die entsprechenden Kontaktinformationen, insbesondere Name, Telefonnummer und eMail-Adresse des zuständigen Mitarbeiters sowie Instruktionen im Retourenfall, sollten sowohl aus der Paketsendung hervorgehen als auch einfach im Online-Shop zugänglich sein (z.B. in Form eines Menüpunktes „Rückgabemodalitäten", der bereits auf der Einstiegsseite ausgewiesen ist und somit auch in dieser Hinsicht Transparenz schafft).

Bei der Kontaktaufnahme können sich gerade bei Multi-Channel-Anbietern Probleme ergeben, wenn Anrufe nicht immer entgegengenommen werden (können), weil das Personal anderweitig beschäftigt ist. Dies gilt für Nachfragen oder Beschwerden in der Abwicklungs- und Anpassungsphase gleichermaßen wie für einen persönlichen Beratungsbedarf in der Vorkaufphase. Um eine mangelnde telefonische Erreichbarkeit zu verhindern, könnten Unternehmen, die nicht über die entsprechenden Kapazitäten für ein eigenes Call-Center oder eine dauerhafte Besetzung einer Telefon-Hotline verfügen, bestimmte Beratungszeiten im Online-Shop ausweisen, während der ein Ansprechpartner garantiert Anrufe entgegennehmen kann. Eine bessere Planbarkeit, Verteilung und Vorbereitung der telefonischen Kommunikation ermöglicht auch die Call-Back-Funktion. Dabei äußern die Nachfrager auf der Website den Wunsch, dass sie zurückgerufen werden möchten. Idealerweise können sie auch den Zeitpunkt des Rückrufs aus einer vorgegebenen Terminliste auswählen. Termine, an denen keine personellen Kapazitäten für eine unterstützende Beratung vorhanden sind, werden in diesem Fall blockiert. Als Vorteil einer Call-Back-Funktion im Beschwerdefall ist weiterhin zu werten, dass den Betroffenen neben dem entstandenen Ärger nicht auch noch ein finanzieller Mehraufwand entsteht. Ein positiver Nebeneffekt ist zudem, dass der Kunde (s)eine Telefonnummer preisgibt und sich dadurch gegebenenfalls das Kundenprofil in der Datenbank verfeinern lässt.

Die Instruktionen zur Rücksendung der Ware sollten generell selbsterklärend und auf eine Vermeidung von Nachfragen ausgerichtet sein, sofern mit der Rückgabe keine Beschwerde verbunden ist. Auf welchem Weg der Nachfrager die Ware zurückgeben kann, hängt letztendlich von dem jeweiligen Versanddienstleister ab. Während im Fall von DHL und Hermes üblicherweise eine Postfiliale bzw. ein Paketshop aufgesucht werden muss, bieten andere Dienstleister auch einen Abholservice, der den Aufwand der Nachfrager im Retourenfall reduziert. Gerade im erstgenannten Fall sollte die Versandverpackung wiederverwendbar sein und die Sendung einen Adressaufkleber mit der Rücksendeadresse beinhalten. Zudem sollte der Warensendung ein Formular beiliegen, auf dem der Retourengrund angegeben und das der Rücksendung beigelegt werden kann. Dadurch erlangt der Anbieter Kenntnis über mögliche Schwachpunkte seiner Produkte oder seines Fulfillment und kann diesen entgegenwirken, sofern die Retouren durch sein eigenes Verschulden verursacht wurden.

Ermittlung der Kundenanforderungen

Die zuvor angeführten Serviceelemente können für die Nachfrager bzw. einzelne Nachfragersegmente einen Zusatznutzen über die eigentliche Kernleistung hinaus bedeuten. Gleichzeitig ist zu beachten, dass Value-Added-Services für den Anbieter auch Cost-Added-Services bedeuten können. Daher ist die richtige Balance zwischen Kunden- und Wettbewerbsorientierung auf der einen und Kostenorientierung auf der anderen Seite zu beachten. Ein undifferenziertes Angebot an Serviceelementen lässt sich vermeiden, indem zunächst Kenntnis über die Anforderungen und Wünsche der Zielgruppe erlangt wird. Diese Anforderungen und Wünsche lassen sich z.B. einfach über eine kurze Online-Befragung auf der Website (z.B. im Anschluss an den Bestellprozess) erheben. Auf Grundlage der Ergebnisse derartiger Befragungen und der tatsächlichen Nutzung von Serviceelementen lassen sich die Nachfrager nicht nur gemäß ihrem Kaufverhalten, sondern auch gemäß der Inanspruchnahme von Serviceleistungen in Segmente einteilen. Die Kenntnis über diese Servicesegmente eröffnet wiederum die Möglichkeit, Serviceleistungen gezielt anzubieten. Natürlich sollten die Marktforschungsaktivitäten über die Erhebung fulfillmentrelevanter Aspekte hinausgehen und Serviceelemente über den gesamten Kaufprozess hinweg einbeziehen. Darüber hinaus sollten aber auch die Wettbewerber Gegenstand der Marktforschung sein. Wie die Anbieterbefragung gezeigt hat, besteht zum Teil noch wenig Kenntnis über die Wettbewerber im eCommerce. Gerade in diesem Absatzkanal scheint eine Wettbewerbsanalyse aber relativ einfach durchführbar. Während die Online-Shops der Wettbewerber jederzeit einer Begutachtung offen stehen, kann eine Analyse des Fulfillment über Probekäufe erfolgen. Neben einer stärkeren Serviceorientierung lässt sich Online-Anbietern folglich die Empfehlung aussprechen, eine professionelle Marktforschung bezüglich der Wünsche ihrer Kunden und der Aktivitäten der Wettbewerber zu betreiben.

Die in diesem Abschnitt angeführten Empfehlungen sollen als Anhaltspunkte für eine Verbesserung bzw. Optimierung des Fulfillment in der Praxis dienen. Dabei gelten gerade die Empfehlungen zur Serviceorientierung nicht nur für Online-Anbieter in den beiden empirisch untersuchten Branchen, sondern branchenübergreifend für den eCommerce im Business-to-Consumer-Bereich. Auch wenn nicht davon auszugehen ist, dass alle Empfehlungen für jeden Online-Anbieter gleichermaßen relevant sind, können die Empfehlungen doch zu einem tieferen Verständnis vom Fulfillment als Marketing-Instrument beitragen.

7.2.3 Empfehlungen für die Kontrolle der Fulfillment-Aktivitäten

Die Ergebnisse der Anbieterbefragung legen nahe, dass die Kontrolle der eCommerce-Aktivitäten bei der Mehrzahl der Anbieter noch wenig systematisch abläuft. Darauf deutet nicht zuletzt der fehlende Einfluss der Kontrollintensität auf die Fulfillment-Leistung hin. Bei den Multi-Channel-Anbietern erfolgt die Kontrolle in der Regel nicht getrennt nach den einzelnen Absatzkanälen, sondern kanalübergreifend. Gerade bei klein- und mittelständischen Online-Anbietern, die noch ein vergleichsweise niedriges Bestellaufkommen im eCommerce aufweisen, ist eine einheitliche, kanalübergreifende Kontrolle auch gerechtfertigt. Vor dem Hintergrund, dass nahezu alle Befragungsteilnehmer einen Anstieg ihrer Online-Bestellungen und eine steigende Bedeutung ihres eCommerce-Engagements gegenüber den anderen Absatzkanälen erwarten, lässt sich aber die Empfehlung aussprechen, den eCommerce als Profit-Center zu behandeln. Dementsprechend sind die eCommerce-Aktivitäten auch einer stärkeren eigenständigen Kontrolle zu unterziehen. Dies gilt sowohl für die Kontrolle der Frontend-Aktivitäten (in Form der Site Promotion und des Online-Shops) als auch für das Fulfillment.

Gemäß der Unterscheidung zwischen Fulfillment-Kosten und Fulfillment-Leistung lässt sich auch die Kontrolle der Kosten und der Leistungen unterscheiden. Auf der Kostenseite bilden die Gesamtkosten des Fulfillment die zentrale Größe, die sich aus den Kosten für die einzelnen Teilprozesse ergeben. Unter Einsatz der Prozesskostenrechnung ist es ferner möglich, die Gemeinkosten, die entlang des Fulfillment-Prozesses anfallen, verursachungsgerecht den einzelnen Teilprozesse zuzurechnen (Schögel 2001 S. 233). Die Kostenstellen bilden somit die Kostenstellen des Fulfillment. Sowohl für die Gesamtkosten als auch die Kosten in den einzelnen Prozessschritten lassen sich im Rahmen der Planung Kostenniveaus (Budgets) definieren, die mittels eines Soll-Ist-Vergleiches auf Über- oder Unterschreitung analysiert werden können. Je nach Größe des Unternehmens können die Kosten, die auf die einzelnen Prozessschritte verteilt werden, noch detaillierter analysiert und weitere Bereichskennzahlen gebildet werden.

Die Kontrolle der Fulfillment-Leistung, genauer gesagt der physischen Distribution, kann anhand des Lieferservicegrades erfolgen. Dieser greift die bereits eingangs der Arbeit formulierte Zielvorgabe (Auslieferung der richtigen Ware in einwandfreiem Zustand, zur vereinbarten Zeit und am vereinbarten Ort, siehe *Abschnitt 1.1*) auf. Für die einzelnen Komponenten Lieferbeschaffenheit (gemäß Zustand, Art und Menge der Ware), Lieferzeit und Lieferzuverlässigkeit lässt sich jeweils ermitteln, ob sie für einen Auftrag erfüllt sind oder nicht (Weber 1993 S. 242). Bei Überschreitung der vereinbarten Lieferdauer kann die Kennzahl „Lieferzeit" zusätzlich mit dem Grad der Verspätung gewichtet werden (ebda S. 242). Der Erfüllungsgrad der einzelnen Komponenten lässt sich kumuliert über alle Aufträge einer Periode berechnen und anhand einer Sollvorgabe auf Abweichungen überprüfen. Aus den einzelnen Komponenten und deren Erfüllungsgrad kann schließlich das gesamte Lieferserviceniveau einer Periode ermittelt werden. Neben den Kenngrößen der physischen Distribution lassen sich auch für die Redistribution bzw. das Beschwerdemanagement, für die Zahlungsabwicklung und für mögliche Serviceleistungen in der Nachkaufphase verschiedene Kenngrößen definieren und mittels eines Soll-Ist-Vergleiches überprüfen. Ebenso wie die Kenngrößen auf der Kostenseite sollten auch die Kenngrößen, die die Fulfillment-Leistung beschreiben, aufeinander abgestimmt werden. Als Folge können sich zwei Kennzahlensysteme mit den Spitzenkennzahlen „Fulfillment-Kosten" und „Fulfillment-Leistung" ergeben.

Anhaltspunkte für eine Optimierung der Fulfillment-Konditionen kann eine Warenkorbanalyse, genauer gesagt eine Analyse der gefüllt zurückgelassenen Warenkörbe, liefern. So lässt sich von derjenigen Seite des Online-Angebotes, die zum Abbruch des Kaufvorganges bzw. zum Verlassen des Online-Shops geführt hat, schließen, ob dieser Abbruch etwa auf die Liefergebühr, das Angebot an Zahlungsvarianten oder sonstige Fulfillment-Optionen zurückzuführen ist. Sofern sich einzelne kritische Elemente identifizieren lassen, können diese entsprechend modifiziert und die Maßnahmen durch eine erneute Warenkorbanalyse überprüft werden. Damit erfolgt nicht nur eine kostenorientierte, sondern auch eine kundenorientierte Festlegung bzw. Modifikation der Liefergebühr. Als dritter Maßstab für die Höhe der Liefergebühr und die Wahl eines Liefergebührenmodells sollte zudem die Liefergebühr der Wettbewerber berücksichtigt werden.

8. Zusammenfassung und Ausblick

Das vorliegende Kapitel liefert zunächst einen Rückblick auf die Arbeit und greift deren zentrale Erkenntnisse auf. Dabei stehen die Antworten auf die eingangs der Arbeit formulierten Forschungsfragen (siehe *Abschnitt 1.1*) im Mittelpunkt. Darauf aufbauend beschließt die Arbeit mit einem kurzen Ausblick auf die zukünftige Entwicklung des Fulfillment.

Zusammenfassung

Zunächst galt es, die verschiedenen Facetten des Begriffes Fulfillment zu beleuchten und ein einheitliches Begriffsverständnis herzuleiten. Dabei wurden mit dem Auftragsmanagement, der Kommissionierung, der Verpackung, dem Versand und der Zahlungsabwicklung die charakteristischen Funktionen des Fulfillment, die für jeden Auftrag physischer Natur anfallen, identifiziert und erläutert. Sofern eine Online-Bestellung mit der Erfüllung dieser Funktionen noch nicht abgeschlossen ist, lassen sich dem Fulfillment mit dem Beschwerdemanagement, dem Retourenmanagement sowie einem auftragsbezogenen Nachkauf-Service weitere Funktionen zuordnen. Neben der Identifikation einzelner Funktionen zeigt eine funktionsübergreifende Betrachtung, dass dem Fulfillment der Systemgedanke immanent ist, man mithin auch von einem Fulfillment-System innerhalb des Gesamtsystems Unternehmen sprechen kann. Dieser Idee folgend wurde anschließend aufgezeigt, inwieweit sich unterschiedliche Strategierichtungen im Unternehmen auf das Fulfillment auswirken können. Diese strategischen Varianten beeinflussen nicht zuletzt die organisatorische Gestaltung des Fulfillment, die in die grundsätzlichen Varianten Eigen- sowie Fremderstellung unterschieden wurde. In diesem Zusammenhang lässt sich festhalten, dass der Warentransfer vom Anbieter zum Nachfrager üblicherweise Gegenstand der Auslagerungsentscheidung im Distanzhandel ist, aber auch die weiteren Funktionen des Fulfillment von spezialisierten Dienstleistern übernommen werden können. Da die bisherigen Ausführungen die Unterschiede zwischen dem Fulfillment im eCommerce und im traditionellen Versand lediglich angerissen haben, wurden schließlich die zentralen Unterscheidungsmerkmale in einem eigenen Abschnitt herausgearbeitet. Dabei zeigte sich, dass insbesondere der Informationsstrom in der Abwicklungsphase eine Änderung gegenüber dem traditionellen Distanzhandel erfahren kann, während der physische Warenstrom nahezu identisch verläuft.

Aufbauend auf den primär aus Anbieterperspektive erarbeiteten Grundlagen galt es im folgenden Kapitel, das Fulfillment in den Austauschprozess zwischen einem Online-

Anbieter und einem Online-Nachfrager einzuordnen. Dabei entspricht das Fulfillment der Abwicklungs- und Anpassungsphase und schließt bestimmte Elemente der Nachkaufphase ein. Somit stellt es die abschließende Phase in einem Austauschprozess dar und trägt maßgeblich zu der Gestaltung der Austauschrelation sowie den Wirkungen, die der Austausch bei den Nachfragern entfaltet, bei. Vor diesem Hintergrund wurde das Fulfillment in das Marketing-Instrumentarium eines Online-Anbieters eingeordnet. Neben der eindeutigen Einordnung in die Distributionspolitik weist das Fulfillment auch einen starken Bezug zu der Servicepolitik auf. Als Sekundärleistung, die unmittelbar an eine Primärleistung gebunden ist, steht es darüber hinaus in einem engen Zusammenhang mit der Produktpolitik. Ausgehend von der Einordnung in den Austauschprozess und in das Marketing-Instrumentarium wurde untersucht, inwieweit das Fulfillment einen positiven Einfluss auf die Nachfrager ausüben kann. Dabei ließen sich zahlreiche Ansatzpunkte für eine kundenorientierte Gestaltung des Fulfillment identifizieren. Ferner ergab sich aus den Überlegungen eine Kundenkontaktlinie, die die einzelnen Kontaktpunkte zwischen Anbieter und Nachfrager entlang des Austauschprozesses im eCommerce aufzeigt.

Die im bisherigen Verlauf der Arbeit gewonnenen Erkenntnisse wurden in einem nächsten Schritt um Erkenntnisse aus vorangegangenen, empirischen Fulfillment-Studien erweitert. Diese Studien lassen sich gemäß ihrer Forschungsmethodik in die Kategorien Anbieterbefragungen, Käuferbefragungen und Testkäufe gliedern. Eine zentrale Erkenntnis der Bestandsaufnahme war, dass einem Großteil dieser Studien kein theoretischer Bezugsrahmen zu Grunde liegt bzw. theoretische Bezugspunkte sich bestenfalls erahnen lassen. Für die Erarbeitung eines theoretischen Bezugsrahmens zum Fulfillment waren die bisherigen Studien somit wenig hilfreich. Daher wurde im Folgenden ein eigenständiger theoretischer Bezugsrahmen erarbeitet, der auf dem Kapazitäts- und dem Gratifikationsprinzip aufbaut und die Austauschtheorie als zentrales Element beinhaltet. Mit der Transaktionskostentheorie enthält der Bezugsrahmen eine weitere Theorie, die die Fulfillment-Kosten bzw. die mit dem gesamten Austauschprozess verbundenen Kosten betont. Da das Fulfillment aufgrund seines Charakters als Sekundärleistung nicht unabhängig von der Primärleistung sowie der Preis- und Präsentationspolitik analysiert werden sollte, bilden die angeführten Theorien einen Bezugsrahmen für den gesamten Austauschprozess. Die durch die Theorien definierten Kosten- und Nutzenelemente wurden anschließend auf den Austausch im eCommerce bezogen und aus Anbieter- und Nachfragerperspektive analysiert. Im Rahmen dieses Vorgehens ließen sich auch die relevanten Kosten- und Nutzenelemente, die einen direkten Bezug zum Fulfillment aufweisen, identifizieren und gegenüber den anderen Austauschphasen abgrenzen. Auf Basis des theoretischen Bezugsrahmens wurden in einem nächsten Schritt Hypothesen zum Zusammenhang der beiden Fulfillment-Variablen, zu den Determinanten des Fulfillment, zu Wirkungen des Fulfillment und deren Beziehungen untereinander sowie zu den Wirkungsdeterminanten hergeleitet.

Ziel der empirischen Analyse dieser Arbeit war es, den Entwicklungsstand des Fulfillment im eCommerce sowohl aus Anbieter- als auch aus Nachfragerperspektive zu erfassen und die zuvor aufgestellten Hypothesen einer empirischen Überprüfung zu unterziehen. Der erste Schritt des empirischen Vorgehens bestand aus einer Befragung von Online-Anbietern, die Automobilteile in einem eigenen Online-Shop anbieten. Bei den Befragungsteilnehmern dominieren wie in der gesamten Branche die Multi-Channel-Anbieter gegenüber den reinen Online-Anbietern. Der eCommerce stellt in diesem Fall einen zusätzlichen Absatzkanal zu den bereits bestehenden traditionellen Kanälen dar. Daher verwundert es nicht, dass bei der Mehrzahl der befragten Anbieter das Kerngeschäft (noch) nicht über den Online-Shop abgewickelt wird. Vielmehr befindet sich der eCommerce bei vielen Anbietern noch in der Aufbau- bzw. Wachstumsphase. Den Anbietern ist aber gemein, dass sie zukünftig einen Anstieg der relativen Bedeutung des eCommerce gegenüber ihren weiteren Absatzkanälen prognostizieren. Die Abwicklung der Online-Bestellungen stellt, entgegen der regelmäßig in der Literatur und in Studien zum eCommerce vertretenen Auffassung, nicht länger einen zentralen Problembereich bei den Online-Anbietern dar. Dies äußert sich insbesondere in der vorwiegend positiven Einschätzung der eigenen Fulfillment-Leistung sowie einem geringen Verbesserungsbedarf. Ebenso wurden die Fulfillment-Kosten als eher niedrig eingestuft, was nicht zuletzt auf die durchweg niedrigen Retourenquoten zurückzuführen ist. Gleichzeitig konnte aber festgestellt werden, dass eine über die Kernleistung der unbeschadeten, termingerechten Warenauslieferung hinausgehende Serviceorientierung im Rahmen der Fulfillment-Aktivitäten noch wenig ausgeprägt ist.

Der Schwerpunkt der Anbieterbefragung lag auf der empirischen Überprüfung der Hypothesen zu den Determinanten des Fulfillment sowie dessen Wirkungen im Unternehmen. Die Überprüfung der Hypothesen erfolgte auf Basis der Korrelationsanalyse. Dabei konnten mit der Erklärungsbedürftigkeit des

Leistungsprogramms und der Marktausdehnung zwei Determinanten identifiziert werden, die einen signifikanten Einfluss auf die Fulfillment-Kosten ausüben. Als eine dritte Determinante ist die Fulfillment-Leistung anzusehen, die die Fulfillment-Kosten ebenfalls signifikant beeinflusst. Bei den Determinanten der Fulfillment-Leistung konnten mit der Logistikkompetenz, der Technologieorientierung, den Kundenanforderungen und der Qualifikation der Dienstleister vier Faktoren ein signifikanter Einfluss nachgewiesen werden. Auf der Wirkungsseite ließ sich der erwartete Einfluss der Fulfillment-Kosten auf die zentralen betriebswirtschaftlichen Zielgrößen Gewinn und Rentabilität nicht nachweisen. Dagegen üben die produktbezogenen Kosten (Herstellungs- oder Wareneinstandskosten) einen signifikant negativen Einfluss auf die zentralen Zielgrößen aus. Somit wird auch bei einer Betrachtung der Kostenseite ein Unterschied zwischen der Primär- und der Sekundärleistung deutlich. Ferner erfolgte eine Überprüfung der Hypothesen zu den Wirkungen bei den Nachfragern sowie den Wirkungsdeterminanten. Hierbei ließ sich die Wirkungskette von der (Primär- und Sekundär-)Leistung des Anbieters auf die Kundenzufriedenheit, die Kundenbindung und schließlich den Unternehmensumsatz bestätigen. Hinsichtlich der Wirkungen und der Wirkungsdeterminanten auf Nachfragerseite ist aber zu erwarten, dass eine Beurteilung durch die Nachfrager validere Ergebnisse als eine Beurteilung durch die Anbieter liefert. Daher wurden die entsprechenden Hypothesen (sowie weitere, für die Anbieterbefragung nicht relevante Hypothesen) zusätzlich im Rahmen einer Befragung von Online-Käufern überprüft.

Neben der Hypothesenprüfung bestand die allgemeine Zielsetzung der Käuferbefragung darin, die Anforderungen an den eCommerce sowie konkrete Kauferfahrungen aus Nachfragerperspektive zu erheben. Die Datenerhebung erfolgte über einen Online-Fragebogen. Dabei zeigte sich, dass die Befragung insbesondere erfahrene Online-Shopper ansprach, die bereits öfter online eingekauft haben und mehrheitlich über Erfahrungen mit dem Einkauf in verschiedenen Online-Shops verfügen. Hinsichtlich der Anforderungen an das Online-Shopping weisen die produktbezogenen Kriterien und die Kriterien der Shop-Gestaltung die höchste Bedeutung für die Nachfrager auf, gefolgt von den preis- und distributionspolitischen Kriterien. Die produktbezogenen Kriterien stellen Minimumkomponenten dar, deren Erfüllung als selbstverständlich angesehen wird und keinen entscheidenden Einfluss auf das Zufriedenheitsurteil hat. Dies bestätigt die Überprüfung der Hypothesen auf Basis der Kausalanalyse. Die Produktleistung übt im Vergleich zum Lieferservice und der Präsentation im Online-Shop einen geringeren, wenngleich ebenfalls signifikanten

Einfluss auf die Transaktionszufriedenheit aus. Die beiden zuletzt genannten Faktoren wirken demnach in Form von Werterhöhungskomponenten auf das Zufriedenheitsurteil.

Aus Gründen der Vergleichbarkeit wurden die Fragen zu den Kauferfahrungen im eCommerce auf zwei Branchen beschränkt. Zur Auswahl standen entweder Online-Anbieter von Automobilteilen oder Online-Anbieter von Buch- und sonstigen Medienprodukten. Dieser Einteilung folgend wurden die beiden Branchen im nächsten Auswertungsschritt verglichen. Hierbei war von besonderem Interesse, inwieweit die Fulfillment-Leistung im Vergleich zu den weiteren Einflussfaktoren die Gesamtbeurteilung einer Online-Transaktion beeinflusst. Eine Reliabilitätsanalyse ergab, dass die Fulfillment-Leistung aus Nachfragersicht ein zweidimensionales Konstrukt, bestehend aus den Faktoren Lieferservice und Zahlungsabwicklung, darstellt. Auf Basis der Regressionsanalyse wurde anschließend ein Vergleich der beiden Branchen anhand der Einflussfaktoren der Transaktionszufriedenheit durchgeführt. Bei den Online-Anbietern von Automobilteilen geht ein signifikanter Einfluss von der Produktleistung und dem Lieferservice aus, während im Online-Buchhandel neben der Produktleistung und dem Lieferservice auch der Präsentation im Online-Shop und der Zahlungsabwicklung ein signifikanter Einfluss nachgewiesen werden konnte. Darauf aufbauend wurden die Hypothesen zu den nachfragerseitigen Wirkungen der Fulfillment-Leistung samt den Wirkungsdeterminanten auf Basis der Kausalanalyse überprüft. Diese Auswertung beschränkte sich auf das Segment Online-Buchhandel, da nur hier eine entsprechende Fallzahl vorlag. Der signifikante Einfluss der Faktoren Lieferservice, Präsentation im Online-Shop und Produktleistung auf die Transaktionszufriedenheit wurde in diesem Auswertungsschritt bestätigt. Ebenso ließ sich auch die Wirkungskette zwischen der wahrgenommenen Leistung des Anbieters, der Zufriedenheit und der Kundenloyalität auf einem signifikanten Niveau bestätigen.

Basierend auf den im Verlauf der Arbeit gewonnenen Erkenntnissen wurden schließlich Implikationen für die Theorie und die Praxis formuliert. Im Mittelpunkt der theoretischen Implikationen stand zunächst die Bestätigung bzw. Nicht-Bestätigung der zentralen theoriegeleiteten Hypothesen. Die Hypothesenprüfung deutet darauf hin, dass sich der theoretische Bezugsrahmen zur Analyse des Austauschprozesses zwischen einem Anbieter und einem Nachfrager im eCommerce eignet. Die Analyse der Fulfillment-Determinanten sollte dagegen eine weitergehende theoretische Fundierung erfahren. Darauf aufbauend lassen sich wiederum weitere relevante

Determinanten identifizieren. Die Empfehlungen für die Online-Anbieter zielen in erster Linie auf einen stärkeren Einbezug der Kundenwünsche und einer daraus resultierenden Gestaltung des Fulfillment als Serviceinstrument. Konkret werden Vorschläge für die Lieferzuverlässigkeit, die Transparenz der Abwicklungsphase, das Beschwerdemanagement, die Liefer- und Zahlungsformate, die Kontrolle der Fulfillment-Aktivitäten sowie eine Multi-Channel-Politik formuliert. Weiterhin werden aus den Ergebnissen der Determinanten- und Wirkungsanalyse praxisrelevante Rückschlüsse für die Gestaltung des Fulfillment gezogen. Diese Empfehlungen können einen Beitrag dazu leisten, dass die Anbieter die beabsichtigten Wirkungen im Unternehmen und bei den Nachfragern erreichen.

Ausblick

Mit dem Fulfillment steht eine Sekundärleistung bzw. ein Bündel aus einzelnen Sekundärleistungen im Mittelpunkt dieser Arbeit. Eine kundenorientierte Gestaltung dieser Sekundärleistung wird im Wettbewerb zwischen alternativen Online-Anbietern weiter an Bedeutung gewinnen. Dabei sind insbesondere diejenigen Anbieter im Vorteil, die die Anforderungen ihrer Kunden kennen und entsprechend darauf reagieren. Ansatzpunkte für diese Anforderungen liefern bereits allgemeine Trends im Käuferverhalten, die auch bei der Gestaltung des Fulfillment Berücksichtigung finden können. Zu denken ist in diesem Zusammenhang an die zunehmende Convenience-Orientierung der Nachfrager oder den Trend zu einer sogenannten Multioptionsgesellschaft. Gleichzeitig können Innovationen im Rahmen des Fulfillment zu verhaltensrelevanten Änderungen bei den Nachfragern führen. So kann ein verstärktes Angebot an Übergabepunkten und deren Nutzung durch die Nachfrager eine Art „Abholkultur" bei Distanzgeschäften im Business-to-Consumer-Bereich bewirken. Auch wenn diese Lieferoptionen zukünftig stärker in den Blickpunkt rücken werden, lässt sich doch weiterhin eine Dominanz der traditionellen Hauszustellung prognostizieren, da alternative Auslieferungsformate, ebenso wie internetspezifische Zahlungsformate, nur einen Teil der Nachfrager ansprechen. Die Warenauslieferung wird weiterhin im Fokus der Auslagerungsentscheidung von Fulfillment-Funktionen stehen. Gerade für Anbieter, die keine Erfahrungen mit dem Distanzhandel aufweisen, bietet sich auch eine komplette Auslagerung des Fulfillment an spezialisierte Dienstleister an.

Ein Outsourcing von Fulfillment-Funktionen stellt gerade dann eine Alternative dar, wenn ein Online-Shop auch einen internationalen Kundenkreis anspricht. Wie nicht zuletzt die empirischen Ergebnisse dieser Arbeit zeigen, verfolgen aktuell erst wenige Online-Anbieter eine ernsthafte internationale Ausrichtung ihres Internet-Geschäfts. Dabei bietet gerade das Internet und ein auf dem heimischen Markt erprobter und etablierter Online-Shop die Chance, ausländische Märkte vergleichsweise kostengünstig zu erschließen. Voraussetzung für die Erschließung anderer Ländermärkte bilden, neben der Erfüllung sprachlicher und rechtlicher Rahmenbedingungen, vor allem funktionierende Distributionsstrukturen, die eine reibungslose und schnelle Auftragsabwicklung über die Ländergrenzen hinweg gewährleisten. Mittels international agierender Logistik-Dienstleister, die den Warenversand im Inland wie im Ausland „aus einer Hand" anbieten, stellt heutzutage aber auch der länderübergreifende Warentransport nicht länger eine Hürde für eine internationale Geschäftstätigkeit dar. Künftig ist somit eine noch stärkere Internationalisierung von Online-Shops zu erwarten, da sich sowohl Frontend- als auch Backend-Aktivitäten vergleichsweise einfach an die internationalen Erfordernisse anpassen lassen.

Auch zukünftig werden sich technologische Entwicklungen auf das Fulfillment auswirken. Bezogen auf das physische Handling der Ware kann der Einsatz moderner Technologien eine Effizienzsteigerung im Lager, bei der Kommissionierung, der Verpackung oder beim Warentransport bewirken. Neben diesem, auf eine Automatisierung des physischen Warenstroms ausgerichteten Technikeinsatz lassen auch künftige informations- und kommunikationstechnologische Entwicklungen, insbesondere im Bereich der Internet-Technologie, Auswirkungen auf das Fulfillment erwarten. Diese neuen bzw. weiterentwickelten Technologien können zu einer Effizienzsteigerung der unternehmensinternen und -übergreifenden Informationsverarbeitung führen. Des Weiteren ist an eine Verbesserung der unternehmensinternen und -übergreifenden Kommunikation, so z.B. mit den Nachfragern oder den Dienstleistern, zu denken. Dabei ist zu beachten, dass sich nicht jede dieser technologischen Neuerungen auch für jeden Online-Anbieter eignet. Vielmehr ist zu entscheiden, ob die Anzahl der Online-Bestellungen die Investitionen für eine neue Technologie rechtfertigt. So macht eine Automatisierung der physischen Abwicklungsprozesse nur bei einem sehr hohen Bestellaufkommen, über das nur wenige Distanzhändler verfügen, Sinn.

Der Blick muss aber nicht in die Zukunft schweifen, da die vorhandenen Möglichkeiten noch zu wenig dazu genutzt werden, um die eCommerce-Aktivitäten auf das Medium Internet abzustimmen. Dabei bietet das Internet auch Anbietern mit vergleichsweise niedrigen Bestellaufkommen die Möglichkeit, zusätzliche internetbasierte Serviceleistungen anzubieten, die geringe Implementierungskosten erfordern, für die Nachfrager aber durchaus einen Mehrwert bedeuten können. Eine konsequente Nutzung der informations- und kommunikationstechnologischen Möglichkeiten in allen Phasen des Transaktionsprozesses trägt schließlich auch dazu bei, das Internet künftig noch stärker als eigenen Absatzkanal zu etablieren.

Letztendlich ist das Fulfillment nicht nur als eine Erfüllung der vertraglichen Pflichten seitens des Anbieters anzusehen, sondern sollte darüber hinaus auch zu einer Erfüllung der Umsatz- und Kostenziele des Unternehmens beitragen. Dabei darf auch in Zukunft nicht vernachlässigt werden, dass das Fulfillment in das Marketing-Instrumentarium eines Online-Anbieters eingebettet ist und nicht alleine für die zentralen Wirkungen bei den Nachfragern und im Unternehmen verantwortlich zeichnet.

Literaturverzeichnis

Accenture (2002). 2001 Holiday Season eFulfillment Study. Final Report January 2002, Accenture

Adams, J. S. (1963). Toward an Understanding in Inequity, in: Journal of Abnormal Social Psychology, 68. Jg. (1963), No. 5, pp. 422-436

Adams, J. S. (1965). Inequity in Social Exchange, in: L. Berkowitz (Ed.). Advances in Experimental Social Psychology, Vol. 2, New York: Academic Press, pp. 267-299

ADM (Arbeitskreis Deutscher Markt- und Sozialforschungsinstitute e.V.) (2001). Standards zur Qualitätssicherung für Online-Befragungen, URL: http://www.bvm.org/user/dokumente/kodex-Q02D.pdf (Abruf: 24.03.2004), 10 Seiten

Ahlert, D., Evanschitzky, H. & Hesse, J. (2001). E-Commerce zwischen Anspruch und Wirklichkeit, Frankfurt a.M.: Deutscher Fachverlag/CYbiz

Albers, S. & Peters, K. (1997). Die Wertschöpfungskette des Handels im Zeitalter des Electronic Commerce, in: Marketing ZFP, 19. Jg. (1997), Heft 2, S. 69-80

Albers, S. & Peters, K. (2000). Wertschöpfungsstrukturen und Electronic Commerce - die Wertschöpfungskette des Handels im Zeichen des Internet, in: C. Wamser (Hg.). Electronic Commerce. Grundlagen und Perspektiven, München: Vahlen, S. 185-196

Albers, S. & Skiera, B. (1999). Regressionsanalyse, in: A. Herrmann & C. Homburg (Hg.). Marktforschung: Methoden, Anwendungen, Praxisbeispiele, Wiesbaden: Gabler, S. 203-236

Alt, R. (1997). Interorganisationssysteme in der Logistik: Interaktionsorientierte Gestaltung von Koordinationsinstrumenten, Wiesbaden: DUV

Alt, R. & Schmid, B. (2000). Logistik und Electronic Commerce – Perspektiven durch zwei sich wechselseitig ergänzende Konzepte, in: Zeitschrift für Betriebswirtschaft, 70. Jg. (2000), Heft 1, S. 75-99

Anderson, R. E. (1973). Consumer Dissatisfaction: The Effect of Disconfirmed Expectancy on Perceived Product Performance, in: Journal of Marketing Research, Vol. 10 (1973), No. 2, pp. 30-44

Arbuckle, J. L. & Wothke, W. (1999). Amos 4.0 User's Guide, Chicago: SmallWaters Corp.

Arminger, G & Müller, F. (1990). Lineare Modelle zur Analyse von Paneldaten, Opladen: Westdeutscher Verlag

Austin, W. & Walster, E. (1975). Equity with the World: The transactional Effects of Equity and Inequity, in: Sociometry, Vol. 38 (1975), No. 4, pp. 474-496

Bachem, C. (2000). Erfolgskontrolle im E-Commerce, in: Thexis, 17. Jg. (2000), Heft 3, S. 58-61

Bachem, C., Stein, I. & Rieke, H.-J. (1999). Erfolgsfaktoren von Internet-Sites, in: absatzwirtschaft, 42. Jg. (1999), Heft 12, S. 60-66

Backhaus, K., Erichson, B., Plinke, W. & Weiber, R. (2003). Multivariate Analysemethoden. Eine anwendungsorientierte Einführung, 10. Aufl., Berlin, Heidelberg, New York: Springer

Bagozzi, R. P. (1980). Performance and satisfaction in an industrial sales force: An examination of their antecedents and simultaniety, in: Journal of Marketing, Vol. 44 (1980), No. 2, pp. 65-77

Bagozzi, R. P. (1986). Principles of Marketing Management, Chicago: Science Research Associates

Bagozzi, R. P. & Baumgartner, H. (1994). The Evaluation of Structural Equation Models and Hypothesis Testing, in: R. P. Bagozzi (Hg.). Principles in Marketing Research, Cambridge: Blackwell Business

Bagozzi, R. P. & Phillips, L. (1982). Representing and Testing Organizational Theories: A Holistic Construal, in: Administrative Science Quarterly, Vol. 27 (1982), No. 3, pp. 459-489

Bagozzi, R. P. & Yi, Y. (1988). On the evaluation of Structural Equation Models, in: Journal of the Academy of Marketing Science, Vol. 16 (1998), No. 1, pp. 74-94

Bailom, F., Hinterhuber, H., Matzler, K. & Sauerwein, E. (1996). Das Kano-Modell der Kundenzufriedenheit, in: Marketing ZFP, 18. Jg. (1996), Heft 2, S. 117-126

Balderjahn, I. (1988). Die Kreuzvalidierung von Kausalmodellen, in: Marketing ZFP, 10. Jg. (1988), Heft 1, S. 61-73

Barth, K., Hartmann, M. & Schröder, H. (2002). Betriebswirtschaftslehre des Handels, 5. Aufl., Wiesbaden: Gabler

Bauer, H. H., Huber, F. & Wölfler, H. (2000). Zufriedenheitsdynamik und Kundenbindung in Kfz-Kundendienstleistungsprozessen, wissenschaftliches Arbeitspapier Nr. W33, hrsg. von Prof. Dr. H. H. Bauer, Universität Mannheim: Institut für Marktorientierte Unternehmensführung

Bauer, R. A. (1967). Consumer Behavior as Risk Taking, in: D. F. Cox (Ed.). Risk Taking and Information Handling in Consumer Behavior, Boston, pp. 23-33

Baumgarten, H. & Walter, S. (2000). Trends und Strategien in der Logistik 2000+, Berlin: Institut für Technologie und Management, Bereich Logistik, TU Berlin

Bayles, D. (2001). E-Commerce Logistics & Fulfillment. Delivering the Goods, Upper Saddle River: Prentice Hall

BCG (The Boston Consulting Group) (2001). European Online Consumer Research, Ergebnisdokumentation Europa, München: The Boston Consulting Group

Becker, J. (2001). Marketing-Konzeption: Grundlagen eines ziel-strategischen und operativen Marketing-Managements, 7. Aufl., München: Vahlen

Beckmann, A., Löhr, M. & Schminke, E.-F. (1999). Logistik Fulfillment – Erfolgsfaktor für Electronic Commerce, in: F. Deges (Hg.). Einsatz interaktiver Medien im Unternehmen, Stuttgart: Schäffer-Poeschel, S. 155-171

Benkenstein, M. (1993). Dienstleistungsqualität. Ansätze zur Messung und Implikationen für die Steuerung, in: Zeitschrift für Betriebswirtschaft (ZFB), 63. Jg. (1993), Heft 11, S. 1095-1116

Berekoven, L. (1995). Erfolgreiches Einzelhandelsmarketing. Grundlagen und Entscheidungshilfen, 2. Aufl., München: Beck

Berekoven, L., Eckert, W. & Ellenrieder, P. (2004). Marktforschung. Methodische Grundlagen und praktische Anwendungen, 10. Aufl., Wiesbaden: Gabler

Berry, L. (1986). Big Ideas in Service Marketing, in: M. Venkatesan, D. M. Schmalensee & C. Marschall (Eds.). Creativity in Services Marketing, Chicago: Wacker Drive, pp. S. 6-8

Betz, J. (2003). Die Akzeptanz des E-Commerce in der Automobilwirtschaft. Ausmaß, Konsequenzen und Determinanten aus Sicht von Neuwagenkäufern, Wiesbaden: Deutscher Universitäts-Verlag

Betz, J. & Krafft, M. (2003). Die Wirkung informations- bzw. anbahnungsbezogener Leistungen im E-Commerce auf die Kundenzufriedenheit und Kundenbindung, in: Zeitschrift für Betriebswirtschaft, 73. Jg. (2003), Heft 2, S. 169-199

Beutin, N. (2003). Kundenbindung durch Value Added Services, in: M. Bruhn & C. Homburg (Hg.). Handbuch Kundenbindungsmanagement, 4. Aufl., Wiesbaden: Gabler, S. 293-307

Bitner, M. J. & Hubbert, A. R. (1994). Encounter Satisfaction Versus Overall Satisfaction Versus Quality: The Customer's Voice, in: R. T. Rust & R. L. Oliver (Eds.). Service Quality: New Directions in Theory and Practice, Thousand Oaks, CA: Sage, pp. 72-94

Bhise, H., Farell, D., Miller, H., Vanier, A. & Zainulbhai, A. (2000). The duel for the doorstep, in: McKinsey Quarterly, o.J. (2000), Heft 2, S. 32-41

Blau, P. M. (1964). Exchange and Power in Social Life, New York, London, Sydney: Wiley

Bliemel, F. & Fassot, G. (1999). Electronic Commerce und Kundenbindung, in: F. Bliemel, G. Fassott & A. Theobald (Hg.). Electronic Commerce. Herausforderungen - Anwendungen - Perspektiven, 2. Aufl., Wiesbaden: Gabler, S. 11-26

Bliemel, F. & Fassott, G. (2002). Produktpolitik im Electronic Business, in: R. Weiber (Hg.). Handbuch Electronic Business. Informationstechnologien – Electronic Commerce – Geschäftsprozesse, 2. Aufl., Wiesbaden: Gabler, S. 673-688

Blodgett, J., Hill, D. & Tax, S. (1997). The Effects of Distributive, Procedural, and Interactional Justice on Postcomplaint Behavior, in: Journal of Retailing, Vol. 73 (1997), No. 2, pp. 185-210

Bockholt, J. (2002). Elektronischer Geldbeutel, in: Capital, o.J. (2002), Heft 2, S. 71-73

Bogaschewsky, R. (2002). Elektronische Marktplätze – Charakteristika, Typisierung und Funktionalitäten, in: R. Weiber (Hg.). Handbuch Electronic Business. Informationstechnologien – Electronic Commerce – Geschäftsprozesse, 2. Aufl., Wiesbaden: Gabler, S. 749-774

Böhler, J. (1992). Transaktionskosten, in: H. Diller (Hg.). Vahlens Großes Marketinglexikon, München: Vahlen, S. 1152-1153

Böing, C. (2001). Erfolgsfaktoren im Business-to-Consumer-E-Commerce, Wiesbaden: Gabler

Bortz, J. (1999). Statistik für Sozialwissenschaftler, 5. Aufl., Berlin, Heidelberg, New York: Springer

Bortz, J. & Döring, N. (2002). Forschungsmethoden und Evaluation für Sozialwissenschaftler, 9. Aufl., Berlin, Heidelberg, New York: Springer

Bössmann, E. (1983). Unternehmungen, Märkte, Transaktionskosten: Die Koordination ökonomischer Aktivitäten, in: Wirtschaftswissenschaftliches Studium, 12. Jg. (1983), Heft 3, S. 105-111

Bowersox, D. J., Closs, D. J. & Helferich, O. K. (1986). Logistical Management. A system integration of physical distribution, manufacturing support and materials procurement, 3. Aufl., New York, London: Macmillan

Brandstetter, C. & Fries, M. (2003). E-Business im Vertrieb. Potenziale erkennen, Chancen nutzen – Von der Strategie zur Umsetzung, München, Wien: Hanser

Brandt, D. R. (1987). A Procedure for Identifying Value-Enhancing Service Componenets Using Customer Satisfaction Survey Data, in: C. Surprenant (Ed.). Add value to your Service. Proceeding Series. American Marketing Association, Chicago: Wacker Drive, pp. 61-65

Brandt, M. (2003). Zahlungsabwicklung im E-Commerce. Studie zu Optimierungsmöglichkeiten beim E-Payment, Marco Brandt E-Business Consulting in Zusammenarbeit mit dem Deutschen Multimedia Verband (dmmv), Göttingen: Business Village

Braun, J. (1987). Die Optimierung der Vertriebsstruktur im Direktvertrieb, Frankfurt a.M.: Peter Lang

Bräuner, M. & Stolpmann, M. (1999). Schlau und Sicher – Technologische Trends bei E-Commerce-Lösungen, in: F. Bliemel, G. Fassott & A. Theobald (Hg.). Electronic Commerce. Herausforderungen – Anwendungen – Perspektiven, 2. Aufl., Wiesbaden: Gabler, S. 85-102

Breitschuh, J. (2001). Versandhandelsmarketing. Aspekte erfolgreicher Neukundengewinnung, München, Wien: Oldenbourg

Brem, C. & Baal, S. van (2004). Verborgene Stärke, in: handelsjournal, o.J. (2004), Heft 1, S. 34-35

Broecheler, B. (2002). Abschied vom Gratis-Denken, in: eMarket, o.J. (2002), Heft 3, S. 19-21

Bretzke, W. R. (1999). Die Eignung der Transaktionskostentheorie zur Begründung von Make-or-Buy-Entscheidungen in der Logistik, in: H.-C. Pfohl (Hg.). Logistikforschung. Entwicklungszüge und Gestaltungsansätze, Berlin: Erich Schmidt, S. 335-363

Browne, M. W. (1984). Asymptotically distribution free methods for the analysis of covariance structures, in: British Journal of Mathematical and Statistical Psychology, Vol. 37 (1984), No. 1, pp. 62-83

Browne, M. W. & Shapiro, A. (1988). Robustness of normal theory methods in the analysis of linear latent variate models, in: British Journal of Mathematical and Statistical Psychology, Vol. 41 (1988), No. 2, pp. 193-208

Bruhn, M. (1985). Marketing und Konsumentenzufriedenheit, in: Das wirtschaftswissenschaftliche Studium, 14. Jg. (1985), Heft 6, S. 300-307

Bruhn, M. (2004). Marketing. Grundlagen für Studium und Praxis, 7. Aufl., Wiesbaden: Gabler

Bruhn, M. & Homburg, C. (2003). Handbuch Kundenbindungsmanagement, 4. Aufl., Wiesbaden: Gabler

Bruner, G. C. & Hensel, P. J. (1994). Marketing Scales Handbook: A Compilation of Multi-item Measures, Chicago: American Marketing Association

Bühl, A. & Zöfel, P. (2003). SPSS Version 11. Einführung in die moderne Datenanalyse unter Windows, 8. Aufl., München: Pearson Studium

Calik, K. (2002). Vernetzte Logistikwelten, in: Cybiz, 3. Jg. (2002), Heft 3, S. 46-48

Chow, W. S. (2004). The quest for e-fulfillment quality in supply chain, in: International Journal of Quality & Reliability Management, 21. Jg. (2004), Heft 3, S. 319-328

Churchill, G. (1979). A Paradigm of Developing Better Measures of Marketing Constructs, in: Journal of Marketing Research, Vol. 16 (1979), No. 2, pp. 64-73

Coase, R. H. (1937). The Nature of the Firm, in: Economica, Vol. 4 (1937), November, pp. 386-405, wiederabgedruckt in: logistik management, 4. Jg. (2002), Heft 1, S. 59-78

Coase, R. H. (1960). The problem of social cost, in: The journal of law and economics, Vol. 3 (1960), No. 1, pp. 1-44

Cohan, P. S. (2000). E-profit: high payoff strategies for capturing the e-commerce edge, New York: AMACOM/American Management Association

Comcult (2002). Deutsche Post eCommerce Facts 3.0. Erfolgsfaktoren für Online-Shopping, URL: http://www.comcult.de/index.php4?link=forschungsstudien/ analysis_erfolgsfaktoren.php4 (Abruf: 24.04.2002), 3 Seiten

Commons, J. R. (1931). Institutional Economics, in: American Economic Review, Vol. 21 (1931), No. 4, pp. 648-657

Commons, J. R. (1934). Institutional Economics, Madison: University of Wisconsin Press

Cooper, M. C. & Ellram, L. M. (1993). Characteristics of Supply Chain Management and the Implications for Purchasing and Logistics Strategy, in: International Journal of Logistics Management, Vol. 4 (1993), No. 2, pp. 13-24

Cronbach, L. J. (1951). Coefficient Alpha and the Internal Structure of Tests, in: Psychometrika, Vol. 16 (1951), No. 3, pp. 297-334

Dach, C. (2001). Konsumenten gewinnen und binden im Internet, in: D. Beutler (Hg.). E-Business & M-Business: Einsichten, Ansichten und Ideen rund um das elektronische Business, Pulheim, Köln: Communications World Medien GmbH, S. 49-67

Davidow, W. H. & Uttal, B. (1990). Total Customer Service: The Ultimate Weapon, New York: Harper Perennial

Dehler, M. (2001). Entwicklungsstand der Logistik: Messung – Determinanten – Erfolgswirkungen, Wiesbaden: Gabler

Delfmann, W. (1999). Kernelemente der Logistik-Konzeption, in: H.-C. Pfohl (Hg.). Logistikforschung. Entwicklungszüge und Gestaltungsansätze, Berlin: Erich Schmidt, S. 37-59

Delfmann, W. (2002). Prozessmanagement, in: D. Arnold, H. Isermann, A. Kühn & H. Tempelmeier (Hg.). Handbuch Logistik, Berlin, Heidelberg, New York: Springer, S. D1-10 bis D1-16

Dietz, D. (2001). Der Postmann klingelt nicht mehr, in: Lebensmittelzeitung, 53. Jg. (2001), Nr. 51, S. 17-18

Dietz, D. (2002). Tabak, Tanke und Pakete, in: eMarket, o.J. (2002), Heft 6, S. 20-21

Diller, H. (1996). Kundenbindung als Marketingziel, in: Marketing ZFP, 18. Jg. (1996), Heft 2, S. 81-94

Donthu, N. & Garcia, A. (1999). The Internet shopper, in: Journal of Advertising Research, Vol. 39 (1999), No. 3, pp. 52-58

Drosten, M. & Hessler, A (1999). Supply Chain neu ausrichten, in: absatzwirtschaft, 42. Jg. (1999), Heft 12, S. 44-50

Ebers, M. & Gotsch, W. (1993). Institutionenökonomische Theorien der Organisation, in: A. Kieser (Hg.). Organisationstheorien, Stuttgart, Berlin, Köln: Kohlhammer, S. 193-242

ECC (E-Commerce Center) Handel (2001). Die Begriffe des eCommerce, Frankfurt am Main: F.A.Z.-Institut für Management-, Markt- und Medieninformationen

ECIN (2001). Internetshopping Report 2001, URL: http://www.ecin.de/marktbarometer/shoppingreport (Abruf: 08.02.2001), 5 Seiten

Eckert, A., Figgener, O. & Hübner, K. (2000). Dynamische Transportkette, in: Screen Business Online, 8. Jg. (2000), Heft 11, S. 46-52

Eimeren, B. van, Gerhard, H. & Frees, B. (2003). ARD/ZDF-Online-Studie 2003. Internetverbreitung in Deutschland: Unerwartet hoher Zuwachs, in: Media Perspektiven, 4. Jg. (2003), Heft 8, S. 338-358

Elsaesser, C. (2004). Logistik der Zukunft, in: MONITOR, o.J. (2004), Heft 1, S. 18-19

Enigma GfK (2004). Der Krise zum Trotz: Online Shopping boomt! Ergebnisse des Online Shopping Survey 2004 (OSS), URL: http://www.enigma-institut.de (Abruf: 30.04.2004), 2 Seiten

Engel, J., Blackwell, R. & Miniard, P. (2001). Consumer Behavior, 9. ed., Mason, Ohio: South-Western/Thomson Learning

Engelke, M. (1997). Qualität logistischer Dienstleistungen: Operationalisierung von Qualitätsmerkmalen, Qualitätsmanagement, Umweltgerechtigkeit, Berlin: Erich Schmidt

Fichtner, C. & Engelsleben, T. (2001). Alternative Zustellkonzepte: Pakete von der Tankstelle, in: Logistik Heute, 23. Jg., Heft 9 (2001), S. 42-45

Fichtner, C. & Engelsleben, T. (2003). B2C Logistik: Neue Zustellkonzepte ... und was Kunden davon halten, URL: http://www.simon-kucher.com (Abruf: 12.09.2003), 10 Seiten

Fisk, R. P. & Coney, K. A. (1982). Postchoice Evaluation: An Equity Theory Analysis of Consumer Satisfaction/Dissatisfaction with Service Choices, in: H. K. Hunt & R. L. Day (Eds.). Conceptual and Empirical Contributions to Consumer Satisfaction and Complaining Behavior, Bloomington: Indiana University Press, pp. 9-16

Fisk, R. P. & Young, C. (1985). Disconfirmation of Equity Expectations. Effects on Consumer Satisfaction with Services, in: E. Hirschman & H. Holbrook (Eds.). Advances in Consumer Research, Ann Arbor: University of Michigan Press, pp. 340-345

Fittkau & Maaß (2004). Ergebnisse der 18. WWW-Benutzeranalyse W3B, URL: www.w3b.de (Abruf: 01.06.2004), 3 Seiten

Fleischmann, B. (2003). Interview mit Herrn Dr. Gerhard Schütz, Geschäftsführer der Deutschen Post Fulfilment GmbH, in: logistik management, 5. Jg. (2003), Heft 1, S. 8-11

Fornell, C. (1983). Issues in the application of covariance structure analysis: A comment, in: Journal of Consumer Research, Vol. 9 (1983), No. 4, pp. 443-448

Fornell, C. & Larcker, D. (1981). Evaluating Structural Equation Models with unobservable Variables and Measurement Error, in: Journal of Marketing, Vol. 45 (1981), No. 2, pp. 39-50

Förster, F., Fritz, W., Silberer, G. & Raffée, H. (1984). Der LISREL-Ansatz der Kausalanalyse und seine Bedeutung für die Marketing-Forschung, in: Zeitschrift für Betriebswirtschaft, 54. Jg. (1984), Heft 4, S. 346-367

Friedrichs Grängsjö, Y. von (2003). Destination networking. Co-opetition in peripheral surroundings, in: International Journal of Physical Distribution & Logistics Management, 33. Jg. (2003), Heft 5, S. 427-448

Fritz, W. (1995). Marketing-Management und Unternehmenserfolg: Grundlage und Ergebnisse einer empirischen Untersuchung, 2. Aufl., Stuttgart: Schäffer-Poeschel

Fritz, W. (1999). Electronic Commerce im Internet – eine Bedrohung für den traditionellen Kosumgüterhandel?, in: W. Fritz (Hg.). Internet-Marketing: Perspektiven und Erfahrungen aus Deutschland und den USA, Stuttgart: Schäffer-Poeschel, S. 107-145

Froitzheim, U. (2000). Viele Davids gegen Goliath, in: eMarket, o.J. (2000), Heft 41, S. 50-52

Fuchs, G. (2002). Web-Händler brauchen zuverlässige Lösungen, in: eMarket, o.J. (2002), Heft 1; S. 30-31

Garvin, D. A. (1984). What Does „Product Quality" Really Mean?, in: Sloan Management Review, Vol. 25 (1984), No. 3, pp. 25-43

GfK (Gesellschaft für Konsumforschung) (2001). GfK Online-Monitor. Ergebnisse der 7. Untersuchungswelle, URL: http://www.gfk.de/produkte/eigene_pdf/online _monitor.pdf (Abruf: 30.06.2004), 33 Seiten

Gerbing, D. & Anderson, J. (1988). An updated Paradigm for Scale Development incorporating Unidimensionality and its Assessment, in: Journal of Marketing Research, Vol. 25 (1988), No. 2, pp. 186-192

Gersch, M. (2000). E-Commerce. Einsatzmöglichkeiten und Nutzungspotentiale, Arbeitsbericht Nr. 82, Bochum: Institut für Unternehmungsführung und Unternehmungsforschung

Gerth, N. (2001). Fulfillment, in: H. Diller (Hg.). Vahlens Großes Marketinglexikon, 2. Aufl., München: Vahlen, S. 507-508

Gierich, S. (2001). www.autokauf.de, in: DM, 41. Jg. (2001), Heft 6, S. 136-139

Giering, A. (2000). Der Zusammenhang zwischen der Kundenzufriedenheit und Kundenloyalität: Eine Untersuchung moderierender Effekte, Wiesbaden: Gabler

Göpfert, I. (1999). Electronic Shopping – Die Zukunft des Versandhandels?, in: I. Göpfert (Hg.). Logistik der Zukunft – Logistics for the Future, Wiesbaden: Gabler, S. 223-250

Güler, S. (2001). ottomobil.de, in: P. Schubert, R. Wölfle & W. Dettling (Hg.). Fulfillment im E-Business. Praxiskonzepte innovativer Unternehmen, München, Wien: Hanser, S. 203-215

GVA (Gesamtverband Autoteile-Handel e.V.) (2002). Der freie Markt für Kfz-Ersatzteile, URL: http://www.gva.de/3markt/teilehandel.html (Abruf: 01.08.2003), 6 Seiten

Hair, J. F., Anderson, R. E., Tatham, R. L. & Black, W. C. (1998). Multivariate data analysis, 5. ed., Upper Saddle River, NJ: Prentice-Hall

Haiges, I. (2002). Elektronische Signaturen nach dem neuen Signaturgesetz, in: Beschaffung aktuell, o.J. (2002), Heft 12, S. 42

Hammann, P. (1974). Sekundärleistung als absatzpolitisches Instrument, in: P. Hammann, W. Kroeber-Riel & C. W. Meyer (Hg.). Neuere Ansätze der Marketingtheorie. Festschrift zum 80. Geburtstag von Otto R. Schnutenhaus, Berlin: Duncker & Humblot, S. 135-154

Hansen, U. & Jeschke, K. (1992). Nachkaufmarketing – Ein neuer Trend im Konsumgütermarketing, in: Marketing ZFP, 14. Jg. (1992), Heft 2, S. 88-97

Hanser, T. (1999). Ausgewählte Marketingstrategie-Felder für den Versandhandel, in: R. Mattmüller (Hg.). Versandhandels-Marketing. Vom Katalog zum Internet, Frankfurt a.M.: Deutscher Fachverlag, S. 153-186

Harrison, A. & Hoek, R. van (2002). Logistics Management and Strategy, Upper Saddle River, New Jersey: Pearson Education

Heinen, E. (1976). Grundlagen betriebswirtschaftlicher Entscheidungen: das Zielsystem der Unternehmung, 3. Aufl., Wiesbaden: Gabler

Hentschel, B. (1991). Beziehungsmarketing, in: Das Wirtschaftsstudium, 20. Jg. (1991), Heft 1, S. 25-28

Hentschel, B. (1992). Dienstleistungsqualität aus Kundensicht: vom merkmals- zum ereignisorientierten Ansatz, Wiesbaden: Deutscher Universitäts-Verlag

Herkner, W. (1981). Einführung in die Sozialpsychologie, 2. Aufl., Bern, Stuttgart, Wien: Huber

Hermanns, A. (2001). Online-Marketing im E-Commerce – Herausforderung für das Management, in: A. Hermanns & M. Sauter (Hg.). Management-Handbuch Electronic Commerce, 2. Aufl., München: Vahlen, S. 101-118

Hermanns, A. & Sauter, M. (1999). Electronic Commerce – Grundlagen, Potentiale, Marktteilnehmer und Transaktionen, in: Hermanns, A. & Sauter, M. (Hg.). Management-Handbuch Electronic Commerce, München: Vahlen, S. 13-30

Herrmann, A., Huber, F. & Seilheimer, C. (2003). Die Qual der Wahl: Die Bedeutung des Regret bei Kaufentscheidungen, in: Zeitschrift für betriebswirtschaftliche Forschung, 55. Jg. (2003), Heft 5, S. 224-249

Herrmann, A., Huber, F. & Wricke, M. (1999). Die Herausbildung von Zufriedenheitsurteilen bei Alternativenbetrachtung, in: Zeitschrift für betriebswirtschaftliche Forschung, 51. Jg. (1999), Heft 7/8, S. 677-692

Hildebrandt, L. (1984). Kausalanalytische Validierung in der Marketingforschung, in: Marketing ZFP, 6. Jg. (1984), Heft 1, S. 41-51

Hillemayer, J. (2002). Liebevolle Lydia führt die Kommissionierer durch den Tag, in: Lebensmittelzeitung, 54. Jg. (2002), Nr. 24, S. 48

Hoffmann, S. (1998). Optimales Online-Marketing, Wiesbaden: Gabler

Hölzel, B. (2001). Zwischen Schuhkarton und Luxusschachtel, in: eMarket, o.J. (2001), Heft 19, S. 32-33

Homans, G. C. (1961). Social Behavior: Its Elementary Forms, New York: Harcourt, Brace & World

Homans, G. C. (1968). Elementarformen sozialen Verhaltens, Köln, Opladen: Westdeutscher Verlag

Homburg, C. & Bruhn, M. (2000). Kundenbindungsmanagement – Eine Einführung in die theoretischen und praktischen Problemstellungen, in: M. Bruhn & C. Homburg (Hg.). Handbuch Kundenbindungsmanagement, 3. Aufl., Wiesbaden: Gabler, S. 3-36

Homburg, C. & Baumgartner, H. (1995a). Beurteilung von Kausalmodellen. Bestandsaufnahme und Anwendungsempfehlungen, in: Marketing ZFP, 17. Jg. (1995), Heft 3, S. 162-176

Homburg, C. & Baumgartner, H. (1995b). Die Kausalanalyse als Instrument der Marketingforschung: Eine Bestandsaufnahme, in: Zeitschrift für Betriebswirtschaft, 65. Jg. (1995), Heft 10, S. 1091-1108

Homburg, C. & Dobratz, A. (1991). Iterative Modellselektion in der Kausalanalyse, in: Zeitschrift für betriebswirtschaftliche Forschung, 43. Jg. (1991), Heft 3, S. 213-237

Homburg, C., Faßnacht, M. & Werner, H. (2000). Operationalisierung von Kundenzufriedenheit und Kundenbindung, in: M. Bruhn & C. Homburg (Hg.). Handbuch Kundenbindungsmanagement, Wiesbaden: Gabler S. 505-527

Homburg, C. & Faßnacht, M. (1998). Kundennähe, Kundenzufriedenheit und Kundenbindung bei Dienstleistungsunternehmen, in: M. Bruhn & H. Meffert (Hg.). Handbuch Dienstleistungsmanagement: Von der strategischen Konzeption zur praktischen Umsetzung, Wiesbaden: Gabler, S. 405-428

Homburg, C. & Giering, A. (1998). Konzeptualisierung und Operationalisierung komplexer Konstrukte – Ein Leitfaden für die Marketingforschung, in: L. Hildebrandt & C. Homburg (Hg.). Die Kausalanalyse: ein Instrument der empirischen betriebswirtschaftlichen Forschung, Stuttgart: Schäffer-Poeschel, S. 111-148

Homburg, C. & Hildebrandt, L. (1998). Die Kausalanalyse: Bestandsaufnahme, Entwicklungsrichtungen, Problemfelder, in: L. Hildebrandt & C. Homburg (Hg.).

Die Kausalanalyse: ein Instrument der empirischen betriebswirtschaftlichen Forschung, Stuttgart: Schäffer-Poeschel, S. 15-44

Homburg, C. & Pflesser, C. (1999). Strukturgleichungsmodelle mit latenten Variablen: Kausalanalyse, in: A. Herrmann & C. Homburg (Hg.). Marktforschung. Methoden – Anwendungen – Praxisbeispiele, Wiesbaden: Gabler, S. 633-659

Homburg, C. & Stock, R. (2001). Theoretische Perspektiven zur Kundenzufriedenheit, in: C. Homburg (Hg.). Kundenzufriedenheit. Konzepte – Methoden – Erfahrungen, 4. Aufl., Wiesbaden: Gabler, S. 17-50

Houston, F. S. (1986). The Marketing Concept: What it is and what it is not, in: Journal of Marketing, Vol. 50 (1986), No. 2, pp. 81-87

Hudetz, K. (2004). Zeit ist Geld, in: handelsjournal, o.J. (2004), Heft 2, S. 42-43

Hudetz, K., Duscha, A. & Wilke, K. (2004). Kundenbindung über das Internet, Köln: Institut für Handelsforschung an der Universität Köln

Hünerberg, R. & Mann, A. (1999). Online-Service, in: F. Bliemel, G. Fassott & A. Theobald (Hg.). Electronic Commerce. Herausforderungen – Anwendungen – Perspektiven, 2. Aufl., Wiesbaden: Gabler, S. 315-333

Huppertz, J. W., Arenson, S. J. & Evans, R. H. (1978). An Application of Equity Theory to Buyer-Seller Exchange Situations, in: Journal of Marketing Research, Vol. 15 (1978), No. 5, pp. 250-260

Ihde, G. B. (1991). Transport, Verkehr, Logistik. Gesamtwirtschaftliche Aspekte und einzelwirtschaftliche Handhabung, 2. Aufl., München: Vahlen

IWW (Institut für Wirtschaftspolitik und Wirtschaftsforschung der Universität Karlsruhe) (2003). Internet-Zahlungssysteme aus Sicht der Verbraucher. Ergebnisse der Online-Umfrage IZV6, URL: http://www.iww.uni-karlsruhe.de/izv/pdf/izv6_auswertung.pdf (Abruf: 28.05.2004), 17 Seiten

Jensen, B. (2002). Fulfillment deutscher Online-Shops. Empirische Analyse von Anforderungen und Potenzialen, Hamburg: Books on Demand GmbH

Jeschke, K. (1997). Aktives Beschwerdemanagement, in: planung & analyse, 24. Jg. (1997), Heft 4, S. 66-69

Jöreskog, K. & Sörbom, D. (1982). Recent Developments in Structural Equations Modeling, in: Journal of Marketing Research, Vol. 19 (1982), No. 4, pp. 404-416

Jöreskog, K. & Sörbom, D. (1996). LISREL 8. User's Reference Guide, Chicago: Scientific Software International

Jung, S. (1999). Das Management von Geschäftsbeziehungen: ein Ansatz auf transaktionskostentheoretischer, sozialpsychologischer und spieltheoretischer Basis, Wiesbaden: Gabler

Jünger, A. (2001). Was passiert nach dem Click?, in: Call Center Profi, 4. Jg. (2001), Heft 5, S. 16-22

Keller, R. (2001). Fulfillment-Profis zu mieten, in: eMarket, o.J. (2001), Heft 15, S. 28-29

Kilian, W. (2002). Elektronische Geschäftsbeziehungen und Zivilrecht, in: R. Weiber (Hg.). Handbuch Electronic Business. Informationstechnologien – Electronic Commerce – Geschäftsprozesse, 2. Aufl., Wiesbaden: Gabler, S. 995-1014

Kirchgässner, G. (1991). Homo Oeconomicus – das ökonomische Modell individuellen Verhaltens und seine Anwendung in den Wirtschafts- und Sozialwissenschaften, Tübingen: Mohr

Kirsch, W. (1971). Entscheidungsprozesse. Band 3: Entscheidungen in Organisationen, Wiesbaden: Gabler

Klaus, P. (2000). Zum „materiellen Internet": Herausforderungen des eCommerce an die Logistik, in: W. Scheffler & K.-I. Voigt (Hg.). Entwicklungsperspektiven im Electronic Business, Wiesbaden: Gabler, S. 133-151

Klee, A. (2000). Strategisches Beziehungsmanagement. Ein integrativer Ansatz zur strategischen Planung und Implementierung des Beziehungsmanagement, Aachen: Shaker

Klötsch, W. (2001). CRM ist mehr als eine Technik, in: Deutscher Direktmarketing Verband e.V. (Hg.). Service im Dialog. TeleMedien Services Jahrbuch 2001, Würzburg: Schimmel, S. 20-23

Köcher, M.-M. (2002). Fulfillment im Electronic Commerce – State-of-the-Art, Beitrag zur Marketingwissenschaft Nr. 35, hrsg. von G. Silberer, Universität Göttingen: Institut für Marketing und Handel

Kolberg, B. & Scharmacher, T. (2001). Logistik- und Payment-Dienstleistungen für Online-Handelsunternehmen, Köln: Institut für Handelsforschung an der Universität Köln

Koppelmann, U. (1997). Marketing. Einführung in Entscheidungsprobleme des Absatzes und der Beschaffung, 5. Aufl., Berlin, Heidelberg, New York: Springer

Koppelmann, U. (1999). Marketing. Einführung in Entscheidungsprobleme des Absatzes und der Beschaffung, 6. Aufl., Düsseldorf: Werner

Korb, C. (2000). Kaufprozesse im Electronic Commerce. Einflüsse veränderter Kundenbedürfnisse auf die Gestaltung, Wiesbaden: Gabler

Kotler, P. (2003). Marketing Management, 11. Aufl., Upper Saddle River, New Jersey: Pearson Education

Kotler, P. & Bliemel, F. (2001). Marketing-Management, 10. Aufl., Stuttgart: Schäffer-Poeschel

Krah, E.-S. (2001). E-Payment. Sicher zahlen im Netz, in: sale Business, o.J. (2001), Heft 5, S. 43-45

Kroeber-Riel, W. & Weinberg, P. (1999). Konsumentenverhalten, 6. Aufl., München: Vahlen

Kummer, S., Einbock, M. & Weissmann, B. (2003). Präferenzstrukturen potentieller Nachfrager von Zustelleistungen – eine Conjoint-Measurement-Analyse, in: logistik management, 5. Jg. (2003), Heft 1, S. 54-61

Kummer, S. & Fuster, R. (1999). Auswirkungen des e-commerce auf Logistikdienstleister und deren Positionierung, in: logistik management, 1. Jg. (1999), Heft 4, S. 264-274

Laakmann, K. (1995). Value-Added-Services als Profilierungsinstrument im Wettbewerb. Analyse, Generierung und Bewertung, Frankfurt a.M.: Peter Lang

Lang, M. (1992). Ein Votum für partnerschaftliche Kooperation, in: W. Heinrich (Hg.). Outsourcing. Modelle – Strategien – Praxis, Bergheim: Datacom-Verlag, S. 55-85

Lasch, R. & Lemke, A. (2002). Logistik im B2C-Bereich. Ergebnisse einer Studie unter Online-Shops. Schlussfolgerungen und Empfehlungen, Dresden: Lehrstuhl für Betriebswirtschaftslehre, insb. Logistik

Lasch, R. & Lemke, A. (2003). Logistikkompetenz im Business-to-Consumer-Bereich – Entwicklungsstand, aktuelle Probleme und Empfehlungen zur Verbesserung, in: logistik management, 5. Jg. (2003), Heft 1, S. 40-53

Lebelt, N. & Droop, R. (1999). Prozeßgestaltung für das Order Management, in: absatzwirtschaft, 42. Jg. (1999), Heft 12, S. 56-57

Lee, H. & Whang, S. (2001). Winning the Last Mile of E-Commerce, in: Sloan Management Review, Vol. 42 (2001), No. 4, pp. 54-62

Leonard, T., Lenox-Conyngham, L. & Nordquist, F. (2004). The European Online Marketplace: Consumer Complaints, URL: http://www.eccdublin.ie/resources/ publications/european_online_with_cover_2.pdf (Abruf: 05.05.2004), 26 Seiten

Lingenfelder, M. (2001). Die Identifikation und Bearbeitung von Online-Käufersegmenten – Ergebnisse einer empirischen Untersuchung, in: W. Fritz (Hg.). Internet-Marketing: marktorientiertes E-Business in Deutschland und den USA, 2. Aufl., Stuttgart: Schäffer-Poeschel, S. 373-398

Link, J. (1999). Database Marketing, in: F. Bliemel, G. Fassott & A. Theobald (Hg.). Electronic Commerce. Herausforderungen – Anwendungen – Perspektiven, 2. Aufl., Wiesbaden: Gabler, S. 193-210

Link, J. & Hildebrand, V. (1998). Grundlagen des Database-Marketing, in: J. Link, D. Brändli, C. Schleuning & R. E. Hehl (Hg.). Handbuch Database-Marketing, 2. Aufl., Ettlingen: IM Fachverlag, S. 16-36

Loehlin, J. C. (1998). Latent Variable Models, an introduction to factor, path, and structural analysis, 3. ed., Mahwah, NJ et al.: Erlbaum

Luhmann, N. (1999). Soziale Systeme: Grundriß einer allgemeinen Theorie, 7. Aufl., Frankfurt a.M.: Suhrkamp

MacCallum, R. (1986). Specification Searches in Covariance Structure Modeling, in: Psychological Bulletin, Vol. 100 (1986), No. 1, pp. 107-120

Mahlke, C. (2001). Logistik als Erfolgsfaktor für E-Commerce, in: A. Hermanns & M. Sauter (Hg.). Management-Handbuch Electronic Commerce, 2. Aufl., München: Vahlen, S. 271-279

Mann, R. & Lomas, I. (2000). e-Fulfillment: Turning the virtual into reality, URL: http://www.accenture.com/xdoc/en/ideas/outlook/pov/efulfillment_pov_rev.pdf (Abruf: 26.01.2004), 2 Seiten

Matzler, K. (1997). Kundenzufriedenheit und Involvement, Wiesbaden: Gabler

McCarthy, E. J. (1960). Basic Marketing. A Managerial Approach, Homewood, IL: Irwin

McDonald, R. P. & Ho, M.-H. (2002). Principles and Practice in Reporting Structural Equation Analyses, in: Psychological Methods, Vol. 7 (2002), No. 1, pp. 64-82

Meffert, H. (1992). Marketingforschung und Käuferverhalten, 2. Aufl., Wiesbaden: Gabler

Meffert, H. (2000). Marketing. Grundlagen marktorientierter Unternehmensführung. Konzepte – Instrumente – Praxisbeispiele, 9. Aufl., Wiesbaden: Gabler

Meffert, H. & Bruhn, M. (1981). Beschwerdeverhalten und Zufriedenheit von Konsumenten, in: Die Betriebswirtschaft, 41. Jg. (1981), Heft 4, S. 597-613

Meissner, M. (2002). Multimediale Telepräsenz im Marketing. Einsatz, Determinanten, Wirkungen, Management, Wiesbaden: Deutscher Universitäts-Verlag

Meiß, C. & Eckert; D (2003). Analyse der Erfolgsfaktoren von internetgestützten Food-Delivery-Services, Schriften zum Marketing Nr. 45, hrsg. von P. Hammann, Ruhr-Universität Bochum: Lehrstuhl für Angewandte Betriebswirtschaftslehre IV (Marketing)

Mentzer, J. T. & Kahn, K. B. (1995). A Framework of Logistics Research, in: Journal of Business Logistics, Vol. 16 (1995), No. 1, pp. 231-250

Merx, O. & Wierl, M. (2001). Qualität und Qualitätskriterien im eCommerce, in: A. Hermanns & M. Sauter (Hg.). Management-Handbuch Electronic Commerce, 2. Aufl., München: Vahlen, S. 87-100

Meyer, A. & Specht, M. (1999). Kundenzufriedenheit und Beschwerdemanagement im Versandhandel, in: Mattmüller, R. (Hg.). Versandhandels-Marketing. Vom Katalog zum Internet, Frankfurt a.M.: Deutscher Fachverlag, S. 475-496

Mitschke, T. von (2000). Fulfillment oder die Stunde der Wahrheit, in: McKinsey akzente, o.J. (2000), Sonderheft Juli, S. 50-55

Moder, N. (2003). Die perfekte Lieferung, in: Logistik heute, 7. Jg. (2003), Heft 3, S. 52-53

Mucha, A., Spille, J. & Wader, P. (2002). Endkundenbelieferung. Neue Konzepte in der letzten Meile, Aachen: Forschungsinstitut für Rationalisierung (FIR)

Müller, B. (2002). Alles auf eine Karte, in: Wirtschaftswoche, 56. Jg. (2002), Heft 10, S. 114-116

Müller, W. (1998). Gerechtigkeitstheoretische Grundlagen der Kundenzufriedenheit, in: Jahrbuch der Absatz- und Verbrauchsforschung, 44. Jg. (1998), Heft 3, S. 239-266

Münster, D. (2003). Die Informationspflichten beim Fernabsatzgeschäft, in: Beschaffung aktuell, o.J. (2003), Heft 4, S. 48

Nunnally, J. C. (1978). Psychometric Theory, 2. Aufl., New York: McGraw-Hill

Nussbaum, C. (2002). Über alle Berge, in: Wirtschaftswoche, 56. Jg. (2002), Heft 10, S. 130-132

Oliver, R. L. (1981). Measurement and Evaluation of Satisfaction Processes in Retail Settings, in: Journal of Retailing, Vol. 57 (1981), No. 3, pp. 25-48

Oliver, R. L. & Swan, J. E. (1989). Consumer Perceptions of Interpersonal Equity and Satisfaction in Transactions: A Field Survey Approach, in: Journal of Marketing, Vol. 53 (1989), No. 2, pp. 21-35

Otto, A. (1998). Auftragsabwicklung, in: P. Klaus & W. Krieger (Hg.). Gabler Lexikon Logistik, Wiesbaden: Gabler

Otto, M. (2001). Versandhandel im Internet – das Beispiel Otto, in: A. Hermanns & M. Sauter (Hg.). Management-Handbuch Electronic Commerce, 2. Aufl., München: Vahlen, S. 589-600

o.V. (2003a). Geschickt verschickt, in: FINANZtest, o.J. (2003), Heft 6, S. 60-61

o.V. (2003b). DHL: Deutschland hat eine neue Weltmarke, in: absatzwirtschaft, 46. Jg. (2003), Heft 6, S. 20

o.V. (2003c). Der Hammer kommt später, in: test, o.J. (2003), Heft 1, S. 32-33

Palombo, P. & Theobald, A. (1999). Electronic Shopping – Das Versandhaus Quelle auf dem Weg in das Zeitalter der elektronischen Medien, in: F. Bliemel, G. Fassott & A. Theobald (Hg.). Electronic Commerce. Herausforderungen – Anwendungen – Perspektiven, 2. Aufl., Wiesbaden: Gabler, S. 179-190

Parsons, T., Shils, E. A., Allport, G. W., Kluckhohn, D., Murray, H. A., Sears, R. A., Sheldon, R. C., Stouffer, S. S. & Tolman, E. C. (1962). Some Fundamental Categories of the Theory of Action. A General Statement, in: T. Parsons & E. A.

Shils (Eds.). Toward a General Theory of Action, New York: Harper & Row, pp. 3-39

Peter, J. (1981). Construct Validity: A Review of Basic Issues and Marketing Practices, in: Journal of Marketing Research, Vol. 18 (1981), No. 2, pp. 133-145

Peter, S. J. (1997). Kundenbindung als Marketingziel: Identifikation und Analyse zentraler Determinanten, Wiesbaden: Gabler

Petermann, T. (2001). Innovationsbedingungen des E-Commerce – das Beispiel Produktion und Logistik, TAB-Hintergrundpapier Nr. 6, Berlin: Büro für Technikfolgen-Abschätzung beim Deutschen Bundestag (TAB)

Peters, M. (1995). Besonderheiten des Dienstleistungsmarketing – Planung und Durchsetzung der Qualitätspolitik im Markt, in: M. Bruhn & B. Stauss (Hg.). Dienstleistungspolitik. Konzepte – Methoden – Erfahrungen, 2. Aufl. Wiesbaden: Gabler, S. 47-63

Pfeiffer, A. (2001). Kette ohne Bruch, in: Net Investor, 5. Jg. (2001), Heft 7, S. 30-34

Pfohl, H.-C. (1977). Zur Formulierung einer Lieferservicepolitik: Theoretische Aussagen zum Angebot von Sekundärleistungen als absatzpolitisches Instrument, in: Schmalenbachs Zeitschrift für betriebswirtschaftliche Forschung, 29. Jg. (1977), Heft 5, S. 239-255

Pfohl, H.-C. (1994). Logistikmanagement. Funktionen und Instrumente, Berlin, Heidelberg, New York: Springer

Pfohl, H.-C. (1999). Logistikforschung. Entwicklungszüge und Gestaltungsansätze, Berlin: Erich Schmidt

Pfohl, H.-C. (2004). Logistiksysteme. Betriebswirtschaftliche Grundlagen, 7. Aufl., Berlin, Heidelberg, New York: Springer

Picot, A. (1982). Transaktionskostenansatz in der Organisationstheorie: Stand der Diskussion und Aussagewert, in: Die Betriebswirtschaft, 42. Jg. (1982), Heft 2, S. 267-284

Picot, A. (1986). Transaktionskosten im Handel. Zur Notwendigkeit einer flexiblen Strukturentwicklung in der Distribution, in: Der Betriebs-Berater, 41. Jg. (1986), Heft 27 (Beilage 13), S. 1-16

Picot, A. (1991). Ein neuer Ansatz zur Gestaltung der Leistungstiefe, in: Zeitschrift für betriebswirtschaftliche Forschung, 43. Jg. (1991), Heft 4, S. 336-357

Picot, A., Reichwald, R. & Wigand, R. (1996). Die grenzenlose Unternehmung. Information, Organisation und Management, 2. Aufl., Wiesbaden: Gabler

Pieper, J. (2000). Vertrauen in Wertschöpfungspartnerschaften: eine Analyse aus Sicht der Neuen Institutionenökonomie, Wiesbaden: Gabler

Piller, F., Deking, I. & Meier, R. (2001). Mass Customization – Strategien im E-Business, in: A. Hermanns & M. Sauter (2001). Management-Handbuch Electronic Commerce, 2. Aufl., München: Vahlen, S. 133-146

Plinke, W. (2000). Grundlagen des Marktprozesses, in: M. Kleinaltenkamp & W. Plinke (Hg.). Technischer Vertrieb – Grundlagen des Business-to-Business Marketing, 2. Aufl., Berlin, Heidelberg, New York: Springer, S. 3-99

Plinke, W. & Söllner, A. (2000). Kundenbindung und Abhängigkeitsbeziehungen, in: M. Bruhn & C. Homburg (Hg.). Handbuch Kundenbindungsmanagement: Grundlagen – Konzepte - Erfahrungen, 3. Aufl., Wiesbaden. Gabler, S. 55-79

Porst, R. (1998). Im Vorfeld der Befragung: Planung, Fragebogenentwicklung, Pretesting, ZUMA-Arbeitsbericht 98/02, Mannheim: ZUMA

Porter, M. E. (1989). Wettbewerbsvorteile (Competitive Advantage). Spitzenleistungen erreichen und behaupten, Frankfurt a.M., New York: Campus

Postbank (2004). eCommerce 2004. Strukturen und Potenziale des eCommerce in Deutschland aus Kunden- und Händlersicht, URL: http://www.postbank.de/ Datei/041123_eCommerce_2004,0.pdf (Abruf: 08.12.2004), 94 Seiten

Punakivi, M. & Tanskanen, K. (2002). Increasing the cost efficiency of e-fulfilment using shared reception-boxes, in: International Journal of Retail & Distribution Management, Vol. 30 (2002), No. 10, pp. 498-507

Punakivi, M., Yrjölä, H. & Holmström, J. (2001). Solving the last mile issue: reception box or delivery box?, in: International Journal of Physical Distribution and Logistics Management, Vol. 31 (2001), No. 6, pp. 427-439

Puscher, F. (2000). Schnell bestellt und langsam geliefert, in: Net Investor, 4. Jg. (2000), Heft 4, S. 46-47

Pyke, D.F., Johnson, M.E. & Desmond, P. (2001). E-Fulfillment. It's harder than it looks, in: Supply Chain Management Review, Vol. 5 (2001), No 1, pp. 26-32

Rabinovich, E. & Bailey, J.P. (2004). Physical distribution service quality in Internet retailing: service pricing, transaction attributes, and firm attributes, in: Journal of Operations Management, Vol. 21 (2003/04), No. 6, pp. 651-672

Raffée, H. (1969). Konsumenteninformation und Beschaffungsentscheidung des privaten Haushalts, Stuttgart: Poeschel

Reichheld, F.F. & Schefter, P. (2001). Warum Kundentreue auch im Internet zählt, in: Harvard Business manager, 23. Jg. (2001), Heft 1, S. 70-80

Rengelshausen, O. (2000). Online-Marketing in deutschen Unternehmen. Einsatz – Akzeptanz – Wirkungen, Wiesbaden: Deutscher Universitäts-Verlag

Reynolds, J. (2001). Logistics and Fulfillment for e-business, New York: CMP Books

Ricker, F. & Kalakota, R. (1999). Order Fulfillment: The Hidden Key to E-Commerce Success, in: Supply Chain Management Review, Vol. 3 (1999), No. 3, pp. 60-70

Riehm, U., Orwat, C. & Wingert, B. (2001). Online-Buchhandel in Deutschland. Die Buchbranche vor der Herausforderung des Internet, Arbeitsbericht Nr. 192, Stuttgart: Akademie für Technikfolgenabschätzung Baden-Württemberg

Riemer, K. & Klein, S. (2001). E-Commerce erfordert Vertrauen, in: Wirtschaftswissenschaftliches Studium, 30. Jg. (2001), Heft 5, S. 710-717

Rindfleisch, A. & Heide, J. B. (1997). Transaction Cost Analysis: Past, Present, and Future Applications, in: Journal of Marketing, Vol. 61 (1997), No. 10, pp. 30-54

Rudolph, T. & Löffler, C. (2001). Fulfilment-Studie 2001. Eine Studie des Gottlieb Duttweiler Lehrstuhls für Internationales Handelsmanagement, St. Gallen: Institut für Marketing und Handel

Rupietta, H.-G. (2001). Kundenservice im Versandhandel: Maßnahmen zur Kundenbindung, in: L. Müller-Hagedorn (Hg.). Kundenbindung im Handel, 2. Aufl., Frankfurt a.M.: Deutscher Fachverlag, S. 269-288

Sailer, R. (2001). Mass Customization: Die Kunden kaufen lieber von der Stange, in: iBusiness Executive Summary, 11. Jg. (2001), Heft 13, S. 6-8

Sauter, F. (1985). Transaktionskostentheorie der Organisation, München: GBI-Verlag

Sauter, M. (1999). Chancen, Risiken und strategische Herausforderungen des Electronic Commerce, in: A. Hermanns & M. Sauter (Hg.). Management-Handbuch Electronic Commerce, München: Vahlen, S. 101-117

Scharf, A. & Schubert, B. (2001). Marketing. Einführung in Theorie und Praxis, 3. Aufl., Stuttgart: Schäffer-Poeschel

Schinzer, H. (2001). Zahlungssysteme im Internet, in: A. Hermanns & M. Sauter (Hg.). Management-Handbuch Electronic Commerce, 2. Aufl., München: Vahlen, S. 391-402

Schmalen, H. (2002). Grundlagen und Probleme der Betriebswirtschaft, 12. Aufl., Stuttgart: Schäffer-Poeschel

Scholz, J. (2001). Treue Kunden im Internet, in: eMarket, o.J. (2001), Heft 4, S. 27

Schmidt, B. (2003). Ohne Autos zum Anfassen nutzt das Netz nichts, in: Frankfurter Allgemeine Zeitung Nr. 248 vom 25.10.2003, S. 53

Schögel, M. (1997). Controlling der Distribution, in: S. Reinecke, T. Tomczak & S. Dittrich (Hg.). Marketing-Controlling, St. Gallen: Thexis, S. 224-238

Schömer, R. & Hebsaker, H. (2001). E-Fulfillment. Optimierung gesucht und gefunden, in: Logistik heute, 23. Jg. (2001), Heft 11, S. 37-38

Schrick, K. (1999). Das Call Center als virtueller Service- und Vertriebskanal, in: F. Bliemel, G. Fassott & A. Theobald (Hg.). Electronic Commerce. Herausforderungen – Anwendungen – Perspektiven, 2. Aufl., Wiesbaden: Gabler, S. 349-359

Schröder, H. (2002). Informationsbarrieren und Kaufrisiken – Womit Electronic Shops ihre Kunden belasten, in: D. Möhlenbruch & D. Ahlert (Hg.). Der Handel im Informationszeitalter. Konzepte, Instrumente, Umsetzung, Wiesbaden: Gabler, S. 273-295

Schröder, H. & Zimmermann, G. (2002). Lieferkosten-Modelle im Electronic Retailing – Eine Bestandsaufnahme aus der Sicht der Anbieter und der Nachfrager, in: D. Ahlert, R. Olbrich & H. Schröder (Hg.). Jahrbuch Handelsmanagement 2002. Electronic Retailing, Frankfurt a.M.: Deutscher Fachverlag, S. 337-361

Schubert, P. (2001). Fulfillment in E-Business-Transaktionen: E-Logistik und E-Zahlungsabwicklung, in: P. Schubert, R. Wölfle & W. Dettling (Hg.). Fulfillment im E-Business. Praxiskonzepte innovativer Unternehmen, München, Wien: Hanser, S. 1-18

Schulte, M. (2001). Heute geklickt – morgen geliefert, in: Logistik für Unternehmen, 13. Jg. (2001), Heft 2, S. 92-94

Schwickal, U. (2002). Börsenboom, in: Autohaus, o.J. (2002), Heft 4, S. 38-39

Shostack, G. L. (1984). Designing Services that deliver, in: Harvard Business Review, Vol. 62 (1984), No. 1, pp. 133-139

Silberer, G. (1979). Warentest, Informationsmarketing, Verbraucherverhalten. Die Verbreitung von Gütertestinformationen und deren Verwendung im Konsumentenbereich, Berlin: Nicolai

Silberer, G. (1981). Das Informationsverhalten des Konsumenten beim Kaufentscheid – Ein analytisch-theoretischer Bezugsrahmen, in: H. Raffée & G. Silberer (Hg.). Informationsverhalten des Konsumenten. Ergebnisse empirischer Studien, Wiesbaden: Gabler, S. 27-60

Silberer, G. (1987a). Verbraucherzufriedenheit und Wertewandel, in: U. Hansen & I. Schönheit (Hg.). Verbraucherzufriedenheit und Beschwerdeverhalten, Frankfurt a.M., New York: Campus, S. 61-66

Silberer, G. (1987b). Werteorientiertes Management im Handel, in: Jahrbuch der Absatz- und Verbrauchsforschung, 33. Jg. (1987), Heft 4, S. 332-352

Silberer, G. (1993). Marketing – eine Einführung, in: V. Preuß & H. Steffens (Hg.). Marketing und Konsumerziehung, Goliath gegen David?, Frankfurt, New York: Campus, S. 18-36

Silberer, G. (1997a). Multimedia im Investitionsgüter-Marketing, in: K. Backhaus, M. Kleinaltenkamp, W. Plinke & H. Raffée (Hg.). Marktleistung und Wettbewerb, Wiesbaden: Gabler, S. 385-400

Silberer, G. (1997b). Interaktive Werbung auf dem Weg ins digitale Zeitalter, in: G. Silberer (Hg.). Interaktive Werbung – Marketingkommunikation auf dem Weg ins digitale Zeitalter, Stuttgart: Schäffer-Poeschel/absatzwirtschaft, S. 3-20

Silberer, G. (1997c). Medien- und rechnergestützte Interaktionsanalyse, in: G. Silberer (Hg.). Interaktive Werbung. Marketingkommunikation auf dem Weg ins digitale Zeitalter, Stuttgart: Schäffer-Poeschel/absatzwirtschaft, S. 337-358

Silberer, G. (2000a). Neue Medien im Handel, in: T. Foscht, G. Jungwirth & P. Schnedlitz (Hg.). Zukunftsperspektiven für das Handelsmanagement. Konzepte – Instrumente – Trends, Frankfurt: Deutscher Fachverlag, S. 273-288

Silberer, G. (2000b). Interaktives Marketing mit elektronischen Medien, in: Praxis der Wirtschaftsinformatik, 37. Jg. (2000), Heft 211, S. 79-88

Silberer, G. (2001). Forschungsthema eCommerce, URL: http://www. Psych.unigoettingen.de/congress/gor-2001/contrib/contrib/silberer-guenter/article.html (Abruf: 01.06.2004), 9 Seiten

Silberer, G. (2002). Interaktive Kommunikationspolitik im Electronic Business, in: Weiber, R. (Hg.). Handbuch Electronic Business. Informationstechnologien – Electronic Commerce – Geschäftsprozesse, 2. Aufl., Wiesbaden. Gabler, S. 709-731

Silberer, G. (2004a). Grundlagen und Potentiale der mobilfunkbasierten Kundenbeziehungspflege (mobile eCRM), in: Hippner, H. & Wilde, K. D. (Hg.). IT-Systeme im CRM. Aufbau und Potenziale, Wiesbaden: Gabler, S. 453-470

Silberer, G. (2004b). Wege zur Kundenkenntnis, Beitrag zur Marketingwissenschaft Nr. 49, hrsg. von G. Silberer, Universität Göttingen: Institut für Marketing und Handel

Silberer, G., Engelhardt, J.-F. & Wilhelm, T. (2003). Der Kundenlauf im Web-Shop bei unterschiedlicher Besuchermotivation, Beitrag zur Tracking-Forschung Nr. 5, hrsg. von G. Silberer, Universität Göttingen: Institut für Marketing und Handel

Silberer, G. & Hannecke, N. (1999). Akzeptanz und Wirkungen multimedialer Kiosksysteme im Handel – Ergebnisse einer empirischen Untersuchung, Beitrag zur Marketingwissenschaft Nr. 23, hrsg. von G. Silberer, Universität Göttingen: Institut für Marketing und Handel

Silberer, G. & Köcher, M.-M. (2002). Fulfilment als Marketing-Instrument im Electronic Commerce, in: R. Gabriel & U. Hoppe (Hg.). Electronic Business. Theoretische Aspekte und Anwendungen in der betrieblichen Praxis, Heidelberg: Physica-Verlag, S. 133-146

Silberer, G., Magerhans, A. & Wohlfahrt, J. (2001). Kundenzufriedenheit und Kundenbindung im Mobile Commerce, in: G. Silberer, J. Wohlfahrt & T. Wilhelm (Hg.). Mobile Commerce. Grundlagen, Geschäftsmodelle, Erfolgsfaktoren, Wiesbaden: Gabler, S. 309-324

Silberer, G. & Wohlfahrt, J. (2001). Kundenbindung im Mobile Commerce, in: A. T. Nicolai & T. Petersmann (Hg.). Strategien für das Mobile Business: Grundlagen – Management – Geschäftsmodelle, Stuttgart: Schäffer-Poeschel, S. 85-100

Silverstein, J. (1999). Desperately seeking e-fulfillment, URL: http://www.digitalchicago.com/Mag/ND99/E-fulfillment/intro.html (Abruf: 16.08.00), 20 Seiten

Singh, M. (2002). E-services and their role in B2C e-commerce, in: Managing Service Quality, Vol. 12 (2002), No. 6, pp. 434-446

Söllner, A. (1993). Commitment in Geschäftsbeziehungen. Das Beispiel der Lean Production, Wiesbaden: Gabler

Specht, G. (1998). Distributionsmanagement, 3. Aufl., Stuttgart, Berlin, Köln: Kohlhammer

Stauss, B. (1995). „Augenblicke der Wahrheit" in der Dienstleistungserstellung – Ihre Relevanz und ihre Messung mit Hilfe der Kontaktpunkt-Analyse, in: M. Bruhn & B. Stauss (Hg.). Dienstleistungsqualität. Konzepte – Methoden – Erfahrungen, 2. Aufl., Wiesbaden: Gabler, S. 379-399

Stauss, B. (1998). Beschwerdemanagement, in: Meyer, A. (Hg.). Handbuch Dienstleistungs-Marketing, Band 2, Stuttgart: Schäffer-Poeschel; S. 1255-1271

Stauss, B. (1999). Kundenzufriedenheit, in: Marketing ZFP, 21. Jg. (1999), Heft 1, S. 5-24

Stauss, B. (2000). Kundenbindung durch Beschwerdemanagement, in: M. Bruhn & C. Homburg (Hg.). Handbuch Kundenbindungsmanagement, Wiesbaden: Gabler, S. 293-318

Stauss, B. (2002). The dimensions of complaint satisfaction: process and outcome complaint satisfaction versus cold fact and warm act complaint satisfaction, in: Managing Service Quality, Vol. 12 (2002), No. 3, pp. 173-183

Stauss, B. & Hentschel, B. (1991). Dienstleistungsqualität, in: Wirtschaftswissenschaftliches Studium, 20. Jg. (1991), Heft 5, S. 238-244

Stauss, B. & Weinlich, B. (1997). Process-oriented measurment of service quality. Applying the sequential incident technique, in: European Journal of Marketing, Vol. 31 (1997), No. 1, pp. 33-55

Steffenhagen, H. (1999). Eine austauschtheoretische Konzeption des Marketing-Instrumentariums als Beitrag zu einer allgemeinen Marketing-Theorie, Arbeitsbericht Nr. 99 / 07, Aachen: Lehrstuhl für Unternehmenspolitik und Marketing

Stein, I. & Klees, A. (2000). Wettbewerbsvorteile durch Front-End-Management, in: L. Müller-Hagedorn (Hg.). Zukunftsperspektiven des E-Commerce im Handel, Frankfurt: Deutscher Fachverlag, S. 275-288

Stolpmann, M. (2000). Kundenbindung im E-Business. Loyale Kunden – nachhaltiger Erfolg, Bonn: Galileo Press

Stummeyer, C. (2002). Das Internet als ein Vertriebskanal im Rahmen einer Multikanal-Strategie, in: R. Gabriel & U. Hoppe (Hg.). Electronic Business. Theoretische Aspekte und Anwendungen in der betrieblichen Praxis, Heidelberg: Physica-Verlag, S. 147-162

Swoboda, B. & Morschett, D. (2002). Electronic Business im Handel, in: R. Weiber (Hg.). Handbuch Electronic Business. Informationstechnologien – Electronic Commerce – Geschäftsprozesse, 2. Aufl., Wiesbaden. Gabler, S. 775-807

Symposion Publishing (2001). Internetshopping-Report 2001, Düsseldorf: Symposion Publishing

Szyperski, N. (1990). Die Informationstechnik und unternehmensübergreifende Logistik, in: D. Adam, K. Backhaus, H. Meffert & H. Wagner (Hg.). Integration und Flexibilität: eine Herausforderung für die allgemeine Betriebswirtschaftslehre, Wiesbaden: Gabler, S. 79-96

Theobald, A. (1999). Marktforschung im Internet, in: F. Bliemel, G. Fassott & A. Theobald (Hg.). Electronic Commerce. Herausforderungen – Anwendungen – Perspektiven, 2. Aufl., Wiesbaden: Gabler, S. 363-379

Thibaut, J. & Kelley, H. (1959). The social Psychology of Groups, New Brunswick, Oxford: Transaction Books

Thieme, J. (2003). Versandhandelsmanagement. Grundlagen, Prozesse und Erfolgsstrategien für die Praxis, Wiesbaden: Gabler

Tomczak, T., Schögel, M. & Birkhofer, B. (1999). Online-Distribution als innovativer Absatzkanal, in: F. Bliemel, G. Fassott & A. Theobald (Hg.). Electronic Commerce. Herausforderungen – Anwendungen – Perspektiven, 2. Aufl., Wiesbaden: Gabler, S. 127-146

Toporowski, W. (1996). Logistik im Handel. Optimale Lagerstruktur und Bestellpolitik einer Filialunternehmung, Heidelberg: Physica-Verlag

Toporowski, W. (2000). Auswirkungen von E-Commerce auf den Einzelhandel – der Erklärungsbeitrag der Transaktionskostentheorie, in: L. Müller-Hagedorn (Hg.). Zukunftsperspektiven des E-Commerce im Handel, Frankfurt a.M.: Deutscher Fachverlag, S. 73-120

Toporowski, W. (2004). Wahl der Distributionsstruktur: Beitrag der Einkaufsstättenwahlmodelle zur Analyse der Transaktionskosten, in: K.-P. Wiedmann (Hg.). Fundierung des Marketing. Verhaltenswissenschaftliche Erkenntnisse als Grundlage einer angewandten Marketingforschung, Wiesbaden: Gabler, S. 387-405

Ulrich, N. (1998). Fulfillment: Guter Service – oder darf es mehr sein?, in: Deutscher Direktmarketing Verband e.V. (1998). Direct Mail. Der direkte Weg zum Kunden, Jahrbuch 1998, S. 88-90

Wahby, C. (2001). E-Fulfilment: Die wirkliche Herausforderung beim E-Shopping, Düsseldorf, Hamburg: OC&C Strategy Consultants

Walster, E., Walster, G., & Berscheid, E. (1978). Equity: Theory and Research, Boston et al.: Allyn & Bacon

Walther, A. (2001). Das Rennen ums e-Payment, in: Net Investor, 5. Jg. (2001), Heft 7, S. 18-23

Wamser, C. (2000). Electronic Commerce – theoretische Grundlagen und praktische Relevanz, in: C. Wamser (Hg.). Electronic Commerce. Grundlagen und Perspektiven, München: Vahlen, S. 3-27

Weber, M. (2006). Giropay geht in Umlauf, in: Werben & Verkaufen, 44. Jg. (2006), Heft 7, S. 15

Weber, J. (1993). Logistik-Controlling: Leistungen, Prozeßkosten, Kennzahlen, 3. Aufl., Stuttgart: Schäffer-Poeschel

Weber, J., Engelbrecht, C., Schmitt, A. & Wallenburg, C. M. (2001). Auswirkungen des mobilen Internets auf die Logistik, in: A. Nicolai & T. Petersmann (Hg.) (2001). Strategien im M-Commerce, Stuttgart: Schäffer-Poeschel, S. 45-70

Wehking, K. H. (2002). Zukünftige Logistikstrukturen für den E-Commerce bei Business to Consumer Beziehungen, in: R. Hossner (Hg.). Jahrbuch der Logistik 2002, Düsseldorf: Verlagsgruppe Handelsblatt, S. 36-43

Weiber, R. & Adler, J. (1995). Informationsökonomisch begründete Typologisierung von Kaufprozessen, in: Zeitschrift für betriebswirtschaftliche Forschung (zfbf), 47. Jg. (1995), Heft 1, S. 43-65

Weiber, R. & Weber, M. R. (2001). Das Management von Kundenwerten im Electronic Business: Ansätze zur Kundenwert-Steigerung in der Marketing-Mix-Gestaltung, in: B. Günter & S. Helm (Hg.). Kundenwert: Grundlagen – Innovative Konzepte – Praktische Umsetzungen, Wiesbaden: Gabler, S. 693-721

Weiber, R. & Weber, M. R. (2002). Customer Relationship Marketing und Customer Lifetime Value im Electronic Business, in: R. Weiber (Hg.). Handbuch Electronic Business. Informationstechnologien – Electronic Commerce – Geschäftsprozesse, 2. Aufl., Wiesbaden. Gabler, S. 609-643

Weise, G. (1975). Psychologische Leistungstests, Göttingen: Hogrefe

Werner, A. & Stephan, R. (1997). Marketing-Instrument Internet, Heidelberg: dpunkt.verlag

Wiegand, E. (2001). Marktforschung via Internet. Qualitätsstandards für Online-Befragungen, in: Direkt Marketing, 37. Jg. (2001), Heft 12, S. 52-53

Wildner, R. & Conklin, M. (2001). Stichprobenbildung für Marktforschung im Internet, in: planung & analyse, 18. Jg. (2001), Heft 2, S. 18-24

Williamson, O. E. (1975). Markets and Hierarchies: Analysis and Antitrust Implications, New York: The Free Press

Williamson, O. E. (1985). The Economic Institution of Capitalism. Firms, Markets, Relational Contracting, New York: The Free Press

Wilson, A. & Laskey, N. (2003). Internet based marketing research: a serious alternative to traditional research methods?, in: Marketing Intelligence & Planning, 21. Jg. (2003), Heft 2, S. 79-84

Witten, P. & Karies, R. (2003). Logistik im Distanzhandel, in: H. Merkel & B. Bjelicic (Hg.). Logistik und Verkehrswirtschaft im Wandel: unternehmensübergreifende Versorgungsnetzwerke verändern die Wirtschaft, München: Vahlen, S. 185-197

Wolf, S. (1997). Kundenbindung durch Qualitätsmanagement in Einzelhandelsbetrieben, Göttingen: GHS

Wolfinbarger, M. & Gilly, M. C. (2003). eTailQ: dimensionalizing, measuring and predicting etail quality, in: Journal of Retailing, Vol. 79 (2003), No 3, pp. 183-198

Woratschek, H., Roth, S. & Pastowski, S. (2002). Geschäftsmodelle und Wertschöpfungskonfigurationen im Internet, in: Marketing ZFP, 24. Jg. (2002), Spezialausgabe „E-Marketing", S. 57-71

Zadek, H. (1999). Kundenorientierung in logistischen Prozeßketten, Berlin: Technische Universität Berlin

Deutscher Universitäts-Verlag
Ihr Weg in die Wissenschaft

Der Deutsche Universitäts-Verlag ist ein Unternehmen der GWV Fachverlage, zu denen auch der Gabler Verlag und der Vieweg Verlag gehören. Wir publizieren ein umfangreiches wirtschaftswissenschaftliches Monografien-Programm aus den Fachgebieten

- Betriebswirtschaftslehre
- Volkswirtschaftslehre
- Wirtschaftsrecht
- Wirtschaftspädagogik und
- Wirtschaftsinformatik

In enger Kooperation mit unseren Schwesterverlagen wird das Programm kontinuierlich ausgebaut und um aktuelle Forschungsarbeiten erweitert. Dabei wollen wir vor allem jüngeren Wissenschaftlern ein Forum bieten, ihre Forschungsergebnisse der interessierten Fachöffentlichkeit vorzustellen. Unser Verlagsprogramm steht solchen Arbeiten offen, deren Qualität durch eine sehr gute Note ausgewiesen ist. Jedes Manuskript wird vom Verlag zusätzlich auf seine Vermarktungschancen hin geprüft.

Durch die umfassenden Vertriebs- und Marketingaktivitäten einer großen Verlagsgruppe erreichen wir die breite Information aller Fachinstitute, -bibliotheken und -zeitschriften. Den Autoren bieten wir dabei attraktive Konditionen, die jeweils individuell vertraglich vereinbart werden.

Besuchen Sie unsere Homepage: *www.duv.de*

Deutscher Universitäts-Verlag
Abraham-Lincoln-Str. 46
D-65189 Wiesbaden